111 GRÜNDE, BOXEN ZU LIEBEN

FRANK NUSSBÜCKER

111 GRÜNDE, BOXEN ZU LIEBEN

VON FLIEGENDEN FÄUSTEN, MENSCHLICHEN DRAMEN IM RING UND DER POESIE DES KAMPFES

SCHWARZKOPF & SCHWARZKOPF

INHALT

»›Er hat mal geboxt …‹
›Shit, das haben wir doch alle mal.‹«

CHARLES BUKOWSKI: »HOLLYWOOD«

EIN WORT ZUVOR ODER:

WEIL ICH DIR IN DIESEM BUCH 'NEN SCHLAG ERZÄHLEN DARF

Liebe Leserin, lieber Leser, ich freue mich sehr, dich in diesem Buch zu begrüßen, welches ich aus der Tiefe meines Herzens heraus schreiben durfte. Seit ich am Nachmittag des 1. Oktober 1975 zufällig mit meiner Oma in der Wohnstube saß, just zu dem Zeitpunkt, als in Manila auf den Philippinen Muhammad Ali und Joe Frazier durch die Seile in den Ring kletterten und unser Fernseher genau das zeigte, liebe ich diesen Sport. Erst beim Schreiben dieser Zeilen wird mir klar, dass ich meiner Oma sehr dankbar sein muss. Ganz sicher *wollte* sie diesen Kampf sehen, denn nachmittags lief unser Fernseher gewöhnlich nicht und für gewöhnlich hatte ich als damals achtjähriger Stubenhocker nicht das Geringste mit Boxen zu tun.

Ich war ein ängstlicher Junge, der kaum etwas so sehr fürchtete, wie von anderen Jungen geschlagen zu werden. Wohl, weil man mir diese Angst ganz bestimmt ansah, verkündete mir der große Thomas auf dem Spielplatz gern, er werde mir bei nächster Gelegenheit »eine aufs Maul hau'n!«. Besonders gern redete er davon, wenn er ein paar Freunde um sich hatte.

»Ick breche nachts bei euch ein, wenn du schläfst, und dann biste dranne!«, drohte er mir eines Tages. Seitdem hatte ich große Angst vor ihm. Thomas war drei Jahre älter als ich, das heißt bei Steppkes: Er war mir körperlich haushoch überlegen. Dass es abgrundtief feige ist, einem deutlich Schwächeren Prügel anzudrohen, um sich an dessen Angst zu weiden, sah ich damals nicht. Ich schämte mich, weil ich Angst vor Thomas und seinen Kumpanen hatte, und alles, was in irgendeiner Weise mit Prügeln zu tun hatte, zutiefst verabscheute.

Nun aber sah ich auf der Mattscheibe, wie diese beiden Männer gegeneinander kämpften. Sie belauerten und umtanzten sich, und der Kleinere griff unermüdlich den Größeren an, auch wenn der ihn mit seinen langen Armen zunächst gut von sich fernhalten konnte. Ich bewunderte beide wegen ihres Könnens und ihres Muts. Und natürlich schlug ich mich auf die Seite des Kleineren und wünschte mir sehr, einmal so unerschrocken zu sein wie er. Und natürlich auch, derart hart schlagen zu können, denn schon bald versetzte er dem Großen fürchterliche Treffer.

Was mich vor allem berührte, war der Fakt: Auch nach einer Vielzahl harter Schläge geht das Leben weiter. Traf einer den anderen, schüttelte der sich nur kurz, oder schlug *sofort* zurück! Irgendwie sagten mir diese Fernsehbilder: »Dieser blöde Thomas kann dir gar nichts, oder meinst du, er hat derart viel Dampf in seinen Fäusten wie einer dieser beiden Männer? Und wenn er tatsächlich kommt, um dich zu hauen, dann reiß verdammt noch mal deine Arme hoch, dass er dich nicht am Kopf oder in den Bauch trifft. Und wenn er zuhaut, dann hau zurück, genau in jene Lücke in seiner Deckung, die sich auftut, wenn er dich schlägt!«

Ich war sehr traurig, dass der Kleine vor der letzten Runde aufgeben musste. Sein Auge war völlig zugeschwollen, der Mann total ausgepumpt, genau wie sein Kontrahent. Seit ich Joe Frazier und Muhammad Ali an diesem Nachmittag kämpfen gesehen hatte, ratterten die 14 Runden ihrer Begegnung als Endlosschleife an meinem inneren Auge vorbei. Ich zeichnete unzählige Bilder ihres Kampfes auf Papier, erfand ganze Generationen von Schwergewichtsweltmeistern, sah fortan jeden Boxkampf, den ich sehen konnte – und stand eines Tages in der von mir gehassten Turnhalle, meine bandagierten Hände zur Deckung erhoben, um meinen allerersten Boxkampf zu bestehen. Genau wie vor jedem weiteren Kampf drohte meine Angst vor den zu erwartenden Schlägen, mich vor dem ersten Gong umzuhauen. Und wie erleichtert war ich jedes Mal, wenn der Kampf endlich begann und meine Sinne völlig anderes zu tun hatten, als mich furchtsam bibbern zu lassen.

Heute weiß ich, dass ich mit meiner treuen Begleiterin namens Angst keineswegs allein dastehe. Trainerlegende Cus D'Amato soll über sie gesagt haben: »Angst ist entweder dein bester Freund oder dein ärgster Feind. Sie ist wie das Feuer. Wenn du sie kontrollieren kannst, kann sie für dich kochen, dir dein Haus wärmen. Wenn du sie nicht kontrollieren kannst, wird sie alles um dich herum verbrennen und dich zerstören.«[1]

Auch Schwergewichtsweltmeister Wladimir Klitschko weiß von ihr zu berichten: »Angst ist ein Geschenk der Natur. Sie gehört zu unserem Leben, sie kann unangenehm, manchmal schrecklich sein, einen aber auch vor einem Verhängnis retten. Denn Angst ist die Alarmanlage in unserem Körper. Sie macht uns aufmerksam, sie sorgt dafür, dass wir wach bleiben, um im Leben zu bestehen, um überhaupt überleben zu können. Darum geht es auch beim Boxen«, bekennt er in einem Interview mit der Zeitschrift *BoxSport*: »Ich vergleiche Angst immer mit dem Gift einer Kobra. Wenn du eine zu große Dosis davon bekommst, bist du tot. Eine richtig dosierte Menge kann einen Menschen aber auch heilen, einen Kranken gesund machen. Die Schlange ist ein Sinnbild dafür, sie kann dich umbringen, aber auch zum Leben erwecken. Es ist immer die Frage, wie du mit dem Gift umgehst. Genauso ist es mit der Angst.«[2]

Aber zurück zu mir: Durch hartes und vor allem fleißiges Training konnte ich irgendwann halbwegs gut boxen. Als mir jedoch klar wurde, dass aus mir nie ein DDR-Meister, ja nicht mal ein Bezirks-, Kreis- oder Stadtmeister würde, hängte ich meine Boxhandschuhe ans Bücherregal. Dort hängen sie bis heute. Zwei Paar, die ich nur runterhole, wenn meine dreijährige Tochter fordert: »Papa, boxen!« Zu einem echten Kampf würde ich sie nur überstreifen,

11

wenn eines Tages der »große Thomas« von damals vor meiner Tür steht.

Was seit dem Nachmittag jenes 1. Oktober 1975 bis heute unverändert blieb, ist mein nie erlöschendes Interesse an diesem Sport – und meine Dankbarkeit dafür, dass er mich am eigenen Leib lehrte, mit meinen Ängsten umzugehen. An alledem – und natürlich auch an den Kämpfen und Kämpfern, die mich ganz besonders beeindruckten, möchte ich dich, liebe Leserin und lieber Leser, auf diesen Seiten teilhaben lassen. Sei mir dazu herzlich willkommen – und: »Box!«

Frank Nussbücker

DAS BOXEN
IN MEINEM LEBEN

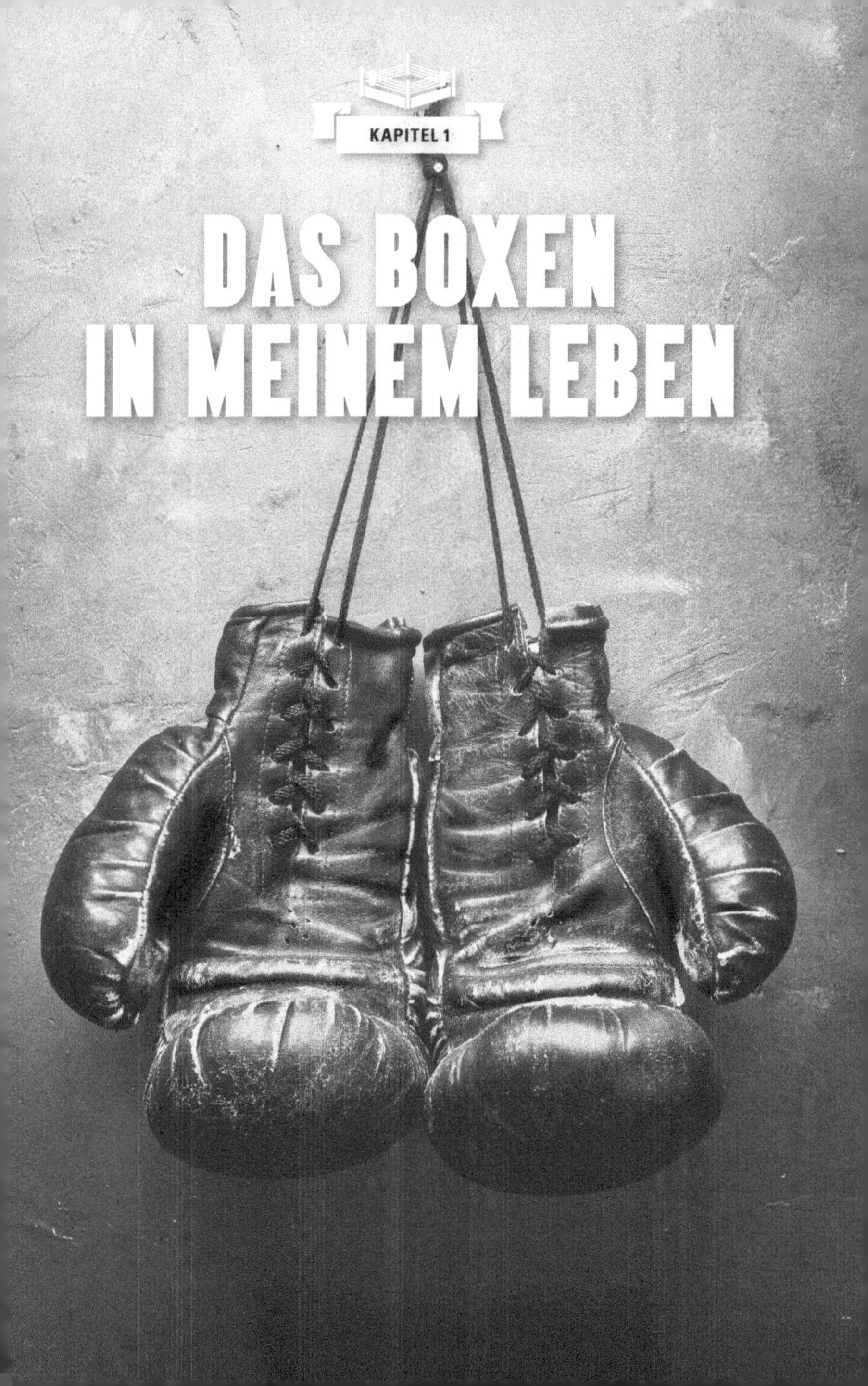

Weil mit Ali und Onkel Rolf alles anfing

Wie fing alles an? Vielleicht damit, dass ich als Achtjähriger zufällig
»Thrilla in Manila« am heimischen Fernseher verfolgte? In jedem
Fall begann ich an jenem Nachmittag, Muhammad Ali, den Sieger
jenes Kampfes auf den Philippinen, nicht zu mögen.

Oder sage ich besser: Alles begann an einem sommerlichen Vormittag mit meinem Onkel Rolf. Onkel Rolf arbeitete in der LPG
meines thüringischen Heimatdorfes und war für mich vaterlos auf-
gewachsenen Jungen der stärkste Mann der Welt, den ich persönlich
kannte. Noch heute sehe ich es vor mir, wie er an jenem Vormittag
auf dem ehemaligen Großbauernhof vor mir steht, den linken Fuß
vorn, seine mächtigen Arme zur Deckung erhoben, den Blick grie-
nend auf mich Steppke gerichtet, als fordere er mich zum Kampf.

Als Onkel Rolf so in für meine Augen perfekter Boxerpose vor
mir steht, kann ich nicht anders, als ihn staunend anzustarren. Derart überwältigt bin ich vom Anblick dieses Kämpfers. Als ich wieder
sprechen kann, sage ich: »Weißt du wa-has? *Du* könntest gegen
Muhammad Ali antreten!«

Augenblicklich ließ Onkel Rolf, geschüttelt von einem kräftigen Lachanfall, seine Deckung fallen. »Der soll mich wohl doht-
schlahren?«, röhrte er in seinem angenehmen thüringischen Bass.
Onkel Rolf kriegte sich vor Lachen kaum ein, dabei hatte ich jene
Kampfansetzung völlig ernst gemeint. Ja, mehr noch, ich war beseelt von der Vorstellung, mein superstarker Onkel würde diesem
überheblichen amerikanischen Großmaul endlich mal den Mund
stopfen. Diesem Mistkerl, der bei Fernsehauftritten vor dem Kampf
seinem Gegner ständig ins Wort fiel, sich über ihn lustig machte,
ihn lauthals verspottete. Ich dagegen wollte, dass er fair mit seinen
Kontrahenten umging. Ich war bis dato behütet aufgewachsen, ich
hatte keine Ahnung vom wahren Leben.

Wie auch immer, Ali tönte, verhöhnte – und gewann unbeirrt jeden seiner Kämpfe und mir wurde in jenem Augenblick auf dem ehemals großbäuerlichen Hof klar: Wenn diesem Unhold irgendjemand Einhalt gebieten konnte, dann der Welt stärkster Mann – mein Onkel Rolf!

Ich sah die alles entscheidende Begegnung der beiden vor mir: Ali tänzelte in seiner albernen kurzen Hose und mit freiem Oberkörper durch den Ring, um meinen Onkel bedingungslos zu attackieren, sobald der ihm eine Gelegenheit dazu bot. Onkel Rolf ließ seinen Gegner ebenfalls nicht aus den Augen. Mächtig wie ein Felsblock stand er da, seine Füße in den schweren, filzgefütterten Gummistiefeln, darüber seine abgewetzte blaue Latzhose, die er im Schweinestall wie auf dem Fahrersitz seines Mähdreschers trug. An den Händen hatte er, genau wie Ali, Boxhandschuhe.

Ali tänzelte also wild herum. Onkel Rolf behauptete die Ringmitte, deckte Gesicht und Oberkörper mit seinen riesigen Händen und drehte sich jeweils so, dass ihm sein Gegner nichts anhaben konnte. Klar, Ali war schneller und gewandter. Was ihm fehlte, war die pralle Urkraft meines Onkels Rolf. Beide erschienen sie mir unbesiegbar – und doch würde am Ende nur einer von ihnen siegreich die Arme hochreißen, während der andere geschlagen den Ringstaub schmeckte. Zwei unüberwindliche Helden, welcher von beiden würde dies auch nach dem Kampf sein? Wer also würde gewinnen und auf welche Weise?

Nichts auf der Welt erschien mir in jenem Augenblick begehrenswerter, als den von mir herbeifantasierten Kampf dieser beiden absoluten Superhelden leibhaftig mitzuerleben. Selbst eine mögliche Niederlage meines geliebten Onkels konnte mich da nicht abschrecken. Außerdem würde er doch garantiert gewinnen … oder etwa nicht? Beim Himmel, ich wusste es nicht und wollte des Rätsels Lösung unbedingt mit eigenen Augen und allen anderen Sinnen erleben! Genau das ist es, was für mich bis heute den ungeheuren Reiz dieses Sports ausmacht, dem ich mich nicht entziehen kann.

Seit jenem Sommervormittag Mitte der 1970er-Jahre sah ich mir jeden Boxkampf an, den ich irgend erhaschen konnte. Ob Weltmeisterschaft im Schwergewicht, die zumeist in Amerika ausgetragen wurde und wegen der Zeitverschiebung bei uns erst gegen vier, fünf Uhr am Morgen begann, ob Chemie- oder TSC-Pokal, Europa- oder Weltmeisterschaft der Amateure – wann immer ich es hinbekam, saß ich rechtzeitig vorm Fernseher, um keine Sekunde des jeweils alles entscheidenden Kampfes zu verpassen. Meine Helden jener Tage und Jahre hießen Smokin Joe Frazier, Ken Norton, Karl-Heinz Krüger, Stefan Förster, Uli Kaden, Richard Nowakowski und der Größte von allen: Theófilo Stevenson.

Egal, ob Welt- oder Kreismeisterschaft, ob Madison Square Garden oder eine Turnhalle in meiner Heimatstadt – wann immer zwei Helden, und das ist für mich ein jeder, der das gefährliche Abenteuer eines Boxkampfs furchtlos in Angriff nimmt, vor meinen Augen in einen Boxring stiegen, bewegte mich die Frage: Welcher der beiden hat jetzt gleich die bessere Idee, um den Kampf für sich zu entscheiden? Welches Szenario hatte das Schicksal hier geschrieben?

Dass ich mich eines Tages höchstselbst in dessen Hände begab, indem ich mir die meinen bandagierte und mir Boxhandschuhe anziehen ließ, verdanke ich dem mir ansonsten überaus verhassten Unterrichtsfach Sport, aber das ist schon wieder eine andere Geschichte.

Weil ich beim Boxen zum ersten Mal
gern die Turnhalle betrat

Ich selbst zählte mich in keinem Fall zu jenen Helden, die es draufhatten, die Gefahr eines Boxkampfs auf sich zu nehmen. Ja mehr noch, der schlimmste Teil meiner Schulzeit waren zweifelsohne die Unterrichtsstunden in der Turnhalle. Jede Woche sah ich mich endlose 90 Minuten lang gefangen in dieser überdimensionierten Folterkammer mit ihren Instrumenten Sprossenwand, Kasten, Kletterstange und Handballfeld. Damit nicht genug! Warteten in dem staubigen Geräteraum Barren, Reck, Pferd und der Bock darauf, mir die engen Grenzen meiner körperlichen Leistungsfähigkeit aufzuzeigen. Geräteturnen, Staffelspiele, Handball – ich schätzte mich glücklich, machte ich mich einmal nicht durch herausragend schlechte Leistungen lächerlich wie die Pechmarie bei Frau Holle.

Ich war ein Meister in Sachen sich selbst erfüllender Prophezeiungen: Weil ich so derart unsportlich bin, fange ich keinen Ball, bin ich bei Staffelspielen die größte Niete und breche mir beim Bockspringen an diesem vierbeinigen Monster sämtliche Gräten. Folglich zählte ich beim Auswählen der Handball-, Fußball- oder Staffelspielmannschaften zu den beiden letzten Mauerblümchen, die lediglich als fünftes Rad des jeweiligen Teams fungierten. Immerhin dem Bruch meiner Knochen ging ich aus dem Weg, indem ich den Sprung über den Bock konsequent verweigerte.

Eines Tages empfing uns der Sportlehrer, ein drahtiger Draufgänger mit Errol-Flynn-Schnauzbart, den wir den Graf nannten, zum Begrüßungsritual an der Mittellinie mit einem großen, prall gefüllten Stoffsack. »Die nächsten drei Wochen werden wir boxen«, lüftete der Graf das Geheimnis um des großen Sackes Inhalt, aus dem er nun jedem von uns ein Paar abgetragene Boxhandschuhe zuwarf.

»Erstes Kapitel: die Grundstellung!« Der Graf stellte seinen linken Fuß nach vorn, den rechten leicht versetzt dahinter. Mit einem Nicken deutete er uns an, es ihm gleichzutun.

Nun beugte der Graf leicht die Knie und ließ seine Füße in kleinen Schritten über den Hallenboden gleiten. »Ihr müsst beweglich sein!«, rief er uns zu. »Dabei solltet ihr jedoch tunlichst vermeiden, eure Füße zu weit vom Boden zu entfernen oder gar zu springen.

Erwischt euch der Gegner, wenn ihr mit beiden Füßen in der Luft seid, haut er euch aus den Latschen.«

Nebeneinanderher tänzelten wir über den Boden. Vielleicht, weil ich durch unsere Anordnung entlang der Mittellinie nicht sehen konnte, dass es alle anderen – wie immer – von vorn herein besser hinbekamen als ich, machte mir das Ganze sogar Spaß. Bisher hatte ich mir Boxen immer als das tumbe Austeilen von Faustschlägen vorgestellt. Dieses Tänzeln hingegen hatte, zumindest beim Grafen, etwas ungeahnt Elegantes.

»Mindestens ebenso wichtig wie das Schlagen ist das *Vermeiden* von Schlägen«, eröffnete der seine nächste Lektion. »Seid ihr Rechtshänder, ist die Rechte eure Schlaghand. Sie kommt rechts vors Kinn, den Kopf schön tief runter. Die Augen weit auf, Ellenbogen nahe am Körper, bietet ihr wenig Trefferfläche und habt freien Blick auf euren Gegner. Die Linke ist eure Führhand, sie kommt leicht versetzt vor die Rechte – und los!«

Tänzelnd erhoben wir unsere Hände zur Deckung und ließen unsere Haltung vom Grafen korrigieren. Schnell wurden mir die Hände schwer und wollten hinuntersinken. Ein kurzer Seitenblick verriet mir, den Jungs neben mir erging es nicht anders. »Die Hände oben lassen!«, rief der Graf. »Das ist im Ring eure Lebensversicherung.

Anschließend übten wir unseren ersten Schlag, die linke Gerade. Zunächst jeder für sich an der Mittellinie, anschließend paarweise. Der eine schlug seine Linke in die geöffnete Rechte seines Gegenübers, dann sammelte der Graf die Boxhandschuhe auch schon wieder ein. Die Stunde war wie im Flug vergangen. »Zum nächsten Mal besorgt sich jeder aus der Spowa[3] ein Paar Boxbandagen!«, schickte uns der Lehrer nach dem »Sport frei!« in die Umkleidekabine.

Lag es womöglich daran, dass wir jeder für sich allein die Lektionen des Grafen absolvierten? In jedem Fall machte mir das Ganze Spaß, und weil ich so vertieft ins Training war, hatte mein Geist keine Chance, mir klarzumachen, dass ich zweifelsohne auch in dieser Disziplin der Schlechteste von allen war. Ja, dieses Boxen interessierte mich! Es sah elegant aus und zu tänzeln machte mir, nachdem ich es einigermaßen hinbekam, sogar Spaß. Das Üben des jeweiligen Schlags – der linken Geraden folgte der rechte Haken, sowohl aufwärts wie zur Seite – hätte ich eindeutig meditativ genannt, wenn ich dieses Wort bereits benutzt hätte. Zum allerersten Mal betrat ich die Turnhalle frohen Mutes und – ja – ausgesprochen gern!

Weil mich mein erster Kampf lehrte, mit meiner Angst zu leben

In der dritten Woche folgte der Pflicht die Kür: ein Übungskampf. Der Graf stellte die Paarungen zusammen. Ich bekam es mit Scholle zu tun. Der stand in der Jungenriege einen Platz vor mir. Ein drahtiger, durchtrainierter Junge, der in Sport zwar besser als ich war, jedoch dank seiner langen Nase und der vorstehenden Oberlippe bei den Mädchen noch tiefer im Kurs stand.

Das war jetzt egal, da wir uns in dem aus den Körpern unserer Mitschüler gebildeten Ring gegenüberstanden. Ich hatte mich nie zuvor richtig geprügelt. Meine Angst davor, in einer Schlägerei eins auf die Fresse zu bekommen, war nahezu ebenso groß wie die Furcht, mir beim Bockspringen sämtliche Knochen zu brechen. Meine Knie waren weich wie Gummi, im Bauch rumorte meine Angst vor Scholles Schlägen.

Der Graf gab den Ring frei, und wir tänzelten aufeinander zu. Kurz darauf traf mich Scholles erste Gerade zwischen den Augen. Der nachgezogene Haken haute mir meinen rechten Boxhandschuh gegens Kinn. Ich lief gegen eine Wand. Falsch! Nicht ich war es, der sich bewegte. Die Wand bewegte sich gegen mich, die Wand aus Scholles Schlägen. Hatte der Kerl überhaupt Boxhandschuhe an? Seine Schläge waren hart, trafen mich an der Stirn, dem Unterkiefer – der ganze Kerl war so hart wie Holz, merkte ich, als mein gesenkter Kopf auf seine Schulter traf.

Als der nächste Schlag meine Nase erbeben ließ, war in meinem Kopf kein Platz mehr für meine so überaus treue Begleiterin, die Angst. Scholle hatte sie geradewegs aus mir herausgeprügelt. Wieder ein Treffer – in meinem Mund ein salziger Geschmack, etwas platzt in meiner Magengrube, doch ich spüre keinen Schmerz, im Gegenteil. Mir ist, als habe tief in mir gerade etwas sein Gefängnis verlassen, in dem es eingesperrt war, solange ich denken kann. Dieser Mistkerl hatte mich voll erwischt, nun wollte auch ich ihm ordentlich was einschenken. Während ich mit der Rechten aushole, trifft mich Scholles Linke erneut. Ich reiße beide Fäuste zur Deckung hoch und sehe zu, dass ich aus seiner Reichweite komme.

Jetzt muss mir schleunigst was einfallen. Spüre ich doch, der Graf ist kurz davor, den Kampf aufgrund Scholles drückender Überlegenheit abzubrechen. Sicher haben die meisten meiner Mitschüler mittlerweile ordentlich Angst um mich Weichei. Hörte ich nicht gerade ein »Gib auf! Der bricht dir das Jochbein!«? Alles, nur jetzt nicht den Kampf abbrechen! Ich drücke mein Kinn runter auf die Brust, reiße die Unterarme vors Gesicht, die Oberarme decken so gut es geht meinen Körper. In dieser Stellung mache ich einen Satz nach links, dann einen nach hinten. Scholles Faust saust ins Leere. Meine Füße gleiten über den Hallenboden. Eine Atempause, dann steht Scholle wieder vor mir. Er hat den Mund offen und knallt mir seine Führungshand auf die Handschuhe. Dann drischt er gegen meine Stirn. Wieder ein Treffer, aber er tut nicht weh.

Ich warte, bis Scholle seine nächste Aktion bringt, und schlage meine Linke in die dabei in seiner Deckung aufklaffende Lücke. Kurz darauf fliegt meine Rechte heraus. Sie trifft auf etwas Hartes, Sprödes – etwas, was sich bei aller Härte überaus zerbrechlich anfühlt. Das muss Scholles Kinn gewesen sein, oder? Keine Antwort von seinen Fäusten. Ja Mensch, durchfährt es mich, das war ein

Treffer! In meinen Ohren tost etwas, was wie Beifall klingt. Ein gellender Pfiff beendet die Runde.

Pumpend wie ein Maikäfer taumele ich in meine Ecke. Meine Knie sind wieder schrecklich weich, jetzt jedoch nicht aus Angst, sondern vor Erschöpfung. Mein Kumpel Berge redet auf mich ein. Der Schwall seiner Worte klingt nach Instruktionen für den Kampf, doch ich vermag nicht, ihm auch nur eine Silbe lang zuzuhören. Das Blut rauscht in meinen Ohren, meine Arme hängen an mir herunter wie ausgeleierte Gummistrippen, an deren Ende ein übermäßig schweres Gewicht baumelt. Um Himmels willen, was mache ich hier? Und vor allem: Wie soll ich diese Tortur eine weitere, unendlich lange Runde durchhalten?

Wieder ein Pfiff, zurück in den Ring. Auf ein Neues attackiert mich Scholle mit seinen Fäusten, doch jetzt halte ich von Anfang an dagegen. Keine Wand, eine Welle aus Schlägen bricht über mich herein. Ich weiche ihr aus, um kurz darauf wieder mitten in sie hineinzuspringen. Arme hoch und schlagen, Gerade oder Haken, Hauptsache, schlagen, meiden, blocken, wieder schlagen. Es rauscht in meinen Ohren, meinem ganzen Leib. Aus weiter Ferne höre ich, wie sie uns anfeuern. Eine tosende Brandung aus verzerrten Stimmen. »Hau ihn auf die Fresse«, kreischt eine hohe Mädchenstimme. Mehr verstehe ich nicht. Meine bei jedem Schlag schwerer werdenden Arme lernen schnell dazu. Haken brauchen weniger Kraft. Meine Arme verwandeln sich erneut in Gummiseile. Blitzartig schleudern sie heraus und bringen ihr schweres Ende, meine Fäuste, ins Ziel. Auch Scholle landet weiter seine Treffer.

In der Pause zur dritten und letzten Runde weiß ich: Ich werde diese zwei Minuten bewältigen. Auch körperlich fühle ich mich weitaus besser als nach der ersten. Endlich der Pfiff: »Ring frei!« Während wir erneut aufeinander einschlagen, erlebe ich in meinem Kopf eine angenehme Leichtigkeit, wie ich sie selten zuvor – und niemals in dieser Halle – erlebte. Scholles und mein Körper ergehen sich in einem Gespräch ohne Worte, dafür mit grenzenlos ehrlicher

Hingabe. Geben ist seliger denn nehmen. Wie abgrundtief begreife ich in diesen Augenblicken den wahren Sinn dieser Worte.

Am Ende der 3. Runde schließen wir uns unter dem Jubel unserer Mitschüler in die Arme. Mir blutet die Lippe, Scholles rechtes Auge zeigt die deutlichen Vorboten eines Veilchens. Wir beide kennen uns von nun an besser, als wir es je mit Worten ausdrücken können.

Meine Angst vor dem Schmerz hatte mich an diesem Tag keineswegs verlassen. Aber von nun an wusste ich, sie war nur *ein* Teil des Ganzen. Einer, der dazugehörte – und der rasch verflog, hatte der Kampf erst begonnen. Ich würde niemals ein ausgesprochen guter Boxer werden, und doch half mir meine Begegnung mit diesem Sport, mit meiner übermannsgroß anmutenden Angst auszukommen – nicht nur in der Turnhalle.

Weil mir das Boxen in der Schule jedwede Langeweile vertrieb

Mochte der Unterrichtsstoff mitunter noch so öde sein, Langeweile in der Schule kannte ich über Jahre hinweg nicht – vor allem dank ihm. Ja natürlich, ich rede hier von dem Größten aller Zeiten. Mehr als ein Jahrzehnt beherrschte er das Schwergewicht nach Belieben, heimste er nationale wie internationale Titel ein wie bis zum heutigen Tage kein anderer Boxer dieser Welt. Siegreich in gefühlten 111 Weltmeisterschaftskämpfen, ferner acht deutsche Meisterschaften sowie fünf Siege beim legendären PBC-Pokal zieren seinen Kampfrekord. Die Rede ist von Oliver Kniebleich, *dem* Superhelden meiner ganz persönlichen Boxsport-Historie.

Selbige füllte am Ende ein halbes Dutzend eigenhändig von mir vollgemalter Kladden im DIN-A5-Format. Die passten gut in die Schultasche und, ganz wichtig, sie waren kleiner als das Gros der

Lehrbücher. Näherte sich ein Lehrer meinem Platz, legte ich schnell ein solches über mein geschichtsschreiberisches Werk. Nicht von ungefähr zeichnete ich den größten Teil meiner Boxbücher während des Unterrichts.

Saison für Saison verewigte ich in meinen Kladden. In jede passten etwa vier Jahrgänge. Jede Saison begann mit den »Deutschen Meisterschaften im Boxen«, bei der acht Kämpfer im K.-o.-System den nationalen Meister ermittelten. Über viele Jahre dominierten hier die Kämpfer des PBC. Dieses Kürzel hatte nichts mit den frömmelnden Gutmenschen der »Partei Bibeltreuer Christen« zu tun, sondern stand für »Pfeifenraucher-Box-Club«. Oliver Kniebleich sowie seine beiden Nachfolger auf dem nationalen Thron, Hans Kraftstulle und Horbert Sorbier, boxten unter der Flagge des PBC. Die Pfeifenraucher waren allesamt abgeranzt daherkommende Männer mit Glatze und Bartstoppeln, die ihre Mitmenschen mittels permanentem Pfeifenrauchabsonderns terrorisierten. Olli und die anderen nahmen ihre Rauchgeräte einzig während ihrer Auftritte im Ring aus dem Mund.

Daselbst leistete ich mir in meinen Boxchroniken einige Extravaganzen. So verfügte besagter Hans Kraftstulle, ein kleiner, schmächtiger Kerl mit kurzen Armen, über eine äußerst effiziente Spezialwaffe. Zwischen seinen Boxhandschuhen und Unterarmen verbargen sich mächtige, im Normalfall unsichtbare Stahlfedern. Hans stellte sich außerhalb der Reichweite seines Gegners auf. Sobald er die Chance zu einem Treffer sah, ließ er den Stahlfedern freien Lauf und verfügte blitzschnell über eine enorme Reichweite. Wie Blitze schossen seine Hände heraus und erzielten mitunter eine enorme Wirkung, bevor sie ebenso abrupt wieder in ihre Ausgangslage zurückschnellten und Kraftstulle lediglich ein schmächtiger Kerl mit kurzen Armen und Stoppelschädel war.

Hans brachte es dank seiner Stahlfeder-Hände immerhin auf zwei deutsche Meisterschaften und einen sechsten Platz in der seinerzeit äußerst stark besetzten Weltrangliste. Nicht ganz so erfolgreich verlief die Karriere seines Clubkollegen Herbert Stech-brennerschinken. Auch dessen Boxhandschuhe, mit jeweils fünf superspitzen Spezialspikes ausgestattet, vermochten jedweden Gegner äußerst schmerzhaft zu treffen.

Der Deutschen Meisterschaft folgte der »PBC-Pokal in Ruden-dudel«, Letzteres ein meiner Fantasie entsprungenes Pisskaff. Dessen ungeachtet, war dieses Turnier international wie äußerst prominent besetzt. Stars wie Sergej Iwanowitsch Chachsan aus der UdSSR, der Argentinier Aguala Nussgorillio, Fidel Castero aus Kuba, Mexikos Stolz Hegown Gonzalez oder der riesige Chinese Soranj du Shen-Shen Hunon gehörten zu seinen Stammgästen. Gegen Ende der Blütezeit des Pfeifenraucher-Box-Booms erlangte der PBC-Pokal den Rang eines WM-Turniers. Die 16 besten Boxer der – bei mir stets gewichtsklassenübergreifenden – WM-Rangliste kürten hier, ebenfalls im K.-o-System, den neuen Champ oft the World. Bis dato hatten meine WM-Kämpfe jeweils in der turnier-freien Zeit nach meinen beiden Meisterschaften stattgefunden.

Alle wichtigen Kämpfe erlebte ich live mit, indem ich sie höchst selbst Bild für Bild aufs Papier zauberte. Für einen Fight unterteilte ich zwei Buchseiten meiner linierten Kladden in insgesamt 14 Teile, indem ich alle drei Zeilen eine Trennlinie zog. Diese 14 Teilbilder markierten die Dauer des Kampfes, sofern der über die volle Dis-tanz ging. Auf dem ersten Bild standen sich beide Kontrahenten mit erhobenen Boxhandschuhen gegenüber. Jedes zeigte ausschließlich ihre Köpfe und Oberkörper, sprich sämtliche Trefferflächen. Auf dem zweiten Bild brachte einer der Boxer seine erste Attacke. Das Schicksal führte meine zeichnende Rechte und entschied darüber, wer schlug und auch, ob er Kopf, Körper oder nur des Gegners Deckung traf. Derart ging es weiter, bis ein Mann k. o. ging oder nach 14 Bildern mit dem Schriftzug »Doingg!« der Schlussgong folgte. Dann zählte ich die Treffer und schrieb das offizielle Urteil.

Es war wichtig, dass ich den gesamten Kampf in einem Zug zeichnete, denn jedes Teilbild bestimmte durch seinen Strich den

Inhalt des nächsten. Nur so folgte jeder Fight seiner eigenen Dramaturgie. Natürlich fieberte mein Herz stets für einen der beiden Boxer, was jedoch keinesfalls bedeutete, dass dieser am Ende auch siegte. Ich weiß noch genau, wie mir fast die Tränen kamen, als Olli Kniebleichs WM-Kampf gegen den mächtigen Japaner Hong Suang Dey-Dey eine dramatische Wendung zu Ungunsten meines größten Boxers aller Zeiten nahm.

Nur wenige Tage nach Oliver Kniebleichs erster K.-o.-Niederlage nahm mich mein Schulfreund Berge, der wie einige andere Jungen und Mädchen der Klasse mittlerweile lebhaften Anteil an meinen Boxbüchern nahm, zur Seite. »Ich glaube, Olli sollte jetzt sterben«, vertraute er mir an. Das leuchtete mir ein. Noch am Nachmittag zeichnete ich die Beerdigungsfeierlichkeiten. Sie nahmen, genau wie jeder wichtige WM-Kampf, exakt zwei Buchseiten ein. Auf dem ersten Bild war Oliver Kniebleichs aufgebahrter Leib zu sehen. Dann zeichnete ich, wie viele seiner Kollegen, Wegbereiter und Gegner gemeinsam den riesigen Sarg zur ausgehobenen Grabstelle trugen. Zu den Trägern gehörten unter anderem Hong Suang Dey-Dey, Hegown Gonzalez, Sergej Charykin aus der UdSSR und der US-Star Joe Gummikralle. Pfarrer Ibo Hompenbuss und Odo Herberts, Chef des PBC, hielten die Trauerreden. Die von Herberts endete mit den Worten: »Oliver war ein guter Sportler. Auch hatte er einen sehr guten Charakter und war hilfsbereit.« Das war zweifelsfrei der einschläfernde Beurteilungssound aus meinem Zeugnisheft. Ollis Bezwinger Dey-Dey bekräftigte am Ende seiner Trauerworte: »Oliver war zwar mein Konkurrent, aber auch gleichzeitig mein Freund.«

Ollis früher Abgang war für alle seine Fans, insbesondere für Berge und mich, ein tiefer Schock, und doch kam er keinesfalls aus dem Nichts. Eine vorab in meiner Kladde veröffentlichte Pressemitteilung hatte die Vermutung enthalten: »Die Ursachen für seinen Tod sind wahrscheinlich in seinem starken Pfeiferauchen zu suchen.«

Vor allem aber war Oliver Kniebleichs Beerdigung tagelang *das* Pausengespräch in meiner Klasse. Fortan hatte ich so viele Box-interessierte um mich, dass ich große Kämpfe nur noch in den Pausen zeichnen konnte, denn selbstredend wollten auch die anderen live dabei sein, wenn ich meine rechte Hand die nächste Deutsche oder gar Weltmeisterschaft im Boxen zelebrieren ließ. Dank jener Kladden, die sich noch heute in meinem Besitz befinden, verlebte ich über Jahre hinweg eine äußerst kurzweilige Schulzeit.

Weil ich doch noch zu Ali fand

Als ich Muhammad Ali 1975 am Fernsehbildschirm kennenlernte, hatte »Der Größte« bereits den größten Teil seiner Ringkarriere hinter sich. Ich mochte ihn, wie gesagt, überhaupt nicht, und sah ich einen seiner Kämpfe, wollte ich nur eines: dass endlich einer dieses Großmaul schlug. Es ging mir mit dem »alten« Ali, der ein Jahr zuvor den ihm von seiner Regierung geraubten WM-Titel zurückerobert hatte, auf den ersten Blick wie vielen, vor allem weißen Amerikanern, die einst den jungen Ali gehasst hatten. Allerdings hatte meine Abscheu nicht das Geringste mit Alis Religion oder gar seiner Hautfarbe zu tun. Ich war Fan von Teófilo Stevenson, dem schwarzen Kubaner, der Nummer 1 der Amateure.

Ich mochte es einfach nicht, dass Ali auf den Pressekonferenzen so herumschrie, dass er bei gemeinsamen Fernsehauftritten seine Gegner verhöhnte, ihnen ins Wort fiel, sie mitunter gar beim Schlafittchen packte. Für den Witz seiner Shows war ich viel zu naiv. Ich sah nur einen überaus bösen Mann, der anderen das Wort verbot und das offenbar sogar durfte. Aus meinem eigenen Leben kannte ich viele, die selbiges mit mir taten. Onkel Wolfhart zum Beispiel, der mir gegenüber immer recht hatte, weil er erstens ein

Erwachsener und zweitens Lehrer von Beruf war. In meiner Schule versuchten eine ganze Reihe seiner Berufskolleginnen und -kollegen, meinen Freunden und mir mit Alleinherrscher-Stimmen zu erklären, wer in der Welt die Guten und wer die Bösen waren. Dass wir Jungs unbedingt drei Jahre zur Nationalen Volksarmee müssten, um unser Land wie den Weltfrieden gegen all die Bösen zu verteidigen, war ja wohl das Mindeste, was wir undankbaren faulen Säcke dem uns päppelnden Staat der Arbeiter und Bauern zurückzugeben hatten!

Mein Schulfreund Willi nahm sich meiner Ali-Abscheu an, indem er mir vom mächtigsten aller Boxer erzählte, der nur darauf warte, es dem Großmaul endgültig heimzuzahlen: »Alle Kenner wissen, der Allergrößte ist dieser Riese, den alle nur ›Jumbo‹ nennen. Noch sitzt Jumbo im Knast, aber in seiner Zelle hängt 'n Sandsack. Außerdem verprügelt er jeden Tag ein Dutzend schwer bewaffneter Wärter, um sich für den Tag der großen Abrechnung mit Ali in Form zu halten.«

Ich nehme an, Willi meinte mit jenem sagenumwobenen »Jumbo« den Exchamp Sonny Liston. Den jedoch hatte Ali zweimal im Ring verprügelt. Außerdem war Liston seit dem 30. Dezember 1970, also bereits seit etlichen Jahren, tot. Das allerdings wusste ich damals nicht. Und wenn, dann hätte ich es nicht wissen *wollen*, denn die Hoffnung stirbt bekanntlich zuletzt, und die hieß für mich nun mal Jumbo!

Mein Hass auf den großen »Mundverbieter« Muhammad Ali endete an jenem Tag, da ich seine Autobiografie *Der Größte* in die Hand bekam. Das war Anfang der 1980er, und der Boxer Ali hatte seine Handschuhe längst an den berühmten Nagel gehängt. Nach einer Schulaufführung zu Ehren des deutschen Dichterstars Johann Wolfgang von Goethe, in der ich oben auf der Bühne einen tumben österreichischen General sowie den mindestens ebenso dämlichen Schüler aus Goethes *Faust* mimen durfte, wusste ich zum ersten Mal in meinem Leben, was ich werden wollte: Schauspieler! Wie staunte ich darüber, genau hier in Muhammad Ali einen Bruder zu sehen. Seine große Klappe, all die Wutausbrüche und Beinahe-Schlägereien vor laufender Fernsehkamera – all das hatte er meisterhaft *gespielt*!

Er war diesen Weg gegangen, um sich den großen Boxpromotern zu empfehlen – ja mehr noch, er drängte sich ihnen mit seiner Show derart auf, dass die gar nicht anders konnten, als große, lukrative Kämpfe mit *ihm* zu besetzen. Der Schauspieler Ali hatte dem Boxer Ali die guten Jobs besorgt – und der Boxer wusste, was es bedeutete, derart in Szene gesetzt, auf der großen Bühne den Bösen zu geben: »Ich habe Angst, (…), weil ich nach der Angeberei, nach den Prophezeiungen und dem Wunsch der Zuschauer, mich verprügelt zu sehen, tief in der Klemme sitze. Wenn ich verliere, jagen sie mich aus dem Land. Ich hocke auf einem dünnen Ast und weiß, daß ich gewinnen muß. Da stehe ich nun im Rampenlicht und hab Todesängste. Aber das wissen nur wir beide«[4]

In jenem Absatz seines Buches sprach Ali zu seinem engen Vertrauten True »Bundini« Brown – und zu mir, seinem Leser und Komplizen. Denn wenn ich oben auf der Bühne stand, wollte ich dort nichts anderes als er. Ich wollte glänzen, meine Rolle so spielen, dass keiner meiner Zuschauer mich je vergaß. Und ganz sicher hätte ich nicht das Geringste dagegen einzuwenden gehabt, wäre der Direktor eines großartigen Theaters nach der Vorstellung zu mir gekommen, um mich an seinem Haus zu engagieren. Das ist nie passiert, und doch denke ich, dass ich dem Publikum fast immer eine gute Show bot. Und wer weiß, ohne die Bühne wäre ich womöglich etliche Jahre länger Jungfrau geblieben. In jedem Fall verstand ich jetzt, warum Muhammad Ali mich einst zu einem Mitglied seiner millionenstarken Gegnerschaft gemacht hatte.

Weil ich bei der Musterung neben Ali stand

Endgültig mein Bruder wurde Muhammad Ali in jenem Kapitel, in dem er gegen den mächtigsten aller Gegner antrat: die Herrschenden seines Landes. Ich rede hier vom Kapitel über seine Musterung zur Army. Das Land, in dem er selbst nach seinem Olympiasieg dank seiner Hautfarbe als Bürger 2. Klasse galt, der in »weißen« Restaurants nicht bedient wurde, wollte ihn anlässlich des Vietnamkriegs in seiner Armee dienen sehen. Ganz sicher hätte er als Promi nicht vor Ort Wälder vergiften, eigenhändig vietnamesische Frauen und Kinder abschlachten oder Vietkong-Soldaten im tödlichen Kampf gegenüberstehen müssen. Als Weltmeister im Schwergewicht wäre sein Platz in einer Faschingsgarde gewesen, in der er höchstens mal vor laufender Fernsehkamera eine Waffe in die Hand hätte nehmen müssen. Und doch weigerte sich Ali, an diesem Krieg des weißen Amerika teilzunehmen.

Wie überall auf der Welt nannten die Mächtigen den in ihrem Interesse angezettelten Massenmord einen »heiligen Krieg fürs Vaterland«, die Teilnahme daran eine »patriotische Pflicht«. Um von ihrem eigenen Versagen abzulenken, richten die Mächtigen ihren langen Finger auf jemand anderen, der angeblich schuld an allem Schlamassel ist. Ob Indianer, Juden, Kommunisten, Imperialisten, Weiße, Schwarze, Homosexuelle, Radfahrer, Hartz-IV-Empfänger oder Vietkong, immer ist ein anderer der Bösewicht, dem im Namen von Kaiser, Gott, Vaterland, des Sozialismus, Weltfriedens oder Pipapo der Garaus gemacht werden muss. Die Drecksarbeit des Mordens lassen die Mächtigen selbstverständlich von den »kleinen Leuten« verrichten. Die meisten Amerikaner, die in Vietnam starben, waren schwarz.

Und zu diesem ganzen Beschiss, der bei den meisten Untertanen funktioniert, sagte Ali Nein! Statt in der sicheren Faschingsgarde symbolisch Krieg zu spielen, riskierte er Berufsverbot, fünf Jahre Gefängnis und eine hohe Geldstrafe. Als Ali zur Musterung erschien, musste er sich zunächst, wie jeder Wehrpflichtige auf dieser Welt, einer Reihe halbwegs entwürdigender militärärztlicher Untersuchungen stellen. Anschließend stand er, die Hände an der Hosennaht, zusammen mit anderen Rekruten in einem Raum. Auf einem Podest thronte ein Offizier und rief ihre Namen auf. Der Genannte musste einen Schritt nach vorn tun – und trat somit offiziell der US-Army bei. Der eine vollführte jenen Schritt mit stolzgeschwellter Brust, andere zögerlich und ängstlich, wieder andere mit Abscheu. Muhammad Ali, den der Offizier bewusst mit seinem »Sklavennamen« Cassius Clay aufruft, bleibt stehen, was ihm prompt einige bewundernde Blicke der anderen Rekruten einbringt: »Es ist, als seien sie insgeheim froh darüber, daß jemand der Macht die Stirn bietet, die alle Soldaten von ihren Heimen und Familien trennt.«[5]

Zu diesen anderen Rekruten gehörte auch ich, etliche Jahre später und in einem anderen Teil der Welt. In dem Land, in dem ich ein junger Mann war, verurteilten die Mächtigen den Vietnamkrieg der USA als Verbrechen. Auch sie entschieden darüber, wer Gut und wer Böse war und zwangen uns, »Für Frieden und Sozialismus« unseren sogenannten »Ehrendienst« in ihrer sogenannten »Volksarmee« zu leisten. Einer Armee, in welcher, anders als in der Bundeswehr, noch in den 1980ern die in Preußischem Heer wie faschistischer Wehrmacht gültige Hackordnung der unteren Dienstgrade herrschte.

Die Soldaten des dritten Diensthalbjahrs nannten sich »Entlassungs-Kandidaten«. Sie hielten die »Zwischenpisser« aus dem zweiten Diensthalbjahr an, den neu einberufenen »Sprallen« die Hölle heiß zu machen. Die »jungen Genossen« hatten sämtliche Zimmer und Reviere zu reinigen und jene, die schon länger dabei waren, zu bedienen und zu belustigen. Ein weiterer Unterschied zur Bundeswehr: Deren Mannschaften fuhren am Wochenende nach Hause, wir hingegen sicherten in der Kaserne die Gefechtsstärke unserer

Wundertruppe.«»Würden wir die BRD Freitagnachmittag angreifen, stünden wir nach wenigen Stunden kampflos an der französischen Grenze«, sahen wir unsere Kasernenhaft mit Humor.

Offiziell herrschten bei der NVA sozialistische Menschenbeziehungen. Ich lernte während meiner Kasernenhaft, was *dieser* Sozialismus rein menschlich wert war: Erfülle bedingungslos die Befehle deiner Vorgesetzten und sieh zu, dass du deinen Arsch an die Wand kriegst. Nach oben buckeln, nach unten treten, genau wie in jeder anderen Armee.

Bei meiner Musterung sah ich Ali neben mir – und traute mich nicht, wie er zu sagen: »Nee, Leute, ich mache nicht mit!« Nun führten NVA und die damalige Bundeswehr keine Kriege, abgesehen vom permanenten Kalten Krieg. Ich musste als »Affenarsch«, so unsere Übersetzung des Begriffs »Armeeangehöriger«, lediglich das alle vier bis elf Wochen von einem Wochenendurlaub unterbrochene Knastleben der Kaserne überstehen. Einer meiner Freunde hatte es zumindest gewagt, den Offiziersbüttel bei der Musterung zu fragen: »Was passiert eigentlich, wenn ich mich weigere, zur NVA zu gehen?«

»Dann ziehen wir Sie trotzdem ein!«, hatte der Militär-Knecht losgebrüllt. »Und wenn Sie nicht erscheinen, sperren wir Sie ein, und zwar für die Dauer Ihres Ehrendienstes! Und wenn Sie rauskommen, ziehen wir Sie wieder ein, und wenn Sie dann wieder nicht erscheinen, sperren wir Sie noch mal ein, und zwar für die Dauer …«

Ob es tatsächlich so gekommen wäre, wagte ich nicht, herauszubekommen. Ali jedenfalls saß keine fünf Jahre, sondern lediglich zehn Tage im Knast, offiziell für ein Verkehrsvergehen, das bereits Jahre zurücklag. Sie erkannten ihm seinen Weltmeistertitel ab und erteilten ihm in der Blütezeit seiner Boxerkarriere ein gut dreijähriges Berufsverbot. Seinen Pass zogen sie ein. Er durfte das Land nicht verlassen und musste ständig damit rechnen, dass sie ihn doch noch für Jahre ins Gefängnis warfen.

Nicht er hatte anderen den Mund verboten, wie ich einst dachte, sondern die Mächtigen versuchten, eben das mit ihm zu veranstalten. Auch wenn ich damals nicht wagte, was Ali sich traute, bin ich ihm bis heute für seine Standhaftigkeit dankbar, lehrt sie mich doch: Du selbst und nur du bist verantwortlich für das, was du in deinem Leben tust!

Weil mir das Boxen ein guter Freund wurde

Meine Zeit als kindlich-jugendlicher Hobbyboxer dauerte etwa anderthalb Jahre. Es waren jene drei Halbjahre, in denen auf meinem Zeugnis im Unterrichtsfach Sport die Note 2 stand, statt der sonst von mir abonnierten 3. Die zahlreichen Laufeinheiten des Boxtrainings halfen meiner Kondition auf die Sprünge, das intensive Krafttraining sorgte dafür, dass an den optisch entscheidenden Stellen meines Körpers Muskeln zu erkennen waren, und selbst das Seilspringen beherrschte ich schließlich recht ordentlich. Durch emsiges Training boxte ich halbwegs ansprechend. Ich brachte die gängigen Schläge schnell und irgendwann sogar äußerst präzise, doch was mir fehlte, war der Punch. Das lag wohl daran, dass ich meine Schläge *an* Kopf oder Körper meines Gegners setzte, statt »durch sie hindurch« zu schlagen, wie es mein Trainer vehement forderte.

Auch ich konnte mitunter einen äußerst harten Schlag anbringen, aber wenn es passierte, kam das Ganze über mich wie ein plötzlicher Gewittersturm. Ich konnte derartige Attacken nicht abrufen, sobald es die Kampfsituation erforderte. Hatte ich meinen Gegner an den Seilen gestellt, fehlte mir oft genug einfach der Biss, die Sache zu Ende zu bringen, also den Ringrichter dazu zu bewegen, den Kampf vorzeitig zu meinen Gunsten abzubrechen. Nun ging es beim Jugend-Amateurboxen nicht vor allem darum, seine Kämpfe durch einen technischen oder gar echten Knock-out zu gewinnen, aber meine Zögerlichkeit verriet mir doch, dass ich im Ring niemals Bäume ausreißen würde. Der Gegner musste mich, genau wie einst Scholle, erst ein paar Mal ordentlich durchrütteln, bis ich die Aggressivität entfaltete, die es im Ring nun mal braucht. Ob die dann bei mir derart kontrolliert war, wie es für einen Boxer gut ist, möchte ich aus heutiger Sicht bezweifeln.

Wie auch immer, ich hörte wieder auf zu boxen und sank in Sport auf meine Note 3 zurück. Was mir bis heute blieb, ist meine Liebe zu diesem Sport. Vor allem mag ich es, mir Boxkämpfe *anzuschauen*, live im Berliner Prater Garten, einem großen Freiluft-Bier-Restaurant bei mir um die Ecke, in kleinen Hallen, großen Arenen oder eben im Fernsehen. Den späten Kämpfen Alis und jenen der stets stark besetzten DDR-Boxstaffel bei Chemiepokal, Welt- oder Europameisterschaften aus meiner Kindheit folgten nach der Wende die Ringauftritte Henry Maskes, über die ich an späterer Stelle erzähle.

Der einzigartige Mike Tyson brachte mich dazu, mir anlässlich seiner Kämpfe regelmäßig Nächte um die Ohren zu schlagen. Seine letzte große Zeit ab 1995 nach seiner Haftentlassung fiel genau in den wildesten Teil meiner Junggesellenjahre. Hin- und hergerissen von Liebesfreud und -leid fand ich am ehesten beim Betrachten eines guten Boxkampfs meine Ruhe. Erstere brachte mich vor Freude um den Verstand, hatte ich eine neue Liebe gefunden. Letzteres warf mich aus der Bahn, hatte mich eine bis eben Geliebte aus ihrem Herzen verbannt.

Die mich da im positiven wie negativen Sinne verrückt machten, waren Frauen, und was sah ich beim Boxen? Männer, die ihre Arbeit erledigten, und zwar mit äußerster Hingabe – allen voran der obercoole Ringrichter Mills Lane und natürlich vor allem Iron Mike Tyson. Ich genoss es, ihn für die Minuten seiner Ringauftritte zu meinem absoluten Helden zu machen, ohne je so leben oder sein zu müssen wie er. Wie auch immer: Sobald Tyson boxte, hatte ich keinen einzigen Gedanken mehr frei für die mich sonst gnadenlos verzehrende sinnliche Liebe.

Als mein Held mit Evander Holyfield zum zweiten Mal in seiner Profikarriere auf einen Mann traf, der ihn in den Ringstaub schickte, konnten mich einzig die mich umschlingenden Arme, Beine und Lippen meiner Geliebten trösten, nachdem ich sie morgens gegen acht Uhr, so zärtlich es mir irgend möglich war, aus ihrem Schlummer riss. Sie tat es, wofür ich ihr an dieser Stelle noch einmal aus tiefstem Herzen danke!

So also sorgten das Boxen und die Liebe dafür, dass ich mein Leben jener Jahre bis heute und nahezu ganz ohne Wehmut als ein äußerst buntes bezeichnen darf. Die Geliebten kamen und gingen, die edle Kunst des Faustfechtens, wie mein Lieblingskommentator Werner Kastor den Boxsport zu nennen pflegt, steht mir bis zum heutigen Tag als überaus treuer wie verlässlicher Freund zur Seite.

Weil mir das Boxen in Liebesdingen half

Noch einmal kurz zurück in meine Junggesellenjahre. Das Leben erschien mir hart, intensiv und vor allem ungeheuer einfach. Stand ich gerade solo da, vegetierte ich gefühlsmäßig in einem unterirdischen Maulwurfsgang dahin, ohne in irgendeiner Weise Lust auf diese Art des Lebens zu haben. Hatte ich dagegen eine Freundin, ging es mir wunderbar. Waren es gar deren zwei, schwebte ich, egal, wie zerschlagen ich von den süßen Mühen der Liebe war, einen halben Meter über dem Erdboden.

Zum Glück verliebte ich mich nie in ein Mädchen, mit dem ich nicht geschlafen hatte. Das rettete mich davor, dass mich eine begehrenswerte Schöne allzu lange an der Nase herumführen konnte.

Mein großes Problem bestand darin, dass ich mich jedes Mal unsterblich in die Angebetete verliebte, *sobald* ich mit ihr geschlafen hatte. Aus diesem Grunde musste ich es irgendwie schaffen, mein Lager nur mit denjenigen zu teilen, bei denen es die Chance gab, dass wir mehr zueinanderpassten, als dies beim Liebesakt rein körperlich gegeben war, sprich: Meine Herzallerliebste sollte zumindest eine meiner Macken mindestens tolerieren können. Die Erste, die mir in diesem Zusammenhang einfiel, war die mit dem Boxen. Weit über 40 VHS-Kassetten mit Boxkämpfen, eine jede mindestens 240 Minuten lang, hatte ich mittlerweile aufgenommen, wobei ich wohlgemerkt nur jene Fights auf dem Band beließ, die mich wirklich gefesselt hatten.

Bei einem Stelldichein mit der womöglich zukünftigen Liebsten stellte ich dann zu vorgerückter Stunde wie nebenbei die Frage: »Hab ich dir eigentlich schon mal ein paar meiner Lieblingskämpfe gezeigt?« Das Ganze bei aller Beiläufigkeit in genau jenem Tonfall, als seien wir beide Vollblutphilatelisten, und ich habe gerade erwähnt, ihr die Blaue Mauritius zeigen zu wollen, um sie ihr hernach zu schenken.

Zumeist lagen wir da bereits zusammen auf meinem Hochbett, von dem aus man einen wunderbaren Blick auf einen riesigen Uralt-Röhrenfernseher hatte. Konnten die Mädchen meine Frage zunächst als einen Streich ihrer Ohren abtun, wussten sie doch spätestens nach den folgenden drei Bewegungen meines rechten Zeigefingers, dass ich das Angekündigte wirklich ernst gemeint hatte, denn schon jene beiden Augenblicke später zeigten sich Lennox Lewis, Óscar de la Hoya, Mike Tyson oder Roy Jones jr. auf der Mattscheibe und legten los, uns ihre Kunst nahezubringen.

Setzte es an dieser Stelle neben mir Protest oder fand ich mich kurz darauf gar allein in Hochbett und Einraum-Außenklo-Bude wieder, wusste ich, dass mir ein weiterer, viel zu früher Bruch meines Herzens erspart geblieben war. Nahm meine Besucherin das Ganze cool oder gar mit Humor, erwies sich das als gutes Zeichen.

Eine von ihnen fand nicht nur Gefallen beim Ansehen meiner Lieblingskämpfe. Das Zucken ihres rechten Armes, begleitet von einem leichten Pendeln ihres Oberkörpers, verriet, dass sie von der ersten Minute an mitboxte. Wir sind noch heute miteinander befreundet.

Weil ein gebrochener Kiefer meine Liebe für kurze Zeit zum Boxfan machte

Auch meine Liebe hatte dereinst ein paar meiner Lieblingskämpfe zu sehen bekommen. Sie nahm es mit Humor. In den folgenden Jahren verbrachten wir so manchen Boxabend im gleichen Raum. Bei Kämpfern, die ihr sympathisch waren oder sagen wir lieber, die ihr optisch gefielen wie Markus Beyer, Sebastian Sylvester oder die Klitschko-Brüder, verfolgte sie das Geschehen sogar mit einigem Interesse. Gaben sich dagegen Timo »Die Deutsche Eiche« Hoffmann oder Nikolay Valuev die Ehre, las sie lieber, malte ein Bild oder klöppelte an der Schmuckspitze für ihr Hochzeitskleid.

Zu den Boxern der ersten Kategorie zählte irgendwann auch Arthur Abraham. Mir gefiel dieser Draufgänger, der, nachdem er die ersten drei bis vier Runden gegen gute Gegner für gewöhnlich abgegeben hatte, förmlich explodierte und den Sieg durch seine harten Schläge errang. Meiner Liebe gefielen wohl hauptsächlich seine nicht *zu sehr* definierten, aber doch äußerst ansehnlichen Oberarmmuskeln.

So kam der Boxabend des 23. September 2006. Im Hauptkampf stand Arthur Abraham einem gewissen Edison Miranda gegenüber. Beider Kampfrekorde hatten es in sich. IBF-Weltmeister Abraham hatte 21 Kämpfe als Berufsboxer bestritten, alle gewonnen, 17 davon vorzeitig. Mirandas Bilanz las sich noch eindrucksvoller: 26 Kämpfe und Siege, 23 durch K. o. Obgleich keiner der beiden bisher einen Weltklassemann vor den Fäusten gehabt hatte, las sich das doch vielversprechend.

Miranda deutete beim Walk-in mehrfach mit martialischer Geste an, er werde seinem Gegner die Kehle durchschneiden, womit er sich beim Publikum und ganz besonders bei meiner Liebe äußerst unbeliebt machte. Endlich begann der Kampf. Arthur begann für seine Verhältnisse geradezu offensiv, zeigte Einzelschläge und Kombinationen, ließ seinen muskelbepackten Gegner langsam, geradezu hilflos aussehen. Der 2. Runde drückte »Straßenkämpfer« Miranda seinen Stempel auf. Er setzte einen Tiefschlag, der Arthur ausrutschen ließ. Nach dem Schlussgong schlug er nach, worauf sich beide Boxer eine kurze Prügelei lieferten. »Du bist doch klug, nich er!«, fing sich Abraham prompt die verbale Kopfnuss seines Trainers Ulli Wegner ein.

Nach anderthalb Minuten schien Miranda die 3. Runde in der Tasche zu haben, da übernahm Arthur mit beeindruckenden Attacken das Kommando. In der 4. trifft er links wie rechts, klingelt Miranda an. Der kommt gegen Rundenende mit ein paar unspektakulär anmutenden Schlägen durch, da sehe ich Arthurs Mund offen. Er blutet. Ist das nur die Lippe?

In der Ringpause höre ich Arthur etwas sagen, was wie »… gebrochen« klingt. »Ach, da ist jar nüscht jebrochen«, beschwichtigt sein Coach und lässt Schlimmes ahnen. Spätestens jetzt gibt es auch für meine Liebe nichts anderes mehr als diesen Kampf.

5. Runde, Arthurs Mund steht offen, es scheint, als könne er ihn gar nicht mehr schließen. Blut läuft heraus. Beide gehen in den Clinch, Miranda rammt seinen Schädel mit voller Wucht gegen Arthurs Schädel. Der fasst sich ans Ohr, dreht sich ab, krümmt sich. »Intentional headbutt!«, entscheidet der Ringrichter, »Time-out, a foul!« Zwei Punkte Abzug für Miranda, lautet sein Urteil, aber hat das überhaupt noch eine Bedeutung? Der Ringarzt ist bei Arthur, seine prompte Diagnose: »Kiefer ist gebrochen!« – »Kam der Bruch durch jenen Kopfstoß?«, fragt der ARD-Kommentator

scheinheilig. Sicher wäre ihm das am liebsten, denn dann bliebe der Verletzte Weltmeister. »TKO!«, höre ich den Ringrichter sagen. Klar, so unfair und brutal Mirandas Foul auch war, es hatte nun mal nicht zum Bruch geführt.

Arthur tut das im normalen Leben Unfassbare. Er sorgt für das Ende jeder Diskussion, indem er signalisiert: Ich kämpfe weiter. Sein Gesicht gleicht kaum noch jenem auf den überlebensgroßen Abraham-Porträts über dem Ring. Der Mund eine einzige, schmerzverzerrte Fratze, aus der unentwegt das Blut rinnt, die linke Wange schwillt mehr und mehr an, während der Rest seines Körpers noch immer die Arbeit eines Boxers verrichtet.

Meine Liebe steht derweil quasi direkt unten am Ring. Es ist keinesfalls das Blut, was sie anzieht. Im Gegenteil, sie muss ihren Blick abwenden, sobald die Kamera Arthurs Gesicht von vorn zeigt. Sie will nur eines: dass er diesen Kampf irgendwie überlebt – und ja, dass er ihn gegen diesen brutalen Verbrecher gewinnt! Das jedoch scheint unmöglich. Arthur Abraham erreicht das Ende der 5. Runde wie ein Ertrinkender den buchstäblichen Strohhalm. »Der ist nicht kaputt!«, brüllt Uli Wegner. Auch Co-Trainer wie Cutman decken ihren Boxer mit Durchhalteparolen ein. Der antwortet mit unverständlichem Gurgeln – und macht weiter!

Runde für Runde, eine quälender als die andere. Arthur blutet, pumpt – und boxt und schlägt. Miranda wird langsamer, und Arthur greift weiter an, trifft seinen Mann wieder und wieder. Sobald er sich im Rückwärtsgang befindet, sieht er aus, als gehe er jeden Moment zu Boden. In der 7. Runde setzt Miranda kurz hintereinander zwei Tiefschläge, wieder zweimal Time-out, wieder zwei Punkte Abzug. Ein weiterer Punktabzug folgt im 11. Durchgang. In der Zeitlupe sehe ich, dass Mirandas Schlag lediglich auf Abrahams Hosenbund landete, aber wen interessiert das jetzt noch? Arthur klammert seinen Gegner mit Hilfe des Ringseils, dann greift er wieder an, eins, zwei – klare Treffer. Schließlich kann er nicht mehr. Auch die Ansprachen seiner Ecke werden bedeutend ruhiger. Alle wissen, jetzt muss er nur noch durchhalten, überleben – und genau das tut er, bis zum Schlussgong.

Meine Liebe reißt ihre Arme hoch, bevor sie erschrocken innehält und genau wie ich realisiert, welch Wahnsinn sich da gerade vor unseren Augen abgespielt hat. Dieser Kampf hätte spätestens in Runde 5 abgebrochen werden müssen, schreit die Vernunft, aber ihr gehört beim Boxen nur das Kommando, solange es im Ring ruhig bleibt. »Ich glaube, er hätte mir Vorwürfe gemacht, wenn ich ihn rausgenommen hätte«, fasst Uli Wegner wenige Minuten nach der Urteilsverkündung den ganzen Irrsinn dieses Kampfes in Worte. Ich bin sicher, sein Schützling hätte ihm jederzeit recht gegeben.

Meine Liebe jedenfalls verfolgte Arthur Abrahams Genesung mit größter Anteilnahme, und auch die Ernährungswissenschaftlerin in ihr war heilfroh, als er eines Tages vor einer Fernsehkamera verkündete, er sei zumindest wieder in der Lage, Nudeln und Fisch zu essen.

Weil meine Tochter plötzlich kein Problem mehr damit hatte, dass ihr Vater k. o. ging

Mittlerweile lebten meine Liebe und ich seit gut zweieinhalb Jahren nicht mehr mit Straßenkatze Paula allein. Unser Töchterchen, vom ersten Tag ihrer irdischen Existenz an mit außergewöhnlich wachen Augen gesegnet, hatte sich längst zu einem äußerst lebensfrohen Kleinkind gemausert. »Wer kommt heute?«, lautete eine ihrer täglichen Fragen, und als meine Antwort eines Tages lautete: »Der Berge mit seinen beiden Prinzessinnen!«, hüpfte sie in aufgeregter Vorfreude eine Runde durch die Wohnung.

Am Nachmittag besuchte uns mein alter Schulfreund, der seit gut zehn Jahren im Pott wohnt. Er kam zusammen mit seiner wunderbaren Frau und ihrer gemeinsamen Tochter, die mittlerweile acht Lenze zählte. Nachdem Berges Große eine Weile mit unserer Kleenen gespielt hatte, streifte ihr Blick das Bücherregal in meinem Zimmer. Schon hatten ihre ebenfalls äußerst aufmerksamen Augen die beiden uralten Boxhandschuhpaare entdeckt, die dort seit Jahrzehnten ungenutzt herumhingen.

»Kann ich die mal haben?«

Aber natürlich konnte sie. Schon hatte sie sich zwei Fäustlinge übergestreift – und nun galt ihr sehnsuchtsvoller Blick mir. »Wir wollen kämpfen?« Aber natürlich wollte sie genau das, und ich hatte, wohl oder übel, keine andere Wahl, als mir das andere Handschuhpaar überzustreifen. Begleitet von Berge, seiner Frau, meiner Liebe und unserer Kleinen betraten wir die Wohnstube. Das Publikum platzierte sich auf dem Teppich, alle hatten einen Platz direkt am Ring. Besonders mein Töchterchen harrte mit Spannung der Dinge, die da kommen würden.

Berges Tochter und ich nahmen voreinander Aufstellung, beide die Hände zur Deckung erhoben. Berge übernahm spontan den Part des Ringrichters. »Uuuuund box!«, eröffnete er die 1. Runde. In den Augen seiner Tochter stand deutlich geschrieben, dass sie keinerlei Lust verspürte, hier verkackeiert zu werden. Sie nahm den Kampf ernst, also hatte auch ich dies zu tun. Ich kam aus meiner Ecke und attackierte sie mittels einiger vorsichtiger Geraden mit der Führungshand. Nach ein, zwei leichten Stupsern meiner Boxhandschuhe behielt sie ihre Hände oben, und ich sah deutlich, wie sie nach einer Lücke in meiner Deckung spähte. Die bot ich ihr schließlich und kassierte prompt einen »harten« Treffer. So machten wir weiter, fighteten hin und her, wobei ich zusah, dass meine Gegnerin langsam, aber sicher die Oberhand gewann. Schließlich gab ich ihr das, was sie sich inzwischen redlich verdient hatte. Als sie das nächste Mal zu meinem Bauch durchkam, krümmte ich mich, ließ die Arme fallen und wälzte mich auf dem Teppichboden, bis mich Berge ausgezählt hatte.

Ein schreckliches Weinen brachte mich blitzartig wieder auf die Beine. Meine kleine Tochter!, durchfuhr es mich – ja, klar, es muss ein Schock für sie sein, ihren Vater derart verprügelt zu sehen. Meine Liebe versuchte alles, die Kleine davon zu überzeugen, dass das Ganze doch nur ein Spaß gewesen war, doch sie beruhigte sich erst, als Berge sagte: »Komm, beim nächsten Kampf bist du der Ringrichter!«

Sie stellte sich neben meinen Schulfreund und sah ihn erwartungsvoll an.

»In eure Ecken!«, wies Berge seine Tochter und mich an.

»In … Ecken!«, befahl meine Kleine.

»Uuuund box!«, rief Berge,

»Un boxxxx!«, echote es nicht minder lautstark aus ihrem Mund.

Dieses Mal ließ ich mich natürlich nicht k. o. schlagen. Stattdessen lieferten wir uns einen munteren Schlagabtausch, immer wieder unterbrochen von Berge und seiner gestrengen Kollegin, die offenbar immer größeren Gefallen daran fand, uns Kämpfer mit Kommandos wie »Halt, nich so dolle!« oder »Nicht klammern!« zu bedenken.

Nachdem unser zweiter Kampf mit einem Unentschieden sein Ende gefunden hatte, galt der fordernde Blick meiner Kleinen den Boxhandschuhen an den Händen von Berges Tochter. Ganz klar, nach alledem wollte sie nun höchstselbst gegen ihren Papi in den Ring steigen. Berge zog ihr die Fäustlinge an, die ihr fast bis zu den Schultern reichten. Sie hatte Mühe, die Dinger oben zu behalten, was ihrem Kampfeswillen jedoch keinerlei Abbruch tat. Ich ging auf die Knie, auf dass sie zumindest die theoretische Chance hatte, mich zu treffen.

Berge nahm seinen Posten wieder ein, hob den rechten Arm: »Uuuuuund … Box!« Die Kleine kam lachend auf mich zu. Wir gingen sofort in den Clinch. Mitten im Gewühl verpasste mir mein liebes Töchterchen eine zärtliche Rechte mit der gesamten Innenhand ihres Boxhandschuhs – augenblicklich ging ich, zum zweiten Mal an diesem Nachmittag, zu Boden.

Und was hörte ich da? Erneutes Weinen? Aber nicht doch! Meine liebe Kleine, der es noch eben solch gewaltigen Kummer bereitet hatte, ihren armen Papi derart verprügelt zu sehen, giekste nur so vor Lachen. »Noch mal!«, lauteten die ersten Worte aus ihrem Mund, nachdem sie sich wieder eingekriegt hatte. In diesem Augenblick lernte ich eine Menge über uns Menschen.

KAPITEL 2

DER GRÖSSTE

Weil »Der Schönste« der Schnellste war

Niemand wusste genau, wann und wo er geboren wurde, dafür wussten fast alle: Er war der stärkste Schwergewichtsweltmeister seit Langem, der zudem über eine Schlaghärte verfügte, die ihresgleichen wohl für sehr lange, vielleicht für alle Zeiten, vergeblich suchte. Als er Weltmeister Floyd Patterson innerhalb von zehn Monaten zweimal in der 1. Runde schwer k. o. schlug, sah alles danach aus, dass der Mann mit dem bösen, starren Blick die Schwergewichtskrone für viele, viele Jahre auf seinem harten Schädel tragen würde. Sein Name: Sonny Liston.

Bei seiner zweiten Titelvereinigung traf er auf einen Mann, der ihm physisch deutlich unterlegen schien und in den Wettbüros mit 7:1 als klarer Außenseiter geführt wurde. Cassius Clay hatte sich seine WM-Chance vor allem dadurch erarbeitet, dass er Liston über Monate verfolgt und bei jeder sich bietenden Gelegenheit unter Einbeziehung des Massenmediums Fernsehen verhöhnt hatte. Als ihm ein Journalist mit der Bemerkung: »Ich habe Sonny Liston gesehen …« zu verstehen geben wollte, dass der Weltmeister über eine geradezu beängstigende Physis verfügte, fiel er dem Mann ins Wort und erwiderte: »Ist er nicht hässlich?«

Er selbst sei dagegen so schön, wie ein Weltmeister nun mal auszusehen habe. Direkt nach Listons zweitem K.-o.-Sieg über Patterson hatte Clay im Ring angezeigt, er werde Liston in der 8. Runde stoppen. Clays selbst erdachte PR-Kampagne würde locker die Seiten eines dicken Buches füllen. In jedem Fall hatte er sich mit all seinen Beleidigungen des Champions diesen Weltmeisterschaftskampf an Land gezogen, wenngleich viele seiner Freunde befürchteten, Liston werde ihn im Ring schwer verletzen, womöglich gar töten.

Am 25. Februar 1964 war es so weit. Der Boxer Cassius Clay musste im Convention Center Miami Beach in Florida die Suppe auslöffeln, die ihm der gleichnamige Schauspieler mit großer Lippe eingebrockt hatte. Den letzten Paukenschlag setzte Schauspieler Clay beim offiziellen Wiegen, als er so tat, als wolle er Liston gleich hier an die Wäsche gehen, wobei er seinen Bruder Rudy und einen alten Freund angewiesen hatte, ihn im entscheidenden Augenblick festzuhalten. Damit war er der erste Boxer, der die bis dato eher langweilige Wiege-Zeremonie zur Show umfunktionierte.

Eine Stunde vor seinem großen Fight lässt es sich Clay nicht nehmen, seinen Bruder zu unterstützen, der in einem der Vorkämpfe sein Profidebüt gibt. Rudy, der sich später Rahman Ali nennt, gewinnt nach Punkten, was im Publikum ein mächtiges Buhen auslöst. Die Masse hasst ihn, weil er der kleine Bruder des Großmauls ist, den die meisten in der Halle und nahezu alle Boxjournalisten in wenigen Augenblicken vernichtend geschlagen sehen wollen.

Als der Gong die 1. Runde eröffnet, zeigt sich den Zuschauern etwas, was sie nie zuvor bei einem Schwergewichtskampf erlebt haben. Liston kommt aus seiner Ecke wie der Stier, wenn er in der Arena das rote Tuch erblickt. Ali verbringt die Hälfte der Runde damit, Listons Schläge mit aufreizend hängender Deckung auszupendeln, sich im entscheidenden Augenblick zu ducken oder dem Weltmeister auf schnellen Füßen wegzutanzen. »Flieg wie ein Schmetterling«, lautet die erste Zeile der selbst kreierten Beschreibung seines Kampfstils. Gegen Ende der Runde praktiziert der bis dato schnellste Schwergewichtler aller Zeiten die zweite Zeile: »Stich wie eine Biene!« Mit blitzschnellen linken Geraden, rechten Crosses und Links-Rechts-Kombinationen trifft Clay immer wieder das Gesicht seines Gegners.

In der Pause findet Clay Gelegenheit, Publikum wie Fernsehkameras seinen weit aufgesperrten Mund zu präsentieren. Auch in Runde 2 jagt Liston ihm erfolglos hinterher, schlägt unzählige Male ins Leere, während Ali ein paar Treffer setzt.

In der 3. übernimmt Clay erstmalig das Kommando. Er attackiert Liston mit schnellen Kombinationen, drängt ihn in die Ecke, prügelt hart und präzise auf ihn ein – geradewegs so, als wolle er ihn ausknocken. Der Stier Liston schlägt zurück, doch der Matador mit seinem roten Tuch ist längst weggetanzt. Dann folgt ein Schlagabtausch dem anderen. Jetzt trifft auch Liston, doch Ali trifft besser – und fügt Liston unter dem rechten Auge einen schweren Cut zu. Er ist der Erste, der Sonny je im Ring verletzte!

Clay gewinnt auch die 4. Runde, doch in der Pause zur 5. kommt es zur Katastrophe: Mit schmerzverzerrter Miene brüllt er herum. Seine Augen brennen wie Feuer, er kann nichts mehr sehen, will den Kampf aufgeben. Was hier geschah, wird von vielen Quellen als ein Foul Listons bezeichnet. Muhammad Ali vermerkt in seiner Autobiografie, Listons Schulter habe geschmerzt, weshalb ihm sein Trainer eine mittlerweile verbotene Creme auftrug. Durch Clinch und Schlagabtausch sei etwas Creme an seine, Clays, Stirn gelangt. In der Pause wischte ihm Coach Angelo Dundee das Gesicht ab. Dabei tropfte etwas von der Creme in seine Augen, die daraufhin mörderisch brannten. Er wollte aufgeben, doch Dundee schob ihn in den Ring zurück.

In jedem Fall begann Clay die 5. Runde, ohne seinen Gegner wirklich zu sehen. Liston stürmt auf ihn ein, schlägt aus allen Lagen, sucht die Entscheidung. Clay folgt seinem Instinkt, reißt die Hände zur Deckung hoch, duckt, pendelt, tanzt. Wie einer, dessen Augen sich langsam an eine plötzlich einsetzende Dunkelheit gewöhnen, findet er in den Kampf zurück, auch mit Hilfe eines Kniffs: »Sobald er in Reichweite kam, tippte ich ihm mit der ausgestreckten Hand gegen den Kopf. Meine Arme waren länger als seine, und ich wußte, daß er mich nicht treffen konnte, solange ich ihn mir auf Armeslänge vom Leibe hielt.«[6]

Dieses Schauspiel ließ Liston wie einen tapsigen Bären aussehen, den Clay am Nasenring durch den Ring zog. Gegen Ende der Runde kann Clay wieder sehen und traktiert Liston mit ein paar gestochenen Geraden zum Kopf. Die Runde hat er verloren – aber überstanden!

Mit dem Gong zur 6. Runde wirkt Liston um Jahre gealtert. Clay attackiert ihn mit harten Treffern. Jab, Jab, rechter Cross, schnell noch eine Kombination – und weg ist er. Aber schon greift er erneut an. Die Hände hat er jetzt wieder aufreizend tief, doch Liston vermag kaum noch, ihn anzugreifen. Zur 7. Runde steht er nicht mehr auf, und Cassius Clay, der sich kurz darauf für alle Zeit Muhammad Ali nennt, tanzt ausgelassen durch den Ring. Wieder reißt er seinen Mund so weit auf, wie er irgend kann.

Auf der Pressekonferenz bedrängen ihn die Journalisten mit ihren Fragen, doch er schreit ihnen zu, sie sollen ihm zuerst sagen, wer ihrer Meinung nach der Größte sei. Vor dem Kampf hatte ihm keiner von ihnen den Hauch einer Chance eingeräumt, hatte ihn so mancher gar verspottet. Nun aber müssen sie, nachdem der Schauspieler Clay sie wiederholt vehement dazu aufforderte, kleinlaut Abbitte leisten: »Du bist es.«

Weil sich »Der Größte« im Ring häuslich niederließ

Boxtechnisch betrachtet eher mittleres Mittelmaß, ist dieser Kampf von seiner Dramaturgie her bis heute unerreicht: die Weltmeisterschaft im Schwergewicht zwischen Champion George Foreman und Herausforderer Muhammad Ali am 30. Oktober 1974 im Stade du 20. Mai, Kinshasa, Zaire. Don King und etliche andere Manager hatten den unbesiegbaren Kraftriesen George Foreman und den noch immer weithin als »Der Größte« angesehenen Muhammad Ali zum bis dato teuersten Boxkampf aller Zeiten nach Zentralafrika geholt. Gut sieben Jahre zuvor hatten die Behörden Ali aus politischen Gründen seinen WM-Gürtel aberkannt und ihn aus dem Ring verbannt. Nach seiner Rückkehr drei Jahre später konnten ihn zwei Männer schlagen. Joe Frazier und Ken Norton hatten Ali nach Punkten besiegt – und er sich ebenso bei ihnen revanchiert. Foreman jedoch hatte Frazier und Norton geradezu »hingerichtet«, beide in der 2. Runde!

»Der Größte« reiste als klarer Außenseiter nach Afrika. In Amerika standen die Wetten 4:1 gegen ihn, in Europa wie Japan 3:1, in England »nur« 2:1. Auch in seinem Team ist die Stimmung gedrückt, alle haben Angst um ihn, fürchten, dass George auch ihn zerstört: den Mythos, vor allem aber den Menschen Muhammad Ali. Der Exweltmeister ist sieben Pfund leichter als der Champion, vor allem aber gut sechs Jahre älter. Besitzt er mit 32 noch die Klasse, Schnelligkeit und Schlaghärte, um diesem ungeschlagenen Muskelberg, der 37 seiner 40 Siege durch K. o. erzielte, etwas entgegenzusetzen?

Dramatischer kann die Ausgangslage eines Kampfes kaum sein. Übertroffen wird sie nur noch durch die Dramaturgie des Kampfes, die wiederum von niemandem derart spannend erzählt wird wie von Ali selbst. Er schildert den Kampf im vorletzten Kapitel seiner Autobiografie *Der Größte*, die er zusammen mit Richard Durham zu Papier brachte. Glücklicherweise erschien sie auch in der DDR, sodass ich sie beizeiten lesen konnte.

»Es ist, als schritten sie hinter meinem Sarg her«[7], beschreibt Ali die Stimmung in seinem Team unmittelbar vor dem Fight. Auch Ali weiß, dass er nicht mehr der junge Wilde ist, der einst dem alternden »Bären« Sonny Liston den WM-Gürtel entriss. Hier steht er einem jungen, ungleich stärkeren Liston gegenüber, während ihm die vielen Jahre im Ring inzwischen arg zugesetzt haben. Seit seinem Comeback hat er Probleme mit seinen Händen. Sie schmerzen bei jedem Schlag – derart, dass er sich oft genau überlegen muss, wann er seine Gegner im Ring attackiert.

Sogar die Witterung nimmt sich des dramatischen Ereignisses an. Seit vier Wochen braut sich ein mächtiger Sturm zusammen. Ali weiß, dass das Unwetter nicht zu früh kommen darf. Verhindert es den Kampf, wird alle Welt sagen, dass er, der Alte, es sowieso nicht gegen den unverwundbaren jungen Krieger mit den Bärenkräften geschafft hätte. Der Kampf beginnt um vier Uhr am Morgen, damit er in Amerika zur Primetime live übertragen werden kann. Ali hat sein Training genau darauf abgestimmt und jeweils Punkt vier Uhr seinen Morgenlauf begonnen.

Als Herausforderer muss er als Erster in den Ring. Zusammen mit seinem Tross schiebt er sich durch die Massen bunt gekleideter Afrikanerinnen und Afrikaner. Die meisten jubeln ihm zu: »Ali, bomaye!«, Ali, schlag ihn tot! Seit der ehemalige Champion vor einem Monat nach Zaire kam, demonstrierte er bei jeder sich bietenden Gelegenheit, dass er jeden schwarzen Afrikaner als seinen Bruder, jede schwarze Afrikanerin als seine Schwester ansieht. Foreman dagegen ließ sein Essen aus Amerika einfliegen und hatte einen Schäferhund an seiner Seite – genau wie vor ihm die belgischen Besatzungssoldaten. Ali brauchte also kaum etwas zu tun, um die Afrikaner zu überzeugen, dass *er* der Ihre war.

Foreman lässt auf sich warten. Wahrscheinlich will er Ali, der so lange allein im Ring ist, damit demoralisieren. Das Gegenteil ist der Fall. Ali nutzt die ihm dadurch geschenkte Zeit, sich mit dem Ring und den ihn umlagernden Massen vertraut zu machen. Er prüft die Festigkeit der Ringseile, misst die Entfernung der Ringmitte zu den Ecken, gewöhnt sich an die Hitze der Scheinwerfer, die den Ring in der morgendlichen Dunkelheit taghell erleuchten – und studiert aus allen ihm möglichen Perspektiven die wogende Menschenmenge, die ihn frenetisch anfeuert. Kurzum, er tut genau das, was Theateraltmeister Stanislawski seinen Schülern einschärfte: Er fühlt sich ein! Hier im Ring genauso wie in den Wochen zuvor beim intensiven Studium seines Gegners. Mit alledem sieht er sich – letztendlich unterstützt von Foreman – mit einem entscheidenden Vorteil ausgestattet: »Wenn George herauskommt, wird er ein völlig Fremder in einem Haus sein, das ich genau kenne.«[8]

Weil er wusste, wann der Tanz zu Ende ist

Als Foreman schließlich erscheint, begibt er sich direkt in seine Ecke. Es folgen die Nationalhymnen, die beide Boxer ohne größeres Brimborium über sich ergehen lassen. Bei der Zaire-Hymne sieht es aus, als singe Ali mit. Ein fürchterliches Gebrüll setzt ein, als Ringrichter »Zach Clayton« beide Boxer in die Ringmitte bittet, um seine Instruktionen herunterzubeten. Ali schreibt, sie gingen aufeinander zu wie zwei Wild-West-Revolverhelden auf der Straße vor dem Saloon. Und Ali ist es, der seine Hand zuerst am Colt hat. Während Clayton sie belehrt, beginnt er, seinen Gegner als Träger eines schlaffen Genitals zu verhöhnen. Clayton mahnt Ali, zu schweigen, wieder und wieder. Schließlich droht er gar, ihn zu disqualifizieren, doch Ali lässt nicht locker. Zu viel steht für ihn auf dem Spiel, als dass er jetzt auf eine seiner wichtigsten Waffen verzichten könnte. Nicht umsonst nennt man ihn die Lippe von Louisville. In der Kampfkunst der scharfen Rede ist er Foreman allemal überlegen, zumindest 1974 in Zaire.

Während dieses letzten Kampfabschnitts vor dem ersten Gong überlegt er, so zumindest schreibt es Ali in seiner Autobiografie, wann der beste Zeitpunkt ist, Foreman anzuknocken.[9] Halbtraum nennt er jenen geistigen Zustand, den ein Boxer erlebt, wenn ihn ein Schlag wirkungsvoll getroffen hat. Ali beschreibt jenen Halbtraum wie einen urplötzlich einsetzenden Drogenrausch: Im wahrsten Sinne schlagartig vibriert mitten im Kopf eine Stimmgabel, die den Leib bis in den letzten, entlegensten Winkel erschüttert. Quietschbunte Neonröhren flackern auf und verlöschen, und man befindet sich an der Schwelle zu einem Raum, in dem Fledermäuse Trompete, Alligatoren Posaune spielen. An den Wänden hängen grauenerregende Masken und ebensolche Theaterkostüme.

Ali kennt diesen Zustand aus seinen Anfangsjahren im Boxring – und seinen Kämpfen gegen Frazier und Norton, was er in diesem Augenblick als einen nicht zu unterschätzenden Vorteil begreift. Er kennt sich in der Welt des Halbtraums aus – und weiß, was er darin zu tun hat: die Nerven bewahren, die Stimmgabel mit allen Mitteln zum Verstummen bringen, indem er die Tür zu jenem Raum aufstößt, die Masken aufsetzt und die Kostüme anprobiert! Dass auch Foreman über dieses Wissen verfügt, bezweifelt Ali. Niemand hat diesen Kraftprotz bisher voll erwischt. In den letzten drei Jahren gewann er acht Kämpfe jeweils in der 1. oder 2. Runde, darunter drei WM-Fights.

Ali beginnt hoch konzentriert. Als Foreman aus seiner Ecke kommt, steht er bereits vor ihm und landet mit seiner Rechten den ersten Treffer des Kampfs. Ali fliegt wie ein Schmetterling, sticht wie eine Biene und »belehrt« seinen Gegner, dass er eben nur besagter Träger eines schlaffen Genitals und obendrein viel zu langsam für ihn sei.

Bald jedoch merkt er, dass ihm Foreman gekonnt den Weg abschneidet und ihn so dazu zwingt, dreimal so viele Schritte zu gehen wie er selbst. Ali ist es gewohnt, von seinen Gegnern durch den Ring getrieben zu werden. Neu ist jedoch, dass ihn dieser Foreman derart vehement zu weiten Wegen zwingt. Er begreift, dass er seinen berühmten Tanz in diesem Kampf nicht lange durchhalten wird. Zum Entsetzen seiner Ecke verweilt er alsbald an den Seilen, wo Foremans Hammerschläge auf ihn niederprasseln wie auf einen Sandsack. Vieles geht auf die Deckung, und doch bekommt Ali in jener Runde die Urkraft zu spüren, welche Frazier und Norton gefällt hatten wie alte, morsche Bäume.

In der 2. Runde weiß Ali endgültig, dass ihm die größte Gefahr nicht an den Seilen droht, sondern durch die zu vielen Tanzschritte, das enorme Tempo, welches ihm der Champion aufzwingt. Er beschließt, die Ecken als Ruhepunkte auszunutzen, solange er noch frisch genug ist, Foremans schwere Treffer wegzustecken – und über genügend Schlagkraft verfügt, zwischendrin seine eigenen Hände wirkungsvoll ins Ziel zu bringen.

Da erwischt ihn Georges Rechte voll, der Weltmeister hat *ihn* in die Welt des Halbtraums geschickt. Ali sieht die flackernden Neonröhren, spürt das Vibrieren der vermaledeiten Stimmgabel, vernimmt das infernalische Tierkonzert – und erinnert sich: Halt, hier war ich schon mal! Er öffnet die Tür, setzt sich die Masken auf, zieht die Kostüme an – und geht in Deckung!

Er erwachte rechtzeitig genug. Foreman dominiert die Runde auf brachiale Weise, landet etliche Volltreffer, prügelt in der Ecke auf den Sandsack ein, in den sich sein Gegner verwandelt hat. 45 Sekunden vor dem Gong knallt Ali – mitten in Georges Schlaghagel hinein – eine Links-Rechts-Kombination an den Kopf des Weltmeisters. Mit beiden Händen traktiert er Foreman, begleitet von den »Belehrungen« aus seinem Mund. Gegenüber Foreman betont er, dass er bewusst dessen gesundes Auge unter Beschuss nimmt, nicht jenes, welches sich der Weltmeister kürzlich beim Sparring verletzt hatte. Foremans Rechte hatte eine mindestens ebenso harte Sprache am Leib gehabt wie Alis Zunge und Hände. Spätestens, seit ihn George in den Halbtraum schickte, weiß Ali: Heute Abend werde ich nicht mehr tanzen!

Weil sich Ali nicht »hinrichten« ließ

Seit dem 14. September 1971 hatte George Foreman zwölf Kämpfe bestritten und dabei ein einziges Mal drei volle Runden boxen müssen. »Vorbei in Runde 3!«, hatte Foremans Einpeitscher vor dem Kampf getönt – und auch jetzt dringt es per Megafon an Alis Ohren: »Vorbei in Runde 3!« Ali weiß, dass George in den folgenden drei Minuten alles daransetzen wird, diesem Spruch die dazugehörige

Tat folgen zu lassen. Er stürmt aus seiner Ecke, verpasst Foreman eine blitzschnelle Eins-Zwei-Kombination, bevor er sich wieder dorthin begibt, wo ihn sein Team partout nicht sehen will: an die Seile, in die Ecken des Rings.

»Komm her, hier willst du mich doch haben!«, schreit er seinen Gegner an, und der lässt sich nicht lange bitten. Fürchterliche Heumacher prasseln auf Alis Deckung, aber auch auf seinen Kopf und immer wieder auf seinen Körper ein. Nach einer Minute meldet sich Ali mit einer knackigen Kombination gegen Georges Kopf zurück. Er redet auf seinen Gegner ein, und das Publikum schreit: »Ali, bomaye!« Jeden Treffer ihres Mannes feiert die Menge frenetisch.

Dann zieht sich Ali wieder an die Seile zurück und Foreman drischt auf ihn ein. Besonders schlimm wird es, als der Champ zwischen seinen Heumachern Aufwärtshaken bringt. Einer trifft mit voller Wucht Alis Kinn, die Stimmgabel summt, Ali muss klammern. Es wird die längste Runde, die er je in seinem Leben bestritt, schreibt er in seiner Autobiografie.[10] Seine Hände hängen aufreizend tief, etliche Schläge pendelt er aus oder nimmt ihnen die Wucht, indem er sich an den Seilen weit nach hinten beugt – und doch erwischt ihn George immer wieder voll.

Ali bekommt am ganzen Leib zu spüren, dass Foreman den Kampf *jetzt* zu beenden sucht. Als George danebenschlägt und ihre Oberkörper im Clinch aneinanderliegen, spürt Ali den Herzschlag seines Gegners und die heftigen Atemstöße aus dessen Mund. »Weg von den Seilen!«, schreit seine Ecke. »Tanze!« Er aber führt etwas gänzlich anderes im Schilde.

In den letzten Jahren trainierte er, schwere Treffer aus kürzester Distanz mit seinem Körper zu blocken. Einerseits, um herauszufinden: Wie viel kann ich vertragen? Andererseits hatte er bei ebendieser Übung erfahren, dass sich Schwergewichtler leicht verausgaben, erhalten sie durch die offene Deckung ihres Gegners die Chance, diesen mit harten Schlägen zu traktieren.

Foreman nutzt diese Chance ausgiebig, und am Rundenende geben beide Boxer noch einmal alles. Ali überrascht George in der Ringmitte mit einer blitzschnellen Links-Rechts-Kombination, bevor ihn George wieder an die Seile drängt. Während er ihn mit seinen massigen, weit ausholenden Windmühlen-Armen attackiert, kassiert er einen weiteren Treffer des Herausforderers. Als der Gong ertönt, brummt Ali fürchterlich der Schädel. Er ist klar genug, um zu wissen: Seine Hinrichtung fand nicht statt. Mehrmals hatte George die Schlinge um seinen Hals gelegt, doch jedes Mal war er ihr rechtzeitig entwischt.

Weil er auf die Zuschauer hörte, statt auf seine Ecke

Seit Mitte der 1. Runde hörte Ali seine Ecke schreien, er solle tanzen und vor allem weg von den Seilen. Er ignorierte die Anweisungen seines Teams, weil seine Taktik längst eine andere war. Stattdessen hörte er auf sein Publikum, welches – immer wieder auch von Alis Armen dirigiert – skandierte: »Ali, bomaye!«

Seit er nach Zaire im Herzen Afrikas gekommen war, begleitete ihn dieser Ruf der Einheimischen. Er war immer lauter geworden, je länger sich Ali im Herzen Afrikas aufhielt. Ich bin sicher, er war nach Georges Verletzung und der damit verbundenen mehrwöchigen Verzögerung des Kampfes auch deshalb in Zaire geblieben, damit das »Ali, bomaye!« immer und immer *noch* lauter durch die Straßen, über die Plätze – durch das gesamte Land schallte. Und jetzt dröhnte es am lautesten. Jeder Treffer Alis beschwor den Kampfruf herauf, ja selbst Foremans schlimmste Schläge schienen das »Ali, bomaye!« noch mächtiger werden zu lassen.

Der Boxer wusste: Ich muss den Champion »töten«, will ich nicht doch noch von ihm »hingerichtet« werden. Wann aber sollte er den entscheidenden Schlag bringen? Ali war klar, er hatte dazu nicht viele Versuche frei. Da waren die Schmerzen in seinen Händen – und die Einsicht, dass ihn jeder eigene Treffer eine Menge Kraft kostete. George hatte ihm durch die ungeheure Wucht seiner Schläge gehörig zugesetzt – aber mehr und mehr auch sich selbst geschwächt. Obendrein markierte der Beginn der 4. Runde eine Distanz, welche er seit über vier Jahren nicht mehr hatte gehen müssen.

Wieder setzt Ali die ersten klaren Treffer, bevor ihn Foreman einmal mehr an den Seilen stellt. Weiter drischt der physisch Stärkere auf ihn ein, noch immer kommt Foreman zwischen all seinen Schlägen auf Alis Handschuhe oder in die Luft wieder und wieder voll durch. Das Bild dieses Kampfes bleibt auch in den folgenden Runden auf den ersten Blick das gleiche: Foreman schiebt Ali durch den Ring, malträtiert ihn an den Seilen. Doch spätestens ab der 5. Runde wird er deutlich langsamer, geht seinen Windmühlenschlägen noch mehr die Präzision ab.

Genau andersherum verhält es sich mit Alis Lippen. Neben den Hinweisen, dass ihm die Schläge seines Gegners nicht das Geringste anhaben, und seinen hohngetränkten Aufforderungen, George solle doch endlich mal wie ein Mann schlagen, gemahnt er den Weltmeister in der 7. Runde an die noch zu gehenden Distanz weiterer acht Durchgänge!

Doch auch er selbst befindet sich am Rande des physischen Zusammenbruchs. Er muss George entscheidend treffen, bevor der die berühmte zweite Luft bekommt und ihn doch noch fällt! In seiner Autobiografie erinnert sich Ali an die Pause zur 8. Runde. Das groß gewachsene Ringmädchen in ihrem langen, blau schimmernden afrikanischen Gewand zwinkert ihm zu. Er antwortet der schönen Afrikanerin mit einem Blinzeln und fühlt sich sogleich besser – wer kennt das nicht!

Dann der Gong. Foremans Schwinger kommen mittlerweile wie schlechte Kopien jener Schläge aus den ersten Runden. Sein Gesicht ist fürchterlich zerschlagen. Genau wie Ali ist er am Ende mit seiner Kraft. Ali sieht jedoch einen entscheidenden Vorteil auf seiner Seite: »Nur ein Mann, der die Tiefen der Niederlage kennt, kann vom Grund seiner Seele dieses letzte Quäntchen Kraft mobilisieren, die man braucht, um in einem unentschiedenen Kampf das Blatt noch zu wenden.«[11]

Hat sich Big George bei all seinen frühen Knock-outs buchstäblich zu Tode gesiegt? In jedem Fall ist der Weltmeister verunsichert, weil dieser irre Sandsack nach all den Treffern, die er ihm verpasste, noch immer sicher auf seinen Beinen steht und ihn verhöhnt. Mit aller ihm verbliebenen Kraft schlägt Foreman eine weit ausholende Rechte, die Ali um einen gefühlten Häuserblock verfehlt. Die Wucht seines Heumachers reicht um ein Haar, dass er sich selbst aus dem Ring befördert. Ali geht einmal mehr rückwärts, begibt sich quer durch den Ring in die gegenüberliegende Ecke. Foreman folgt ihm wie der Hase dem Igel und nimmt erneut Maß, lässt seine Windmühlenarme fliegen.

Während er zu einer langen Linken ausholt, sieht Ali seine große, womöglich letzte, gar einzige Chance gekommen, das Blatt entscheidend zu wenden. Noch ehe Georges Faust ihn treffen kann, schlägt er seine Rechte cross darüber. Nun ist es plötzlich Foreman, der an den Seilen steht und der dort, anders als zuvor Ali, sein Gleichgewicht zu verlieren droht. Noch ehe er es wiedererlangt hat, trifft ihn Alis Rechte voll am Kinn. Ali ist sich später sicher: Hätte er diesen Treffer in einer der früheren Runden gesetzt, George hätte sich geschüttelt und wäre weitermarschiert. Auch jetzt steht er noch, für Bruchteile einer Sekunde, bevor ihn Ali mit einer wuchtigen und bestens platzierten Links-Rechts-Links-Kombination ins Reich des Halbtraums schickt.

George versucht, sich irgendwo festzuhalten, während er taumelnd und erstaunlich langsam zu Boden geht. Den Kopf halb erhoben, scheint er der fürchterlichen Stimmgabel in seinem Kopf zu lauschen, dazu den Fledermäusen und Alligatoren. Er war noch

nie hier – und findet zu spät den Schlüssel, dem Inferno zu entkommen.

Der Ringrichter hebt Alis Arm, das Stadion explodiert förmlich.
Im Ring heftiges Gedränge, die Afrikaner auf den billigeren Plätzen
jubeln und schreien. Nur wenige Momente später bricht das lange
erwartete Unwetter los, zerstört der hammergleich niedergehende
Regen den Ring, verwandelt das Stadion in eine Schlammwüste und
macht sämtlicher Elektrotechnik den Garaus. Treffender hätte Mutter Natur das Ende dieses Kampfes nicht kommentieren können.

Weil der beste PR-Mann ein Boxer war

Heutzutage langweilen unzählige Boxer mit ihrem ewig wiederkeh-
renden »Ich bin der Beste, er hat nicht die geringste Chance gegen
mich« das Publikum. Jeder noch so unbedeutende Titelkampf wird
von einer gewaltig teuren Marketingkampagne begleitet. Unzählige
Werbefilmchen werden gedreht, die zeigen sollen, wie spinnefeind
sich die beiden Kontrahenten sind.

Zu Muhammad Alis Zeiten war es zunächst der Boxer in eigener
Person, der mit selbst erdachten Aktionen Werbung für den Kampf
machte. Das tat er nicht erst 1974 im Vorfeld des »Rumble in the
Jungle«. Besonders vehement warb Ali einige Jahre zuvor für einen
Fight, der noch gar nicht terminiert und mehr noch, der auf abseh-
bare Zeit geradezu unmöglich war.

Seit ihm die Behörden 1967 aufgrund seiner Kriegsdienstver-
weigerung Weltmeistertitel und Lizenz entzogen und seinen Pass
einbehalten hatten, schwebte die ihm angedrohte fünfjährige Ge-
fängnisstrafe wie Damoklesschwert über seinem Haupt. Die Zeit
arbeitete noch auf einem anderen Feld mindestens ebenso unerbittlich gegen ihn. Die Jahre, in denen der Körper eines Boxers die

Leistung abrufen kann, die notwendig ist, um an der Weltspitze zu bestehen, sind an wenigen Händen abzuzählen. Auf dem Zenit seiner Leistungsfähigkeit hatten sie Ali bereits fast drei Jahre aus dem Ring verbannt – und er dadurch gezwungenermaßen den entsprechenden »Ringrost« angesetzt.

Den amtierenden Schwergewichtsweltmeister Joe Frazier plagte hingegen, dass ihn viele erst dann als wahren Champ anerkennen würden, hatte er den unbesiegten Exchamp Ali im Boxring bezwungen. Einer von denen, die das am vehementesten von ihm einforderten, dürfte er selbst gewesen sein. Ich sehe Frazier, genau wie Ali, als einen vor Selbstbewusstsein strotzenden Boxer, der sich unerschrocken jedem Kampf stellte. Er hatte alle Spitzenleute besiegt, bis auf Ali!

Es hieß, er habe mehrfach mit Rücktritt gedroht, wenn man ihn nicht endlich gegen den Exchamp kämpfen lasse. Der jedoch war als »unpatriotischer Drückeberger« und »aufrührerischer schwarzer Muslim« vom politischen Establishment geächtet. Immer wieder scheiterten geplante Kampfansetzungen an hochrangigen Funktionären. Nicht mal einen Schaukampf durfte Ali in jenen Jahren bestreiten.

Die Öffentlichkeit wolle nicht, dass ein »feiger Verbrecher« wie Ali öffentlich im Ring auftreten dürfe, lautete eine der offiziellen Begründungen. Also entschloss sich Ali, ebendiese Öffentlichkeit herauszufordern. Er wohnte in Fraziers Heimatstadt Philadelphia und kam eines frühen Nachmittags auf die Idee, in Joes Sportschule zusammen mit seinem Kontrahenten eine Konfrontation zu inszenieren. Wenn es den Kampf der beiden ungeschlagenen Schwergewichtsweltmeister nicht offiziell vor Tausenden zahlenden Zuschauern in der Halle und Millionen am Fernsehbildschirm geben durfte, dann eben spontan an der nächsten Ecke – in Fraziers Trainingshalle, und zwar Punkt 16 Uhr, wenn Joes Training begann. Beide würden sich beleidigen, alsdann aufeinander losgehen und sich von ihren Leuten mit allerletzter Kraft trennen lassen. Das Ganze natürlich vor einem Publikum, das ganz wild darauf war, live und kostenlos mit anzusehen, welcher der beiden denn nun der wahre Champion war. Ali rief Smokin Joe Frazier an, weihte ihn in seine Idee ein. Der war sofort dabei – und Ali informierte in der ihm noch verbleibenden Zeit sämtliche Radio- und Fernsehstationen und alle Leute, die er zur Verbreitung jenes Lauffeuers für brauchbar erachtete, von dem spontan Fight. Joe versprach, den Presseleuten das Ganze auf Nachfrage zu bestätigen und ihnen obendrein eine gehörige Portion Wild-West-Drohungen in Richtung Ali um die Ohren zu hauen.

Der Kiesel, den Ali den Berg hinunterwirft, reißt in Windeseile gewaltige Gesteinsmassen mit sich. Noch ehe er seine Wohnung verlässt, um zu Joes Trainingshalle zu fahren, rufen ihn die ersten Journalisten zurück: »Stimmt es, Sie boxen heute gegen Joe Frazier?« Vor seinem Haus warten bereits etliche Wagenladungen Schaulustige, seine Autofahrt zu Joes Gym wird zum Korso einer stetig wachsenden Blechkarawane. Ein schwarzer Polizist springt herbei, ihn zu eskortieren, doch bereits weit vorm Ziel sind sämtliche Straßen prall gefüllt mit einem riesigen Stau von Automobilen, einer zunehmend größer werdenden Menschenmenge. Sie alle wollen es sich auf gar keinen Fall entgehen lassen, wie Exchamp und amtierender Schwergewichtsweltmeister direkt vor ihren Augen aufeinander losgehen.

Fraziers Halle ist viel zu klein für alle, und der spontane Auto- und Menschenauflauf erzeugt ein nicht mehr zu beherrschendes Chaos. Nach vehementem Drängen der anwesenden Polizisten verlegen die beiden ihren Kampf in einen nahe gelegenen Park. Der Fight fällt aus, weil Frazier auf Anraten seines Managers nicht dort erscheint. Ali zeigt sich in seiner Autobiografie erleichtert darüber.[12] Spätestens im Park, in einem aus Menschenkörpern gebildeten, unentrinnbaren und absolut lebensechten Boxring, wäre das Ende jeder Schauspielerei erreicht. Stünden sie dort voreinander, umringt von der tosenden Menge, würde jeder von ihnen kämpfen, bis der andere im wahrsten Sinne des Wortes ins Gras biss.

Diesen Teil ihrer gemeinsamen Geschichte wollten sie dann doch lieber in einer richtigen Halle und gegen eine entsprechende Börse austragen. Genug Aufsehen hatten sie mit ihrer spontanen Fehde in jedem Fall erregt. Die Presse verkündete, Störenfried Ali und Frazier hätten sich gegenseitig hochgeschaukelt und wären kurz davor gewesen, vor Tausenden zufällig anwesenden Zuschauern brutal aufeinander loszugehen. Mit dieser im Grunde zutiefst wahren Story spielten die Journalisten dem Wunsch der beiden Boxer nach einem offiziellen Streit um Fraziers WM-Gürtel bereitwillig in die Hände. Auch wenn es noch ein Jahr dauern würde, bis sich beide im New Yorker Madison Square Garden zum ersten Mal im Ring gegenüberstehen.

Weil alle Welt in einen philippinischen Hexenkessel schaute

Ganz Manila war aus dem Häuschen. Selbst die Guerilla, die mit Diktator Marcos im Clinch lag, verfolgte seit Wochen die Vorbereitung des großen Kampfes. Es war das dritte und letzte Aufeinandertreffen zweier Ausnahmeschwergewichtler im Ring – und für mich der erste Boxkampf, den ich je sah. Der mutete bei seiner Vorbereitung wie ein privater Krieg zwischen den beiden Kontrahenten an. Muhammad Ali hatte Joe Frazier in allen existierenden Massenmedien bis aufs Blut gereizt, ihn als hässlichen Gorilla oder den hässlichsten Mann in Boston verspottet und dergleichen mehr. In einer amerikanischen Fernsehshow, bei der beide eingeladen waren, ging Frazier nach etlichen Beleidigungen fast auf Ali los. Wobei ich mir nach der Lektüre von Alis Autobiografie ausgesprochen sicher bin, dass dieser absichtliche »Ausrutscher« nicht nur von Ali, sondern zumindest ein Stück weit auch von Frazier inszeniert worden war.

Wie auch immer, ihre Begegnungen im Ring hatten es stets in sich gehabt. Bei ihrem ersten Kampf am 8. März 1971 kassierte Ali nicht nur die erste Niederlage seiner Profikarriere, sondern auch den zweiten Niederschlag. Nachdem ihn Smokin Joe bereits mehrfach angeknockt hatte, schickte er Ali in der 15. Runde mit einem krachenden linken Haken zu Boden. Fraziers Linke war hart und unberechenbar. In seiner Autobiografie erzählt Ali, Joe habe ihm während einer gemeinsamen Autofahrt gesteckt, dass er seinen linken Arm gar nicht gerade ausstrecken könne. Deshalb gerate ihm jede Linke zu einem nur schwer ausrechenbaren Haken, den er, Ali, so niemals hinbekäme.

Am 28. Januar 1974 revanchierte sich Ali, indem er Joe Frazier nach zwölf knallharten Runden ebenfalls nach Punkten besiegte. Nun standen sie sich zum dritten Mal im Ring gegenüber. Wochen vor dem Kampf hatten beide Boxer ihr Lager auf den Philippinen aufgeschlagen, und besonders Frazier nahm die Vorbereitung todernst. Ein Vertrauter Alis, der Joes Training beobachtet hatte, warnte dem Champ: »Du, der will dich umbringen!«

Frazier war knapp zehn Zentimeter kleiner und seine Reichweite knapp 15 Zentimeter kürzer als Alis. Sein Trainer Eddie Futch hatte ihn jedoch optimal auf dieses Handicap vorbereitet. Der Puncher Joe Frazier musste nahe an seinen Gegner heran, um seine mörderischen Haken anzubringen.

Dabei war er gezwungen, direkt durch dessen Schlaghagel hindurchzumarschieren. Also hatte Futch seinen Schützling darauf trainiert, mit dem Oberkörper wie ein Gummiball auf bewegtem Wasser auf und ab zu pendeln. Hatte er auf diese Weise die größere Reichweite seines Kontrahenten egalisiert und stand direkt vor ihm, schlug er derart zu, dass seine Handschuhe rauchten. So viel zur Entstehung seines Spitznamens »Smokin Joe«. Genau dieses pendelnde Abtauchen, gefolgt von seinen nie ermüdenden Angriffswellen, hatte Ali bereits in ihren ersten beiden Begegnungen ordentlich zu schaffen gemacht.

Die gesamten Vereinigten Staaten von Amerika fieberten dem Kampf entgegen. Der »Thrilla in Manila« war die erste Boxveranstaltung, die in derartig großem Maßstab in alle Welt übertragen wurde. In jeder größeren Stadt der USA zeigten sie ihn live in Kinos und Stadien.

Damit er in Amerikas Zeitzonen zu einer annehmbaren Sendezeit lief, begann er in Manila um 10.45 Uhr am Vormittag, kurz vor der großen Mittagshitze mit ihren 40 Grad. Kein kühlendes Lüftchen am Kampftag und die zahlreichen Scheinwerfer für die Fernsehübertragung taten ihr Übriges. Hinzu kam, dass das Araneta Coliseum in Manila im wahrsten Sinne des Wortes bis unters Dach mit Menschen gefüllt war. Jeder Platz war besetzt. Die Zuschauer drängten sich in den Gängen, an einen Besuch der Toilette sei angesichts der klaustrophobischen Enge nicht zu denken gewesen. Viele Schaulustige klammerten sich gar weit oben an die freiliegenden Träger der Dachkonstruktion. Es sei ein Wunder gewesen, dass niemand während des Kampfes in den Ring gestürzt sei, berichtet ein Zeitzeuge.

»Manila entpuppt sich als eine der nettesten Städte, in denen ich jemals mein Blut vergossen habe«[13], vermerkt Ali in seiner Autobiografie, um wenige Zeilen später hinzuzufügen: »Doch als sich dann zwanzigtausend am Morgen des Kampfes im Philippine Coliseum drängen, erhebt sich ein so wildes Geschrei nach Blut, wie ich es noch in keinem Stadion auf der ganzen Welt erlebt habe. Sie feuern uns zum schrecklichsten Schwergewichtskampf meiner ganzen Laufbahn an.«[14]

Kurz bevor Ringrichter Carlos Padilla beide Kämpfer in die Ringmitte ruft, zeigt Ali noch ein Kabinettstückchen, indem er die dort postierte riesige goldene Weltmeistertrophäe, gestiftet von Diktator Marcos, kurzerhand in seine Ecke entführt. Joe Frazier nimmt davon keinerlei Notiz. Kurz darauf stehen beide Boxer voreinander, die letzten Instruktionen des Referees über sich ergehen zu lassen. Ali redet auf Joe ein, und auch der grummelt in seinen

Mundschutz. Ich bin sicher: Beide kennen mittlerweile die Worte des anderen, lange bevor sie über dessen Lippen kommen.

Weil sich zwei große Champs den vielleicht für alle Zeiten besten und härtesten Boxkampf lieferten

Beide kommen aus ihren Ecken und gehen aufeinander los. Frazier gibt den »Gummiball«, sein Oberkörper pendelt auf und nieder, während er versucht, an Ali heranzukommen. Der hält die Distanz, tippt Frazier die ausgestreckte Linke ins Gesicht, bewegt sich auf schnellen Beinen, schlägt ansatzlose Geraden, Links-Rechts-Kombinationen, behält die Oberhand.

Gegen Ende der Runde legt er eine Wucht in seine Schläge, als wolle er Frazier bereits jetzt in einen Halbtraum schicken oder ihm gar Schlimmeres antun.

Auch in den nächsten Runden ist der Weltmeister überlegen. Frazier wühlt sich heran, kommt aber selten klar durch. Doch auch viele Hände Alis finden nicht ihr Ziel, weil Frazier sie mit dem Oberkörper auspendelt oder mit seinen vor Kopf und Körper gekreuzten Armen abfängt. In der 3. Runde lockt Ali seinen Gegner mit aufreizender Geste, ihn an den Seilen zu attackieren. Den Oberkörper nach vorn gebeugt, fängt seine kompakte Doppeldeckung das meiste ab – dann greift er selbst an, rüttelt Joe mächtig durch. Seiner Attacke folgt ein offener Schlagabtausch, beide treffen voll und hart, Frazier drischt seinen linken Haken an Alis Kinnwinkel.

Auch in Runde 4 schlagen beide unerbittlich aufeinander ein. In der 5. kommt Smokin Joe deutlich besser an Alis Jab vorbei und landet harte Treffer. Mitte der Runde lehnt Ali in der Ecke, hält sich mit der ausgestreckten Rechten am Seil fest, während seine Linke gestikuliert: Komm doch! Und Frazier kommt. Den Kopf voran, hämmert er auf Alis Deckung ein. Alis Gegenangriff pendelt er aus. Beide Boxer können nicht nur extrem hart, schnell und viel schlagen, sondern ebenso gut meiden! Ein fürchterlicher linker Haken Fraziers rüttelt Ali durch.

Die 6. schließlich gehört voll und ganz Joe Frazier. Als ihn Ali reizen will: »Alle sagen, mit dir ist nichts mehr los!«, habe Joe erwidert: »Sie lügen!« Joe fängt Alis Jab ab, rammt seinen Gegner in die Ecke, erschüttert ihn mit seinen Hammerschlägen, trifft Körper, Kopf, springt schlagend in seinen Gegner rein. Ali schreibt später: »In der sechsten Runde machen sich dann seine Körpertreffer bemerkbar. Bevor die Hälfte des Kampfes vorüber ist, bin ich erschöpft. Zum erstenmal in meiner Laufbahn befürchte ich, nicht die volle Distanz zu schaffen.«[15]

In Runde 7 zeigt Ali zwischendurch seinen berühmten Shuffle, aber er glänzt nicht dabei. Weiter ist es Joe, der den Kampf bestimmt, indem er Angriff an Angriff reiht, heftig pendelnd unerbittlich Haken schlägt.

In der 8. ändert Ali seine Taktik, weicht nicht mehr zurück, wenn ihn Joe angreift. Stattdessen schlägt er sofort mit, attackiert oft als Erster. Frazier zeigt sich kurz beeindruckt, dann rammt er den Champ wieder in die Seile. Ali »weiß, daß der Mann, der meine Rippen mit linken Haken bearbeitet, niemals aufgeben wird. Mein Magen brennt. Vor Kopfschmerzen bin ich schwindelig. Ich lege alle meine Kraft in meine Fäuste. Aber Frazier geht nicht zu Boden. Sein Gesicht besteht nur noch aus Rissen und Schwellungen. Seine Augen sind zugeschwollen. Aber er bleibt am Mann, unterläuft meine Schläge, drischt mir die Linke in die Rippen, an den Kopf. (…) Ich zwinge mich zum Kontern und packe Kräfte, die ich mir von morgen ausleihe, in die Schläge.«[16]

Beide Boxer gehen längst weit über ihre Grenzen hinaus. Erstmals fühlte sich Ali seinem Tod derart nahe: »Jeder Schlag, den ich einstecken muß, ist ein Schritt auf dem Wege zu meinem Grab. (…) Irgendwie kämpfe und schlage ich weiter und bringe mich dabei selbst um. Er kommt immer wieder. Er geht einfach nicht zu Boden. Warum tun wir das bloß?«[17]

Joe Frazier dürfte es keinen Deut besser ergangen sein. Es ist schier übermenschlich, was sich beide hier in Manilas Gluthitze und unter dem unbändigen Jubel der Zuschauer antun: höchste Boxkunst, gepaart mit fürchterlichster Brutalität. Jeder hatte seinen Gegner mehrfach am Rande des Knock-outs, und keiner von beiden war bereit, zu Boden zu gehen. Kaum hatte einer die Oberhand, schlug der andere zurück und wendete das Blatt. Wer besitzt den *noch* stärkeren Willen? Wer vermag, seinen Körper *noch* weiter über die Grenze des irgendwie noch Ertragbaren zu jagen, ohne zu kollabieren?

Joe hat einen fürchterlichen Cut über dem rechten Auge. Spätestens in der 12. Runde kann er kaum noch etwas sehen, denn – das war bis dahin sein sorgsam gehütetes Geheimnis, auch Ali wusste nichts davon – sein unverletztes linke Auge »gehört« dem grauen Star. Er ist quasi blind – und wühlt sich trotzdem unverdrossen an Ali heran.

Der schaltet prompt *noch* einen Gang höher! In Runde 13 landet er eine mörderische Rechte an Fraziers Kopf, dass dessen Mundschutz auf die Pressetribüne fliegt. Für Alis Coach Angelo Dundee ein Indiz dafür, dass Fraziers Reflexe versagen. Er hatte offenbar nicht mehr richtig auf den Mundschutz gebissen. In Runde 14 fällt Joe geradezu gegen seinen Gegner, wenn er ihn angreift. Alis heranfliegende Hände sieht er nicht mehr, ist ihnen schutzlos ausgeliefert.

Doch auch Ali ist am Ende: »Ich weiß, daß ich möglicherweise verlieren werde. Wenn ich nicht zusätzliche Kraftreserven mobilisieren kann, ist alles vorbei. Ich reiße mich zusammen. Schieße gerade Linke und Rechte ab, bis ich meine Arme nicht mehr spüre. Als die Runde vorbei ist, bin ich einem Zusammenbruch nahe. Ich sinke auf meinen Hocker und frage mich, ob ich die letzte Runde überhaupt noch schaffen werde. Ich sehe hinüber in Fraziers Ecke.«[18]

Weil das größte menschliche Drama
in einem Boxring ausgetragen wurde

Joe Frazier erreichte seine Ecke nur mit Hilfe des Ringrichters, der ihn beim Arm nahm und ihm die Richtung wies. Doch auch jetzt, als er völlig zerschlagen, blutig und mit fürchterlich entstelltem Gesicht auf seinem Hocker sitzt, wartet Smokin Joe nur darauf, dass ihn der Gong in die nächste Runde ruft.

Sein Trainer Eddie Futch hatte längst gemerkt, dass sein Mann kurz davor stand, nicht nur einen Boxkampf zu verlieren, sondern womöglich sein Leben, und er war weit und breit der Einzige, der um Joes blindes linkes Auge wusste! Zugleich wusste er jedoch: Auch Ali steht kurz vor dem Zusammenbruch. Ein Treffer von Joe kann die Entscheidung bringen – und jeder, den er kassierte, sein Leben kosten.

»Ich gebe ihm noch die 14.!«, hatte er vier Minuten zuvor entschieden – und jetzt hielt er sich daran. Liebevoll wie ein Vater spricht er zu seinem Schützling: »Das wars, Joe.« Frazier schüttelt den Kopf, will aufspringen, doch Futch nagelt ihn mit unerbittlicher Liebe fest: »Setz dich! Du gehst jetzt nicht zur 15. Runde raus.« Gegen den Willen seines unbeugsamen Boxers nimmt er Joe Frazier vor dem letzten Durchgang aus dem Kampf.

Als die Ecke seines Gegners registriert, was los ist, reißt Ali seine Arme hoch. Während sich Smokin Joe nun, da alles vorbei ist, müde von seinem Hocker erhebt, bricht Ali inmitten der Menschenmenge, die den Ring binnen weniger Sekunden erstürmte, zusammen. »The Winner is out!«, vernehme ich im infernalischen Lärm bruchstückhaft die Stimme des amerikanischen Fernsehkommentators. Noch am Ringboden bedrängt die Meute der Journalisten Ali mit ihren Mikrofonen. Wetteifern sie darum, wer von ihnen die womöglich letzten Worte des Größten mit der höchsten Tonqualität einfängt? Alis Stimme klingt matt und gebrochen. Gestützt von seinen Sekundanten gelingt es ihm schließlich, den Ring zu verlassen.

Muhammad Ali hatte den womöglich härtesten Boxkampf aller Zeiten überlebt und gewonnen, doch es lag keineswegs nur an seiner totalen, dem Tod so nahen Erschöpfung, dass fortan keine einzige öffentliche Schmähung Fraziers mehr über seine Lippen kam. Hatte er ihn im Vorfeld des Kampfes noch als hässlichen Gorilla verspottet, sagte er nun: »Joe Frazier ist der größte Boxer aller Zeiten – neben mir.«[19] Dabei blieb er, bis heute.

Als ich den Kampf als Achtjähriger sah, war ich nach wenigen Runden zum glühenden Box- und Joe-Frazier-Fan geworden. Jetzt, gut 38 Jahre später, fühlte ich mich vor dem ersten Gong des »Thrilla in Manila« eher als Anhänger Muhammad Alis. Schon bald jedoch war in meinem Kopf und meinem Herzen kein Platz mehr für derartige Gedankenspielereien. Staunend und keines Wortes mächtig verfolge ich, wie dieser womöglich hochkarätigste und dramatischste Boxkampf, der je auf Erden ausgetragen wurde, hin und her wogt. Obgleich ich felsenfest weiß, wie und wann er endet, erwarte ich nach nahezu jeder Attacke Muhammad Alis und Joe Fraziers, dass der Getroffene zu Boden geht und selbst bei 111 nicht wieder aufsteht. Spätestens ab der 12. Runde sehe ich keinen Boxkampf mehr, sondern das größte Drama um ein Wesen, das seit über 10.000 Jahren den Namen Mensch trägt.

Weil der hochkarätigste Schwergewichtskampf aller Zeiten nie stattfand

Nahezu jedes Kind weiß, wer »The Greatest« ist – natürlich Muhammad Ali! Spätestens, als er am 25. Februar 1964 durch seinen spektakulären Sieg über Sonny Liston zum ersten Mal Weltmeister im

Schwergewicht wurde, war der Kampfname des Bis-eben-noch Außenseiters in aller Munde. Erst recht, als er am 30. Oktober 1974 gegen den scheinbar unbesiegbaren Riesen George Foreman wieder als Außenseiter startete – und zum zweiten Mal Weltmeister wurde. Weitere ganz große Namen zieren seinen Kampfrekord: Floyd Patterson, Earnie Shavers, Buster Mathis, unvergessen seine jeweils drei Kämpfe gegen Ken Norton und Joe Frazier. Dass der Name des Mannes fehlt, den viele »The Greatest« der Amateure nannten, dafür konnte Ali nichts.

Teófilo Stevenson war nach dem Ungarn László Papp der zweite Boxer der Welt, der bei drei aufeinanderfolgenden Olympischen Spielen die Goldmedaille errang. Zwölf Jahre vor Stevensons erstem olympischen Turniersieg hatte Muhammad Ali im Halbschwergewicht das Olympiagold gewonnen und war danach ins Lager der Berufsboxer gewechselt. Dieser Weg war dem Kubaner Stevenson durch das von Fidel Castro 1962 erlassene Verbot jeglichen Profisports verwehrt.

Berühmt und unzählige Male kolportiert ist der Satz, mit dem er all die Boxpromoter abwies, die ihn mit einer Millionengage ins Profigeschäft holen wollten. Er ließ sie wissen, dass ihm die Liebe von acht Millionen Kubanern allemal wichtiger sei als jene eine Million Dollar, die ihm besagte Manager angeboten hatten. Einem Kampf gegen Ali soll er jedoch nicht abgeneigt gewesen sein – allerdings nur unter der Bedingung, dass er seinen Amateurstatus behalten würde.

Auch ich wäre von einem solchen Kampf begeistert gewesen – und hätte in jenen Jahren in jedem Falle dem Kubaner die Daumen gedrückt. Obwohl ich ihm nie persönlich begegnete, ging es mir im übertragenen Sinne ein wenig wie Michael Rosentritt. Der Sohn des Stevenson-Entdeckers und Extrainers Kurt Rosentritt begegnete dem kubanischen Ausnahmeboxer 1972 bei dessen Vorbereitung auf die Sommerspiele von München: »In meinen Kinderaugen war er der Größte. Und nicht Ali, zu dessen Kämpfen wir selbstverständlich tief in der Nacht aufgestanden sind und sie mit halb geschlossenen Augen am Fernseher verfolgten. Ali war groß, aber weit weg. Teófilo war hier, bei uns im Garten.«[20]

Durch seine aufrechte Haltung im Ring und seinen schlanken, austrainierten Körper wirkte der 1,90 Meter große Hüne mindestens wie ein Zweimetermann. Die Deckung hielt er zunächst verhältnismäßig tief, und ich hatte bei keinem seiner Kämpfe das Gefühl, dass ihm sein Gegner auch nur irgendetwas anhaben könnte. Wirkte er gerade eben noch ein wenig behäbig, konnte bereits im nächsten Augenblick seine verheerende Rechte pfeilschnell herausschießen und seinen Kontrahenten von den Beinen holen. Stevensons Kampfbilanz von 302 Siegen und lediglich 22 Niederlagen ist bis heute – und wohl auf ewig – einzigartig.

Der mögliche Zeitraum für das Aufeinandertreffen der beiden Größten wären die Jahre 1972 bis 1978 gewesen, am besten nach Alis WM-Sieg gegen George Foreman beim »Rumble in the Jungle« 1974 in Zaire. Spätestens ab 1978 zeichnete sich mit Alis Niederlage gegen Leon Spinks ab, dass der zehn Jahre Ältere der beiden Größten seinen Zenit überschritten hatte. Erst 1996 treffen beide Männer erstmals im Ring aufeinander. Muhammad Ali, bereits stark vom Parkinson-Syndrom gezeichnet, besuchte die unter dem US-Boykott leidende Karibikinsel, um dem kubanischen Gesundheitswesen eine Flugzeugladung Medikamente zu übergeben. Er traf sich mit Fidel Castro – und Teófilo Stevenson.

Ein Videoschnipsel zeigt ein kurzes Sparring der beiden womöglich größten Boxer aller Zeiten.[21] Stevenson trägt einen dunklen Anzug, Ali Anzughose und Hemd. Teófilo will ihm im Ring beschwichtigend die Hand reichen, doch Ali hat seine Fäuste bereits hüfthoch in Stellung gebracht und tänzelt über den Ringboden. Ausgesprochen leichtfüßig bewegt er sich auf seinen »Gegner« zu. Da erst ist Stevenson klar, dass er sich dem »Kampf« stellen muss. Auch er hebt seine Fäuste, allerdings etwas höher. Stolz und mit geradem Rücken wie einst als Wettkämpfer tänzelt er aus Alis

Schlagdistanz. Beide zaubern ein wenig mit dem Jab, ohne den anderen zu berühren. Ich sage: Es ist der riesengroße Respekt, den beide Männer voreinander haben, der sie genauso handeln lässt. Ein Respekt, der längst nicht nur dem anderen Boxer gilt.

Obgleich Ali 1996 bereits sehr krank ist und Teófilo noch ausgesprochen fit wirkt, sollte Teófilo diese Welt als Erster verlassen. Am 11. Juni 2012 erlag er im Alter von gerade mal 60 Jahren einem Herzinfarkt. Ali erinnerte sich seiner voller Hochachtung: »Obwohl er nie professionell gekämpft hat, garantiert der Umstand, drei Goldmedaillen bei drei verschiedenen Olympischen Spielen gewonnen zu haben, dass er ein hervorragender Gegner für jeden amtierenden Champion des Schwergewichts oder jeden Herausforderer in dessen Bestform gewesen wäre. Ich werde mich immer an das Treffen mit dem großen Teófilo in seiner Heimat Kuba erinnern. Er war einer der Großen dieser Welt, und war gleichzeitig ein warmherziger Mann, den man umarmen konnte.«[22]

Die Frage, wer den Ali-Stevenson-Kampf denn nun gewonnen hätte, habe Ali mit einem klaren: »Unentschieden!« beantwortet.

KAPITEL 3

OLYMPISCHE BOXREPORTAGE AUS VIER DEUTSCHEN WELTEN

Weil Boxsportreportage in den 1930ern freundlich ging

Das deutsche Buch über die Olympischen Sommerspiele 1932 in Los Angeles ist, wie damals üblich, ein liebevoll mit Einklebe-Zigarettenbildchen versehenes Schmuckstück. »Deutsche Erfolge im Boxen« titelt der Bericht über das olympische Boxturnier. Zunächst aber informiert er mich, dass die bis dato bei engem Kampfverlauf angewandte Zusatzrunde abgeschafft wurde. Der Schreiber begrüßt diese Entscheidung ausdrücklich, diente sie doch vor allem der Gesundheit der Boxer. Amateure muten ihrem Körper bei einem Boxturnier einen gewaltigen Kraftakt zu. Innerhalb weniger Tage absolvieren sie etliche Kämpfe, sofern sie bis ins Finale kommen. Mit jeder Runde wächst die Gefahr für Leib und Leben: »Schläge nämlich, die dem noch frischen und widerstandsfähigen Körper nicht das geringste anzuhaben vermögen, können auf einen ermüdeten Organismus sehr nachteilig wirken.«[23]

Alsdann lässt mich der Schreiber die Atmosphäre rund um den Ring schnuppern. Er lobt das amerikanische Publikum, welches sämtliche Kämpfe mit großer Begeisterung und ohne jedweden National-Chauvinismus verfolgte. So sehr sie jubelten, hatte einer der Ihren einen Sieg errungen, so sehr protestierten sie, bekam ihr Mann selbigen vom Kampfgericht geschenkt. Diese Erfahrung machte der deutsche Weltergewichtler Erich Campe nach seinem Finale gegen den US-Amerikaner Edward Flynn: »Die Art, wie er seine vom Publikum mit einer wütenden Demonstration abgelehnte Niederlage hinnahm, dem glücklichen Sieger neidlos die Hand schüttelte und sichtlich nicht daran dachte, zu grollen oder zu schmollen, machte ihn tatsächlich zum Liebling des Hauses, zum Helden des Finalabends. Der Amerikaner Flynn wurde schuldlos ausgebuht, der besiegte Deutsche Campe stürmisch bejubelt und gefeiert.«[24]

Was fragwürdige Kampfgerichtentscheidungen angeht, sieht der Schreiber insgesamt keine Nation übervorteilt. Sportlich und fair, der Mann! Überhaupt gefällt mir seine unaufgeregte Art – und sein Sinn für Humor! So setzt er einem der Offiziellen witzig wie respektvoll ein Denkmal: »Der schwerste Schwergewichtler war der amerikanische Ringrichter, Captain Mabbutt. Er muß von der Marine sein, denn so etwas an lebendiger Wasserverdrängung kann sich Amerikas Flotte nicht gut entgehen lassen. Die Galerie begrüßte ihn oft mit dem freundlichen Ruf: ›Setz dich hin, Ringrichter!‹, wenn er gerade einem ganzen Block die Aussicht auf den Kampf versperrte. Im Übrigen war er erstaunlich beweglich und gewiß nicht weniger tüchtig als seine Kollegen, die es mit sich selbst weniger ›schwer‹ hatten.«[25]

Der womöglich schlagstärkste Boxer, ein Mexikaner namens Romero, verlor seinen Halbfinalkampf, als er seinen hoffnungslos unterlegenen Kontrahenten nach vier Niederschlägen mit einem Tiefschlag auf die Bretter schickte. Sein Auftritt hatte wohl dennoch überzeugt. Bereits eine Stunde nach seiner Diqualifikationsniederlage habe jener Mexikaner einen ihm vorgelegten Profivertrag unterzeichnet.

Nach etlichen interessanten Details wie jenem, dass die Boxer zur besseren Unterscheidung jeweils einen grünen oder roten Gürtel angelegt bekamen, wird der Schreiber gegen Ende geradezu philosophisch: »Früher gab es ganze Nationen, die man als ›Fighter‹, andere, die man als ›Boxer‹ bezeichnen konnte. Heute wäre es in fast allen Fällen unmöglich, nur nach der Kampfweise zu beurteilen, zu welcher Rasse oder zu welchem Volke ein Boxer gehört. Wenn man vom Äußeren abzusehen vermöchte, dann könnte auch der gediegenste Kenner kaum entscheiden, ob jetzt ein Süd- oder Nordländer, ein Weißer, Neger oder ein Japaner im Ring steht.«[26]

Einst waren aus Großbritannien, dem Mutterland des Boxens, Missionare in alle Welt gezogen, andere Völker das Boxen zu lehren. Schnell hatten sich ihre Auffassungen mit denen ihrer Schüler vermischt, waren aus alledem neue Stile entstanden, die immer weniger mit einer wie auch immer gearteten nationalen Eigenheit zu tun hatten. Längst würden viele US-Boxer britischer boxen als jene von der Insel, betont der Schreiber. So mancher Argentinier oder Italiener fighte dafür derart bedingungslos, wie dies eigentlich den US-Amerikanern eigen gewesen sei, getreu dem Motto: Egal, ob ich getroffen werde, solange ich selbst treffe! Denn ich schlage allemal härter!

Längst hätten sich die verschiedenen Kulturen einander stark angenähert, entscheiden vor allem die verschiedenen Boxschulen darüber, wie ihre Boxer im Ring zu Werke gehen. Im besten Sinne humanistisch und obendrein weise erscheint mir sein Fazit: »Das ist keine Verarmung. Die gute Schule lehrt einen auch viel Fremdes verstehen und hilft dadurch und durch die rechte Pflege des Eigenen die angeborenen Gaben entwickeln und entfalten.«[27]

Weil Boxberichterstattung sehr entlarvend sein kann

Einen gänzlich anderen Ton schlägt ganze vier Jahre später das Olympia-Jahrbuch der Sommerspiele 1936 in Berlin an – insbesondere im Bericht über das olympische Boxturnier. Zunächst bejubelt der Schreiber den seit Jahren anhaltenden Siegeszug der deutschen Boxsportler, welcher keineswegs Gevatter Zufalls Kind sei: »Sie danken ihre Erfolge einer zielbewussten Führung, die rechtzeitig erkannt hatte, worauf es ankam.«[28]

Worauf kommt es denn an? Der Schreiber zögert keine einzige Zeile mit seiner Antwort: »Wir schickten eine Kampfstaffel in den Ring, die weniger nach technischem Können als vielmehr nach Härte und nie erlahmendem Kampfgeist ausgesucht war.«[29]

Dabei klingt mir sofort der oft zitierte Psalm über uns Deutsche in den Ohren, die wir angeblich zäh wie Leder, hart wie Kruppstahl und überhaupt mordsmäßig tauglich für jedweden Einsatz in der nächstbesten Kriegshandlung seien.

Noch etwas zeichne die deutschen Boxer vor ihrer Konkurrenz aus der restlichen Welt aus: Ihre eherne Disziplin, die sie unter anderem davor bewahrte, vor ihren Kämpfen Gewicht abkochen zu müssen. Diesen Umstand erzählt der Schreiber in einer symbolträchtigen Szene: Beim morgendlichen Wiegen im olympischen Dorf kaut jeder deutsche Kämpfer lässig an einem Apfel gigantischen Ausmaßes. Das zeugt von lässig praktizierter Askese: Deutsche Sportler essen nur Gesundes! Zudem können sie sich im Angesicht der unbarmherzigen Richterin namens Waage sogar einen *großen* Apfel leisten, denn es steht in keiner Weise zu befürchten, dass sie durch undiszipliniertem Lebenswandel auch nur ein Milligramm zu viel auf selbige bringen.

Anders ihre Gegner, welche der Begegnung mit jener Richterin »wollvermummt entgegenfieberten«[30]. Offenbar waren sie zu verweichlicht, um sich der morgendlichen Berliner Kühle ohne wärmende Zusatzkleidung zu stellen. Obendrein schienen sie zu befürchten, das Messgerät würde ihre womöglich disziplinlose Lebensführung offenbaren. Froren sie womöglich gar, weil sie in der Nacht gefeiert hatten, statt wie ihre germanischen Kontrahenten brav zu schlafen?

Wo es sich anbot, stellt der Autor die sich im Körperbau ausdrückende Überlegenheit der germanischen Rasse heraus, so auch beim Finale im Fliegengewicht: »Klein, kompakt, dunkelhaarig, ein Naturbursche mit Bärenkräften der Italiener – groß, schlank und blond der Deutsche«.[31]

Die Kämpfe selbst waren weniger sportlicher Wettkampf als blutiges Schlachtgemetzel: »Despeaux paßte mächtig auf, um keine der rechten Bomben des Norwegers einzufangen.«[32]

»Der riesige Neger begann vorsichtig, deckte besonders die Körperpartien gut ab, während der um einen guten Kopf kleinere Italiener sein Heil in schnellen Feuerüberfällen suchte.«[33]

»Sergo kämpfte wie ein Teufel, ging ungedeckt in Wilsons Sperr-feuer hinein ...«[34], und so weiter und so fort. Mitunter erreichte das Kriegsgeschehen biblische Dimensionen: »Es ging in dieser er-bitterten Schlacht buchstäblich Auge um Auge, Zahn um Zahn.«[35]

Aller Brutalität und schweren Feuerbewaffnung ihrer Gegner zum Trotz, erwiesen sich Germanias Krieger als die mutigsten des Turniers. So stürmte der deutsche Fliegengewichtler Willi Kaiser, jener große Blonde ein paar Absätze zuvor, immer wieder an, drang pausenlos auf seinen Gegner ein und erfocht seinen Olympiasieg in einem mutig wie klug geführten Gefecht: »Sofort übernahm Kaiser den Angriff. Immer wieder rollten seine Attacken vor, während sich Matta aufs Kontern verlegte. (...) Weiter verschärfte der Deutsche das Tempo, pausenlos schlug er zu, drängte den Italiener mit dem Körper ab, wühlte im Nahkampf, unterminierte den an beiden Au-gen verletzten Gegner völlig.«

Dass es auch in der deutschen Staffel mit dem Federgewichtler Miner einen klein gewachsenen Mann gab, tut dem heroischen Heldengesang keinen Abbruch: »Die Linke des Briten überwand er, indem er den Gegner ansprang, im Nahkampf und in der Halb-distanz knallte er wütend zu«[36] – und erfocht so seinen ersten Sieg über einen körperlich überlegenen Feind. Der zweite folgte sogleich: »Aus allen Lagen schlagend, wuchtete sich der kleine Breslauer immer wieder auf den Belgier los«[37], und erstürmte den Schlachthügel des Halbfinales.

Hier endete sein Siegeszug, aber selbstverständlich mit wehen-den Fahnen: »... als unser kleiner Kampfhahn in Catteral wieder einen körperlich überlegenen Mann traf, war es um ihn geschehen.« Der Südafrikaner, vom selbstredend stetig anrennenden Deutschen pausenlos attackiert, bediente sich schließlich brutal seines über-legenen Waffenarsenals: »Rückwärtsgehend legte er mit der Linken Sperrfeuer, ließ Miner nicht in den Nahkampf ...«[38]

Endsieg oder Heldentod, anders beenden Deutsche keinen Kampf, wobei erstere Variante überwog: »Murach (...) zerschlug den Niederländer schwer. Nichts konnte Dekkers dem immer wieder anstürmenden Deutschen entgegensetzen.«[39] Schwergewichts-Olympiasieger Herbert »Runge wollte nur Vernichtung des Gegners«.[40]

Mit zwei Gold-, zwei Silber- und Miners Bronzemedaille waren die deutschen Faustkämpfer die erfolgreichste Mannschaft des Turniers. Eine Leistung, die ich mit keiner einzigen Silbe schmälern will. Es ist die unverhohlene Kriegsberichterstattung, die es grummeln lässt in meiner Magengegend. Ich maße mir als Spätgeborener keinerlei Weisheit an, wenn ich sage: Diese spezielle Form der Sportreportage war fest integrierter Bestandteil der Vorbereitung des deutschen Volkes auf jenen echten Krieg, in den seine Machthaber es drei Jahre nach jenem Turnier stürzen würden.

Weil deutsche Boxer in der BRD
wieder normale Sportler sein durften

Allem nationalen Taumel zum Trotz verweist das Olympia-Jahrbuch von 1936 in prägnant schlichter Weise auf die Weltoffenheit jener deutschen Spiele, die sich eben auch beim Boxen offenbarten: »Gleich der erste Kampf war symbolhaft für die Internationalität dieses Turniers: Ein Neger boxte gegen einen Japaner!«[41]

Außerdem weist der Schreiber vehement darauf hin, dass das Berliner Boxturnier das vom Teilnehmerfeld her größte in der olympischen Geschichte sei.

Der Bericht über das 36 Jahre später in Bayerns Hauptstadt ausgetragene olympische Boxturnier stößt nur einmal ganz kurz ins gleiche Horn, als der Schreiber vom »stärkst besetzten Olympischen Boxturnier aller Zeiten in München« schwärmt. Ansonsten ist der Ton im Westdeutschland des Jahres 1972 ein völlig anderer. Aus dem »Neger« von einst wurden hier, wobei man Altmeister Max Schmeling zitiert, »dunkelhäutige Medaillenbewerber aus Regionen und Nationen, die im internationalen Leistungswettbewerb der Besten ein ausgesprochenes Schattendasein führten.«[42]

Genau damit ist bei diesen Spielen – nicht nur im Boxen – so langsam Schluss. So resümiert das Münchner Olympiabuch: »Allein die kubanischen Abgesandten fuhren mit zwei Olympiasiegen und je einer Silber- und einer Bronzemedaille auf ihre Zuckerinsel zurück.«[43]

Die deutsche Medaillenernte fiel dagegen bedeutend dünner aus. Die einzige Goldene gewann Leichtgewichtler Dieter Kottysch. Der Jubel darüber klingt jedoch trotz der Verwendung der Vokabel »hart« ausgesprochen technokratisch: »Er hat bewiesen, daß sportliche Lebensweise, hartes, intensives Training und eine hervorragende Moral die Voraussetzungen für das Erreichen eines gesteckten Ziels sein können.«[44] Statt totalem Krieg mit unermüdlichen Militärschlägen werden schlichtweg »gesteckte Ziele erreicht«.

Auch Schwergewichtler Peter Hussing musste für seine Bronzemedaille keinen bedingungslosen Sturmangriff mit anschließendem Heldentod auf sich nehmen, sondern ganze fünf Kampfminuten im Ring ausharren, »eine davon für einen vorzeitigen Gewinn gegen den Peruaner Oskar Ludeña, die weiteren vier für eine Niederlage gegen den kubanischen Modellathleten Teófilo Stevenson«.[45]

Letztere allerdings hatte es in sich und kam einem todähnlichen Zustand des Deutschen bedenklich nahe: »Hussing, vorzeitig zum Schwergewichts-Favoriten erhoben, ist in der 2. Runde weit über das ›Aus‹ hinaus Knock-out und erst nach dreißig Minuten wieder ›da‹.«[46]

Statt Kriegsmetaphern verwendet der Schreiber hier einen Anglizismus aus dem Nähkästchen des gängigen Boxsportslangs. Peter Hussing, im Münchner Olympiabuch auch als des Altmeisters Herbert Runge Nachfolger betitelt, war – genau wie alle anderen Boxer aus aller Herren Länder auch – ein ganz normaler Sportler geworden, der weder Krieg noch Schlacht verloren, sondern sich in einem sportlichen Wettkampf einem Besseren hatte geschlagen geben müssen – und das auch durfte!

Weil aus den siegreichen Kriegern von einst verwöhnte Wohlstandsbürger wurden

Vor allem jedoch erzählt das westdeutsche Olympiabuch von 1972 von der Entmachtung der alten Boxmächte, auf den Punkt gebracht durch ein Max Schmeling-Zitat: »Wenn die Sportler der Dritten Welt und einstigen Entwicklungsländer weiter für den Boxsport interessiert und geschult werden, ihre eminente Schlagkraft technisch untermauert wird und sie vor allem an Maisbirne und Punchingball flüssig und stilgerecht schlagen lernen, wird es für die früheren ›Missionare‹ des Amateur-Boxsports immer schwerer, leistungsfähig mitzuhalten.« Schmeling sieht diese Entwicklung mit einem lachenden wie einem weinenden Auge. Sein Zukunftsfazit fällt, zumindest für deutsche Verhältnisse, äußerst humorvoll aus: »Für die nächsten Olympischen Spiele sehe ich nur noch schwarz.«[47]

Und der Altmeister sollte recht behalten, zumindest so gut wie. Vier Jahre später in Montreal siegten fünf schwarze US-Amerikaner, drei Kubaner sowie je ein Boxer aus Nordkorea, der DDR und der Volksrepublik Polen. Nur Schwarze und »Rote« also – und die westdeutsche Sportberichterstattung weiß auch genau, warum: »So wie die Farbigen sich durch herausragende Leistungen auf dem Gebiet des Sports aus dem Milieu der Großstadt-Slums herausboxen wollen, ist es oft für Athleten aus den Ostblockstaaten die einzige Chance, ihr Lebensniveau und Lebensstandard zu heben.«[48]

Es war demnach die blanke Not, die uns aus dem Osten mehr und mehr zu erstklassigen Faustkämpfern machte. Nicht etwa ein optimales Training, sondern »Geld und Privilegien sind die beste Motivation und die sicherste Basis einer breiten Leistungsdichte. Und nur dann wachsen Kämpfer heran. Ein Kreislauf, der in der Bundesrepublik kurz vor dem Kollaps steht!«[49]

Hier nun wird der Ton resignativ: »Bei uns und in vielen westeuropäischen Ländern fehlt einfach die Motivation. Jeder kann hier tun und lassen, was er will, und fast jeder ist auch in der Lage, sich seine Freizeit nach eigenen Vorstellungen zu gestalten. Wir sind satt, vielleicht zu satt, um das harte Geschäft des Boxens über Jahre hinweg auszuüben, um sich selbst schinden und andere schlagen zu können.«[50] Und eine »Besserung« der Lage, sprich eine umfassende Weltwirtschaftskrise, womöglich gar ein »Elendseinbruch« wie bei uns im Osten angeblich täglich erlebte Realität, war weit und breit nicht in Sicht. Den Kindern des sogenannten Wirtschaftswunders ging es schlicht und ergreifend zu gut, um zu boxen.

Wenngleich mich der hier angeschlagene, selbstgefällig-besserwisserische Tonfall ein wenig abstößt, hat der Schreiber doch einen grundlegenden Zusammenhang in die Schrift gestellt. So ist es wohl kein Zufall, dass so mancher Weltmeister seinen Titel verlor, *nachdem* er sich ein großes, neues Auto kaufte. Ebenso wenig, dass heute die erfolgreichsten deutschen Profiboxer aus Armenien, Russland, Rumänien, Serbien, Kroatien, der Türkei – oder allenfalls aus Mecklenburg-Vorpommern, Brandenburg oder Sachsen stammen.

Weil westdeutsche Sportjournalisten sich vergeblich mühten, einen kubanischen Superstar zum US-Amerikaner zu machen

Das Olympia-Jahrbuch von 1972 widmet mehrere Absätze jenem groß gewachsenen Boxer aus Kuba, welcher der »westdeutschen Hoffnung« Peter Hussing die bereits erwähnte schwere Niederlage beibrachte: Teófilo Stevenson. Im Finale traf Stevenson auf den von vielen Experten favorisierten US-Amerikaner Duane Bobick, der ihn ein Jahr zuvor nach Punkten besiegt hatte. In der Ausscheidung zur Münchner Olympiade hatte Bobick gar den späteren Schwergewichtsweltmeister der Profis und Muhammad-Ali-Bezwinger Larry Holmes ausgeschaltet. Stevenson machte kurzen Prozess mit Amerikas weißer Hoffnung und knockte Bobick, wie zuvor Hussing, kurzerhand aus.

Mit seinem Olympiasieg hatte der groß gewachsene Kubaner das Interesse von Bob Arum, Don King und etlichen anderen Boxpromotoren geweckt, was ihn im westdeutschen Olympiabuch jener Spiele gar kurzzeitig zum US-Boy macht: »Stevenson hat nach Meinung der Münchner Turnierbesucher und von Experten die Chance, es seinem Landsmann Joe Frazier gleichzutun. Der jetzige Profischwergewichtsweltmeister wurde vor acht Jahren in Tokyo Goldmedaillengewinner der schwersten Kategorie.«[51]

Smokin Joe Frazier erblickte in Beaufort, South Carolina, USA das Licht der Welt, Stevenson jedoch in Puerto Padre auf Kuba. Und schon im nächsten Satz wird Letzterer auch wieder zum Kubaner: »Stevenson wird wahrscheinlich nicht ins Lager der Berufsboxer übertreten können. Kubas Diktator hat es verboten – nicht nur dem 1,90 m großen Stevenson allein …«[52]

Was aber bedeuten die drei Punkte am Ende des Satzes? Ist das jener sprichwörtliche Wink mit dem Zaunpfahl: »Teófilo, werde ein Landsmann von Smokin Joe – und Profi«?

Vier Jahre später in Montreal wird Stevenson erneut souverän Olympiasieger. Im westdeutschen Jahrbuch jener Sommerspiele ist er zunächst ganz der Meisterboxer der Zuckerinsel, womöglich ein wenig naiv, in jedem Fall jedoch völlig uneinsichtig gegenüber der edelsten menschlichen Motivationsquelle namens Geld. »Der Alexejew der Boxer heißt Teófilo Stevenson. Er stammt aus Kuba, arbeitet wie die anderen auch in den Ferien in den Zuckerrohrplantagen – Teofilo Stevenson will keine Vorteile. Es gibt keinen anderen Sportler auf der Welt, dessen Flucht aus dem einen System in das andere so viel Geld einbringen würde.«[53]

Auch jetzt überhäuften ihn die Manager mit ihren Offerten. Stevenson würde doch nicht so dumm sein, sie wieder unverrichteter Dinge nach Hause zu schicken, oder? Außerdem äußerte Exolympiasieger und Exprofiweltmeister George Foreman vor laufender Fernsehkamera, Stevenson sei derzeit stärker als alle anderen Schwergewichtler dieser Welt, womit er ausdrücklich Amateure *und* Profis meinte.

Stärker als alle anderen, also auch als »The Greatest«, Foremans Bezwinger Muhammad Ali? Die Aussicht auf einen solchen Kampf und natürlich vor allem Zahltag müsste doch dazu reichen, dass sich dieser halsstarrige Stevenson endlich in die USA absetzte, oder?

Beim Fernsehinterview vor seinem Kampf gegen den US-Amerikaner John Tate steht Stevenson zwischen dem amerikanischen Journalisten und George Foreman. Als ihn Ersterer fragt: »Wollen Sie nicht mal gegen George kämpfen?«, erwidert er nur: »Er ist Profi, und ich Amateur.«

Doch der Schreiber des westdeutschen Montreal-Buches weiß mehr: »Stevenson posaunte während dieser Tage einmal, daß er sich vorstellen könne, gegen – sagen wir mal – Muhammed Ali zu boxen, wenn man ihm gestatten würde, Amateur zu bleiben.«[54]

Na bitte, das war doch bereits ein halbes »Ja« zur Übersiedelung in die USA, oder? Zwei Seiten später jedenfalls erklärt der deutsche Sportjournalist Teófilo Stevenson kurzerhand – und diesmal klipp und klar – zum Ami: »In Montreal stand nur ein Star zwischen den Seilen: der farbige US-Amerikaner Stevenson.«[55]

Nicht ohne Witz erscheint mir in diesem Zusammenhang, dass Stevenson 1999 bei einem USA-Besuch am Flughafen von Miami einen amerikanischen Fluglinien-Angestellten mit einem Kopfstoß verletzt haben soll, nachdem sich dieser abfällig über Fidel Castro äußerte. Stevenson wurde inhaftiert, kam gegen Kaution auf freien Fuß und setzte sich schließlich ab – nach Kuba!

Weil nur die Politik den Größten der Amateure stoppen konnte

Ostdeutsche Olympiabücher hatten selbstredend keinerlei Problem damit, dass Stevenson seiner Heimat die Treue hielt. Der Schreiber des 1980 erschienenen Buches über die Olympischen Sommerspiele in Moskau rechnete es ihm, ohne dabei seinen Namen zu nennen, hoch an, dass er nicht ins Berufsboxen wechselte, denn: »Nicht selten erliegen auch die Besten den Verlockungen des Profisports«.[56]

Dass die DDR acht Jahre zuvor beim olympischen Boxturnier in München keinen einzigen Titel holte, vermerkt der Schreiber des Olympiabuches aus dem Jahr 1972 made in GDR mit jener Schärfe, die er bei den Kämpfern seines Landes offenbar vermisste: »Sechs der acht Aktiven aus Frankfurt, Halle, Karl-Marx-Stadt, Schwerin und Berlin verloren gegen spätere Finalteilnehmer – aber sie hatten sich ihre (…) Niederlagen selbst zuzuschreiben. Ihnen fehlte jene gesunde Härte, die schwere Treffer relativ wirkungslos bleiben läßt und die Möglichkeit eröffnet, eine Auseinandersetzung mit einem einzigen Schlag zu entscheiden.«[57]

Dies exerziert er am Beispiel von Ottomar Sachse, Junioren-Europameister im Halbschwergewicht: »Er setzte Technik ein, wo Schlagkraft angebracht gewesen wäre, er startete zum Rückzug, wo Angriff geboten war.«[58]

Umso frenetischer feiert der Schreiber die erfolgreichste Boxstaffel des Turniers, jene des sozialistischen Bruderlandes Kuba. Er schwärmt von der Eleganz der kubanischen Kämpfer, ihrer vollendeten Technik, Kondition und Schlagkraft. Obendrein hätten sie sich als äußerst faire Sportsmänner gezeigt. Sie akzeptierten jedwede Ringrichterentscheidung, und unterlief einem von ihnen im Eifer des Gefechts mal ein etwas unsauberer Schlag, entschuldigte er sich sofort dafür. Über ihre Olympiasiege freuten sich die kubanischen Athleten wie spielwütige Lausbuben.

Und ein klein wenig durfte der ostdeutsche Schreiber bei ihrem Siegeszug ja auch mitfeiern. Schließlich hatte nicht zuletzt ein »Missionar« aus seinem Land gehörigen Anteil am karibischen Boxwunder. Aber was heißt hier »Wunder«? Handelte es sich dabei doch zweifelsfrei um einen »… Triumph sozialistischer Gemeinschaftsarbeit; Kurt Rosentritt, heute Nachwuchstrainer beim SC Dynamo Berlin, legte während eines längeren Kuba-Aufenthaltes vor einigen Jahren die Grundlagen. Sein Schüler, der heutige kubanische Cheftrainer Alcides Sagarra-Garon, entwickelte sie weiter, und Andrei Tscherwonenko, sowjetischer Gasttrainer auf Kuba, feilte an den individuellen Eigenschaften eines jeden einzelnen Aktiven, um ihnen die letzte Perfektion zu geben.«[59]

Beider Trainer Meisterschüler war in jedem Falle Teófilo Stevenson, dessen Kampfrekord 1966 mit einer Niederlage im Halbmitteltelgewicht begann und der von seinen ersten 20 Kämpfen 14 verlor. Von derartigen Ladehemmungen war im München von 1972 nichts, aber auch gar nichts mehr zu spüren. »Der große, schlanke Schwergewichtler, der nach Abschluß der Wettkämpfe mit dem ›Barker-Pokal‹ für den besten Techniker ausgezeichnet wurde, ist der eleganteste Mann, der je im obersten Gewichtslimit eine Goldmedaille gewann. Trotz seiner erst 20 Lebensjahre bewies Stevenson (…) eine erstaunliche Ruhe und Kaltblütigkeit. Er brauchte sie vor allem gegen den US-amerikanischen Favoriten Duane Bobick, den er aber – nach einigen bangen Sekunden – in Runde drei ebenso vorzeitig bezwang wie alle anderen, sie sich ihm auf dem Weg zum olympischen Gold in den Weg stellten.«[60]

Das Fazit des DDR-Sportreporters zielt selbstverständlich nicht auf einen lukrativen Wechsel Stevensons ins Profigeschäft. Stattdessen orakelt er: »Teófilo Stevenson hat durchaus das Zeug dazu, seinen Olympiasieg auch 1976 in Montreal zu wiederholen.«[61] Auch dort gewinnt er sämtliche Kämpfe vorzeitig. Erst bei seinem dritten

Olympiasieg in Moskau 1980 muss er – bei boykottbedingter Abwesenheit der Konkurrenz aus den USA – in den letzten beiden Kämpfen über die volle Distanz von drei Runden gehen. Dass er 1984 in Los Angeles als einziger Boxer aller Zeiten seinen vierten Olympiasieg feiern durfte, verhinderte kein Boxer dieser Welt und auch keine gemeine Attacke sämtlicher von Stevenson abgewiesenen Boxmilliardäre, sondern der postwendende Olympiaboykott der Ostblockstaaten.

KAPITEL 4

DER MEISTERTRAINER VON NEBENAN

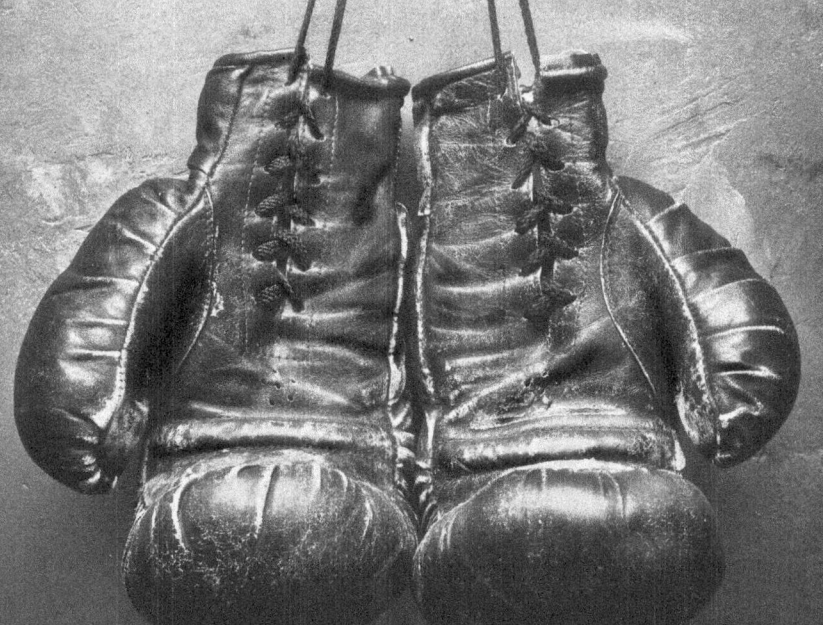

Weil mein Freund Michel seinen Kampfsport fand

Ich lernte Michel 1982 an einem Ostberliner Jugendtheater kennen. Ich war 15 und wollte Schauspieler werden. Michel, zwei Jahre älter als ich, war einer der besten Darsteller des Ensembles. Einen Beruf wollte er dennoch nicht daraus machen. Das Theater spielte nur die zweite Hauptrolle in seinem Leben, Nummer 1 war *sein* Kampfsport. Den zu finden, hatte er, als ich ihm vor nunmehr 32 Jahren begegnete, bereits eine lange, ausgedehnte Suche hinter sich.

In der Schule sei er ein echter Rabauke gewesen, vertraute er mir an, als ich ihn für dieses Buch interviewte. Einer, der auf dem Schulhof nicht beiseitetrat, wenn sich in seiner Nähe ein Streit zusammenbraute. Und er war schon immer sportlich, ein drahtiger Langer mit sehnigen Muskeln. Als die Schulkinder mit zehn Jahren von Talentsichtern der Sportschulen »gemustert« werden, schickt man ihn zum Eisschnelllauf. Michel geht zweimal zum Training, dann hat sich dieses Kapitel für ihn erledigt.

Einen Kumpel hatten sie zu den Ringern gesteckt. Oh Mann, wenn der jetzt kämpfen darf, dann will ick det ooch!, dachte sich Michel. Kurzerhand lässt er sich von ihm mit zum Training nehmen. Er ist auf der Stelle hin und weg! Der klassische olympische Kampfsport bestimmt fortan sein Leben: vier- bis fünfmal die Woche Training, an den Wochenenden Wettkämpfe. Michel ist begeistert dabei, auch wenn er nie ein erstklassiger Ringer wird. »Dazu war ick einfach zu lang«, lautet sein Fazit. Als sie ihn im Verein herunterstufen, lässt er das Ringen sein. Sein Kumpel wird später mehrfach DDR-Meister.

Michel dagegen sucht nach einem anderen Kampfsport. Boxen kommt ihm nicht in die Tüte. Zwei Typen, die aufeinander einschlagen: viel zu primitiv! Bei Narva versucht er es mit Judo, ganze drei Wochen lang. Mit 16 Jahren entdeckt er durch einen Kumpel die fernöstliche Welt des Karate – und ist sofort Feuer und Flamme. Nach einem Jahr geht ihm das »japanische Gedöns« jedoch auf die Nerven. Er will keine Katas gegen imaginäre Gegner zelebrieren, sondern kämpfen – mit Kopf, Geist und Körper, aber vor allem: richtig und echt, mit vollem Körperkontakt.

Während eines Ungarn-Urlaubs sieht er einen Bruce-Lee-Film – und weiß sofort: Das ist es! Lee benötigte weder einen weißen Kampfanzug noch irgendwelche Faxen. Das fernöstliche Kung Fu hatte er mit boxerischen Elementen bereichert und daraus etwas völlig Neues »gebastelt«. Ebendiese Kreativität begeistert Michel. Über verschiedene Kanäle besorgt er sich ein paar Bücher von und über Bruce Lee, um sich zusammen mit Gleichgesinnten von dessen Kampfkunst inspirieren zu lassen. Mit diesem Ansinnen betraten sie völliges Neuland in der größten DDR dieser Welt. Karate, Kung Fu, Kickboxen – so etwas gab es hier nicht, zumindest nicht offiziell. Eine Freundin überlässt ihm ein Zimmer ihrer Wohnung. Zusammen mit einem Kumpel funktioniert er es mit Sandsack und allem erforderlichen Gerät in einen Trainingsraum um.

Zur gleichen Zeit lernt er über seine Mutter einen Boxtrainer kennen, der ihn zur TSG Oberschöneweide holt. Michel trainiert und bestreitet fünf Kämpfe. Alsbald betreut er zudem die kleinen Jungs, was ihm großen Spaß macht. Abends nach dem Training bestellt er seine Kumpels in die Halle, und sie arbeiten gemeinsam an ihrem Kampfsport. Auch sie boxen, allerdings unterstützt durch Fußtechniken. Welchen Namen das Ganze haben könnte, ist nicht ihr Thema. Sie kämpfen!

Als ein paar Leute aus dem Verein von ihrem Tun Wind bekommen, wird Michel zur Rede gestellt: »Was ihr da treibt, ist illegal. Das hat sofort aufzuhören!« – »Und ihr sucht euch 'nen neuen Trainer!«, entgegnet er, legt die Hallenschlüssel auf den Tisch und geht. Kurz darauf muss er zur NVA, seinen sogenannten Ehrendienst ableisten. Die Wende sorgt dafür, dass Michel bereits nach 15 Monaten ins Zivilleben zurückkehren kann.

Endlich wieder in Berlin, widmet er sich, neben seiner Arbeit als Bühnenarbeiter im Maxim-Gorki-Theater, voll und ganz seinem Kampfsport. Bei der SV Blau-Gelb Berlin in Weißensee, der ehemaligen BSG Tiefbau, trainiert er Boxen. Im Zuge der Wende ist sein »selbst gebauter« Kampfsport schon bald auch in der DDR nicht mehr illegal. Als wenig später die Mauer fällt, durchkämmt Michel den Westteil seiner Heimatstadt nach einschlägigen Fitnessstudios und Gyms. Sein Interesse ist riesig, schließlich konnten sie hier seit vielen Jahren alles, was es auf der Welt an Kampfsport gibt, frei von jeglichem Verbot praktizieren.

Ihn treibt die Frage: Was kommt dem, was ich mir da über Jahre »zusammenbastelte«, am nächsten? Sein Urteil: »Nichts von dem, was ich im Westen sah, überzeugte mich. Was die konnten, das konnte ich auch – und meistens besser!« Schon bald sollte Michel den Beweis antreten, dass er als Kampfsport-Trainer in der Tat auf allerhöchstem Niveau bestehen kann.

Weil er seine Freundin
zur Welt- und Europameisterin machte

Seit vielen Jahren drehte sich Michels Leben um seinen Sport. Nahezu jede schlaf- und jobfreie Minute trainierte er, seine Schützlinge und seinen Körper. Das ist in den allermeisten Fällen sicher nicht die ideale Ausgangsbasis für eine Beziehung. Michels neue Freundin jedoch interessierte sich sehr für das, was er da so trieb, vom Laufen bis zum Kampfsporttraining in der Halle. Schließlich gesteht ihm Nette, dass sie schon immer liebend gern intensiv Sport treiben wollte, aber nie jemanden fand, der sie darin unterstützte oder gar förderte.

Michel geht mit ihr joggen, und er nimmt sie zu Blau-Gelb mit, wo er nach wie vor Boxen und Kickboxen trainiert. Auch hier versteht er sich ausgezeichnet mit seinem Trainer und besitzt längst wieder einen Hallenschlüssel. So kann er mit Nette trainieren, wann immer die beiden Zeit dafür finden. Schnell merkt er, dass seine Freundin im Ring unheimlich giftig werden kann und zudem mit einem Talent gesegnet ist, welches seinesgleichen sucht. Nicht lange, und er sieht den Zeitpunkt gekommen, ihr zu sagen: »Du kannst ja mal eene verkloppen!« Natürlich im Ring und in aller Fairness, welche die Regeln des Boxens beziehungsweise des Kickboxens gebieten. Das allerdings ist in jenen Jahren gar nicht so einfach, zumindest, was das klassische Boxen im Amateurbereich angeht. Zwar konnten Frauen in vielen Vereinen seit Längerem mit trainieren, nur Wettkämpfe durften sie keine austragen. So nahm Michel seine Freundin vor einem ihrer ersten Amateurkämpfe beiseite: »Ein offizielles Urteil bekommst du nicht. Willst du eins haben, musst du es selbst ›sprechen‹.« Nette versteht ihn aufs Wort und knockt ihre Gegnerin kurzerhand aus.

Innerhalb von vier Kickboxkämpfen wird Nette erst Internationale Deutsche Meisterin, später Deutsche Meisterin. Das berechtigt sie 1995 zur Teilnahme an der Kickboxweltmeisterschaft in der Ukraine. Kiews Sportpalast platzt aus allen Nähten. In der mit 6.000 Zuschauern ausverkauften Arena, in welcher drei Jahre später die Klitschko-Brüder zum ersten und einzigen Mal in ihrer Heimatstadt boxen werden, sind drei Ringe aufgebaut. In ihnen ermitteln 550 Starter in zwei Disziplinen innerhalb von fünf Tagen ihre Weltmeisterinnen und Weltmeister. An etwas wie eine Kabine ist nicht zu denken. Umziehen, Hände bandagieren, Warmmachen passiert dort, wo gerade Platz ist.

Michel hat Nette minutiös auf das Turnier vorbereitet. Auch in Kiew betreut er sie, macht sie vor ihren Kämpfen warm. Allerdings darf er beim Kampf selbst nicht in ihrer Ecke stehen, um sie zu sekundieren. Dieses Recht ist den offiziellen Bundestrainern vorbehalten, während sich Michel als angeblicher Pressemann zumindest in Ringnähe aufhalten darf.

Ihren ersten Fight hat Nette am zweiten Wettkampftag. Sie gewinnt und muss zwei Tage später gleich drei Kämpfe bestreiten. Die Distanz: jeweils drei mal zwei Minuten. Als der letzte Gong ertönt, darf sie sich hoch offiziell »Weltmeisterin im Kickboxen der Gewichtsklasse bis 65 kg« nennen. Seit ihrem ersten gemeinsamen Lauftraining sind gerade einmal vier Jahre vergangen.

Zwei weitere gehen ins Land, bis Nette vor ihrem ersten Titelkampf im Berufsboxen steht. In der Berliner Universal-Hall tritt sie im Hauptkampf des Abends gegen Sandra Geiger an. Die aus Strasbourg kommende Französin ist Europameisterin im Leichtgewicht, der Kampf geht über zehn Runden à zwei Minuten.

Michel und seinem Co-Sekundanten Robert geht ordentlich die Muffe. Noch dazu, wo sie heute als Trainer und Co-Trainer in Nettes Ecke stehen, um sie zu sekundieren. Mit jeder Minute, die Nettes Kampf näher rückt, werden die beiden Männer nervöser. Es ist die Kämpferin höchstpersönlich, die sie in der Kabine gemahnt: »Jungs, *ick* boxe heute Abend! Ihr sollt mich aufbauen, statt hier Muffengang zu schieben.«

Derart gestärkt tritt das Team seinen Weg zum Ring an. Michel ist von Nettes Coolness geplättet, und es ist einmal mehr die Kämpferin, die dem Ganzen unter den Augen der etwa 600 Zuschauer des Hauptkampfs noch eine Schippe drauflegt. Nach den ersten Durchgängen sieht Michel, dass seine Boxerin die Chefin im Ring ist. In der Pause zur 7. Runde nickt ihm Nette von ihrem Hocker aus zu: »Fällt dir wat uff?«

Entgeistert sieht er sie an: »Nee, … watt denn?«

»Na, dass ick immer sofort bei dir in der Ecke bin!«

Knappe drei Minuten später weiß Michel, was sie damit meinte. Kaum erklingen die Klopfzeichen, welche die letzten zehn Kampfsekunden der Runde anzeigen, verlagert Nette den Kampf in die Richtung ihrer Ecke. Beim Gong braucht sie sich nur noch auf den Hocker zu setzen, während ihre Gegnerin quer durch den Ring laufen muss, um in ihre Ecke zu gelangen. Eine derartige Mischung aus Coolness und taktischer Höchstleistung haut Michel bis heute um. Der sichere Punktsieg und die Europameisterschaft waren Nette an diesem Abend nicht zu nehmen, nicht einmal vom Kampfgericht. Zwei der Punktrichter gaben ihr neun der zehn Runden. Einzig die Dritte im Bunde hatte am Ende ihre Gegnerin mit einer Runde vorn. Bald stellte sich heraus: Die gute Frau war nicht nur Französin, sondern zudem Freundin des gegnerischen Trainers. Es war hoffentlich ihr letzter Einsatz als Punktrichterin bei einer Europameisterschaft.

Weit schwieriger als Kampf und Titelgewinn erwies sich für Nette an diesem Abend die Dopingprobe. Zwei Stunden benötigte sie, bis sie das entscheidende Röhrchen gefüllt übergeben und nun endlich ihren gerade errungenen Sieg feiern konnte. Sie war die neue Europameisterin!

Weil Klasse auch Probleme mit sich bringt

Noch ehe Nette ihre beiden großen Titel errang, war es äußerst schwer gewesen, für sie adäquate Gegnerinnen zu finden. Eine graue Eminenz der Berliner Boxsportszene hatte sich Michels Boxerin angenommen und bemühte sich, ihr eine solche zu verschaffen. Um Nette bei der Universum Boxpromotion ins Gespräch zu bringen, rief er in deren Hamburger Zentrale an. Dort trainierte unter anderem Regina Halmich, die amtierende Weltmeisterin im Fliegengewicht und obendrein *das* Zugpferd des deutschen Frauenboxens.

»Du, ich hab da eine, die will sich mal 'n bisschen bei euch umsehen«, brummte der grau melierte Manager in den Hörer.

»Sie ist 'n bisschen schwerer als Regina, aber vielleicht können die beiden ja mal 'n paar Runden Sparring machen.«

Halmichs Trainer Chuck Talhami hatte nichts dagegen, und die Weltmeisterin selbst äußerte sich dahingehend, dass ihr besagter Gewichtsunterschied herzlich egal sei. Sie werde die da aus Berlin in jedem Fall weghauen.

So also reiste Michel mit Nette nach Hamburg ins Universum Gym in der Walddörferstraße. Chuck Talhami kontrollierte Nettes Handschuhe, dann entschied er: sechs Runden Sparring gegen Regina Halmich. Los gings – allerdings so gar nicht nach des »großen« Trainers Vorstellungen.

»Die konnte machen, was sie wollte!«, vertraute mir Michel lächelnd an. »Was immer Regina versuchte, Nette war längst weg – und traf selbst wunderbar.« Natürlich sollte sie als Leichtgewichtlerin das Ganze gegenüber der fünf Zentimeter kleineren Fliegengewichtlerin nicht übertreiben. Also instruierte Michel seine Boxerin: »Bring nur deine Führhand, die Rechte brauchste gar nicht.«

Nach fünf Runden erklärte Talhami die angesetzten sechs Runden kurzerhand für beendet. Doch nicht nur Michel und Nette wissen, dass er hier, sagen wir mal, ein wenig schummeln will. »Ich mach noch eine!«, entscheidet die Weltmeisterin trotzig, woraufhin Michel seiner Boxerin zunickt: »Okay, jetzt kannste ooch mal die Rechte …« Nette brachte nun tatsächlich ihre Schlaghand, was den Stand der Weltmeisterin in diesem Sparringskampf keineswegs verbesserte.

Einer der Zeugen dieses ungleichen Gefechts war Trainerlegende Fritz Sdunek, dem Universum etliche Weltmeister verdankte. Sdunek saß am Ring, beobachtete das Geschehen mit interessiertem Blick und bewertete Nettes Arbeit mit einem anerkennenden Nicken. Leider gilt das von Michels Kollegen gedrehte Video jener sechs Runden, noch bevor das Team die Hansestadt verlässt, als spurlos verschwunden. Ein Schelm, wer Böses dabei denkt …

Weil auch Lehrgeld dazugehört

Kurzum: Nette hatte noch immer keine passende Gegnerin, als die graue Eminenz ihr plötzlich ein Angebot aus Amerika offeriert. Nette soll am 20. November 1997 im Olympic Auditorium von Los Angeles, Kalifornien, auf einem von Manager Bob Arum organisierten Kampfabend boxen. Floyd Mayweather jr. bestreitet auf jener Veranstaltung seinen zwölften Profifight, zudem stehen zwei Weltmeisterschaften auf dem Programm. Im »main event oft he evening« verteidigt WBC-Weltmeister im Superfedergewicht Genaro Hernández seinen Titel gegen Carlos Hernández.

Im zweiten Hauptkampf darf Nette die amtierende Weltmeisterin im Halbweltergewicht herausfordern. Lucia »The Dutch Destroyer« Rijker, geboren in Amsterdam, ist *der* Star des amerikanischen Frauenboxens und in ihrer Gewichtsklasse die unangefochtene Nummer 1 der Welt. Ihre Oberarmmuskulatur lässt manchen durchtrainierten Mann erbleichen, ihre Schlaghärte ebenfalls. Erst eine Gegnerin ging mit ihr über die angesetzte Distanz und verlor »nur« klar nach Punkten. Weit über die Boxszene hinaus wird sie 2004 bekannt, als sie in Clint Eastwoods Film *Million Dollar Baby* eine abgrundtief böse Mittelgewichtsweltmeisterin Ostberliner Herkunft mimt.

Also auf nach Amerika! Die graue Eminenz leidet an Flugangst. So kann der gute Mann nicht selbst in Los Angeles dabei sein, um Nette und ihr Team zu betreuen. Zu ebendiesem Zweck schickt er ihnen einen Typen mit, für dessen umfassende Charakterisierung Michel gerade mal neun Buchstaben benötigt: »'Ne Pflaume«.

»Ick brauch den nicht!«, lässt er die graue Eminenz wissen, doch der besteht darauf: Die Pflaume muss mit. Zumindest setzt Michel durch, dass auch sein Co-Sekundant Robert mit an Bord ist. Flug, Hotelunterkunft und sonstige Spesen zahlt Bob Arums Management. Schon bei der Ankunft in LA stellt sich heraus, dass Michels Charakterisierung ihres »Betreuers« den Nagel auf den Kopf traf. »'Ne Pflaume« hatte für sich ein Hotelzimmer besorgt, nicht jedoch für den »Rest« des Teams: Die Kämpferin und ihre beiden echten Sekundanten. Dass er kein Wort Englisch sprach, wäre auf der Pressekonferenz oder beim Rules-Meeting sicher blöd gewesen, aber der Mann war ohnehin nicht da, wenn das Team Hilfe brauchte, weshalb er in dieser Geschichte keiner weiteren Erwähnung bedarf.

Glücklicherweise gab ihnen Bob Arums Management vor Ort mit Jimmy Finn einen echten Betreuer an die Seite. Finn, ein gebürtiger Ire, besorgte in Windeseile Hotelzimmer, kümmerte sich um eine geeignete Trainingsmöglichkeit, einen Cutman und erwies sich auch später beim Einlösen des Kampfbörsenschecks als äußerst hilfreich. »Die Amis zeigten sich erst mal äußerst gastfreundlich«, erinnert sich Michel, der beim Training in dem ihnen zugeteilten Gym unter anderem Superfedergewichtsweltmeister Genaro Hernández und dessen Herausforderer begegnete.

Alle Gastfreundschaft endete jedoch jäh beim Rules-Meeting, auf dem noch einmal die Kampfregeln besprochen und vor allem die zu benutzenden Handschuhe festgelegt werden. Hier nun stieß die Gegenseite massiv und im schlechtesten Sinne professionell alle zuvor getroffenen Abmachungen über den Haufen. So verwendete die Weltmeisterin einen unzulässigen Tiefschutz, der in der Lage war, ihre Leber – eine wichtige Trefferfläche – zu schützen.

Der Gipfel ist erreicht, als Rijkers Trainer Freddie Roach auf 8-Unzen-Handschuhen der Marke Reyes besteht. »Die sind sehr bequem, haben aber quasi kaum 'ne Füllung«, weiß Michel aus eigener Erfahrung zu berichten. »Das ist fast so, als würdest du mit bloßen Händen boxen.« Im Regelwerk der WIBF stand, dass Frauen immer mit 10-Unzen-Handschuhen zu boxen hätten, doch das interessierte das Team der Weltmeisterin nicht. Diese Änderung in letzter Sekunde sollte zweifellos Rijkers Schlaghärte buchstäblich in die Hände spielen.

Michel ist zu unerfahren, um auf die hier aufgefahrenen Geschütze adäquat zu reagieren. »Ick war einfach zu glatt«, so sein Fazit aus heutiger Sicht. »Im Grunde hätt ick spätestens nach dem Ding mit den Handschuhen sagen müssen: ›Okay, wir fliegen wieder nach Hause!‹ Keene Ahnung, ob wir dann det Ticket aus eigener Tasche bezahlen oder gar mit dem Zug übern Atlantik hätten fahren müssen …«

Doch sie fliegen nicht, sondern stellen sich dem Kampf. Der dritte Mann in Nettes Ecke ist übrigens Chuck Bodak, der seinerzeit womöglich beste, in jedem Fall schillerndste Cutman der Welt. Michel kommt problemlos mit ihm ins Gespräch. Bodak, 1916 geboren, kannte Deutschland aus seiner Armeezeit im Zweiten Weltkrieg.

Als Michel seiner Boxerin die Hände bandagiert, wie üblich unter den Augen der gegnerischen Ecke, bemängelt Rijkers Trainer, Michel habe zu viel Tape verwendet. Bodak schüttelt nur den Kopf. Ihm ist klar, Roach will Nette und ihr Team mit seiner Attacke lediglich verunsichern. Doch der »unparteiische« Ringrichter ist aufseiten »seiner« Weltmeisterin. Michel muss der Form halber ein wenig an Nettes Bandage herumnesteln, dann endlich sind Roach und der »Unparteiische« zufrieden.

Auch Bodak hatte Michel bei seiner Arbeit zugeschaut – und demonstrierte ihm anschließend seine eigene Technik. Innerhalb von zwei mal fünf Minuten sind Michels Hände bandagiert und er selbst sprachlos. »Das fühlte sich extrem bequem an. Nicht zu fest, nicht zu locker, ich konnte meine Hände unheimlich gut bewegen.« Zur Behandlung von Schwellungen benutzte Altmeister Chuck statt der üblichen Kühleisen, die man in einem Eimer mit Eiswürfeln aufbewahrt, rund gedengelte und mit Eis gefüllte Blechbüchsen Marke Eigenbau. Zwei von ihnen schenkte er Michel nach dem Kampf als kleines Andenken.

Endlich geht es los. Nette und ihr Team gehen durch einen schmalen, verwinkelten Gang. Als sie die Halle betreten, empfangen sie mehrere Tausend Zuschauer mit einem gellenden Pfeifkonzert, das Michel die Beine schlackern lässt. Die Weltmeisterin erntet bei ihrem Walk-in Standing Ovations und begeisterten Jubel. Emanuel Steward, Óscar de la Hoya und etliche andere Größen des Berufsboxens sind ausdrücklich hier, weil sie Lucia fighten sehen wollen. Michel gibt alles, ruhig zu bleiben und seiner Boxerin in diesem Hexenkessel so gut es irgend geht den Rücken zu stärken. Nettes Miene zeigt keine Spur von Verunsicherung. Ich sehe eine Frau, die mit dem unbedingten Willen in diesen Ring stieg, die haushoch favorisierte Weltmeisterin zu bezwingen.

Der Gong eröffnet den Kampf. Nach kurzem Abtasten dringt Lucia in der Art eines Mike Tyson auf Nette ein. Die jedoch lässt sie mittels blitzschneller Meidbewegung ins Leere schlagen, bringt ihre Führungshand ins Ziel und geht sofort aus Rijkers Schlagdistanz. Immer wieder sticht ihr Jab, auch die Rechte findet ihr Ziel. Ihre Arme wirken länger als die der Weltmeisterin, und immer wieder ist sie weg, wenn Rijker angreift.

Als die zwei Minuten der 1. Runde von der Uhr sind, wartet Michel vergeblich auf den Gong. Er schreit den Zeitnehmer an. Der steht fast neben ihm, würdigt ihn keines Blickes und macht keine Anstalten, die Runde zu beenden. Dass diese am Ende drei Minuten und zehn Sekunden dauert, wertet Hans-Joachim Rauschenbach vom Deutschen Sportfernsehen, das den Kampf in Deutschland ausstrahlt, als Versehen. Michel mag daran bis heute nicht glauben.

Nette arbeitet weiter, hält weit mehr als nur mit. In der 3. Runde greift Rijker bedingungslos an. Ihre Hände hängen tief, sie trifft Nette im Gesicht, ein linker Kopfhaken schickt die Herausforderin zu Boden. Nette steht schnell und sicher wieder auf ihren Beinen, bedeutet dem Ringrichter, dass sie klar ist. Der jedoch zählt nicht einmal zu Ende, sondern bricht den Kampf kurzerhand ab.

Als sich beide Boxerinnen vor der Siegerehrung umarmen, wirkt die Weltmeisterin über alle Maßen erleichtert. Später stellt sich heraus: Nette hatte sie derart aufs Ohr getroffen, dass sie kaum noch etwas hörte. Wohl, um ein TKO zu vermeiden, hatte ihre Ecke alles auf eine Karte gesetzt. War der Ringrichter angehalten worden, den Kampf bei der erstbesten Gelegenheit zugunsten der Weltmeisterin zu beenden? Und warum hatte der Zeitnehmer die 1. Runde, ohne mit der Wimper zu zucken, um eine geschlagene Minute verlängert? Wäre hier unter »normalen« Umständen für Nette womöglich weit mehr drin gewesen?

Bis heute mag Michel keine Sekunde lang darüber nachdenken. »Ick war einfach zu glatt, und für Nette kam der Rijker-Kampf zwei Jahre zu früh«, so sein Fazit, bevor er vehement hinzufügt: »In jedem Fall hätte sie nach dem Niederschlag weitermachen können. Aber wat solls? Det Ding iss jejessen.« Damit kehrt der Schalk in sein Gesicht zurück, und er bemerkt: »Vielleicht hat Clint Eastwood beim Finale seines Films Nettes WM-Kampf im Hinterkopp jehabt und einfach Jut und Böse andersrum besetzt.«

Lucia Rijker gestand Nette, sie habe nie zuvor einer derart schnellen Gegnerin gegenübergestanden. Auch ich kann Nette wie ihrem Team zu diesem beherzten Kampf gegen ein übermächtiges, zu allen Mitteln greifendes Management *und* die wahrscheinlich beste Halbweltergewichtlerin der Welt einfach nur gratulieren.

Weil Michel sich nicht kaufen und seine Leute nicht hängen lässt

Neben Nette trainierte und sekundierte Michel zwei Boxer. Marco war ein auffallend guter Amateur, der sich bei den Profis ein paar Mark dazuverdienen wollte. Eine Einstellung, die Michel nicht nachvollziehen kann: »Entweder, ick will boxen – oder ick will det nich!« Franky, seinen zweiten Boxer, beschreibt Michel als Vollblutkämpfer, der womöglich nicht das große Talent mitbrachte, bei regelmäßigem Training aber durchaus in der Lage war, die ihm vom Trainer mitgegebene taktische Marschroute umzusetzen.

Um für seine Schützlinge einen Kampf klarzumachen, Neuigkeiten auszutauschen oder sonst etwas in Sachen Boxsport zu besprechen, traf sich Michel mit der grauen Eminenz in ihrem gemeinsamen »Büro«, dem Hinterzimmer einer Kneipe am Savignyplatz, ganz in der Nähe von Rockys Inn. »Det war 'n Schuppen, in den gehst du nich rin, wenn de da drin nüscht zu tun hast«, beschreibt Michel den einzigartigen Charme besagter Lokalität. Ralf Rocchigiani spielte hier öfters Karten, genau wie andere Licht- und Schattengestalten der Berliner Boxsportszene.

Die graue Eminenz war ein gefragter Kenner der Szene. Einmal erlebte Michel mit, wie er vom Matchmaker eines der beiden großen deutschen Profiboxställe angerufen wurde. »Und für den Abend brauchste 'ne Pfeife!«, brummte die Eminenz in den Hörer – und kurz darauf: »Ach so, 'ne *richtige* Pfeife brauchste, weil dein Mann is schon ne Pfeife!«

Eines Tages offerierte ihm der grau melierte Manager ein Kampfangebot für Franky: »In Paris könnte er gegen 'nen Lokalmatador antreten. Sechs Runden, 1.000 Mark – aber nur, wenn er gewinnt!«

»Und wenn nicht?«

»Verliert Franky, kriegt er das Doppelte.«

Ein solches »Angebot« erschien Michel völlig dubios. Er hatte keine Lust auf dieses krumme Geschäft, und sein Boxer sah es ebenso: »Wat soll det? Wenn ick da hinfahre, will ick ooch jewinnen!«

Franky war kein Schmierenschauspieler, der sich zum finanziell versüßten Verlieren anheuern ließ. Er war ein gerader Typ, der schnell mal aus der Haut fuhr und obendrein einen außerordentlich stark ausgeprägten Gerechtigkeitssinn besaß – eine Mischung, die ihm schon des Öfteren einigen Ärger eingebracht hatte. So war er einmal dazwischengegangen, als in der U-Bahn zwei Bauarbeiter eine junge Frau belästigten. Die bulligen Kerle nahmen ihn nicht für voll, also musste Franky ihnen zeigen, dass er sein: »Pfoten weg, lasst sie in Ruhe!« durchaus ernst gemeint hatte. Die beiden Männer verklagten ihn wegen Körperverletzung. In der Gerichtsverhandlung sagte die junge Frau aus, sie könne sich an keine Belästigung seitens jener Bauarbeiter erinnern, womit sie den Schwarzen Peter dem Mann zuschob, der sie in der Bahn verteidigt hatte.

Es machte Franky großen Spaß, zusammen mit Nette zu trainieren. Ihre boxerischen Fähigkeiten bewunderte er bedingungslos, und er hatte seine Trainingskameradin längst in sein großes Herz geschlossen. Wollte ihr einer in irgendeiner Weise etwas Schlechtes, erregte das sofort Frankys Unmut. Als jener Mann, der sich bei Nettes WM-Kampf in Los Angeles als völliger Totalausfall erwiesen hatte, unverhofft in ihrer Trainingshalle auftauchte, stellte ihn Franky sofort zur Rede – auf eine Art, dass Michel handfest dazwischen gehen musste, um eine weitere Anklage gegen seinen Schützling in buchstäblich letzter Sekunde abzuwenden. Michel mochte Franky sehr, der charakterlich absolut geradlinig war und obendrein ein liebenswerter Chaot.

Franky war über längere Zeit krank gewesen, als die graue Eminenz mit dem nächsten Angebot kam: In der Max-Schmeling-Halle sollte ein in Düsseldorf lebender Kameruner gegen Markus Beyer um die Deutsche Meisterschaft boxen. Nun war Beyer kurzfristig ausgefallen, und sie suchten dringend einen Ersatzgegner für den Boxer aus Kamerun. Der hatte einen durchwachsenen Kampfrekord, war aber ein guter wie erfahrener Mann, der bereits siegreich über zehn Runden gegangen war. Der Kampf in der Schmeling-Halle war auf sechs Runden angesetzt – ein Novum für Franky, der bislang nur ein paar Vier-Ründer absolviert hatte.

Michel brauchte nicht lange, um zu wissen: Dieser Kampf kam in jedem Fall zu früh für seinen Mann. Der Kameruner war zwei Gewichtsklassen höher einzustufen als Franky. Obendrein war der ja bis eben krank gewesen, und ihnen blieb nur noch eine Woche Training. Michel lehnte dieses Angebot einer vorkalkulierten Niederlage seines Boxers ab und teilte seine Entscheidung umgehend Franky mit. Dieser widersprach seinem Coach nicht, doch nachdem ihn die Organisatoren jenes Kampfabends gehörig weich gekocht und mit verheißungsvollen Beschwörungen angefüttert hatten, sagte er schließlich zu.

»Nenn mir einen Grund, der dafür spricht, dass du diesen Kampf zu diesem Zeitpunkt gewinnen kannst!«, beschwor Michel seinen Franky. Der Boxer blieb stumm – und bei seiner Zusage für die Schmeling-Halle. Das bedeutete nicht weniger als die Trennung von seinem Trainer. Einer von Michels Grundsätzen lautet: »Wen ich trainiere, den sekundiere ich auch, und wen ich sekundiere, den trainiere ich!«

Wie das Leben so spielt, hatte sich Michel bereits vor längerer Zeit Karten für den nächsten Kampf von Graciano Rocchigiani besorgt. Sein Austragungsort: die Berliner Max-Schmeling-Halle, und im Vorprogramm boxte nun Franky gegen besagten Kameruner. »Ich weiß bis heute nicht genau, warum ick nicht rausgegangen bin, eene roochen, sondern mir Frankys Kampf tatsächlich reingezogen habe«, bekennt Michel und fragt sich laut: »Wollte ick sehen, dass ick recht jehabt hatte? Aber uff keenen Fall wollte ick, dass es so kam, wie es nun mal gekommen ist!«

Franky ging in der 3. Runde schwer k. o. Seine Kampfbörse trug er anschließend in voller Höhe zum Zahnarzt. Sein Gegner hatte ihm mehrere Schneidezähne ausgeschlagen. Das hatte Michel noch viel weniger gewollt als jene vorprogrammierte Niederlage eines Mannes, der ihm in den Jahren ihrer Zusammenarbeit mächtig ans Herz gewachsen war. Sicher auch aus diesen Gründen beendete er schließlich seinen Ausflug ins Berufsboxen und wandte sich wieder ganz seiner großen Leidenschaft zu, dem Kickboxen.

Weil Manuel zweimal hintereinander
einen zukünftigen Weltmeister besiegte

Im März 2001 reiste Michel zusammen mit seinem Kämpfer Manuel zur Internationalen Deutschen Meisterschaft im Vollkontaktkickboxen ins bayerische Ebern. Manuels Gewichtsklasse, das Halbschwergewicht bis 81 Kilogramm, war mit zwölf Startern äußerst stark besetzt. Obendrein trug Michels Boxer all seine Kämpfe an einem einzigen Tag aus. Viermal musste Manuel ran, denn er gelangte bis ins Finale. Sein Gegner hatte dank eines Freiloses nur drei Kämpfe auf dem Buckel. Im Finalkampf lag Manuel bis zum Schluss klar vorn – und doch holte sein Gegner den Titel.

Ringrichter Ferdinand Mack, mehrfacher Kickboxweltmeister bei Amateuren wie Profis und von 1988 bis 2011 Bundestrainer des deutschen Kickboxverbandes WAKO im Vollkontaktkickboxen, disqualifizierte Manuel quasi mit dem Schlussgong wegen Klammerns. Für Michel und seinen Kämpfer eine äußerst ärgerliche Entscheidung. Kleine Randnotiz: Im zweiten oder dritten Vorkampf hatte Manuel einen in Serbien geborenen Boxer namens Muamar Hukić geschlagen, Letzterer weit besser bekannt als Marko Huck.

Im Juni folgte das nächste große Turnier, die Deutsche Meisterschaft, dieses Mal in Gelsenkirchen. Kaum im Pott angekommen, hatten Michel und sein Kämpfer einen harten Schlag zu verdauen. Als Manuel auf die Waage stieg, behauptete die steif und fest: anderthalb Kilogramm über dem Limit!

Innerhalb von vier Stunden mussten ebendiese runter von Manuels Körper. Und los gings: Seilspringen und Laufen in dicker Jacke, Abschwitzen, Abschwitzen, Abschwitzen. Schließlich war er nur noch 300 Gramm überm Limit, und die Wettkampfleitung winkte ihn durch.

Anderntags der erste Vorrundenkampf – ein Sieg. Dramatisch wurde es nur, als Manuel anschließend seinen Trainer wissen ließ: »Du, da stimmt was nicht. Ich bin total platt!«

»Um Himmels willen! Dir fehlen Elektrolyte!«, neigte Michels Co-Sekundant zur Panik. Allein der Trainer blieb, an das Wohl seines Kämpfers denkend, ganz die Ruhe selbst: »Pass uff, Manuel, iss 'ne Banane, trink watt, dann jehts schon wieder.« Und genauso sollte es kommen. Manuel schaffte es bis ins Finale, wo er, erneut unter Referee Ferdinand Mack, erneut Muamar Hukić vor die Fäuste bekam. »Der gebärdete sich damals *noch* wilder als heute!«, erinnert sich Michel. »Er war boxerisch echt gut ausgebildet, aber sobald er 'nen richtig harten Treffer kriegte, gingen die Emotionen mit ihm durch. Da drehte er völlig frei!«

Hukić war mit knapp 1,90 Meter knappe zwölf Zentimeter größer als Manuel und verfügte über die deutlich größere Reichweite. Michels Marschroute war klar: Sein Boxer durfte keinesfalls drei Runden lang davonlaufen, sondern musste immer wieder auch mal stehen bleiben, Hukić auskontern – und dann notfalls energisch klammern, geriet er in Bedrängnis.

Der Kampf begann genauso, wie Michel es erwartet hatte: »Mit dem ersten Gong ging Hukić los wie 'ne Rakete!« Allein, seine Sprengkraft schlug nicht ein – umgekehrt wurde ein Boxstiefel draus: »Manuel ließ ihn systematisch auflaufen und traf selbst äußerst knackig. Mehr als einmal lief Hukić voll in seine Rechte rein!« Michels Mann boxte den Gegner klar aus, holte sich die Runde – und sah sich im nächsten Durchgang mit noch wilderen Attacken Hukićs konfrontiert. Manuel holte sich auch diese Runde, doch er bezahlte dafür, und zwar nicht zu knapp. Nach einem harten Kopftreffer von Muamar – einem weiten Schwinger, quasi mit Ansage, den er doch eigentlich hätte sehen »müssen« – machte es Knack in Manuels Gesichtsmitte. Seine Nase war schief, ein klassischer Nasenbeinbruch, der allerdings nicht allzu stark blutete.

Dennoch herrschte in der Ringpause helle Aufregung. Die Hauptkampfrichterin wollte den Ringarzt einschalten, den Kampf notfalls abbrechen lassen. Referee Mack schüttelte jedoch den Kopf. Scheute er sich womöglich davor, Manuel ein zweites Mal aus einem Titelkampf zu nehmen? In jedem Fall kannte er sich mit Nasenbeinbrüchen und dergleichen aus eigener Erfahrung bestens aus.

»Willkommen im Club!«, brummte er Manuel zu und schickte die Hauptkampfrichterin wieder weg.

»Alles okay mit dir?«, fragte Michel seinen Kämpfer.

Der zeigte einen zu allem entschlossenen Gesichtsausdruck, nickte: »Ick mach weiter!«

Auch Michel sah keine Veranlassung, seinen Schützling aus dem Kampf zu nehmen: »Wäre er am Auge verletzt gewesen, hätte det ganz anders ausgesehen. Mit jedem weiteren Treffer hätten wir sein Augenlicht aufs Spiel gesetzt, aber so …«

Er zeigt ein Achselzucken, bevor er fortfährt: »Die Nase war jetzt eh erst mal futsch, und der Junge wollte nur eins: Deutscher Meister werden, also: weiter!«

Die dritte und letzte Runde, und Hukić gab alles, dem Kampf auf seine Art das entscheidende Ende zu setzen. »Ick dachte nur eens: Hoffentlich trifft der die Nase nich noch mal!«, gesteht Michel nun doch ein. Beide Kämpfer schenkten einander nichts, abgesehen von härtesten Treffern. Hatte Michel bisher schon alles gegeben, seinen Kämpfer – sofern dies von außerhalb des Rings überhaupt möglich ist – mittels gebrüllten Kommandos wie »Geh weg! … Und jetzt du!« auf Kurs zu halten, schrie er sich nun endgültig die Seele aus dem Brustkasten. Noch heute fasst er sich an den Kopf, denkt er an diesen Kampf – und besonders jene letzte Runde – zurück: »In dem Kampf hab ick mindestens zwei Kilogramm verloren!«

Gründe genug zum wild gestikulierenden Mitboxen bot ihm das Kampfgeschehen allemal. Nicht nur Hukić verstand es, äußerst brachial zu geben und zu nehmen. Manuel stand ihm hier in nichts nach. Kam einer voll durch, zollte ihm der Gegner mit anerkennendem Nicken Respekt – und drosch postwendend die Antwort an dessen Kopf oder Körper.

Bei alldem hielt Manuel seine Linie – und gefühlte Stunden später durfte er nach engem Kampf endlich die Arme hochreißen und sich Deutscher Meister nennen. Kleiner, doch überaus bitterer Nachgeschmack: Mit diesem Sieg hatte sich Manuel für das Nationalteam qualifiziert, doch konnte er der Einladung zum Kadertraining nicht Folge leisten und sich demzufolge auch nicht für die anstehende Weltmeisterschaft qualifizieren. Statt Kadertraining und WM-Ausscheid stand die OP des Nasenbeins auf seinem Terminzettel.

Auch Hukić wurde nicht zur Weltmeisterschaft nominiert. Erst ein Jahr später holte er bei der EM in Jesolo, Italien in der Klasse bis 86 Kilogramm den Titel. Im Folgejahr wurde er in Paris Weltmeister im Cruisergewicht. Wenig später wechselte er ins klassische Boxen und begann alsbald im Stall von Promoter Wilfried Sauerland eine überaus erfolgreiche Karriere als Profi. Den Triumph, einen späteren Europa- und Weltmeister zweimal hintereinander besiegt zu haben, konnte Manuel jedoch nichts und niemand mehr nehmen. Und sein Coach wird sich wohl ewig an jene, innerhalb von neun Minuten verlorenen zwei Kilogramm Lebendgewicht erinnern …

Weil auch echte Schauspielkunst dazugehört

Zu den Czech Open im Kickboxen 1999 in Prag reiste Michel mit seinem Schützling Ilja. Der war im Ring ein aggressiver Kämpfer, der auch schnell mal nervös wurde. Erwischte ihn ein Gegner hart mit Faust oder Fuß, revanchierte sich Ilja allzu gern postwendend und mit aller Kraft. Power hatte er in der Tat. »Der konnte treten wie ein Pferd!«, bemerkt Michel anerkennend. »Aber ich musste ihn so manches Mal zur Ruhe bringen.« Ein allzu überstürzter Angriff bietet zugleich die große Gefahr, dass man selbst gleich noch mal – und womöglich kampfentscheidend – getroffen wird. Erinnern wir uns nur an Wladimir Klitschkos verheerende Niederlage gegen Corrie Sanders!

Aber Ilja konnte sein Temperament auch durchaus überlegt ins Spiel bringen, womit wir wieder bei den Czech Open in Prag wären. Insgesamt etwa 400 Kämpfer gaben sich hier ein Stelldichein, darunter 60 bis 70 Vollkontaktkämpfer. Ilja trat im Halbmittelgewicht an, der Gewichtsklasse bis 71 Kilogramm, das Teilnehmerfeld bestand aus acht Kämpfern. Wie bei jedem Turnier dieser Größenordnung gestaltete sich das Einwiegen für alle Boxer als äußerst spannende Angelegenheit. Habe ich das richtige Gewicht?, lautet die wohl entscheidendste Frage. Antwort darauf gibt die allmächtige – und hoffentlich optimal geeichte – Waage.

Eine weitere Fragestellung lautet: Wer von all den hier versammelten Athleten könnte morgen mein Gegner sein? Michel und seinem Kämpfer stach vor allem ein Österreicher ins Auge, dessen Körperbau beängstigend an Arnold Schwarzenegger in seinen besten Tagen erinnerte. Kurzum: Der Mann sah furchterregend aus.

»Meinste, mit dem könnte ich's zu tun kriegen?«, fragte Ilja seinen Trainer nicht ohne Respekt, um es höflich auszudrücken.

Michel schüttelte energisch den Kopf: »Uff gar keenen Fall, der ist 'ne komplett andere Gewichtsklasse als du!« Mit dieser Antwort wollte er seinen Kämpfer vor allem beruhigen. In Wahrheit sah er die Sache genauso, wie es auch sein Boxer ahnte. So zumindest verstehe ich folgenden kleinen Dialog zwischen beiden.

Ilja: »Du, ick hab Angst.«

Michel: »Ick ooch.«

Wenig später bestätigte die allmächtige Waage ihre Befürchtung: Besagter Österreicher glich einem Arnold Schwarzenegger in seinen besten Tagen, welcher genau 71 Kilogramm wog.

Zum Warmmachen wurde das Heer der etwa 400 Kämpfer auf mehrere Sporthallen verteilt. Und wer bereitete sich unter anderem in »ihrer« Halle vor? Niemand Geringeres als jener Modellathlet aus dem Lande Schwarzeneggers. Michel wusste: Würde Ilja seine Vorrundenkämpfe gewinnen, bekäme er es früher oder später mit ebendiesem Kämpen zu tun. Also sah er sich den 71-Kilo-Arny etwas genauer an, während der sich in der Sporthalle warmmachte. Was is 'n das für 'ne Pflaume?, so sein erster Gedanke. Der Mann bewegte sich extrem langsam, auf geradewegs stupide Art. Seine Schläge und Tritte setzte er ausgesprochen gerade – und je länger Michel hinsah, desto klarer wurde ihm: Seine Bewegungsabläufe stimmten in sich und waren äußerst präzise, nur kamen sie eben ausgesprochen langsam daher.

In seinen beiden Vorkämpfen nahm der Österreicher zwei ausgesprochene Draufgänger, die ihn mit dem Eröffnungsgong bedingungslos attackierten, systematisch aus dem Rennen. Er ließ seine Gegner auflaufen, konterte sie mit geraden Schlägen und Kicks ab, nahm sie buchstäblich auseinander. Ganz klar: Der Mann setzte das, was er beim Warmmachen so langsam zelebrierte, im Ring mit äußerster Schnelligkeit und Härte in die Tat um.

Auch Ringdraufgänger Ilja hatte seine beiden Vorrundenkämpfe gewonnen, »allerdings längst nicht so klar wie der Österreicher«, beurteilte Michel die Lage. Ganz klar: Wollte sein Mann im Finale gegen diesen erstklassig ausgebildeten Modellathleten bestehen, bedurfte es vollster Konzentration – und womöglich eines Tricks.

Beide Kämpfer wärmten sich, wie gesagt, vor ihren Kämpfen in ein und derselben Halle auf, das hieß, sie sahen und beobachteten einander! Ein Umstand, den sich Michel nun eiskalt zunutze machen wollte. »Pass uff!«, nahm er Ilja vor dem Finale beiseite: »Du wärmst dich jetzt genauso uff, wie du deine beiden Kämpfe durchgezogen hast: Halbdistanz, Feuer aus allen Rohren, knattern, bis der Arzt kommt! Aber im Ring, da machen wir was anderes ...«

Ilja tat, wie ihm geheißen. So aggressiv, wie er nur konnte, schlug und trat er auf die von Michel gehaltenen Pratzen ein, dass sie dem nur so um die Ohren flogen. Michel wusste, dass der Österreicher und sein Team ihr Tun genauestens beobachteten – und daraus ihre Schlüsse zogen. Ging sein Plan auf, hatte »Arny« seine Kampfkonzept schnell parat. »Der Typ ist genau vom selben Schlag wie meine Vorrundengegner. Im Ring fange ich ihn mit meinen Geraden ab – und gut ists!«

Als der Gong die 1. Runde des Finalkampfs eröffnete, sah sich der Mann aus dem Alpenland in der Tat einem Gegner gegenüber, der ihn aus aggressiven Augen anblitzte und jeden Augenblick bedingungslos angreifen würde. »Pass uff, du, gleich kloppe ich los!«, signalisierte ihm Ilja mit allem, was ihm zur Verfügung stand – nur, er »kloppte« eben nicht! Stattdessen setzte er konsequent Michels Strategie in die Tat um: »Du täuschst Aggression vor, dann gehste rin, setzt einen Einzeltreffer, gehst sofort wieder raus – und gibst augenblicklich wieder Mr. Aggro, der im nächsten Augenblick mit einer überhasteten Attacke Kopf und Kragen riskiert!«

Mit diesem im Grunde völlig simplen Konzept – den Konter des Gegners kontern – habe nicht zuletzt ein Mike Tyson zahlreiche Gegner zu Fall gebracht. »Was für das ungeübte Auge nach blindem Losschlagen aussah, war im Grunde großartiges taktisches Boxen!«, ist Michel felsenfest überzeugt.

Apropos Tyson, die Schlaghärte jenes Österreichers stand der von Iron Mike möglicherweise nicht viel nach. »Zweimal traf er mich voll auf die Deckung!«, gestand Ilja später seinem Coach und schüttelte den Kopf: »Die Dinger hätte ich nicht als Treffer an der Birne oder auf die Leber haben wollen …«

Und genau das war der Punkt. Der Modellathlet traf ihn eben *nicht*. Zunehmend konsterniert wartete er darauf, dass ihn Ilja endlich überrollen wollte. Der indes konterte unbeirrt weiter mit seinen Nadelstichangriffen die geplanten Konter seines Gegners aus, täuschte zum Beispiel einen tiefen Kick an, um klein Arny im nächsten Augenblick eine Backpfeife zu verpassen – und weg war er.

Grundlage für den Erfolg dieser Strategie war, dass sich sein Gegner in Auswertung ihres Pratzen-Theaters eine komplett falsche

Strategie zurechtgelegt hatte. »Das ist nämlich das Problem!«, lässt mich Michel wissen: »Wenn so 'n Konzept erst mal im Kopp des Kämpfers drin ist, kommt der aus dieser Schiene so schnell nich wieder raus. Klar sah der Typ irgendwann, dass wir ihn gelinkt hatten – aber er konnte nüscht mehr dagegen tun!«

Michels Co-Sekundant, der in besagten Plan nicht eingeweiht war, schrie in den Pausen wild auf Ilja ein: »Mensch, nu' mach doch endlich mal Attacke! Bring drei Hände hintereinander, setz ihn unter Druck!« Ilja jedoch setzte punktgenau Michels Strategie um und erarbeitete sich – Einzelschlag auf Kick – einen sicheren Punktsieg.

Das erstaunte Resümee seines Co-Sekundanten: »Das war der schönste Leichtkontaktkampf des Abends!«, kommentierte Michel leise, aber bestimmt: »Det war keen Leichtkontaktkampf.« Bis heute kann er sich beim Erzählen dieser Geschichte ein Grienen nicht verkneifen. So viel zum Thema, dass Boxkämpfe im Kopf entschieden werden – und mitunter auch dank einer gehörigen Prise echter Schauspielkunst.

Weil er auch in einem Showkampf zu glänzen weiß

Wieder einmal nahte das Weihnachtsfest, und auch die Berliner Boxerszene plante ihre aus diesem Anlass stattfindende Zusammenkunft. Zur Auflockerung sollte etwas Unterhaltung her, die natürlich was mit ihrer aller Profession zu tun haben musste. Vor ein paar Jahren hatten sie zu ähnlichem Zwecke zwei mittlerweile in Ehren ergraute Exboxer einen Showkampf bestreiten lassen. Beide waren sich bereits in ihrer aktiven Zeit mehrfach im Ring begegnet. Aus der geplanten Show wurde der verbissen geführte, blutige Fight zweier Kontrahenten, die aufeinander einschlugen, als ginge es mindestens um die Weltmeisterschaft aller vier großen Boxverbände. Niemand aus der Runde verspürte Lust darauf, so etwas noch einmal zu erleben.

»Warum veranstalten wir nicht einfach mal 'nen Trainer-Cup?«, schlug die graue Eminenz vor. »Statt ehemaliger Boxer kämpfen zwei amtierende Trainer gegeneinander!«

»Jute Idee!«, kommentierte Michel diesen Vorschlag, der ja wohl nur ein Scherz gewesen sein konnte – und setzte dem Ganzen gleich noch eins drauf: »Ick boxe gegen Fritz!«

»Jute Idee!«, ließ sich nun die graue Eminenz vernehmen, griff zum Telefon und wählte Fritz Sduneks Nummer. Wenige Worte später war Michels Kampf gegen einen Altmeister der deutschen Boxtrainer-Riege perfekt.

Au Backe, dachte Michel. Sein loses Mundwerk hatte ihn in einen Kampf manövriert, den er im Grunde nur verlieren konnte. Knallte er dem fast 20 Jahre älteren Kollegen im Ring ein ordentliches »Brett« vor den Kopf, würde ihm – einschließlich der eigenen Person – niemand applaudieren. Verdrosch ihn dagegen der Ältere, stünde er vor dem geladenen Fachpublikum für alle Zeiten als Ringpfeife da. Würde Fritz Sdunek mit verbitterter Miene alles daransetzen, ihm, dem Jungspund, eine Tracht Prügel zu verpassen? Wollte sein Gegenüber beweisen, dass er noch immer der bessere Mann war, erwarteten Michel drei äußerst unangenehme Runden – und das auf einer Weihnachtsfeier!

Die Halle war festlich hergerichtet und in gemütlich warmes Licht getaucht. Unweit des Rings reckte sich ein liebevoll geschmückter Weihnachtsbaum in die Höhe, doch Michel mochte sich nicht an diesem überaus friedlichen Ambiente freuen. Beim Umziehen begegnete er seinem Gegner, der sich gerade mit seinem Sekundanten beriet, dem ehemaligen Internationalen Deutschen Meister Mario Schießer. Der Raum war nicht sehr groß, so bemerkte Michel den sorgenvollen Klang in Sduneks Stimme: »Hoffentlich will der Jungsche da oben nicht den großen Max machen.«

Sofort stand Michel vor seinem Kontrahenten, um ihn wissen zu lassen: »Fritz, allet jut, ick hab ooch Angst!« Schnell einigen sich die beiden auf einen unterhaltsamen Kampfverlauf.

»Wir zaubern erst mal beede so 'n bisschen mit der Führungshand, zeigen paar ordentliche Kombinationen, und zwischendurch bring ick mal 'nen Kick!«

»Klar, genauso machen wir's!«

Derart erleichtert betreten beide den Saal und steigen nacheinander durch die Seile. Als Ring- und Punktrichter fungiert ein bereits ordentlich angeschickerter Exweltmeister, der besagten Titel unter Trainer Sdunek errungen hatte.

Der Gong ertönt. Michel und Fritz lassen ihre boxerische Klasse aufblitzen und setzen einander gekonnt wie schmerzarm in Szene. Als Sdunek einen leichten Treffer auf die Leber landet, geht Michel brav zu Boden – und steht rechtzeitig wieder auf seinen Beinen. Seinen angekündigten Kick, der in diesem Kampf ja eigentlich unerlaubt ist, aber allemal sehenswert daherkommt, setzt er selbstverständlich so, dass Fritz keinerlei Schaden dabei nimmt. Sdunek revanchiert sich, indem er Michel, als der sich mal einen Augenblick abwendet, einen klassischen Tritt in den Hintern verpasst. Als der letzte Gong ertönt, brandet heftiger Jubel auf. Der ehemalige Weltmeister verkündet das offizielle Kampfurteil: »Unentschieden!« Das Publikum fordert: »Zugabe, Zugabe!«

An dieser Stelle nun sah sich der Offizielle zu der Ansage veranlasst: »Ihr könnt jerne weiterboxen, aber ick … ick bin einfach zu besoffen!«

Kurzum, alle Beteiligten verlebten eine wunderbare Weihnachtsfeier mit einem sportlichen Höhepunkt, der beste Unterhaltung bot und ohne jedweden bitteren Beigeschmack auskam. Beide Boxtrainer erwiesen ihrer Profession und sich selbst alle Ehre. So ernst es Michel auch mit seinem Sport ist, einen grandiosen Showkampf zur rechten Zeit und im passenden Rahmen weiß auch er allemal auf den Ringboden zu zaubern.

Weil Michel sich selbst treu blieb

Nicht ohne Grund hatte Michel seinen »Ausflug« in die Welt des Berufsboxens so schnell beendet. Dass es dort um Geld geht, oft sind es kleine, dazu überaus hart zu erarbeitende Summen, wirkt nun mal nicht nur segensreich, sondern vor allem immer wieder als ein Fluch. Eines ist Michel völlig fremd: dass er vor dem Geld oder dessen Gebern in irgendeiner Weise zu Kreuze kriecht. Für Nette hatte sich irgendwann immerhin ein Sponsor gefunden. Ein mittelständischer Bauunternehmer unterstützte sie mit einer Summe, deren Höhe in etwa ihrer monatlichen Wohnungsmiete entsprach. Michel war dem Mann durchaus dankbar für dessen Engagement – überdies zu einer Zeit, da an den Boom des Frauenboxens in Deutschland noch lange nicht zu denken war. Eines indes sprach er dem Sponsor ab: dass er sich in irgendeiner Weise in sportliche Belange einmischte.

Als der Bau-Mann einmal fragt: »Warum bringt sie keinen Aufwärtshaken?«, lautet Michels Antwort: »Weil's nicht nötig ist.« Ende der Diskussion. Sicher hätte Nette, wäre sie in einen der beiden großen deutschen Profiställe gewechselt, massenweise handverlesene Gegnerinnen vor die Fäuste bekommen. Ganz sicher wäre sie behutsamer an ihre erste WM-Chance herangeführt worden als in ihrem Kampf gegen Lucia Rijker. Und doch wäre Michel seiner Boxerin mehr als einfach nur sauer gewesen, wäre sie zu ihm mit der Ansage gekommen: »Du, ich wechsle zu Fritz Sdunek, gehe zu Universum nach Hamburg.«

»Wat die können, det kann ick ooch!«, so Michels feste Überzeugung, deren sportliches wie kämpferisches Fundament ich nicht im Entferntesten anzweifle. Mein Gefühl sagt mir zudem, dass sich Michel ganz sicher als nicht Spielregel-konform genug für das große Boxgeschäft erwiesen hätte. »Ich bin einer, der auch mal Nein sagen kann!« Diese Tugend bewahrte er sich nicht nur angesichts unsauberer oder aussichtsloser Angebote für seine Schützlinge. Als der deutsche Spielfilm über den Boxer Bubi Scholz gedreht wird, erhält Michel das Angebot, Schauspieler Benno Führmann Boxunterricht für dessen Verkörperung des deutschen Boxidols zu erteilen. Eine für Michel durchaus reizvolle Aufgabe, allerdings stehen für dieses Ansinnen kaum finanzielle Mittel, sprich so gut wie keine Trainingszeit, zur Verfügung.

»Dass die Boxszenen im Film eine gewisse Qualität haben, ist bei deutschen Produktionen offenbar nicht so wichtig«, lautet Michels Resümee. »Sowat wäre in Amerika undenkbar. Will Smith boxt im Spielfilm über ›The Greatest‹ nicht wie Ali, aber er boxt, und zwar ausgesprochen jut!« Ihm bleibt keine andere Wahl, als das für ihn sportlich unseriöse Angebot abzulehnen. Boxen, das nach Boxen aussieht, so etwas lehrt und lernt sich nun mal nicht in ein paar Stündchen nebenbei.

»Ich hatte übrigens niemals einen Kickboxtrainer«, bekennt Michel nicht ohne Stolz. Nachdem er sich über viele Jahre autodidaktisch und quasi illegal einen Kampfsport »zusammengebastelt« hatte, der seinen Ansprüchen entsprach, führte er nach der Wende etliche seiner Schützlinge zu Titelehren – im Kickboxen *und* im klassischen Boxen! Mittlerweile geht Michel auf die 50 zu.

»Bis 60 mach ick noch, dann hör ick uff!«, lautet seine Ansage.

»Spätestens dann verstehe ick die jungen Leute, die ick trainiere, nicht mehr.« Er lacht, als er hinzufügt: »Det fällt mir ja schon heute manchmal schwer.«

Jedem seiner Schützlinge überreicht er, trennen sich ihre Wege, einen Best-of-Film, den er aus allem verfügbaren Film-Material aus dessen Kämpfen zusammenschneidet. Eine Mordsarbeit, aber sie macht ihm Spaß und ist ihm obendrein inneres Bedürfnis. Als wir uns nach unserem Gespräch am Kneipentisch trennen, finde ich es ausgesprochen schade, dass ich keiner seiner Boxer war. Einen Trainer wie Michel, etwas Besseres kann einem kaum passieren – weder als Boxer noch als Mensch.

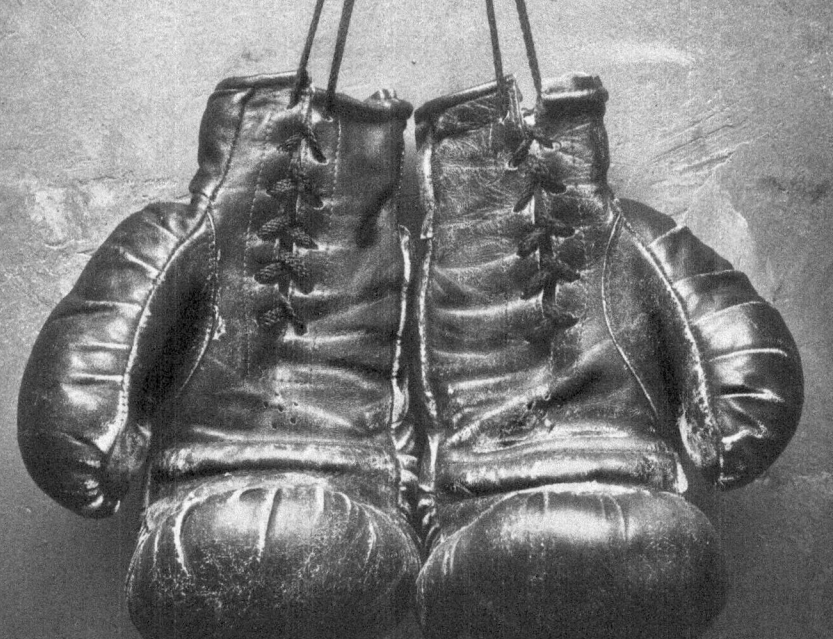

KAPITEL 5

ENTSCHEIDENDE SEKUNDEN

Weil wenige Sekunden eines Kampfes
einen ganzen Roman erzählen können

24. April 2004, im Staples Centre, Los Angeles, stehen sich in einem WBC-Titelkampf Schwergewichtsweltmeister Corrie Sanders und Herausforderer Vitali Klitschko gegenüber. Sanders trägt den Gürtel des Champions seit dem 8. März 2003, als er in Nürnberg Vitalis jüngeren Bruder Wladimir brutal ausgekontert und in zwei Runden gestoppt hatte.

»Wenn es ihm nur um Vergeltung für Wladimirs Niederlage geht, kann das sein Niedergang sein«, zitiert ein deutscher Fernsehkommentator den Weltmeister. In Nürnberg hatte Vitali Tränen in den Augen gehabt. Als der Ringrichter beide Kämpfer in die Ringmitte bittet, verrät sein Blick, dass er womöglich noch immer verletzt ist ob jener vernichtenden Niederlage seines Bruders.

Gleich in der 1. Runde demonstriert Sanders die Schnelligkeit seiner linken Schlaghand, doch Vitali ist auf der Hut, lässt den zehn Zentimeter kleineren Mann kaum an sich heran. Mitte der Runde: ein erster offener Schlagabtausch. Sanders trifft mit der Linken, seiner gefürchteten Schlaghand. Vitalis Reflexe verhindern Schlimmeres, dann fightet er eindrucksvoll zurück.

Klitschko übernimmt das Kommando. Noch 20 Sekunden sind zu boxen, als er seinen Gegner in einer Ecke stellt. Sanders lehnt sich nach hinten in die Seile, schnellt nach vorn und schießt eine Hand mit aller Kraft an Klitschkos Kopf. Erst in der Zeitlupe erkenne ich: Es war die Linke, und sie traf Vitali knapp unterm rechten Auge. Ebenjene Zeitlupe zeigt die totale Ratlosigkeit in Vitali Klitschkos Blick. Er ist angeknockt von der Wucht des Schlags, aber da ist noch etwas – und ich behaupte: In genau diesem Augenblick durchlebt er das Déjà-vu der 205 Kampfsekunden von Nürnberg.

Garantiert hatte er seinerzeit nicht zu denjenigen gehört, die Corrie Sanders als alten Mann ohne Muskeln, als Fallobst bezeichnet hatten. Wer sich ein paar Kämpfe des Südafrikaners angesehen hatte, musste wissen, dass er ein äußerst unbequemer Konterboxer mit enormer Schnelligkeit und ordentlich Dampf in den Fäusten war, besonders in seiner Linken. Er hatte mit etlichen guten Leuten im Ring gestanden und dabei erst zweimal den Kürzeren gezogen.

Zwei Niederlagen verzeichnete auch Vitalis Kampfrekord, allerdings keine »echte«. Gegen Chris Bird hatte er wegen einer gebrochenen Schulter aufgeben müssen, den Kampf gegen Lennox Lewis hatte der Ringrichter aufgrund einer monströsen Augenverletzung Vitalis abgebrochen. Beide Male hatte Vitali auf sämtlichen Punktzetteln vorn gelegen. Ohne Zweifel, er war der Favorit, aber Sanders in jedem Fall ein Mann, der ihm entscheidend wehtun konnte. Genau das hatte Corrie gerade eben geschafft – er hatte ihm wehgetan, auf die nahezu identische Weise wie dreizehneinhalb Monate zuvor seinem Bruder Wladimir.

Der hatte nach dem Eröffnungsgong sofort die Ringmitte besetzt und Sanders mit aller Umsicht angegriffen. Sanders versuchte, schnelle Konter zu setzen, doch Wladimir war hellwach, ließ Sanders nicht an sich heran. Gegen Mitte der Runde der erste offene Schlagabtausch. Beide treffen, Sanders härter. Kurz darauf zwingt er dem technisch überlegenen Klitschko eine weitere Prügelei auf. Sanders deutet mit der Rechten an, schießt eine schreckliche Linke cross an Wladimirs Kinn und gleich noch eine. Beide Volltreffer fällen den Weltmeister wie den sprichwörtlichen Baum. 2,25 Minuten der 1. Runde sind geboxt, als Wladimirs Körper der Länge nach auf dem Ringboden liegt. Er schafft es, rechtzeitig wieder hochzukommen, doch sein Kopf ist längst noch nicht klar. Kaum ist der Kampf wieder freigegeben, muss Klitschko erneut zu Boden. Sanders hatte ihn gar nicht wirklich getroffen. Mit letzter Kraft und ein wenig Klammern rettet sich der Weltmeister in die Pause. »Bist du okay?«, spricht Trainer Fritz Sdunek seinen Mann mit ruhiger Stimme an, doch seine zitternden Hände verfehlen den Wassereimer, den ihm Vitali in den Ring reicht.

Die 2. Runde ist sechs, sieben Sekunden alt, als Sanders erneut mit der Linken voll zum Kinn durchkommt – und sich sein Gegner zum dritten Mal auf dem Ringboden wiederfindet. Als er wieder steht, treibt ihn Sanders durch den Ring wie ein wehrloses Kind. Obgleich er keinen echten Treffer mehr anbringen kann, hat der Ringrichter keine andere Wahl, als den völlig zerstörten Weltmeister aus dem Kampf zu nehmen.

Und hier nun in Nevada, weit weg von Nürnberg, droht seinem großen Bruder – wieder in der 1. Runde – genau das gleiche Schicksal. Ganz sicher verspürte auch er jetzt den kindlichen Drang, auszuholen und mit voller Wucht zurückzuschlagen, sprich in das offene Messer in Form von Sanders Schlaghand zu laufen. Anders als sein Bruder gibt er diesem Drängen jedoch nicht nach. Noch ehe ihn die nächste Linke fällen kann, gibt er Fersengeld. Quer durch den Ring und noch völlig benommen flieht er im Rückwärtsgang. Er stolpert, die Ringecke verhindert seinen Fall. Sanders setzt ihm nach, stellt ihn erneut an den Seilen, trifft ihn, allerdings nicht voll, und ringt ihn schließlich zu Boden.

Mittlerweile hat sich Vitali zumindest so weit erholt, dass er die Runde ohne größere Probleme übersteht. Corries schnelle Schlaghand wird ihn an diesem Abend noch öfter treffen, doch nie mehr derart wie gerade eben.

Knapp acht Runden dauert die packende Ringschlacht, bevor Vitali seinen Gegner derart zermürbt hat, dass ihn der Ringrichter aus dem Kampf nehmen muss. Corrie Sanders hatte bis zum Schluss gestanden, und nie zuvor stand Vitali derart dicht vor seiner ersten echten Niederlage als Berufsboxer. Es war seine mentale Stärke wie Schnelligkeit, die ihn vor ihr bewahrten, bevor ihn sein bärenstarker Körper eindrucksvoll auf die Siegerstraße zurückbrachte. Niemals sah ich einen Boxer, der psychisch wie physisch derart auf der Höhe war, und nie erlebte ich ebendas deutlicher als in diesen wenigen Sekunden nach jenem fast vernichtenden Gegentreffer.

Weil sauteuer nicht immer saugut ist

Im Frühsommer des Jahres 1997 verlebte ich zusammen mit meinem Freund Edgar einen wunderschönen Urlaub in meiner Traumstadt Málaga. Dank Edgars Beziehungen zur Chefin einer Sprachschule durften wir äußerst günstig in Wohnungen übernachten, die sie für Sprachschüler angemietet hatte. Zwar mussten wir ab und zu unser Quartier wechseln, aber das tat unserer Freude keinen Abbruch. Alle Wohnungen lagen direkt in der Altstadt.

Am Wochenende des 28. Juni wohnten wir an der Place de San Francisco, einem kleinen eingezäunten Areal, etwas abseits gelegen und doch ganz nahe am Puls dieser andalusischen Stadt. Der schlägt an jedem Wochenende irre schnell und feurig. Jeden Samstag verwandelten sich sämtliche Altstadtstraßen in eine einzige Partymeile. In jeder Kneipe tanzte die Jugend zu feinster spanischer Partymugge, die sich weitaus anspruchsvoller ausnahm als die DJ-Ötzi-Verschnitte unserer geografischen Breiten. Alle Mädchen und jungen Frauen hatten sich auf das Eleganteste in Schale geschmissen und dufteten nach wundersamen Blumen. Sie verwandelten die Stadt völlig unaufdringlich in einen riesigen Laufsteg, und die warme Mittelmeerluft tat ihr Übriges, diesen Ort in einen nahe des Paradieses gelegenen zu verwandeln.

Mir gelang es an jenem Samstag leider nicht, mich im Anblick all der aufreizenden Schönheiten um mich herum zu verlieren, befand ich mich doch auf der Suche nach einer Sportsbar, welche in wenigen Stunden den ultimativen Schwergewichtstitelkampf Evander Holyfield gegen Mike Tyson übertrug. Alsbald musste ich einsehen: Für Boxéo interessierte sich hier, mit Ausnahme meiner Person, niemand! Aber ich *musste* diesen Kampf sehen, unbedingt! Hatte Holyfield doch gut sieben Monate zuvor meinen absoluten Helden Mike Tyson nicht nur besiegt, sondern geradezu demoliert. Das schrie nach Revanche, und in dieser Nacht würde Iron Mike diesem aufgeblasenen Mr. Amerika zeigen, wer der einzige und wahre Champion war!

Weit nach Mitternacht stand fest: Ich hatte keinerlei Chance, den Kampf aller Kämpfe in einer Bar live zu sehen. Klar, der Fight wurde auch im Fernsehen übertragen, aber auf canal +, einem Bezahlsender wie Sky – und es gab, so hatte ich gehört, in Andalusien nur wenige Haushalte, die canal + empfingen. Nun hatte ich in unserem Quartier ein paar Nächte zuvor beim Zappen besagten Sender entdeckt, aber was hieß das schon? Auch Sky-Vorgänger Premiere brachte manche Sendungen unverschlüsselt, bei Boxabenden mitunter sogar die Walk-ins der Hauptkämpfer, um genau mit dem ersten Gong die Fernsehbildschirme aller Nicht-Abonnierer das große Melodram *Der Schneesturm* ausstrahlen zu lassen.

Die Placa de San Francisco war abgesperrt. Womöglich wohnten hier Reiche, die – selbst wenn sie ihre Wohnungen an Sprachschulen untervermieteten – canal + abonniert hatten? Ich würde es herausbekommen müssen. Edgar erbarmte sich meiner und verließ zusammen mit mir gegen vier Uhr die duftenden Schönen auf dem Laufsteg, um ebenfalls den Kampf der Kämpfe zu sehen.

Whow, canal + lief noch mit sichtbaren Fernsehbildern, und die zeigten das Innere des MGM Grand in Las Vegas, wo in wenigen Augenblicken die vielleicht besten Schwergewichtsboxer der Welt gegeneinander in den Ring stiegen! Der Kampf war der bis dahin teuerste der Welt. Es ging um Börsen von 30 (Tyson) und 40 Millionen Dollar (Holyfield), und die waren ja nur die Spitze des Eisbergs. Mir egal, ich wollte mein Idol kämpfen und siegen sehen! Was sollten mir all die Schönheiten der andalusischen Nacht – ich wollte bei Mike sein!

Und da kam er auch schon: schmale Lippen, schnörkellos, Boxen pur! Holy-man Holyfield sang in seiner Kabine Gospelsongs, zeigte beim Einmarsch sein breites, selbstzufriedenes Mister-Amerika-Grinsen. Ringrichterfuchs Mills Lane präsentierte sein obercooles Zeigefinger-an-Nase-Daumen-Hoch – und los gings! Für einen äußerst bangen Moment lang blieb mir mein Herz stehen – dann jubelte ich los: Der Fernseher dieser wunderbaren Menschen, in deren Wohnung wir hier campieren durften, zeigte den Kampf mit aller ihm zur Verfügung stehenden Bildqualität!

Dafür kam Tyson nicht wie ein gepanzerter Dampfhammer aus seiner Ecke, sondern ließ sich gleich in der 1. Runde von Holyfield gefangen nehmen. Der Grinsemann nahm Iron Mike jede Chance auf seine vernichtenden Schläge und landete genügend Treffer, um die Runde locker zu gewinnen.

In der 2. das gleiche triste Bild, dann ein Kopfstoß Holyfields, der Iron Mike das linke Auge öffnet. In der 3. ein erneuter Kopfstoß, der lässt Tyson endlich explodieren. Fürchterliche Haken schlagen bei Holyfield ein, dann traue ich meinen Augen nicht. »Der hat ihn ins Ohr gebissen!«, findet Edgar als Erster die Sprache wieder. Wie einst Tyrannosaurus Rex hatte Tysons Mund nach Holyfields rechtem Hörorgan geschnappt – und nicht mehr lockergelassen. In der Zeitlupe sah ich später, er hatte aus seines Gegners Leib ein Stückchen Fleisch herausgebissen und in den Ringstaub gespuckt.

Der Kampf ist unterbrochen, Holyfield tanzt schreiend durch den Ring und zeigt auf sein Ohr, aus dem es wie irre blutet. »Ein Punkt Abzug für Tyson!«, verkündet Mills Lane. Was bin ich erleichtert! Tyson hatte seinen Gegner gerade fürchterlich getroffen, warum jetzt dieser Scheiß?

Nach sich endlos lang hinziehenden Minuten Unterbrechung gibt Lane den Kampf wieder frei – bis zum nächsten Biss des T-Rex. Tyson disqualifiziert, der gesamte Ring voller Sicherheitskräfte, Manager und Sekundanten. Tyson versucht, eine Schneise zu Holyfield zu schlagen, auch in der Halle wildes Geprügel. Das wars mit Boxen. Als ich noch einmal vor die Tür trete, hat sich der Laufsteg in eine Plastikmüllhalde verwandelt. Die Schönen sind verschwunden oder betrunken, genau wie ihre männlichen Umschwärmer. Wer sich fand, liegt längst im Liebesnest. Übers Pflaster der vollgepissten Straßen schleichen die Verlierer dieser Nacht. Ich gehöre zu ihnen, fühle mich aber wenigstens um eine Erfahrung reicher: Teuer muss nicht automatisch gut sein, und statt einem fernen, mir völlig fremden Idol am Fernseher nachzutrauern, werde ich mich nächsten Samstag dem Leben vor meiner Nase hingeben. Das ist mir Tausende Male näher, riecht betörend nach Blumen und fühlt sich einfach nur unfassbar lebendig an!

Weil niemand so ehrlich ist wie ein Boxer direkt nach dem Kampf

Stehen sich zwei Menschen in einem Boxkampf gegenüber, verlangen sie einander und sich selbst alles ab, was sie irgend in die Waagschale zu werfen haben. Geht der Kampf über die volle Distanz, sind sie spätestens mit dem letzten Gong derart ausgepumpt, dass sie froh darüber sind, sich einfach nur auf ihren Beinen zu halten. Oft führt sie nach dem Gang in ihre Ecke der erste Weg in jene des Gegners. Beide Boxer umarmen einander und gratulieren dem Gegner zu dessen Leistung. Sehr oft verraten sowohl Blick wie Körperhaltung, ob sich ein Boxer als Sieger oder Verlierer sieht. Er stand im Ring, hielt seine Knochen hin und kämpfte – und hatte keinerlei Gelegenheit, sich das Ganze aus jener Distanz anzusehen, die all den Punktrichtern am Ring, im Publikum und an den Fernsehbildschirmen zur Verfügung steht. Und dennoch ist ihm deutlich in Gesicht und Körperhaltung geschrieben, ob er sich als Sieger oder als Verlierer fühlt.

Genauso erlebte ich es am 11. November 2004 nach dem Kampf von Weltmeisterin Regina Halmich gegen Elena Reid. Reid hatte über weite Strecken des Kampfes dominiert, Halmich schwer getroffen und immer wieder in Bedrängnis gebracht. Zwar reißt die Weltmeisterin mit dem Schlussgong – genau wie ihre Gegnerin – die Arme hoch, doch das war es denn auch an Siegerpose. Gesenkten Hauptes geht sie in ihre Ecke, lässt sich die Boxhandschuhe abnehmen und wirkt merklich erleichtert, als sie endlich in die gegnerische Ecke gehen kann, um ihrer Kontrahentin zu gratulieren. Sie tut all dies mit der Größe eines Menschen, der weiß, dass er gerade nicht mehr, aber auch nicht weniger als einen Kampf verlor.

Kurz darauf folgt das offizielle Kampfurteil, welches Regina ein von ihrem eigenen Publikum mit lauten Pfiffen kommentiertes Unentschieden und damit den WM-Gürtel schenkt. Elena Reid bricht in Tränen aus, ihr Trainer nimmt sie in den Arm und sagt: »She knows, she loses!« Ebendas hatte wohl jeder Zuschauer sehen können!

In jenen Sekunden nach Kampfende, die einfach keinen Platz für Lügen lassen, wusste Regina Halmich, was die Stunde geschlagen hatte. Wenige Minuten später gibt sie dem Fernsehkommentator im Ring ein Interview, in dem sie allen möglichen Leuten für diesen tollen Kampf dankt, der ihr ja wohl zu Recht den Verbleib des WM-Gürtels sicherte …

In diesem Augenblick vor laufender Fernsehkamera fehlte ihr aus meiner Sicht einfach die Größe eines Muhammad Ali, der nach seinem letzten Kampf gegen Ken Norton vom Interviewer gefragt wurde: »Sie haben den Kampf gewonnen. Warum blicken Sie wie der Verlierer?«

»Haben Sie es nicht gesehen? Ich bin der Verlierer!«, erwiderte Ali dem Mann und blieb auch nach dem ihm möglicherweise geschenkten Sieg bei seinem eigenen Urteil, welches er nach dem letzten Gongschlag gefällt hatte.

Regina Halmich war, ist und bleibt eine Ausnahmeboxerin, eine Meisterin ihres Fachs. An diesem Abend jedoch verlor sie für mich weitaus mehr als einen Boxkampf.

Weil Sugar Ray Leonard einen umwerfenden Jab schlug

30. November 1997, Caesars Palace in Las Vegas. Wilfred Benitez, WBC-Weltmeister im Weltergewicht, verteidigt zum zweiten Mal seinen Titel, den er am 14. Januar desselben Jahres gegen Carlos Palomino durch geteilte Punktrichterentscheidung gewonnen hatte. 38 Siege stehen in seinem Kampfrekord, keine Niederlage, ein Unentschieden. Sein Herausforderer hat bisher 25 Siege errungen, sein Name: Sugar Ray Leonard.

Vor dem ersten Gong stehen die Kämpfer in der Ringmitte voreinander, zwischen ihre Nasenspitzen passt allerhöchstens eine Rasierklinge. Schließlich schickt Referee Carlos Padilla einen jeden in seine Ecke. Mit dem ersten Gong liefern sich beide Boxer ein äußerst enges Gefecht. Nahe der Ringmitte belauern sie sich, warten auf einen Fehler des Gegners, attackieren einander, ohne dass einer die Oberhand gewinnen kann. Am Rundenende bleiben sie demonstrativ voreinander stehen, bis der Ringrichter sie nachdrücklich in ihre Ecken schickt.

Auch in Runde 3 das gleiche Bild. Mal marschiert der eine, mal der andere ein, zwei Schritte nach vorn. Leonard schlägt ein paar beherzte Linke, doch Benitez ist auf der Hut. Schließlich umkreisen sie einander in der Ringmitte im Uhrzeigersinn. Noch 27 Sekunden sind zu boxen, vermeldet die Uhr, da sitzt der Weltmeister plötzlich auf seinem Hosenboden. Ich muss mir die Szene etliche Male ansehen, bis ich halbwegs verstehe, was in diesem Sekundenbruchteil geschehen ist.

Aus der Drehbewegung heraus, Leonards vorderer Fuß ist noch nicht wieder auf der Erde, schlägt sein Jab aus kürzester Entfernung voll in Benitez' Kinn ein. Die gesamte Kraft der leicht gedrehten Vorwärtsbewegung hatte Sugar Ray im exakt richtigen Zeitpunkt in seine vorschießende Linke gelegt. Der Arm ist vollends gestreckt, als seine Faust einschlägt. Dieser Jab war derart perfekt ausgeführt und getimt, dass er Benitez kurzerhand von den Beinen holte und zu Boden beförderte.

Leonard reißt seine Hände hoch, Padilla schickt ihn in die neutrale Ecke. Benitez ist schnell wieder auf den Beinen, geht von Leonard weg zu den Seilen. Er nickt mehrfach, und ich sage: Er weiß, dass sein Gegner gerade einen Treffer gelandet hat, bei dem geradewegs alles stimmte, und dem das Erlesenste aller Box-lehrbücher ein eigenes Kapitel widmen sollte. Es war »nur« ein Jab, und beide Kämpfer befanden sich in der Anfangsphase ihres auf 15 Runden angesetzten WM-Kampfs, also noch weitgehend im Vollbesitz ihrer Kräfte. Und doch hatte die Explosivität dieses Schlags ausgereicht, einen exzellenten Verteidiger wie Wilfred Benitez zu Boden zu schicken.

Leonard hatte offensichtlich realisiert, dass der Weltmeister sofort wieder klar war – und setzte in den letzten Sekunden der Runde nicht überhastet nach. Als der Gong ertönte, schickte Benitez ein weiteres Nicken in die Richtung seines Gegners. Beide verzichteten an dieser Stelle darauf, einander wie am Ende der ersten beiden Runden in der Ringmitte zu provozieren. Der Kampf blieb eng. Leonard führte auf allen drei Punktzetteln, als er in Runde 15 durch TKO gewann. Dieser frühe Niederschlag, womöglich der perfekteste Jab der Boxhistorie, ist für mich der Höhepunkt dieses Kampfes. Es war Michel, der mich auf ihn aufmerksam machte …

KAPITEL 6

LEGENDÄRE FIGHTER UND FIGHTS (I)

Weil der Beste seinen »treuesten« Gegner in der Heimatstadt fand

Er gilt als das boxerische Vorbild Muhammad Alis. Viele Experten, unter anderem die Macher des *Ring Magazine*, Boxlegende Joe Louis und »Der Größte« höchstpersönlich sahen und sehen ihn – gewichtsklassenübergreifend – als den besten Boxer aller Zeiten. Bei boxrec.com rangiert in der Pound-for-pound-Wertung lediglich Archie Moore vor ihm. Er revolutionierte das Boxen. Mit ihm hielten exzellente Beinarbeit und schnelle wie geschmeidige Bewegungsabläufe Einzug in den bis dato eher von verbissenem Kampf geprägten Boxsport. Meinen Freund Michel beeindruckte ganz besonders sein von unten, halbhoch aus der Hüfte geschlagener Jab, mit dem er nahezu jeden Gegner immer wieder empfindlich traf.

Nachdem er in all seinen 85 Amateurkämpfen den Ring als Sieger verließ und dabei lediglich 16-mal über die volle Distanz gehen musste, wechselte er zu den Profis. Sein Kampfrekord als Berufsboxer mutet heute geradezu unvorstellbar an. In seinen 25 Jahren als Aktiver bestritt er sage und schreibe 200 Kämpfe. 173 Siege, davon 108 durch K. o., stehen 19 Niederlagen (lediglich eine vorzeitig), sechs Unentschieden sowie zwei Kämpfen ohne Wertung gegenüber.[62] Dass die Liste seiner Weltmeistertitel kein ganzes Buch füllt, ist wohl vor allem der Tatsache geschuldet, dass es seinerzeit keine drei großen, einen halbgroßen und gefühlte 1.111.111 kleine Weltverbände gab. Als er am 20. Dezember 1946 gegen Tommy Bell zum ersten Mal um einen Weltmeistergürtel boxte, betrat er den Ring mit einem Kampfrekord von 73 Siegen, einer Niederlage und einem Unentschieden. 15 Runden später hieß der neue World Welterweight Champ Walker Smith jr., weit besser bekannt als Sugar Ray Robinson.

Nachdem Sugar Ray seinen Weltergewichtstitel etliche Male verteidigt hatte, unter anderem gegen den Kubaner Kid Gavilan, der wie Ray 1990 Aufnahme in die International Hall of Fame fand, stieg er 1950 ins Mittelgewicht auf. Gavilan wurde alsbald unumstrittener Weltmeister im Weltergewicht.

Geboren in Ailey, Georgia, verlebte Sugar Ray den größten Teil seiner Boxerkarriere im New Yorker Stadtteil Harlem. Seine erste und bis 1951 einzige Niederlage stammte aus seinem 36. Profikampf. Sugar Rays Bezwinger war ein Boxer aus »seiner« Stadt: der legendäre Mittelgewichtler Jake LaMotta alias Bronx Bull, der Stier aus der Bronx.

Beide wurden 1921 geboren, Ray gut zwei Monate früher als Jake. Zwischen 1942 und 1945 trafen sie fünfmal in einem Profikampf aufeinander. Dass lediglich ihr vierter Fight »daheim« im New Yorker Madison Square Garden stieg, mag ein Indiz dafür sein, dass ihre Begegnungen im Ring auch ohne auf dem Spiel stehende Weltmeisterschaft(en) weit, weit mehr wogen als ein »Hauptstadt-Derby«.

Standen ihre Namen als Hauptkämpfer auf Programmzetteln und Plakaten, war jede Kampfstätte prall gefüllt, und kein Zuschauer dürfte sich hinterher über einen Mangel an boxerischer Klasse beschwert haben. Beide vermochten, überaus hart zu schlagen – und einzustecken. Jake gilt bis heute vielerorts als der Boxer mit den größten Nehmerfähigkeiten aller Zeiten. Obgleich er die gegen Sugar Ray (K.-o.-Quote: 54 %) in jedem Fall brauchte, war es Jake, der seinen Kontrahenten in ihrem zweiten Kampf zu Boden schickte! Nach zehn Runden standen ein klarer Punktsieg LaMottas und Robinsons bereits erwähnte erste Niederlage zu Buche.

Auch das wäre im Boxgeschäft von heute undenkbar: Zwischen ihrem zweiten und dritten Duell im Februar 1943 lagen ganze 21 Tage, wobei Sugar Ray zwischendurch sogar noch einen weiteren Punktsieg über zehn Runden errang. Den allerdings »nur« durch Mehrheitsentscheidung.

Vier Punktsiege Robinsons, einer davon eine Split-Decision, standen einem einstimmigen Punktsieg LaMottas gegenüber, als beide am 14. Februar 1951 zum sechsten und letzten Mal in einem Profikampf als Gegner in den Ring stiegen.

Weil nicht jeder Stier bereit ist, zu fallen

Im Chicago Stadium, Chicago Illinois, kämpften Sugar Ray Robinson und Jake LaMotta erstmalig gegeneinander um eine Weltmeisterschaft. Auf dem Spiel stand Jakes Titel im Mittelgewicht. Den hatte er sich 20 Monate zuvor, am 16. Juni 1949, gegen den favorisierten Franzosen Marcel Cerdan geholt. Auch am 14. Februar 1951, beim WM-Kampf in Chicago, dürfte Sugar Ray als Favorit gegolten haben. Der amerikanische Fernsehkommentator bezeichnet ihn als derzeit besten Boxer aller Gewichtsklassen. Beide Kampfrekorde hatten es in sich. Weltmeister Jake LaMotta: 78 Siege, 14 Niederlagen und drei Unentschieden – Herausforderer Sugar Ray Robinson: 120 Siege, die Niederlage gegen Jake, zwei Unentschieden!

Jake betritt den Ring in seinem berühmten Leoparden-Bademantel. Er erntet deutlich mehr Applaus als zuvor Robinson, der nun, in seiner Ecke tänzelnd, auf den Beginn des Kampfs wartet. Nachdem der Ringsprecher zahlreiche Boxlegenden im Ring begrüßte, der Ringrichter seine letzten Instruktionen erteilte, geht es endlich los. Den Oberkörper weit nach vorn gebeugt, marschiert der sieben Zentimeter kleinere LaMotta breitfüßig nach vorn, treibt Sugar Ray durch den Ring. Immer wieder steht er vor ihm, trifft ihn mit wuchtigen linken, einigen rechten Haken und schnellen Kombinationen. Die härtesten Punches treffen Ray am Körper. Ein-, zweimal bringt Ray flüssige Kombinationen ins Ziel. Gegen Ende der Runde vermag er seine Reichweitenvorteile auszuspielen und Jake auf Distanz zu halten. Der jedoch kommt gegen Ende noch einmal voll durch und holt sich die Runde.

In den Pausen zeigt die Fernsehübertragung kurz und transparent die Werbung für »Pabst Blue Ribbon«, ein amerikanisches Bier, welches, so der Kommentator, »the real world champion« sei. Dann wieder Boxen: Jake kommt plattfüßig aus seiner Ecke, boxt Ray mit dem Jab an oder bringt zuerst einen rechten Haken, bevor er den Angriff des Herausforderers nahezu spektakulär auspendelt. Runde 3 eröffnet Sugar Ray mit einem überfallartigen Angriff, nach einigen Treffern kann Jake durch Klammern Schlimmeres verhindern. Dann ist er es wieder, der marschiert. Doch Sugar Ray wird aktiver. Leichtfüßig tanzt er um Jake herum – und immer häufiger bringt er seine schnellen Kombinationen ins Ziel. Runde 5 gehört wieder LaMotta, der Sugar Ray mit einigen knackigen Links-Rechts-Kombinationen durchrüttelt.

Das Publikum jubelt, sobald der kleinere Jake Robinsons 14 Zentimeter größere Reichweite überwindet und einen seiner wuchtigen Schläge, zumeist den linken Haken, ins Ziel bringt. Er legt unheimlich viel Kraft in seine Schläge. Jake ist stämmig, wirkt in den Schultern doppelt so breit wie Robinson – und ich gebe zu: Er ist es, auf den ich mittlerweile vor allem schaue. Ich freue mich wie das Publikum in Chicagos altehrwürdiger Wettkampfstätte, hat er sich an seinen Gegner herangeschoben, um ihn zu attackieren. Dass er seine Schläge mitunter vorab »telegrafiert«, tut meiner Bewunderung keinerlei Abbruch. Aber wo ist Robinson? In der 8. Runde explodiert er zweimal, je eine harte Trefferserie gegen Jakes Kopf. Beide liefern sich jetzt immer wieder harte Schlagwechsel.

Auch in Runde 10 ist es nach wie vor Jake, der nach vorn marschiert, doch kann ihn Sugar Ray jetzt häufig abfangen und mit schnellen, präzisen Händen unter Druck setzen. Jake schüttelt sich – und marschiert weiter! In der 11. stellt er Sugar Ray in dessen Ecke, setzt ihm mit weit ausholenden Haken zu, trifft ihn hart am

Kinn, auf die Leber. Als Ray zurückfightet, pendelt Jake dessen Schläge zunächst aus, dann beendet er den Schlagabtausch mittels Klammern, lehnt sich gegen seinen Gegner.

Den Rest der Runde ist es (fast) nur noch Sugar Ray, der schlägt. Gegen Ende erwischt er Jake schwer mit der Linken am Kopf. Jake klammert, taumelt, hält sich am Seil fest, klammert erneut. Sugar Ray stellt ihn sich zurecht, bringt weitere schwere Hände ins Ziel. LaMotta taumelt, ist schwer getroffen – und weigert sich strikt, zu Boden zu gehen. Der Gong ertönt, auf weichen Knien geht Jake in seine Ecke. Zeit für »Pabst Blue Ribbon« – zumindest für die Fernsehzuschauer.

Die 12. Runde zeigt ein verheerendes Schauspiel: LaMottas rechtes Auge sei zugeschwollen, sagt der erstaunlich aufgeräumte Blue-Ribbon-Kommentator, während Jake eine Kombination nach der anderen schluckt, klammert, taumelt, weitere fürchterliche Schläge nimmt. Robinson wirkt müde, seine Miene geradewegs verzweifelt, während er seinen Gegner gnadenlos verprügelt. Die Beine weit auseinander, den Oberkörper tief gebeugt und nahezu deckungslos, nimmt Jake Treffer auf Treffer. Erhebt er seine Hände zur Deckung, sieht das geradezu bizarr hilflos aus. Als versuche er, mit seinen Armen eine Dampflokomotive daran zu hindern, ihn zu überfahren. Dennoch, Ray »überfährt« ihn nicht, und Jake weigert sich noch immer, zu Boden zu gehen.

In der Pause zur 13. Runde sieht sich ein Offizieller LaMottas Augen an. Dann der Gong, und weiter prasseln Robinsons harte Hände auf ihn ein. Setzt Jake einmal selbst zum Schlag an, hat ihn Robinson längst abgefangen und ihn mindestens einmal am Kinn, auf die Augen oder seinen Körper getroffen. Völlige Erschöpfung im Blick, attackiert Sugar Ray weiter, nagelt Jake mit Schlägen an den Seilen fest, trifft ihn nach Belieben. Jakes Kopf fliegt nach rechts, links, wieder nach rechts, während er mit beiden ausgestreckten Armen Halt in den Seilen sucht. Das tut er auch noch, als der Ringrichter endlich dazwischengeht, diesen seit zwei endlos langen Runden völlig einseitigen Kampf abbricht und Rays Arm hoch in die Luft streckt. Jake schleppt sich derweil mühevoll in seine Ecke.

»Neuer Weltmeister im Mittelgewicht durch technischen K. o. nach zwei Minuten und vier Sekunden in Runde 12: Sugar Ray Robinson!«, verkündet der Ringsprecher. Jake sitzt noch immer in seiner Ecke. Erst, nachdem Ray sein erstes Radiointerview gegeben hat, erhebt er sich von seinem Hocker und lässt sich in seinen Leopardenmantel helfen. Sorry, Weltmeister, dieser Kampf, den du am Ende derart unerbittlich dominiertest, wird für viele wohl für immer vor allem deinem Gegner »gehören«, einem der schwersten Kontrahenten deiner Laufbahn: dem Stier aus der Bronx, Jake LaMotta!

Ich bin mir vollauf bewusst, dass der Ringrichter, um die Gesundheit des Boxers zu schützen, den Kampf, alsbald bekannt als »The St. Valentine's Day Massacre«, spätestens eine Runde zuvor hätte abbrechen können (ja, müssen?) – und bin ihm dennoch dankbar, dass er es nicht tat. Sicher zögerte er auch deshalb, weil LaMotta generell als überaus harter Nehmer bekannt war und der Kampf nach Punkten nicht zwingend entschieden war. Nach dieser legendären Niederlage, 1980 von Martin Scorcese in seinem preisgekrönten Boxerdrama *Raging Bull* künstlerisch bearbeitet, stieg er noch zehnmal in den Ring. Während ich diese Zeilen schreibe, steuert Jake LaMotta auf seinen 93. Geburtstag zu. Auf Wikipedia las ich, er habe 2014 zum siebenten Mal geheiratet …

Weil Sugar Ray gegen Rocky fightete

14 Monate oder, anders ausgedrückt, zwölf Kämpfe nach dem »St. Valenine's Day Massacre« gegen Jake LaMotta stand Sugar Ray Robinson an gleicher Stelle Rocky Graziano gegenüber. Am

16. April 1952 ging es im Chicago Stadium erneut um die Weltmeisterschaft im Weltergewicht. Nun allerdings war Robinson der Titelträger und Rocky (67 Siege, acht Niederlagen, sechs Unentschieden), der diesen Titel selbst schon gehalten hatte, forderte ihn heraus. Rocky Graziano, wie Jake LaMotta Italo-Amerikaner, war ein überaus harter Punche. 52 seiner insgesamt 67 Siege als Berufsboxer erzielte er vorzeitig.

Beide kamen aus ihren Ecken, fanden sich im Clinch, klammerten – und schlugen, ihre Oberkörper tief gebeugt, aufeinander ein. Sugar Rays Treffer erscheinen mir härter. Rocky greift an, Ray fängt ihn ab, in der Folge wechseln sich beide mit Schlagserien und harten Treffern ab – und schon ist die Runde zu Ende. Jedem Boxfan kann ich einfach nur sagen: Schau sie dir auf YouTube an!

Als es weitergeht, erinnert mich Rocky stark an LaMotta, noch stärker an den aus Scorseses Film, den von Robert De Niro verkörperten. Auch er ist der kleinere Mann, mit 1,70 Metern sogar der deutlich kleinere. Rocky marschiert und trifft mit knackigen Haken. Wieder brandet lauter Jubel auf, sobald er einen oder mehrere seiner »heavy punches« ins Ziel bringt. Ray arbeitet viel mit dem Jab, aber immer wieder wühlt sich Rocky heran, um ihn zu attackieren. Beide wechseln sich weiterhin mit harten Treffern ab, Rocky trifft Ray mit dem Schlussgong am Kinn.

Sugar Ray tanzt, nach einigen Einzeltreffern schlägt er eine Serie – und ist weg. Bald ist er es, der marschiert. Er treibt Rocky durch den Ring, stellt ihn am Seil. Der fightet mit einem knackigen rechten Haken zurück, der Sugar Ray kurz von den Beinen holt. Er muss sich mit dem Handschuh am Boden abstützen, der Ringrichter unterbricht den Kampf, um Rays Handschuhe an seinem Hemd abzuwischen, zählt ihn nicht an!

Kurz darauf trifft Sugar Ray seinen Gegner mit einer Eins-Zwei-Kombination. Er pendelt Rockys Antwort aus – und dann geht alles sehr schnell. Ich brauchte die Zeitlupe, um zu erkennen: Sugar Ray traf Rocky mit der Rechten, dann zweimal mit Links, bevor eine weitere Rechte, unmittelbar gefolgt von der Linken, den tapferen Fighter von den Beinen holt – derart, dass der erst bei zehn wieder auf seinen Beinen steht und nach hinten gegen die Seile taumelt. Sieger durch K. o.: Sugar Ray Robinson! Allerdings gab er später zu Protokoll, niemand habe ihn je härter getroffen als Rocky Graziano. Für den war dies der vorletzte Kampf seiner Profilaufbahn, während Sugar Ray erst 13 Jahre später, am 10. November 1965, zum letzten Mal als Kämpfer durch die Ringseile kletterte.

Zwei Monate nach dem Rockykampf versuchte er, Weltmeister im Halbschwergewicht zu werden. Nachdem er gegen den Champion Joey Maxim klar nach Punkten führte, gab er nach der 13. Runde auf – und pausierte für drei Jahre. In der Folge gewann er den Weltmeistergürtel im Mittelgewicht zurück, um ihn in den folgenden fünf Jahren mehrfach zu verlieren und – zumeist direkt im Rückkampf – zurückzuerobern.

Was ihn als Muhammad Alis Vorbild auszeichnet, ist in jedem Fall seine Eleganz, seine enorme Schnelligkeit, gepaart mit verheerender Schlagkraft und der vollendeten Variabilität wie Präzision seiner Schläge. Er tanzte und stach – wie später sein berühmter Bewunderer, der ihn in sein Team holte, als er sich gegen Sonny Liston zum ersten Mal den Titel im Schwergewicht holte. Allerdings sei Sugar Ray »peinlich berührt«[63] gewesen von Alis Show beim gemeinsamen Wiegen, gesteht »Der Größte« in seiner Autobiografie.

Weil Zucker und Stein aufeinandertrafen

Was »The Greatest« im Ring vor allen anderen auszeichnete: Er konnte seinen Stil den Erfordernissen des Kampfes entsprechend ändern. Als sein »Nachfolger« galt der am 17. Mai 1956 in Wilmington, North Carolina geborene Ray Charles Leonard. Hatten seine

Eltern bei der Namensgebung an den Sänger Ray Charles gedacht, kreierte er seinen Namen in memoriam des Ausnahmeboxers Sugar Ray Robinson: Sugar Ray Leonard.

Nach einer sensationellen Kampfbilanz als Amateur (145 Siege, fünf Niederlagen), die er 1976 in Montreal mit der Goldmedaille im Halbweltergewicht krönte, wollte er die Boxhandschuhe eigentlich an den Nagel hängen und aufs College gehen, doch sein Vater erkrankte schwer, die Familie geriet in finanzielle Not. Also blieb er seinem riesigen Talent treu und wechselte als Boxer zu den Profis.

Sugar Ray Leonard bewegte sich elegant auf äußerst schnellen Beinen. Sein Handspeed ist wohl unerreicht. Obgleich kein klassischer Puncher, schlug er enorm hart wie präzise und besaß zudem ein hartes Kinn. In seinem 24. Kampf errang er den Nordamerikanischen Meistertitel im Weltergewicht, zwei Kämpfe später durfte er sich WBC-Weltmeister nennen. Nach einer erfolgreichen Titelverteidigung traf er am 20. Juni 1980 im Olympic Stadium in Montreal, wo er vier Jahre zuvor seinen Olympiasieg errungen hatte, auf einen Mann, den sie »Manos de Piedra«, Steinerne Hand, nannten.

Roberto Duran, geboren am 16. Juni 1951 in Panama-Stadt, hatte von seinen bislang 72 Kämpfen lediglich einen nach Punkten verloren. Duran zeichnete sich durch enormen Kampfgeist wie eine ungeheuerliche Ringpräsenz aus, mit denen er das Boxpublikum elektrisierte. Sein Spitzname rührt daher, dass er im zarten Alter von 14 Jahren ein ausgewachsenes Pferd mit einem einzigen Schlag ausgeknockt haben soll. Ausgewiesen dagegen ist seine Schlagkraft im Boxring: Von seinen am Ende insgesamt 103 Siegen als Profi erzwang er 70 vorzeitig, und er konnte eine Menge wegstecken, ging keinem Schlagwechsel aus dem Weg und fand auch nach härtesten Wirkungstreffern in den Kampf zurück.

Seine boxerischen Fähigkeiten hingegen wurden gern unterschätzt. Dessen ungeachtet war er von 1972 bis 1979 WBA-Weltmeister im Leichtgewicht. Nach zehn erfolgreichen Titelverteidigungen hatte er seinen Titel niedergelegt, um nun, zwei Gewichtsklassen höher, im Weltergewicht Champion zu werden.

Leonard war mit 1,78 Metern sieben Zentimeter größer als Duran, genoss einen Reichweitenvorteil von gar 20 Zentimetern und war eben der »echte« Weltergewichtler. Glaubte er womöglich, er sei seinem Gegner boxerisch wie physisch überlegen? Nach kurzem Abtasten lieferten sich beide einen ersten harten Schlagabtausch. Duran präsentierte sich von Beginn an als echter Herausforderer, der hier nicht angetreten war, um gegen einen Liebling der Medien als zweiter Sieger nach Hause zu gehen. Beide Boxer brachten harte, schnelle Kombinationen an Körper wie Kopf ins Ziel. Nach kurzem Belauern in Runde 2 rüttelt Duran den Weltmeister mit einer wuchtigen Rechts-Links-Kombination durch. »Leonard is in trouble!«, schreit der amerikanische Fernsehkommentator, und Duran treibt Sugar Ray weiter durch den Ring, nimmt Maß und erschüttert ihn mit weiteren harten Händen. Leonard fightet zurück, bevor er erneut eine harte Rechte hinnehmen muss. Eine klare Runde für den Herausforderer!

Der bestimmt auch weiterhin das Geschehen, wobei der Kampf immer intensiver wird. Duran arbeitet zum Körper, dann zum Kopf, bringt Leonard an den Seilen in höchste Not. Der Kommentator bringt Alis »Rope a dope«-Taktik zur Sprache. Die letzte Minute der 4. Runde ein einziger Schlagabtausch. In Runde 5 ein knackiger linker Haken des Weltmeisters, kurz darauf eine harte Schlagserie gegen Durans Körper. Nun ist der Herausforderer sichtlich angeknockt, bevor er entschlossen zurückfightet.

Diese Runde ging an den Weltmeister, und alles deutete darauf hin, dass dieser Kampf nicht mehr allzu lange gehen würde – auf keinen Fall in dem von beiden Boxern im ersten Drittel des Kampfes vorgelegten Tempo und dieser mörderischen Intensität. Doch auch in der 11. Runde stehen beide voreinander, pendeln, meiden – und schlagen unermüdlich erstklassige Hände und Serien. Duran trifft härter, Leonard hat die schnelleren Fäuste. Unablässig bringen sich beide gegenseitig mit klaren Treffern, Kombinationen und schwindelerregenden Schlagserien in Schwierigkeiten, während die amerikanischen Fernsehkommentatoren sich längst nur noch, völlig verzückt vom Kampfgeschehen, Superlative um die Ohren brüllen. Ringrichter ist mit Carlos Padilla jener Mann, der einige Jahre zuvor den von Ali und Frazier ausgefochtenen »Thrilla in Manila« geleitet hatte. Dieser Kampf ist zweifellos ebenso intensiv – und um einiges schneller!

Nachdem Leonard die 13. Runde mit einer ganzen Reihe klarer Treffer beendet hat, stürmt Duran zur 14. aus seiner Ecke und deckt den Weltmeister mit Schlägen ein. Immer wieder agieren beide derart schnell, dass mein Auge Mühe hat, ihren Aktionen zu folgen. Und beide haben noch immer genügend Kraft für die eine oder andere Spielerei übrig. Eben zauberte Leonard mit seiner Rechten, schon lässt Duran seinen Oberkörper aufreizend und bar jeglicher Deckung pendeln. Kurz vor dem Schlussgong tippt er mit der Rechten auf sein Kinn, bevor er sie seinem Gegner krachend an das seine schlägt.

Dann ist ein Kampf zu Ende, in dem zwei Ausnahmeboxer alles, wirklich alles aus sich herausgeholt hatten. Beide hätten den Sieg verdient, und doch sollte am Ende nur einer seine Arme zum Jubel hochreißen. Nach zermürbend langer Pause verkündet der Ringsprecher die Entscheidung der drei Punktrichter: 146:144, 147:147, 145:144 und damit Sieger nach mehrheitlicher Entscheidung – Roberto Duran!

Weil die Größten ihr Konzept ändern können

Am 25. November 1980, also gerade einmal fünf Monate nach ihrem Jahrhundertkampf, trafen beide Boxer erneut aufeinander.

Sugar Ray Leonard, nunmehr der Herausforderer, tänzelte um Duran herum, brachte seinen Jab ins Ziel, kurz darauf eine lockere Eins-Zwei-Kombination – und war weg, als der Weltmeister ihn angriff. Die 2. Runde bot das gleiche Bild. Leonard tanzte, klammerte, brachte im Infight einen knackigen Uppercut ins Ziel, rüttelte Duran mit einer harten Linken durch. Duran wühlte sich an seinen Gegner heran, um sich einen weiteren harten Treffer Leonards einzufangen. So geht es weiter. Duran marschiert, Leonard trifft. »A different Leonard!«, konstatiert der amerikanische Fernsehkommentator. In der Tat erinnert nichts in diesem Kampf an das intensive, hochklassige Gefecht zweier gleichwertiger Jahrhundertboxer fünf Monate zuvor.

Erst in der 3. Runde kann Roberto Duran in einem Schlagwechsel einen klaren Treffer landen, doch auch hier bringt Sugar Ray etliche Hände mehr ins Ziel. Er beherrscht seinen Gegner nach Belieben, trifft aus der Distanz mit dem Jab oder Kombinationen – und hart am Mann im Infight. Duran rennt mit gesenktem Kopf wie ein Stier gegen ihn an, um sich hilflos in den Seilen zu verfangen. Fünf Monate zuvor hatte er Leonard immer wieder an selbigen gestellt und hart in Bedrängnis gebracht.

»Keep off the pace!«, mahnte Leonards Coach Angelo Dundee seinen Boxer in der Pause zur 6. Runde. Sugar Ray umtanzt weiter seinen Kontrahenten, lässt Roberto Duran hilflos nach vorn marschieren. Da fällt dieser ihn in der Ecke, wohl aber eher durch einen Schubser denn durch einen Schlag. Aber immerhin: Kurz darauf trifft Duran Leonard im Gesicht!

In der 6. tanzt Leonard weiter, schlägt einen Jab. Duran drängt ihn in die Seile – und nimmt dabei etliche Schläge, ohne selbst zum Zuge zu kommen. Immer verzweifelter wird des gehetzten Stiers Jagd auf den bestens bewaffneten Torero. Leonard lässt die Fäuste tief hängen, seine Füße vollführen den Ali-Shuffle. »Komm und kämpfe!«, deutet ihm Duran an, worauf Sugar Ray seine Rechte hoch in der Luft kreiseln lässt, um die Linke cross an Durans Kinn zu schlagen.

Die halbe 8. Runde lässt Leonard seinen völlig überforderten Gegner sich vergeblich abmühen, ihn zu treffen, bevor er sich »erbarmt«, ihm seinerseits einige Treffer einzuschenken. Eine knappe halbe Minute vor Rundenende dreht sich Roberto Duran entnervt weg, nimmt deckungslos Leonards halb um seinen Körper herum geschlagene Rechte und winkt mit resigniert erhobenen Händen ab. »No más!«, lässt er den Ringrichter wissen, »Nicht noch mehr!« Der ist völlig verwirrt, will den Kampf wieder freigeben, doch Roberto Duran bleibt dabei: »No más, no más!« Er streckt Leonard seine Rechte entgegen, als wolle er sich für ein Foul entschuldigen, da erst ist es auch dem Ringrichter klar: Dieser Kampf ist zu Ende. Roberto Duran, der unbeugsame Kämpfer, der vor keinem noch so harten Fight zurückschreckt, hatte endgültig genug und gab den Kampf auf.

Kaum zu glauben, dass Sugar Ray Leonard innerhalb kurzer Zeit sein Kampfkonzept derart ändern konnte, dass der Mann, der ihn gerade eben noch mehr als nur Paroli bieten konnte, plötzlich erschreckend chancenlos dastand. Diese Leistung ist bis heute unerreicht und sorgt in meinen Augen dafür, dass Sugar Ray Leonard zu Recht zu den Größten aller Zeiten zu zählen ist, die je in einem Boxring ihre Arbeit verrichteten.

Roberto Duran indes wurde 1983, drei Jahre nach jener vernichtenden Niederlage, Weltmeister im Halbmittelgewicht und 1989 selbiges im Mittelgewicht. Mit anderen Worten: Er hatte sich mitten in seiner großen Zeit befunden, als ihn Sugar Ray Leonard am 25. November 1980 so erschreckend klar beherrscht hatte.

Weil »Mi vida loca« der poetischste und schmerzvollste aller Kampfnamen ist

Wieder mal Berufsboxen auf Eurosport, dieses Mal meldet sich Werner Kastor aus der York Hall in Bethnal Green, East London. Hauptkampf in der kleinen, feinen Boxarena – eine Begegnung im Federgewicht, angekündigt von Jimmy Lennon jr. Der wird nur gebucht, wenn es im Ring eine echte Attraktion zu sehen gibt, dabei ist das hier nicht mal ein Titelkampf. Ein junger Argentinier gegen einen acht Jahre älteren Amerikaner mit Schelmengesicht und dem Gebaren eines hyperaktiven Kindes. Von seiner Schulter bis zum Bauchnabel erstreckt sich ein riesiges, in seine Haut gebranntes Bild: Eine Figur mit Heiligenschein im langen Faltengewand steht vor der Himmelspforte, darunter der Schriftzug »mi vida loca«, mein verrücktes Leben. Der rechte Oberarm des Boxers zeigt Jesus, die Tätowierungen auf Rücken und linker Schulter kann ich nicht erkennen, der Kerl bewegt sich einfach viel zu schnell.

Als der erste Gong ertönt, gebärdet er sich *noch* quirliger. Blitzartig pendelt sein Oberkörper, zuckt sein Kopf, seine Füße rasen über den Ringboden, während seine Arme eine Kombinationsserie nach der anderen ins Ziel bringen. Keine Minute ist von der Uhr, da nagelt er seinen Gegner mit gefühlt 111 Körper-Kopf-Treffern in der Ringecke fest. Seine Hände fliegen derart schnell heraus, dass sie selbst in Zeitlupe eine atemberaubende Geschwindigkeit haben. Gut 30 Sekunden später liegt der Argentinier am Boden und kommt nicht wieder hoch.

»Mi vida loca« vollführt einen Rückwärtssalto und feiert mit dem begeisterten Publikum und seinem Team ausgelassen den Sieg. Zwischen den Männern um ihn herum eine grazile, überaus schöne Frau mit langem Engelshaar und Schneewittchenaugen. Der Boxer schmiegt sich an sie, die beiden schenken einander einen vollendet zärtlichen Kuss.

Der Mann mit dem poetischen Kampfnamen, den ich fortan nie mehr vergessen sollte, hieß Johnny Tapia. An jenem 19. Januar 2002 in East London gewann »mi vida loca« seinen 51. Profikampf. Im nächsten Fight würde er vor einem weit größeren Publikum den letzten Weltmeistertitel seiner Karriere erringen, den fünften in der dritten Gewichtsklasse. Doch nicht diese atemberaubende Laufbahn ist das Verrückte an seinem Leben.

Als John Lee Tapia am 13. Februar 1967 in Albuquerque, New Mexico, USA das Licht der Welt erblickte, lebte sein Vater schon nicht mehr. Er wurde erschossen, als seine Mutter mit Johnny schwanger war. Als kleiner Junge saß er in einem Bus, der einen 30 Meter hohen Abhang hinunterstürzte. John überlebte wie durch ein Wunder. Mit acht Jahren erlebte er, wie seine Mutter erst vergewaltigt, dann davongeschleppt und gefoltert wurde. Er sei von ihren Schreien erwacht, habe um Hilfe gerufen, aber niemand scherte sich um das verzweifelte Kind. Als er seine Mama endlich wiederfand, hatte sie das Bewusstsein verloren. Sie sollte es nicht wiedererlangen. Vier Tage später erlag sie im Krankenhaus ihren Verletzungen.

John kam zu seinen Großeltern. Mit neun Jahren fing er an zu boxen. Wollte er womöglich nie wieder derart wehrlos sein wie an jenem Albtraumtag? Gab er gar sich selbst die Schuld am Tod seiner Mama? Wollte er in bedingungsloser Wut einfach nur noch um sich schlagen? In jedem Fall hatte er mit dem Boxen etwas gefunden, was ihn sein Leben lang begleiten sollte, genau wie alsbald Depressionen, Selbstmordversuche und die Drogensucht. Oft ertrug er sein Leben nur, wenn er sich mittels Alkohol, Kokain oder anderen Substanzen in eine andere Welt beamte. Nur dann konnte er vergessen, was am schlimmsten Tag seines Lebens passiert war.

Eine andere Form dieses »Wegbeamens« war ihm der Boxring. Hier konnte er sich seinen Dämonen stellen, ohne dabei die Grenzen der Legalität zu überschreiten. Hier konnte er bedingungslos um sich schlagen, seinen Körper bis zum letzten Quäntchen Kraft ausschöpfen. Im Ring gebärdete er sich wie ein Irrer – einer, der überaus sympathisch rüberkam und längst nicht nur mein Herz im Sturm eroberte. Tapia tanzte, fintierte, hampelte wild herum, kommunizierte mit dem Publikum, feuerte in rasender Geschwindigkeit endlose Schlagserien ab, zelebrierte seine berühmten Rückwärts-Salti. Das Publikum liebte ihn *auch* für seine Showeinlagen. Vielleicht, weil sie vor allem das unterstrichen, was dieser Kämpfer von der ersten bis zur letzten Ringsekunde bot: Boxen mit voller Leidenschaft in höchster Vollkommenheit. Er sei im Leben so hart getroffen worden, sagte er einmal sinngemäß, dass ihn die Schläge im Ring wie ein Spaziergang im Park anmuten. Über zwei Jahrzehnte lang beschenkte Johnny Tapia die Zuschauer mit seiner schillernden Ringpräsenz. Woher nimmt dieser Kerl diese Energie?, fragte ich mich immer wieder. Heute denke ich, er brauchte dieses permanente Ausrasten als Ventil, um nicht endgültig in den Abgrund zu springen.

Ein Mensch, der ihn immer wieder vor diesem Schritt bewahrte, war jene grazile Schöne, der er in Bethnal Green den zärtlichen Kuss gegeben hatte. Teresa wurde 1994 seine Ehefrau. Die beiden bekamen Kinder, die ihren Vater liebten, genau wie Teresa ihren Mann. Auch geschäftlich kümmerte sie sich um Johnny. Sie wurde seine Managerin und war bei jedem Kampf nahe bei ihm. Teresa konnte nicht ungeschehen machen, was ihm widerfahren war, wohl aber ist es zweifellos ihr Verdienst, dass Johnny Tapia so viele Jahre durchhielt.

2002 wurde er zum fünften Mal Weltmeister, 2005 ließ er sein Leben unter dem Titel »mi vida loca« zu Papier bringen – seine Dämonen setzten ihm unbarmherzig weiter zu. Als er 2007 im Krankenhaus aus dem Koma erwachte, musste er die Nachricht verkraften, dass sein Bruder und sein Neffe tags zuvor bei einem Autounfall ums Leben gekommen waren. Johnny musste weiterleben – und boxen! Sein letzter Profikampf am 4. Juni 2011: ein Punktsieg über acht Runden. Am 27. Mai 2012 fand ihn seine Familie leblos in ihrem Haus in Albuquerque. Johnnys Herz hatte den Kampf aufgegeben und der Mann, der 45 Jahre »mi vida loca« gelebt hatte – so hoffe ich über alles! – seinen letzten Frieden gefunden.

Weil Henry Maske »Amateur« geblieben ist

»Was willst du denn mit dieser Gurke bei den Profis? Die lachen euch doch nur aus.«[64] Diese Reaktion erntete Manfred Wolke von einem Trainerkollegen, als er auf dem letzten Trainingslager der DDR-Nationalmannschaft verkündete, er wolle zusammen mit seinem Schützling Henry Maske ins Lager der Profis wechseln. Offenbar hatte der Stil des Mannes, der schon bald als »Gentleman« im Berufsboxen das Halbschwergewicht beherrschen sollte, schon zu Ostzeiten nicht nur Freunde.

In einem Finalkampf um den TSC-Pokal traf er als Starter der DDR-Staffel auf Sven Ottke (BRD). Was Henrys und Svennis Führungshand miteinander veranstalteten, erinnerte eher an Florettfechten denn an Boxen. Beide punkteten vor allem, statt spektakuläre Schlagkombinationen abzufeuern. Maske gewann klar wie unspektakulär.

Nun also wechselte er mit Coach Wolke, dem ehemaligen Olympiasieger, zu den Profis. Längst nicht nur östlich der Elbe hörte ich »Boxexperten« unken: »Der wird nie ein richtiger Profi, dieser Amateur.« Ich nehme an, diese »Fachleute« unterschieden Berufs- und Amateurboxer vor allem darin, dass erstere eben professionell und letztere quasi nebenbei ihr Handwerk betrieben. Im Falle der DDR-Spitzenboxer und vieler Westprofis sah die Realität oft genau andersherum aus. So mancher Berufsboxer musste, um seine Familie zu ernähren, neben seinen Auftritten im Ring einem oder mehreren Brotjobs nachgehen, während die Spitzenboxer der DDR allesamt rund um die Uhr unter professionellen Bedingungen arbeiten konnten.

Der Unterschied zwischen Berufs- und Amateurboxern besteht vielmehr darin, dass ein Amateur bei einem Turnier in kürzester Zeit etliche Kämpfe absolvieren muss. Obendrein erfährt er quasi erst kurz vorm ersten Gong, wen er als Nächstes vor die Fäuste bekommt. Ein Berufsboxer mit guter Managementanbindung kann dagegen seinen Gegner nach allen Regeln der Kunst studieren und sich durch gezieltes Sparring mit Boxern, die dessen körperliche Voraussetzungen mitbringen und seinen Stil kopieren, optimal vorbereiten. Hegt das Management die Hoffnung, mit ihm eine Menge Geld zu verdienen, sorgt es dafür, dass der Boxer genau die Gegner vor die Fäuste bekommt, die er, geht alles normal voran, auch schlagen wird.

Der Amateur hingegen muss, will er erfolgreich sein, auf alles gefasst sein, was ihm im Ring irgend passieren kann. In der kurzen Distanz der drei Runden bleibt ihm keine Zeit, seinen Kampf großartig zu gestalten oder gar einen sehenswerten K. o. vorzubereiten. Stattdessen muss er in den wenigen ihm zur Verfügung stehenden Minuten alles raushauen, was er an Power und Können in sich trägt – und sich anschließend schnellstens regenerieren, denn der nächste Kampf folgt auf dem Fuße. Kurzum, die Anforderungen an ihn sind keineswegs geringer als an einen Berufsboxer. Sie sind anders – und in vielerlei Hinsicht sogar höher.

Aber zurück zu Henry Maske. Allen Unkenrufen zum Trotz gewann er relativ locker seine ersten 19 Profikämpfe. Natürlich waren seine Gegner weitgehend handverlesen. Nun genoss ja auch er die Vorzüge eines auf Erfolg bedachten Managements. In seinem 20. Profikampf bekam er IBF-Weltmeister »Prince« Charles Williams vor die Fäuste, der seinen Titel bereits über fünf Jahre lang hielt und ihn seither elfmal verteidigt hatte. Das Bild, welches beide im Ring boten, werde ich nie vergessen: Links der bullige Profichamp mit dem dynamisch pendelnden Oberkörper, rechts der schlaksige Amateur mit seinen leicht eckigen Bewegungen. Es schien lediglich eine Frage der Zeit, wann Williams Ernst machte und Henry weghaute.

Andersherum wurde ein Schuh draus. Henry nutzte seine Reichweitenvorteile und boxte Williams aus. Er hielt den Titelträger mit seiner rechten Führhand auf Distanz und war immer wieder blitzschnell da, um ihn mit Eins-Zwei-Kombinationen auszupunkten. Der »Prince« verzweifelte zusehends an Maskes Defensivqualitäten. Immer wieder sah ich Henry Maske auch in späteren Kämpfen im Rückwärtsgang treffen, während der offensive Mann ins Leere schlug oder lediglich des Gentlemans Arme oder Boxhandschuhe traf.

Und weggehauen hat Maske bis zum Ende seiner Karriere niemand, auch nicht Rocky, obgleich der zweimal kurz davor stand, aber dazu mehr in Grund 65. Bis zu seinem endgültigen Karriereende am 31. März 2007, als er mit Virgil Hill den Mann klar ausboxte, der ihm über zehn Jahre zuvor die einzige, obendrein umstrittene Punktniederlage beigebracht hatte. Henry beherrschte seine Gegner, wie dies eben nur ein »Amateur« kann: mit Ringintelligenz, Disziplin und immer wieder aufs Neue der richtigen Antwort auf die Argumente, die sie ihm im Ring entgegenschleuderten.

Weil Iron Mike eine eigene Liga darstellte ...

Es war am Ende des 25. Februar 1989, die lange Nacht vom Samstag zum Sonntag. Ich befand mich seit einem halben Jahr wieder in der Freiheit des Zivillebens, hatte seit einigen Wochen eine mehr als aufregende Freundin und also die Ruhe weg, eine solche Ausgeh-und

Abenteuer-erleben-müssen-Nacht mal daheim zu verbringen. Weil ich nicht schlafen konnte, schaltete ich irgendwann den Fernseher ein – und siehe da: In ein paar Stunden lief ein Schwergewichtsweltmeisterschaftskampf auf einem der sechs Fernsehprogramme. Der Kampf fand in den USA statt, also bei uns gegen fünf Uhr.

Fast wie früher bei Ali, frohlockte ich. Seit etlichen Jahren hatte ich keinen Boxkampf mehr gesehen. Endlich ging es los. Der Herausforderer war ein riesiger Schwarzer mit enormen Muskelpaketen, vollkommen austrainiert und schlank – ein Modellathlet. Doch nicht ihm galt die Aufmerksamkeit des Kommentators, sondern dem Titelträger. Ich sah einen kleinen, gedrungenen Kerl, ebenfalls mit gewaltigen Muskeln und einem Blick, der mich frösteln ließ. Kaum war der erste Gong verklungen, stürmte der Kleine, das Kinn auf der Brust und die Fäuste als Doppeldeckung vor dem Gesicht, aus seiner Ecke. Er tauchte unter den langen Armen seines Gegners hindurch und sprang, fürchterliche linke und rechte Haken schlagend, regelrecht in ihn hinein. Der große Muskelmann taumelte, musste sich mit einem Handschuh am Boden abstützen. Der Ringrichter zählte ihn an. Einen derartig wuchtigen Angriff hatte ich nie zuvor in einem Boxring gesehen. Gegen Ende der Runde kam der Herausforderer in den Kampf zurück und landete selbst ein paar knackige Treffer.

Hier wie in den folgenden Runden sah ich: Der Große konnte offensichtlich meisterhaft boxen. Er ließ den Kleinen mit dem kalten Blick hilflos aussehen, wenn es ihm gelang, ihn auf Distanz zu halten. Doch das war angesichts der urknallhaften Explosivität des kleinen Mannes längst nicht immer möglich. Wie willst du einen Panzer mit vorgestreckter Lanze aufhalten, und sei diese noch so scharf geschliffen! Und wenn der Große den Kleinen traf, dann nie mit einer derartigen Urkraft wie dieser. Der tauchte immer wieder mit blitzschnell pendelndem Oberkörper ab, um mit dem Jab, gefolgt von fürchterlichen Haken, Kopf und Körper des Modellathleten zu erschüttern.

In den Ringpausen saß der Kleine mit gesenktem Kopf in seiner Ecke. »Baby« nannte ihn sein Trainer, und genauso wirkte er jetzt. Ein kräftiger Babyjunge, welcher seelenruhig der Dinge harrt, die da kommen. Seine Sekundanten redeten auf ihn ein, während er zu meditieren schien oder auf welche Weise auch immer den Stimmen tief in seinem Inneren lauschte. Kaum stand er wieder im Ring, war alles Babyhafte von ihm gewichen, und er war wieder diese Kampfmaschine mit enormen Muskeln und eiskaltem Blick. Gegen Ende der 5. Runde deckte er seinen Gegner derart mit seinen Dampfhammerhaken ein, dass der Ringrichter zwischen die beiden Boxer sprang und den wehrlosen großen Mann aus dem Kampf nahm. Mittlerweile hatte ich mir auch den Namen dieses einzigartigen Champions gemerkt: Mike Tyson, Iron Mike Tyson. In der Tat, dieser für einen Schwergewichtler kleine Mann schien voll und ganz aus Metall zu bestehen.

Fortan interessierte ich mich aufs Neue für das Boxen, für die Weltmeisterschaften im Schwergewicht, für Mike Tyson. Er schreckte mich ab und zog mich an. Letzteres wohl, weil er dem kindlichen Teil meines Geistes die ideale Besetzung für den absoluten Superhelden bot. Irgendwo hatte ich gelesen, ein zum Tode verurteilter Schwarzer habe unmittelbar vor seiner Hinrichtung geschrien: »Joe Louis, hilf mir!« Eine solche real-übersinnliche Retterfigur wurde mir, auch ohne jede Aussicht auf den elektrischen Stuhl, dieser Mike Tyson.

Ich sah mir ältere Kämpfe von ihm an und wusste bald, dass Cus D'Amato, ein alter Boxhaudegen, ihn entdeckt, seinen Stil herausgearbeitet und ihn wie einen Vater betreut hatte – längst nicht nur im Ring. Ich wusste, dass Mike mit 19 Jahren jüngster Schwergewichtsweltmeister aller Zeiten geworden war, ein Jahr nach dem Tod seines »Vaters« Cus, dem er diesen Sieg direkt nach dem Kampf mit Tränen in den Augen widmete. Zuvor hatte er den alten Champion in zwei Runden mittels seiner Hammerschläge sprichwörtlich zerlegt, genau wie viele andere Boxer, alte wie junge, große wie sehr große.

Sobald Iron Mike durch die Ringseile kletterte, schien dieser von einem ganz besonderen Glanz beseelt, und war der erste Gong endlich erklungen, legte Mike los, als sei er nicht von dieser Welt. Genauso erlebten das offenbar auch seine Gegner. Zumeist knöpfte ihnen Iron Mike bereits mit seiner ersten Angriffswelle jedweden Schneid ab. Wie schnell er seinen Oberkörper bewegte, die Hände als Doppeldeckung vor dem Gesicht. Und mit welch irrsinniger Geschwindigkeit er aus dieser Haltung heraus seine fürchterlichen Haken herausschoss. Fast immer war er deutlich kleiner als sein Gegner, und selbstverständlich wurde er bei seinen Angriffen hin und wieder ausgekontert und getroffen, hart und deutlich. Doch es war wie in jenem Kampf gegen Frank Bruno, den Modellathleten: Was auf den ersten Blick wie ein einziger bedingungsloser Angriff aussah, entpuppte sich bei genauerem Hinsehen und – ich gebe zu, für mich vor allem dank meiner Gespräche mit meinem Boxerfreund Michel – als punktgenauer Konter des vermeintlichen gegnerischen Konters. Bei alledem hatte ich nie das Gefühl, dass ihm einer seiner Gegner auch nur im Entferntesten gefährlich werden konnte. Niemals traf ihn einer derart hart und zerstörerisch, wie Iron Mike dies vermochte. Und selbst, wenn der andere Tyson technisch überlegen sein mochte, was nützte das angesichts seiner ungestümen Zerstörungskraft? Dieser Boxer stellte eine eigene Liga dar!

Weil er dennoch ein verletzlicher Mensch ist

Am 11. Februar 1990 trat Iron Mike, Weltmeister der drei führenden Boxverbände und unangefochtene Nummer 1 im Schwergewicht, in Tokio gegen einen sieben Jahre älteren No-Name an. Tyson und sein Manager Don King posierten vor dem Kampf in weißen Pelzmänteln, die bis zum Boden reichten. Im Ring wirkte Iron Mike von Beginn an ungewohnt apathisch. Nach seinen ersten Angriffen begann sein Gegner, mitzuboxen. Etliche Runden später führte James Buster Douglas, so dessen Name, deutlich und verdient nach Punkten. Als ihn Mike Ende der 8. Runde mit einem mörderischen Aufwärtshaken fällte, schien alles wieder im Lot, Tysons Schwäche ein kurzes Stottern der unverwüstlichen Kampfmaschine.

Doch Douglas stand bei 9,99 wieder auf beiden Beinen, rettete sich in die Pause und schickte Mike Tyson in der 10. Runde zu Boden. Mike erhob ungeheuer langsam seinen Oberkörper. Mit einem Boxhandschuh fischte er seinen Mundschutz vom Ringboden, steckte ihn sich halb in den Mund und stand auf. Der Ringrichter war mittlerweile bei der Zehn angelangt. Mike sank in seine Arme wie einer, der einfach nur froh ist, dass nun endlich alles vorbei ist.

Viel ist darüber geschrieben worden, dass Mike bis über beide Ohren in persönlichen, ja psychischen Problemen steckte, dass er sich einsam fühlte, von allen verlassen. Selbst sein Manager Don King, der normalerweise vor jeder Kamera so aufdringlich Mikes Nähe suchte, war in den Augenblicken nach dieser sensationellen Niederlage lange nicht zu sehen.

Es folgten vier kaum beachtete Siege, drei durch K. o., bevor Mike Tyson eine Anklage wegen Vergewaltigung für drei Jahre hinter Gitter brachte. Ich war nicht dabei, enthalte mich deshalb jedweder Beurteilung. Nur eines scheint mir gewiss: Der Mensch Mike Tyson steckte in der Tat in gewaltigen Problemen.

Als er wieder anfing zu boxen, sei er nicht mehr derselbe gewesen, las ich vielerorts. Nachdem ich mir jetzt noch einmal seine beiden folgenden K.-o.-Siege ansah, kann ich dem nur zustimmen. Dann boxte Iron Mike am 16. März 1996 erneut um die Weltmeisterkrone im Schwergewicht. Sein Gegner hieß einmal mehr Frank Bruno, doch nun war Tyson der Herausforderer. Ich sah den Kampf nach einer langen Partynacht live im Berliner Tränenpalast auf einer großen Leinwand. Die Augen fielen mir vor

Müdigkeit zu, doch kaum hatte Iron Mike den Ring betreten, war ich hellwach.

Tyson legte los wie die Feuerwehr. Nach nicht einmal drei Runden, in denen er den völlig überforderten Frank Bruno durch den Ring geprügelt hatte, war er wieder Weltmeister. Wie früher hatte Iron Mike mit einer derartigen Urkraft das Geschehen auf eine Weise beherrscht, dass ich mich fragte: Wer auf dieser Welt kann ihm in irgendeiner Weise Paroli bieten? Sein nächster Gegner, Titelträger eines der drei großen Weltverbände, strich gleich in Runde 1 die Segel und legte sich ohne größere Gegenwehr nach dem zweiten Niederschlag zu Boden.

Mikes nächster Gegner, Evander Holyfield, war einst dreifacher Weltmeister im Cruiser- und später im Schwergewicht gewesen. Letztere drei Gürtel hatte er Buster Douglas bei dessen erster Titelverteidigung abgenommen, sie nach drei erfolgreichen Verteidigungen wieder abgeben müssen, um kurz darauf erneut Weltmeisterehren zu erringen und zu verlieren. Mittlerweile war Holyfield in die Jahre gekommen und zudem von einem Herzfehler gehandicapt, hieß es im Vorfeld des Kampfes.

Am 9. November 1996 stiegen beide gegeneinander in den Ring. Tyson überrollte seinen Gegner mit seinem berühmten ersten Angriff, zumindest fast, denn Holyfield bewies ein enormes Kämpferherz. Zu diesem gesellte sich alsbald seine boxerische Extraklasse. Er nahm Tyson zunehmend das Heft aus der Hand. In der 6. Runde fand sich Tyson zum zweiten Mal in seiner Karriere am Ringboden wieder. In der 10. rettete ihn noch der Gong, bevor er nach 37 Sekunden der 11. Runde in Evander Holyfield endgültig seinen Meister gefunden hatte. Der Rückkampf erwuchs Tyson zum absoluten Fiasko. Boxerisch seinem Gegner hoffnungslos unterlegen, rastete er nach einem Kopfstoß Holyfields, der ihn gefährlich am Auge verletzte, völlig aus und biss Evander raubtiergleich ein Stück Ohrläppchen ab.

Nach Ablauf der ihm dafür auferlegten Sperre trat er anderthalb Jahre darauf gegen Frans Botha, den »Weißen Büffel«, an. Der übergewichtige Botha, gesegnet mit dem Vermögen, jedweden Kampf zu zerstören, bestimmte das Geschehen im Ring. Es war einer der quälendsten Boxkämpfe, die ich je sah. Am Ende der gefühlt 111. Runde, in Wirklichkeit war es die 5., landete Iron Mike einen mörderischen rechten Haken, der den Büffel buchstäblich fällte – die Erlösung!

Auch die nächsten fünf Kämpfe gewann Mike vorzeitig, wobei zwei von ihnen keine Wertung erhielten. Nicht ohne Witz: Der Sieg gegen den Riesen Andrew Gołota, der nach zwei Runden entnervt aufgab, wurde Tyson aberkannt, weil man bei ihm Spuren von Marihuana fand. Wie schlimm hätte er Gołota verprügelt, wäre er im Vollbesitz seiner sensorischen Fähigkeiten gewesen?

Am 8. Juni 2002 sollte Mike Tysons letzte *große* Niederlage folgen. Nachdem er seinem Gegner Lennox Lewis bei einer Promotionveranstaltung nach wüstem Handgemenge ins Bein gebissen hatte, zeigte er sich im Ring als beherzter Kämpfer. Einer, der dem Riesen aus London hoffnungs- und nahezu wehrlos gegenüberstand, bis er, gezeichnet wie ein schwarzer Jesus am Kreuz, nach zwei Minuten und 25 Sekunden der 8. Runde, Erlösung am Ringboden fand.

Was seither geschah, ist mir zu traurig, um es hier weiter auszuführen. Iron Mike Tyson hatte das Feuer verloren, welches so lange in ihm gelodert und 44 seiner Gegner geradezu zerstört hatte. Die Millionenbörsen, die er dafür kassiert hatte, waren einer gewaltigen Schuldenlast gewichen, die ihn zwingt, weiter zu boxen. Heute ist Mike Tyson ein Mann, welcher hofft, dass er sein Leben nicht im wahrsten Sinn als lebendiger Sandsack beschließen muss. Ein Schicksal, das mich mahnt, mit meinen körperlichen wie geistigen Ressourcen pfleglich umzugehen.

Weil ein cooler Typ aus Pensacola
die Gewichtsklassen in beide Richtungen aufmischte

Er war ein Boxer, dem ich so gern zusah wie keinem anderen. Ein geschmeidiger Muskelprotz, der immer mehr Schläge in immer neuen Kombinationen anbrachte und geradewegs unverwundbar schien. Kam dann doch mal einer seiner Gegner zu ihm durch, zeigte sein Gesicht eine Miene, als habe ihn gerade eine überaus lästige Fliege berührt. Ärgerlich, aber in keiner Weise gefährlich.

Ja verdammt, er war überheblich ohne Ende, aber er war es auf äußerst elegante, ja geradezu vollkommene Art und Weise. Einmal soll er noch am Kampftag ein gesamtes Basketballmatch als Spielertrainer bestritten haben, was er damit büßte, dass er am Abend seinen Gegner nicht ausknocken konnte und die volle Distanz boxen musste. Einen anderen Gegner stellte er in der Ecke, wo er ihn – ohne Gegenwehr – nach Belieben traf. Dem Ringrichter schickte er einen fragenden Blick: Willst du das Ding hier nicht mal langsam abbrechen? Als der Referee nicht reagierte, schüttelte er nur den Kopf und knockte seinen Gegner aus.

Seine ersten 34 Profikämpfe gewann er souverän und errang dabei drei WM-Gürtel in drei verschiedenen Gewichtsklassen. Am effektvollsten sicher sein zweiten Titel, der des IBF-Weltmeisters im Supermittelgewicht. Hierbei forderte er den schier unbesiegbaren James Toney (44 Siege, zwei Unentschieden) heraus. Er beherrschte Toney nicht nur klar und deutlich, sondern führte ihn geradewegs vor. Als der Noch-Champ es ihm gleichtun wollte und in Runde 3 ebenfalls mit ungedecktem Oberkörper vor ihm posierte, streckte er ihn mit einigen blitzschnellen Händen nieder. Toney kam wieder auf die Beine, doch er verlor nahezu jede Runde.

Nach fünf Titelverteidigungen wechselte er eine Gewichtsklasse höher und wurde zunächst Interimsweltmeister des WBC im Halbschwergewicht. Am 21. März 1997 traf er, mittlerweile ging es um den »echten« WBC-Gürtel, auf den in 26 Kämpfen unbesiegten Montell Griffin. Der hatte sich bestens auf seinen schnellen, dynamischen Kampfstil eingestellt und war beim Meiden von Schlägen ebenso geschmeidig und schnell im Oberkörper wie mein Held dieser Geschichte. Mit Beginn der zweiten Kampfhälfte gewann der jedoch die Oberhand, knockte Griffin in der 9. Runde an – und schlug im Eifer des Gefechts nach, als der schon das Knie am Boden hatte. Es folgte seine erste Niederlage als Profi – durch Disqualifikation.

Gut viereinhalb Monate später rückte er das Bild eindrucksvoll wieder gerade, durch einen fulminanten Knock-out in der 1. Runde. Griffin erging es dabei, den Fernsehbildern nach zu urteilen, ebenso wie vielen seiner Gegner zuvor: Er konnte es kaum nachvollziehen, von wo all die Schläge auf ihn einprasselten – und schon war alles vorbei.

Im nächsten Kampf ließ er Exweltmeister Virgil Hill nicht den Hauch einer Chance. Gut drei Runden lang erfreute er mich mit immer neuen Schlagkombinationen, bevor er Hill mit einem knackigen Körperhaken auf die Leber ins Reich des Halbtraums schickte.

Zwischen 1997 und 2002 verteidigte er seinen Titel ein Dutzend Mal, darunter in einigen Titelvereinigungskämpfen. Etliche Male ging es bei seinen Auftritten um insgesamt sechs WM-Gürtel, die der WBA, WBC, IBF sowie jene dreier kleiner Verbände. Gern trat er vor dem Kampf als Rapper auf und begleitete dabei höchst persönlich seinen Walk-in.

Im Ring dann seine überirdische Coolness: Einem seiner Gegner präsentierte er sich, als dieser ihn angriff, mit hinterm Rücken verschränkten Händen. Er pendelte sämtliche Schläge des Kontrahenten aus, bevor er seine Fäuste mit aufreizender Geste wieder in Betrieb nahm und ihn ausknockte. Sein Gegner, Glenn Kelly, hielt zuvor etliche australische wie internationale Titel, hatte 28 seiner 29 Kämpfe gewonnen und einmal unentschieden geboxt.

Am 1. März 2003 setzte mein Held dem Ganzen die Krone auf, als er gegen den überaus unbequemen John Ruiz um die WBA-Krone im Schwergewicht antrat – und Ruiz klar ausboxte. Acht Monate später ging es wieder zwei Gewichtsklassen zurück, und er boxte dieses Mal »nur« um drei Gürtel im Halbschwergewicht. In zwölf Runden besiegte er Antonio Tarver durch Mehrheitsentscheid der Punktrichter. Einer hatte den Kampf 114:114 gewertet, die anderen sahen ihn mit vier beziehungsweise sechs Runden vorn. In jedem Fall hatte Tarver es vermocht, ihn deutlich und klar zu treffen. Zum ersten Mal überhaupt sah ich das Gesicht meines Helden merklich lädiert. Seine angeschwollene Backe war der Vorgeschmack auf das, was nun folgen sollte.

Im Rückkampf gegen Tarver verlor mein Held in der 2. Runde durch TKO. Im Folgenden stoppte ihn Reggie Johnson in der 9., dann besiegte ihn Tarver erneut, dieses Mal nach Punkten. Bis zum Schluss seiner Karriere sollte er ausschließlich gegen mindestens gute Boxer antreten. Er besiegte unter anderem Felix Trinidad, zog jedoch gegen Joe Calzaghe oder Bernard Hopkins, den er 17 Jahre zuvor noch geschlagen hatte, den Kürzeren.

Immerhin, die letzten drei Kämpfe seiner Karriere gewann er wieder – und bis heute ist er mir als der Boxer in Erinnerung, der 15 Jahre lang der uneingeschränkte Herrscher jedweden Rings war, den er – in welcher Gewichtsklasse auch immer – betrat: Roy Jones jr.!

Weil Roy Jones jr. betrogen und dadurch unsterblich wurde

Nahezu alles, was ich an den Ringauftritten des unangefochtenen Profichamps Roy Jones jr. so liebte, entdeckte mein enthusiastisches Laienauge bereits bei seinem letzten Amateurkampf. Im Halbmittelgewichtsfinale der Olympischen Spiele 1988 in Seoul stand er dem südkoreanischen Lokalmatadoren Si-Hun Park gegenüber. Ich sah den Kampf erst jetzt, in Vorbereitung auf dieses Kapitel – also gut 17 Jahre, nachdem ich begeistert die Profikämpfe dieses Ausnahmeboxers live verfolg hatte.

Locker kam Jones aus seiner Ecke – beide Hände weit vor dem Körper, wenig später in Hüfthöhe platziert. Genauso kenne ich ihn aus späteren, seinen besten Jahren. Erstere Stellung nenne ich für mich eine offensiv platzierte Doppeldeckung. Sie machte es einem Angreifer äußerst schwer, an ihn heranzukommen. Die an der Hüfte platzierten Hände sind für jeden Gegner nahezu unsichtbar, schießt er sie blitzartig an dessen Kopf oder Körper.

Explosiv und schwer zu treffen, das zeichnete Roy Jones beginnend mit der ersten Sekunde des Kampfes aus: Schnelle Füße wie Beine, dazu lockere und zugleich äußerst knackige Eins-Zwei-Kombinationen, die er zumeist – längst nicht immer! – mit dem Jab eröffnet. Ist er plötzlich nahe am Mann, attackiert er dessen Körper mit Hakenserien, deren Geschwindigkeit mich an Sugar Ray Leonards Hände denken lässt.

Egal, ob aus der Distanz oder im Infight, stets hat Jones die meisten und besseren Argumente. Parks beherzte Gegenangriffe fängt er fast alle ab – und schon schlagen seine Konter ein, geht er sofort zum Gegenangriff über. Der Computer zeigt nach der 1. Runde 85 Schläge Jones', davon 20 im Ziel – gegenüber 38 Schlägen inklusive gerade einmal drei Treffern bei Park.

Die 2. Runde beginnt Roy Jones mit aufreizend tiefer Deckung. Schickt sich Park an, ihn zu attackieren, bekommt er sofort ein paar schnelle, harte Hände an Kopf oder Körper. Als der Koreaner versucht, ein wenig mit kreiselnder Schlaghand zu »zaubern«, bleibt das eine unbeachtete, weil folgenlose Fußnote. Wieder ist es Jones, der seinen Gegner trifft. In einem Schlagwechsel vermag es Park immerhin, Jones auch einmal voll im Gesicht zu erwischen. Letzte Minute, Park lässt ein paar weite Schwinger durch die Luft zischen.

Jones ist längst weg – und fliegt sofort wieder heran. Noch voll in der Vorwärtsbewegung landet er einen krachenden linken Haken an Parks Kinn. Der Koreaner knickt leicht ein, der Referee zählt ihn im Stehen bis acht an. Anschließend gibt er den Ring wieder zum Kampf frei. Kurz darauf hat der Lokalmatador auch diese Runde überstanden.

3. Runde: Jones tanzt, variiert das Tempo, schlägt hart und locker zugleich – zelebriert in meinen Augen ein entspannt aussehendes Sparring aus dem Boxlehrbuch. Kann er doch mal einen Gegentreffer nicht verhindern, dreht er Kopf oder Körper blitzschnell mit des Gegners Schlagrichtung, sodass der Treffer kaum noch Wirkung erzielt. Um die Wucht seiner eigenen Schläge zu erhöhen, fällt er bei Bedarf in den Schlag hinein. Dann ist sein vorderer Fuß noch in der Luft, während seine Hand bereits wieder attackiert. Was seinen Gegner angeht: Ich zolle ihm höchsten Respekt, dass er Jones unermüdlich angreift, dass er nie lange zurückschreckt, ein riesengroßes Kämpferherz beweist. Der Schlussgong beendet Jones' Lektion.

Zur Urteilsverkündung, im Grunde eine reine Formsache, tänzelt Roy Jones jr. so leichtfüßig wie zuvor in den drei mal drei zu boxenden Kampfminuten. Si-Hun Parks Miene ist, kaum verwunderlich, die eines geschlagenen Mannes. Für Statistikfreunde: Der Computer zeigt bei Jones insgesamt 303 Schläge, davon 86 Treffer. Aufseiten Parks vermeldet er die Zahlen 188 und 32. Eine Frauenstimme verkündet via Hallenmikrofon das offizielle Urteil. Roy Jones pendelt weiter hin und her, sein Gesicht zeigt zunächst keine Reaktion. Was seine Ohren da eben vernommen haben, muss eine akustische Täuschung sein.

Sein Gegner indes reißt seine Arme hoch, denn die koreanische Dame hatte verkündet: Sieger nach 3:2 Richterstimmen: »The blue corner – Si-Hun Park!« Die Halle tobt, ich sehe entsetzte Afroamerikaner und viele zum Zeichen des Sieges erhobene Arme des Heimpublikums, höre viel Jubel und wenige Pfiffe.

Nun hat auch Roy Jones jr. begriffen, was hier passierte. Sein Gegner umklammert ihn an der Hüfte, stemmt ihn hoch, dann erst kann sich der Betrogene dem – keinesfalls von seinem Gegner zu verantwortenden – Schmierentheater entziehen. Ein weißes Handtuch fest vors Gesicht gepresst, verlässt er den Ring, verweigert er Hallen- wie Fernsehpublikum jedweden Blick auf seine Tränen. Noch im amerikanischen Fernsehinterview nach dem Kampf wirkt er sichtlich angeschlagen von diesem Betrug.

Der wird in die Geschichte eingehen als eines der krassesten Fehlurteile in der Historie des Amateurboxens – und ich möchte sagen: des Boxens überhaupt! Da hilft es auch nichts, dass die olympischen Offiziellen den Betrogenen anschließend mit dem Val-Barker-Pokal für den technisch besten Boxer des Turniers auszeichneten.

Ich hörte, jene drei Punktrichter, die bestimmt nicht unentgeltlich Park vorn gesehen hatten, seien anschließend suspendiert worden. Tatsache ist, dass Si-Hun Park nach den Spielen seine Boxerlaufbahn beendete und Roy Jones Berufsboxer wurde, einer der besten, die je in einem seilumspannten Ring ihre Kampfkunst zelebrierten. Bereits die ihm geklaute olympische Goldmedaille machte ihn für viele Boxsportler und Fans unsterblich. Von den Betrügern und ihrem Auftraggeber spricht niemand mehr …

Weil der größte Fighter keine markigen Sprüche braucht

Das folgende Kapitel ist unvollendet und obendrein völlig unzulänglich. Seinem Helden stünde locker ein ganzes Buch zu, mindestens das! Filme über ihn gibt es bereits etliche. Mögen meine Zeilen den einen oder die andere dazu bringen, sich die großen Kämpfe dieses Ausnahmeboxers anzusehen!

Dass er bisher »nur« 18 echte Weltmeisterschaftsfights bestritt, mag daran liegen, dass es ihm offenbar am wichtigsten ist, attraktive Gegner vor die Fäuste zu bekommen. So waren zum Beispiel sein erster Kampf gegen den mexikanischen Volkshelden Marco Antonio Barrera, die Fights gegen Óscar de la Hoya und Ricky Hatton oder sein viertes und bisher letztes Aufeinandertreffen mit Juan Manuel Márquez allesamt Nichttitelkämpfe.

Dessen ungeachtet, ist er der bisher einzige Mensch in der Geschichte des Boxsports auf Erden, der in sieben verschiedenen Gewichtsklassen einen echten WM-Titel hielt. Seit dem 12. April diesen Jahres, nach seinem derzeit letzten Kampf, darf er sich wieder Weltmeister im Weltergewicht nennen.

Emmanuel Dapidran Pacquiao wurde am 17. Dezember 1978 in Kibawe auf den Philippinen geboren. Er hat fünf Geschwister, seine Familie ist bettelarm. Der Vater machte sich davon, und Emmanuel brach die Schule ab, um als Straßenverkäufer zum Lebensunterhalt beizutragen. Nebenbei begann er mit dem Boxtraining, das mehr und mehr ins Zentrum seines Lebens rückt. »Boxing was my only hope«, erinnert er sich in Leon Gasts 2014 erscheinenden Film *Manny*.

Seine Bilanz als Amateur: 64 Kämpfe, 60 Siege. Am 25. Januar 1995 steigt der 17-Jährige zum ersten Mal als Profi durch die Seile eines Boxrings. Einem Punktsieg über vier Runden folgen zehn weitere Siege, die Hälfte davon vorzeitig. Einen Fight später geht Manny, wie sich Emmanuel nennt, in der 3. Runde k. o. Er habe keine Nehmerfähigkeiten, heißt es, und verfüge über nicht genug Kondition. Dreieinhalb Jahre später wird er bei der zweiten Verteidigung seines WBC-Gürtels im Fliegengewicht erneut ausgezählt, wieder ein K. o. in der 3. Runde.

Fünfeinhalb Jahre bleibt er ungeschlagen, bis ihn am 19. März 2005 Eric Morales bei ihrem ersten Aufeinandertreffen nach Punkten schlägt. Bei ihrem nächsten Kampf zehn Monate später wird Manny seinen hochklassigen Gegner in der 10. Runde stoppen. Es ist das allererste Mal, dass Eric Morales einen Profikampf vorzeitig verliert. Bei ihrem dritten Kampf knockt Manny ihn gar in der 3. Runde aus.

Erst gut sieben Jahre nach Pacquiaos Niederlage gegen Morales ist es dem nächsten Boxer vergönnt, Manny mit 2:1 Punktrichterstimmen zu besiegen. Das Ganze jedoch höchst umstritten, denn Manny »Pac Man« Pacquiao hatte innerhalb der zwölf Runden deutlich mehr Treffer erzielt als sein Gegner, der in 28 Profikämpfen ungeschlagene US-Amerikaner Timothy Bradley mit dem dümmlich patriotischen Kampfnamen »Desert Storm«.

Gleich im nächsten Kampf folgte jedoch eine echte Niederlage des Pac Man. Bei seinem vierten Aufeinandertreffen mit Juan Manuel Márquez (davor ein Unentschieden sowie zwei knappe Siege für Manny) knockte ihn Márquez in der 6. Runde aus. Über 13 Jahre lagen zwischen dieser und Pacquiaos letzter vorzeitigen Niederlage. Das vielfach herbeigeschriebene Ende seiner Karriere war dies jedoch nicht. Am 12. April 2014, seinem bis dato letzten Kampf, holte er sich von dem fast fünf Jahre jüngeren, selbst ernannten »Wüstensturm« mit einem klaren Punktsieg seinen Weltmeistergürtel im Weltergewicht zurück.

Am 22. November 2014 steht sein nächster Kampf an. Er boxt in China, der Gegner steht noch nicht fest. Am 2. Juni 2006 kämpfte Manny »Pac Man« Pacquiao zum letzten Mal in seinem Heimatland. Aber egal, wo er in den Ring steigt, stets feuert ihn das Publikum frenetisch an – und auf den Philippinen geht augenblicklich auf drastische Weise die Kriminalitätsrate zurück.[65] Überall im Land verfolgen die Menschen seine Fights an Fernsehbildschirmen oder auf Großleinwänden. Da bleibt für ein paar Stunden kein Platz für Bandenrivalität und Verbrechen.

Es sind keinesfalls die für viele Boxchamps *nach* Ali typischen Ichlings-Sprüche, welche die Philippinos und viele Boxfans aus aller Welt für Manny begeistern. Die sind nicht Pacquiaos Sache, eher Taten, nicht nur im Ring. Seit Mai 2010 ist er Regierungschef der

Provinz Sarangani, nachdem er die dazu nötigen Kongresswahlen gewann. Weder als Boxer noch als Politiker tut er sich durch Sprüche hervor. Wenn es heißt, er boxe nicht für sich, sondern für die Menschen in seinem Land, ist das wohl durchaus wörtlich zu verstehen: »Einen Großteil seines Vermögens – er hat mit Boxen mehr als 300 Millionen US-Dollar verdient – hat er in die Infrastruktur des Landes investiert. Er krempelt nach Katastrophen die Ärmel hoch, packt mit an und schleppt Säcke.«[66]

Dass er bei alledem keineswegs ein Kind von Traurigkeit ist und immer mal wieder ein wenig über die Stränge schlägt, tut seinem Heldenstatus keinerlei Abbruch. Sein Draufgängertum beweist Manny »Pac Man« Pacquiao seit nunmehr fast 19 Jahren vor allem als Berufsboxer im Ring. In seinem Kampfrekord stehen 56 Siege, davon 38 durch K. o., gerade einmal fünf Niederlagen (drei K. o.) gegenüber. Zweimal boxte er unentschieden. Etliche Jahre lang galt er gewichtsklassenübergreifend als bester Boxer der Welt. Was mich angeht, reichten ein paar Runden aus, mich zum glühenden Pac-Man-Fan zu machen, auch wenn ich seinen Familiennamen über Jahre nicht richtig aussprechen konnte.

Weil der Pac Man pure Energie ist

Mannys erster Kampf um einen Weltmeistergürtel stieg auswärts unter freiem Himmel. Am 4. Dezember 1998 boxt der 20-jährige Philippino in Thailand den Lokalmatador Chatchai Sasakul. Der hatte seinen Titel drei Kämpfe zuvor gegen den ungeschlagenen Russen Jury Arbachakow gewonnen. Beide Boxer tasten sich zunächst einmal ab. Manny marschiert, wie es einem Herausforderer gebührt. In Runde 4 erwischt er den Champion am Ende eines Schlagwechsels voll mit seiner linken Schlaghand am Kopf. Manny wird immer explosiver, greift nun beständig an. Hin und wieder gelingt ihm ein klarer Treffer, doch auch er muss die eine oder andere Hand Sasakuls nehmen.

In der 8. Runde kommt Manny mit harten Rechts-Links-Kombinationen durch. Die Linke knackig zum Körper, der rechte Haken zum Kopf – der Champion wackelt, nicht zum ersten Mal. Kurz darauf schlägt Manny einen rechten Jab in Richtung Kinn. Sasakuls Hände sind zur Stelle, doch dieser Angriff war offenbar eine Finte. Schon schlägt Mannys Linke voll am Kinnwinkel des Thailänders ein, holt den Weltmeister von den Beinen. Mit Mühe richtet er sich halb auf – und landet erneut auf dem Ringboden, beide Arme von sich gestreckt. Ein schwerer K. o., der dem Kämpfer von den Philippinen in seinem 25. Profifight den ersten Weltmeistertitel bringt. Nach diesem Kampf wird Freddy Roach Mannys Trainer.

Am 23. Juni 2001 fordert der Pac Man in Las Vegas den Südafrikaner Lehlohonolo Ledwaba heraus. 33 Siege, eine Niederlage und ein Unentschieden stehen in dessen Kampfrekord, sein Kampfname: »Hands of Stone«. Seit gut zwei Jahren trägt er den Weltmeistergürtel im Superbantamgewicht, den er bislang fünfmal erfolgreich verteidigte.

Zunächst arbeiten beide mit der Linken, die bei Ledwaba die Führungs- und bei Pacquiao die Schlaghand ist. Die amerikanischen Kommentatoren streiten sich über die korrekte Aussprache von Mannys Familiennamen, während dieser in der letzten Minute der 1. Runde das Geschehen mit kraftvollen rechten und linken Händen an sich reißt.

Auch in Runde 2 viele harte Kombinationen des Philippinos. Ein krachender linker Haken auf die Milz holt Ledwaba von den Beinen. Er lässt sich bis acht anzählen, dann jagt ihn Manny schlagend durch den Ring. Nach etlichen harten Kombinationen des Pac Man fightet der Mann aus Soweto zurück. Er bringt einige Hände ins Ziel, bevor Manny das Ruder wieder herumreißt. Beide landen eine Menge harter Treffer, verlangen den Kommentatoren anerkennendes Schweigen ab. Manny macht unbeirrt weiter, dreimal der Jab, dann die Linke, die Rechte als Aufwärtshaken. Ledwaba bleibt jedoch gefährlich, besonders mit seinem Jab und linken Haken.

Weiter jagt ihn der Pac Man durch den Ring, bringt mehr harte Punches als Ledwaba Schläge insgesamt. Kommt der mit dem Jab ins Ziel, antwortet Manny mit *seiner* Linken. Runde 5 ist etwas ruhiger. Beide lauern, arbeiten mit dem Jab. In der 6. passiert eine halbe Minute lang nicht viel, dann schlägt Manny seinen Gegner mit einem harten linken Haken an die Schläfe nieder. Kaum wieder auf den Beinen, sieht er sich erneut Mannys Fäusten ausgesetzt. Rechts, rechts, links – und der Weltmeister geht erneut zu Boden, beide Hände auf dem Ringboden, über dem Kopf. Referee Joe Cortez zählt ihn gar nicht erst an. Der Kampf ist vorbei, der alte Weltmeister schwer k. o..

Am 15. November 2003, Manny Pacquiao ist mittlerweile 25 Jahre alt, kommt es im Alamodome in San Antonio, Texas zu einem sensationellen Nichttitelkampf im Federgewicht. Längst ist Manny in seiner Heimat ein gefeierter Held, dessen Ringauftritte seine Mitbewohner in Massen vor Fernseher und Leinwände treibt. Im Süden der Vereinigten Staaten trifft er auf einen Mann, der »nebenan« in Mexiko ebenfalls längst Heldenstatus besitzt. Marco Antonio Barrera war Weltmeister im Superbantam- und ist es im Federgewicht. Sein Kampfrekord: 57 Siege, drei Niederlagen. Seine Begegnung mit Manny ist, wie gesagt, ein Nicht-Titelkampf. Barrera hatte dem angeblich unschlagbaren »Prince« Naseem Hamed die erste Niederlage beigebracht, ebenso Eric Morales, und er hatte Johnny Tapia besiegt, um hier nur einige der ganz Großen aus seinem Kampfrekord zu nennen.

Manny hat mittlerweile 37 Siege, zwei Niederlagen und ein Unentschieden auf seinem Konto. Er muss als Erster in den Ring, von den Massen in der Halle kaum beachtet. Die zahlreichen Mexikaner feiern kurz darauf frenetisch ihren Heroen. Auch ich zählte mich zu den Barrera-Fans – und stand damit unter den Boxsportfreunden aus aller Welt garantiert nicht allein da.

Keine Minute ist von der Uhr, da geht Manny urplötzlich zu Boden. Erst in der Zeitlupe sehe ich: Referee Laurence Cool tat recht daran, ihn anzuzählen. Beide Boxer trafen einander am Kinn, Barrera offenbar um einiges wirkungsvoller. Manny steht sofort wieder auf den Beinen und zeigt an: Das war nichts. Kaum ist der Kampf wieder freigegeben, attackiert ihn Marco Antonio druckvoll mit beiden Händen. Barrera marschiert, Manny fightet zurück, doch der Mexikaner wirkt gefährlicher, kompakter, stärker. Er trifft klarer und öfter.

Im nächsten Durchgang ist Manny der Aggressivere und Schnellere. Er stürzt sich auf seinen Gegner, übernimmt das Kommando im Ring. Runde 3 erneut ein einziger kompromissloser Schlagabtausch. Marco trifft mit der Linken zum Kopf, Manny boxt ihn zunächst mit dem Jab an, die nachgezogene Linke trifft Barrera punktgenau am Kinn. Der Mexikaner muss zu Boden, steht jedoch schnell wieder auf. Nun ist es Manny, der heftig und mit enormem Handspeed nachsetzt. Immer wieder schlägt seine harte Linke bei Barrera ein. Pausenlos greift er Marco an, ist pure Energie, Schnelligkeit, Schlagkraft – und scheint dabei kein bisschen müde zu werden.

Auch Barrera kann Treffer landen, aber Manny hat stets etliche Hände mehr im Ziel. Mir scheint, er nimmt so manchen Gegentreffer bewusst in Kauf – einfach nur, um in die dabei entstehende Lücke in Barreras Deckung zu schlagen. Seine eigenen Treffer kommen in jedem Fall um einiges härter daher. Die Zeitlupe verrät: Das alles sind keineswegs überhastete Angriffe. Bringt er eine Vierer- oder Fünferserie, sind zumeist alle Schläge Treffer.

In Runde 6 wieder eine krachende Links-Rechts-Kombination. Barrera geht zu Boden, wird aber nicht angezählt. In der 7. auch mal wieder ein klarer Kopftreffer des Mexikaners, Mannys Gegenstoß folgt auf dem Fuße. Dann rauschen beide im Eifer des Gefechts mit den Köpfen zusammen. Marco Antonio trägt Cuts am linken

Auge und über dem linken Wangenknochen davon. Als er Manny kurz darauf beherzt angreift, pendelt der nahezu alle Schläge aus und reißt beide Arme hoch. Kurz darauf ein absichtlicher Kopfstoß Barreras, den Cool jedoch nicht ahndet. Eine Runde später bestraft er den Mexikaner mit einem Punktabzug, als der nach einem Trennkommando nachschlägt.

Barrera wirkt völlig frustriert. Sein Gegner ist zu schnell, zu stark, seine Schläge zu präzise. Trifft der Mexikaner selbst einmal, sieht das geradezu kraftlos und langsam aus. Runde 11 ein einziger Schlaghagel des Pac Man. Barrera wirkt völlig hilflos, muss unter dem Druck von Mannys Schlägen erneut zu Boden. Und weiter prügelt Manny ihn durch den Ring, bis Barreras Coach ein Einsehen hat. Er stürmt in den Ring, umarmt seinen Schützling geradezu väterlich, um ihn weiterer Bestrafung zu entziehen.

Weinend reißt Manny seine Arme hoch, als ihm bewusst wird, dass er den großen Marco Antonio Barrera gerade vorzeitig bezwang. In der ihm anfangs eher feindlich gesinnten Halle hat er mittlerweile so manchen Fan gewonnen. Auch ich war spätestens nach diesem Kampf restlos begeistert von dem 1,69 Meter großen Mann, der gerade einen meiner Helden geschlagen hatte.

Barrera ist gut fünf Jahre älter als Manny, aber mit dieser Niederlage noch lange nicht am Ende. Er ging eine Gewichtsklasse höher, besiegte Paulie Ayala, wurde einen Kampf später Weltmeister im Superfedergewicht. Viermal verteidigte er seinen Titel erfolgreich. 2007 verlor er erneut gegen den Pac Man, im Februar 2011 bestritt er seinen letzten Kampf.

Manny Pacquiao steht bis heute im Ring. Mittlerweile ist er oft fünf oder gar acht Jahre älter als seine Gegner – und noch immer gelingt es ihm zumeist, sie mit seiner Explosivität zu dominieren wie jüngst den bis dato ungeschlagenen Timothy Bradley. Und der Pac Man scheint noch nicht am Ende …

Weil ein Ausnahmeathlet das Schwergewicht lahmlegt

Die Anklageliste ist lang: Er degradiere die Königsklasse des Boxens zu einer langweiligen Ein-Mann-Show, boxe nur Fallobst statt echte Gegner, sei wie sein Bruder ein stilloser Roboter-Boxer, quäle seine Gegner mit fiesen, hinterhältigen Knebelverträgen, habe kein Kämpferherz, dafür ein Glaskinn.

Fakt ist, dass Wladimir Klitschko seit über zehn Jahren in 20 Kämpfen unbesiegt ist. Ebenso, dass ihm über viele Jahre lediglich ein einziger Schwergewichts-Champ ebenbürtig war: sein Bruder Vitali, gegen den er – wie beide es ihrer Mutter versprechen mussten – niemals antrat. Obendrein bekommt es jeder Gegner im Ring bis heute grundsätzlich mit beiden Brüdern zu tun. Gerade, wenn es einem Boxer gelang, einen von ihnen zu besiegen, sprang der eine für den anderen ein.

Am 8. Dezember 2001 musste Wladimir – obendrein in seiner Heimatstadt Kiew – seine erste Niederlage als Profi hinnehmen. Ross Puritty, ein ausgebuffter US-Amerikaner mit durchwachsenem Kampfrekord, ließ den jüngeren Klitschko sich erst müde schlagen, bevor er ihn in Runde 11 durch TKO stoppte. Fast auf den Tag genau drei Jahre später schlägt Wladimirs großer Bruder Purrity, ebenfalls ein TKO in Runde 11.

Als Wladimir im März 2003 von dem südafrikanischen Konter-Boxer Corrie Sanders fürchterlich verprügelt wurde, nimmt sich Vitali den »bösen Buben« gleich in dessen nächstem Kampf zur Brust. Von der 1. Runde abgesehen, kassiert Sanders so lange harte Treffer, bis ihn der Ringrichter aus dem mittlerweile völlig ungleichen Kampf nimmt.

An Lamon Brewster, der ihn 2004 in Las Vegas in Runde 5 stoppte, »rächt« sich Wladimir allerdings selbst. Gut drei Jahre später verprügelt er Brewster sechs Runden lang, dann gibt dessen Ecke auf. Wladimir steht genauso für seinen Bruder ein wie der für ihn. Als Vitali im WM-Kampf gegen Chris Byrd nach acht Runden und deutlicher Punktführung aufgrund einer schweren Schulterverletzung aufgeben musste, verhöhnte ihn die »Fachpresse« als Weichei. Wladimir schlägt Byrd ein halbes Jahr später in dessen nächstem Kampf und holt damit nicht nur Vitalis Weltmeistergürtel in die Familie zurück. Direkt nach seinem Sieg verkündet er, quittiert vom lauten Jubel des Publikums, durchs Mikrofon: »Wir sind keine Weicheier, und ich liebe meinen Bruder!«

In seinem Wahnsinnsfight gegen Lennox Lewis beweist Vitali im Ring eindrucksvoll: Wladimir hatte mit dieser Ansage keinesfalls im Wald gepfiffen. Obendrein verhinderte Wladimir nach dem Lewis-Kampf, dass sein Bruder mit schlagenden Fäusten gegen den Kampfabbruch protestiert. Dass er seinen großen Bruder im Ring an Lewis »rächen« darf, verhindert dessen Karriereende nach dem Vitali-Kampf.

Vitali und Wladimir schafften schließlich, was bisher keinem boxenden Brüderpaar gelang: Sie vereinigen sämtliche Gürtel der vier großen Weltverbände in der Familie Klitschko. Im Herbst 2012 beendete Vitali seine Karriere als Boxer. Seitdem ist er nur noch im Ring anzutreffen, wenn Wladimir kämpft, und der muss fortan allein das Schwergewicht regieren. Er tut dies weitgehend ohne Glanz – einfach, weil es seit nunmehr gut zehn Jahren keiner seiner Gegner vermochte, ihn in irgendeiner Weise zu gefährden, egal, ob sie mit Familiennamen Ibrahimow, Thompson, Rahman, Chagaew, Haye oder Powetkin heißen.

Doch halt! Einen gab es, der ihm ein ernst zu nehmender Kontrahent war. Im dritten Kampf nach seiner Niederlage gegen Brewster stand Wladimir in Atlantic City einem Mann gegenüber, der sich »Nigerian Nightmare« nannte und bis dato alle seine 24 Profikämpfe gewonnen hatte, 21 davon durch K. o.

Samuel Peter war gut zwölf Zentimeter kleiner als Wladimir, aber nahezu genauso schwer. Er galt als der härteste Puncher der

Welt, und Wladimir hatte alle seine drei Niederlagen durch K. o. erlitten. Viele Experten waren sicher, Peter würde den Ukrainer vernichtend schlagen. Niemand im Klitschko-Lager wollte diesen Kampf, außer Wladimir. Der hatte nach dem Brewster-Kampf sein Team völlig umgestellt, sich unter anderem von Coach Fritz Sdunek getrennt. Als ihn Vitali während der Vorbereitung auf den Peter-Fight scharf kritisiert, bittet er ihn, das Trainingslager zu verlassen. Erst zum Kampf steht der große Bruder wieder in seiner Ecke.

Wladimir hält Peter mit seiner Führungshand auf Distanz, schlägt den Jab, nutzt die rechte Schlaghand zunächst nur zur Deckung. Peter versucht, mit weiten Schwingern über die Außenbahn an sein Kinn heranzukommen – da knallt ihm Klitschko auf der Innenbahn eine knackige Kombination an den Kopf.

Peter marschiert, Klitschko trifft ihn wieder und wieder, oft im Rückwärtsgang. Greift der Nigerianer an, geht Wladimir nach hinten raus – und setzt seine Treffer. Am Ende der 3. Runde wieder eine Attacke Peters. Die Rechte fliegt vorbei, der linke Haken landet voll an Wladimirs Kopf. Runde 4 geht wieder klar an Klitschko. Er kontrolliert Peter mit dem Jab, blockt dessen Schläge, klammert – und antwortet mit harten Links-Rechts-Kombinationen. Als ihn Peter mit hängenden Fäusten locken will, kassiert er sofort Wladimirs Jab.

In der 5. Runde schickt Peter einen rechten Haken über die Außenbahn – und gleich noch einen. Er trifft Wladimir eher im Nacken, aber wie auch immer: Klitschko muss zu Boden. Mitte der Runde findet er sich erneut dort wieder. Unaufgeregt kommt er in den Kampf zurück, stellt sich Peter, meidet, klammert – und schlägt, sobald sich eine Lücke bietet.

In Runde 6 wieder das alte Bild. Nichts erinnert an die beiden Niederschläge von gerade eben. Klitschko bewegt sich, Peter marschiert – und schmeckt Wladimirs Jab, zumeist gefolgt vom rechten Cross. Die Schwellungen unter Peters Augen erzählen von Wladimirs Schlägen. Peter wirkt müde, Klitschko boxt ihn aus, Runde für Runde. Im zehnten Durchgang meldet sich Peter mit einer krachenden Rechten zurück. Wieder muss Wladimir zu Boden. Er fällt in der Rückwärtsbewegung, hat Peters Schlag damit einiges an Wirkung genommen.

In der nächsten Runde boxt er Peter wieder klassisch aus, bewegt sich gut, landet seine Kombinationen, Jab – rechter Cross, hin und wieder ein knackiger Körperhaken. Peter hingegen versucht weiter, den einen, alles entscheidenden Punch zu landen – vergeblich. Er verliert den Kampf, in welchem er seinen Gegner dreimal am Boden hatte, einstimmig mit 111:114 Punkten. Wladimir kam auch nach harten Treffern schnell wieder zurück und diktierte boxend den Kampf.

Seitdem war er übrigens in 17 Kämpfen nicht mehr am Boden. Sam Peter besiegte er fünf Jahre nach ihrem ersten Treffen durch K.o. in Runde 10. Im September steigt er mit dem in 21 Kämpfen unbesiegten Kubrat Pulew in den Ring, der derzeitigen Nummer 2 im Schwergewicht. Kann Pulew den momentan besten Techniker der Königsklasse, welcher zudem wohl den stärksten Jab wie den härtesten Cross schlägt, in Schwierigkeiten bringen? Einen Tipp, wie man ihn schlagen kann, liefert der Champion höchstselbst. Im Vorfeld eines seiner Kämpfe hörte ich Wladimir in einem Interview augenzwinkernd sagen: »Vergessen Sie nicht, ich habe ein Glaskinn.«[67]

KAPITEL 7

RUND UM DEN RING

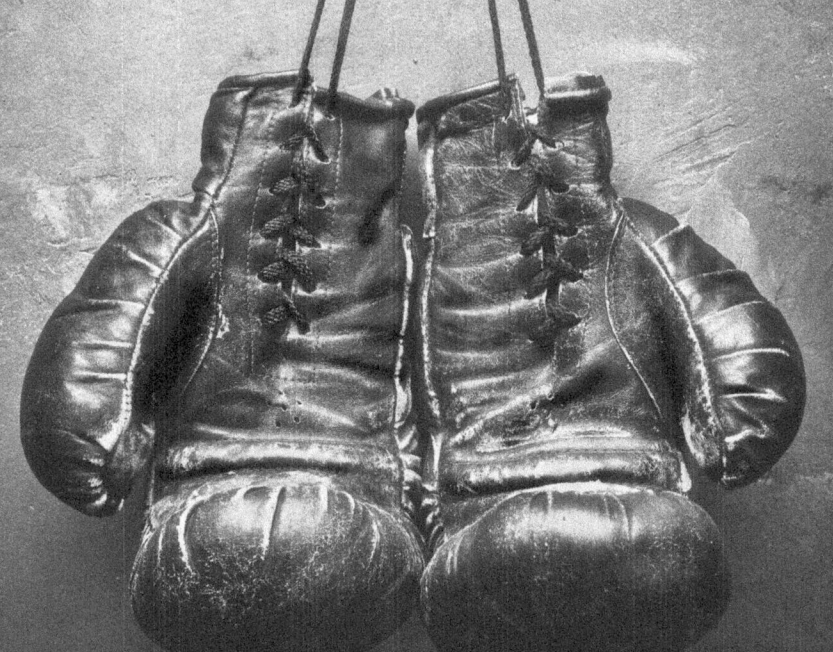

Weil gute Ringsprecher Künstler sind

Auf den ersten Blick hat die Arbeit eines Ringsprechers nichts, aber auch gar nichts mit Kunst zu tun. Es ist sicher kein Zufall, dass in deutschen Landen bereits etliche namhafte Künstler, insbesondere Schauspieler, kläglich scheiterten, als sie sich darin versuchten. Zwei *Tatort*-Kommissare, beide von mir in vielen ihrer Rollen sehr geschätzt, zogen die Pfiffe der Zuschauer auf sich, als sie im Ring ein Bonmot geladenes Wechselspiel zelebrierten. Ein Berufskollege mit hervorragender Bassstimme versagte, indem er seinen Job mit dem Satz begann: »Hallo, mein Name ist Ben Becker!«

Derlei Extras oder gar Eitelkeiten haben im Boxring nichts zu suchen, und das Boxpublikum reagiert besonders empfindlich auf solche absichtlichen Ausrutscher. Ein Ringsprecher hat zunächst einmal die Offiziellen des jeweiligen Kampfes zu präsentieren. Schon das keine leichte Übung, muss er dabei doch mitunter offensichtliche Lügen verkünden wie: »The undesputed King of Beer – Budweiser«. Damit hatte Jimmy Lennon jr. keineswegs das wirklich gute Bier aus Tschechien gemeint, sondern die gleichnamige ungenießbare Plörre made in USA.

Als Nächstes, für das Boxpublikum ungleich wichtiger, stellt der Ringsprecher die Kämpfer vor. Kampfname, Alter, Größe, Kampfrekord inklusive der K.-o.-Siege – der Text ist ihm dabei stets vorgegeben, bis auf die letzte Stelle hintern Komma. Der einzige Fatz künstlerische Freiheit, der ihm hier bleibt, ist vor dem Walk-in jedes Kampfers die markante Betonung von dessen Namen. Ein Mann, der es auf diesem Gebiet zu wahrer Kunst brachte, ist zweifelsohne Michael Buffer.

Und Buffer vollbrachte noch mehr. Sein wohl berühmtestes Markenzeichen, mittlerweile längst als solches geschützt, ist zweifellos seine legendäre Kampferöffnung: »Let's get ready to rumble!«

Buffers größte künstlerische Leistung sehe ich nicht darin, dass er seinen Schlachtruf aus Muhammad Alis legendärem Slogan »Float like a butterfly, sting like a bee – rumble, young man, rumble« und dessen späterer Verarbeitung durch Fernsehkommentator Sal Marciano »Well, we're ready to rumble from Resorts International« kreierte. Weit schwerer wiegt, *wie* er jenen Satz über seine Lippen bringt. Ganz ehrlich, nach einigen Jahren Berufsboxengucken am Fernseher mochte ich diesen grau melierten Dressman nicht mehr sehen. Selbst sein Schlachtruf ging mir längst am Allerwertesten vorbei – bis ich Buffer zum ersten Mal live erlebte. Es war beim WM-Kampf von Wladimir Klitschko gegen Ruslan Chagaev am 20. Juni 2009 vor über 60.000 Zuschauern in der Veltins-Arena zu Gelsenkirchen. Ermüdet vom ellenlangen »Kulturprogramm« aus langweiligen Vorkämpfen, Showeinlagen und den National-hymnen, waberte die riesige Halle dem Hauptkampf entgegen. Es war Michael Buffers Satz, Silbe für Silbe auf das Genaueste ge-arbeitet, der mühelos die Aufmerksamkeit aller hier Versammel-ten bündelte und eine irrsinnige Spannung auf das, was nun gleich kommen würde, quasi aus dem Nichts erzeugte. Augenblicklich war mein Kopf, nach sechs Stunden VIP-Club durch ungezählte Biere und Sushi-Rollen komatös eingeschläfert, wieder hellwach. Michael Buffers Ansprache, bestehend aus sechs Worten beziehungsweise 20 Buchstaben, hatte uns alle in genau diesem Augenblick in die Kampfstätte zurückgebracht. Wenn das keine höchste Kunst ist, weiß ich nicht, welche Leistung sonst diesen Namen verdient!

Weil das Boxpublikum keinen Firlefanz mag

Längst sind quotenträchtige Fernsehboxabende zu Gipfeltreffen des schlechten Geschmacks mutiert. Ellenlange Vorprogramme sorgen dafür, dass sich in der Halle oder dem Stadion die Zeit bis zum Hauptkampf endlos streckt. Wohl dem, der ein VIP-Ticket gebucht – oder wie ich immer mal wieder eines von meinem Schulfreund Berge geschenkt bekommen – hat! Mit einem solchen kann man sich im entsprechenden Hospitality Club bestens unterhalten und nebenbei hemmungslos betrinken oder den Wanst mit Essen vollschlagen. Ich darf aus Erfahrung sagen: Das Buffet bei Boxveranstaltungen ist zumeist um Klassen besser als beim Fußball. Wer nur einen Stehplatz hat, muss den rechtzeitig einnehmen und sich daher all den Kladderadatsch antun, der dem Boxpublikum gemeinhin zugemutet wird.

Das Angenehmste sind hier für mich die Vorkämpfe, auch wenn diese zumeist jedweder Dramatik entbehren. Zumeist tritt hier ein beim Veranstalter unter Vertrag stehender aufstrebender Top-30-Mann einem chancenlosen Journeyman zum Zwecke der Kampfrekord-Aufpolierung gegenüber. Da kann man schon von Glück reden, wenn es sich beim Aufbaugegner um einen ehemaligen Ringfuchs handelt, dem die Klasse noch nicht gänzlich abhandengekommen ist.

Als weit schlimmer empfinde ich hier die Auftritte irgendwelcher »Weltspitzencomedians« aus Funk und Fernsehen, die mit ihren Sparwitzen um sich werfen und dem armen Boxpublikum auf den billigen Plätzen für sicher fürchterlich horrende Gagen ihre fernseherprobten Dünnbrettbohrereien um die Ohren hauen. Der Applaus ist hier zumeist spärlich gesät, oft genug erweisen massive Pfiffe diesem Zeug die Ehre, die ihm gebührt!

Höhepunkt der Gruselshow ist zum einen der Vortrag der entsprechenden Nationalhymnen durch namhafte Gesangskoryphäen oder welche, die sich für eine solche halten. Noch schlimmer kommt es, wird zuvor der Walk-in des Hausboxers live, sprich per Halbplayback, von einer solchen Person aus dem Ring heraus intoniert.

Anlässlich eines WM-Kampfes im Halbschwergewicht am 13. Juni 1997 handelte es sich um den »derzeit besten deutschen

Schauspieler«[68], der sich für ein solches Unterfangen nicht zu schade war. Der Mann hatte ein Lied geschrieben oder schreiben lassen, einen »Boxerblues«, der am Kampfabend den Einmarsch des Hausboxers untermalen sollte. Der übertragende Fernsehsender drehte in einem Ostberliner Thai-Boxclub das entsprechende Video, welches dann in Großaufnahme in der Halle zu sehen sein würde, parallel zum Halbplayback der den deutschen Schauspielerchamp begleitenden Band. BILD zeigte den Schauspieler im schwarzen Mantel neben einem Sandsack und sinnierend im Boxstudio auf einer Bank sitzend. Ich hoffe, dem Thai-Boxclub hat das ein stattliches Handgeld für seine Ausstattung eingebracht, das würde der ganzen Übung zumindest einen positiv zu nennenden Sinn geben, neben dem Zeilenhonorar der beiden BILD-Schreiberinnen und dem des Fotografen.

Das Boxpublikum am Kampfabend zollte dieser firlefanzigen Showblase den Applaus, der ihm zukam: Pfiffe und Nichtbeachtung dieses Unfugs, womit ich absolut nichts gegen besagten Schauspieler und dessen Interesse für den Boxsport gesagt haben möchte, nur eines: Heiner Lauterbach hat in seinem Leben unzählige Rollen überzeugender gespielt. Ein Boxring ist und bleibt nun mal ein Boxring – zumindest so lange, wie es ein in dieser Beziehung wahrhaft kompromissloses Publikum gibt.

Weil Werner Kastor die deutsche Stimme des Boxens ist

»Herzlich willkommen zum Berufsboxen auf Eurosport.« Mit diesem entspannt vorgetragenen Satz beginnt über viele Jahre jede Faustkampfsendung des genannten Fernsehsenders. Die Stimme des stets unsichtbar bleibenden Kommentators klingt auf angenehme Weise, als habe der jahrzehntelange Genuss von hochwertigem

Whisky sie zu dem gemacht, was sie ist. Ihr Besitzer lässt sich durch nichts und niemandem aus seiner abgeklärten, durch einen ausgewachsenen Sandsack an Lebenserfahrung gewonnenen Ruhe bringen – es sei denn, ein Ringrichter spielt sich zu sehr in den Vordergrund oder ein Boxer, Ringsprecher, Manager, Trainer oder wer auch immer übertreibt mal wieder sein Showgehabe. Dann wird des Kommentators Organ schon mal merklich schlecht gelaunt.

Ebenso macht er keinen Hehl aus seiner Abscheu vor dem Abspielen diverser Nationalhymnen. Das jedoch ist mittlerweile bei jeder noch so nichtigen »Waldmeisterschaft« eines noch so unbedeutenden Verbandes leider Usus. Des Kommentators Beitrag dazu: »Ein Boxer kämpft für seine Börse, nicht für sein Land.«

Diese Worte aus diesem Mund verstehe ich keineswegs als eine Kritik an den Sportlern. Sie kämpfen im Ring, weil das ihr Broterwerb ist. Sie gehen einem Beruf nach, den der Besitzer jener whiskyveredelten Kommentatorenstimme offensichtlich aus dem Effeff kennt – und deshalb jene, die ihn ausüben, entsprechend ehrfürchtig behandelt. Sofern sie denn »gutes Boxen« betreiben, was er, sobald er es im Ring sieht, augenblicklich hervorhebt.

Auch sonst geht er alles andere als konform mit der modernen Veranstaltungspraxis bei Boxwettkämpfen. Die Existenz von unzähligen Weltverbänden, die für jeden ihrer Titelkämpfe eine Sanktionsgebühr beanspruchen, sieht er als absolut unsinnig an. Überhaupt äußert jener Mann hierzu mitunter geradewegs revolutionäre Gedanken. So zum Beispiel, wenn er fordert, man solle die Vergabe von Übertragungsrechten an den meistbietenden Fernsehsender als unlauteren Wettbewerb grundsätzlich verbieten. Das freilich würde nicht nur die stete Zunahme jener »Weltverbände« ad absurdum führen, sondern auch die Börsen der Boxer aus dem zwei- in den einstelligen Millionenbereich drücken. Aber wie sagt unser Mann am Mikrofon so schön: »Davon kann man ja *auch* leben.«

Ich verehre diesen einsam grantelnden Wolf in der laut blökenden Schafherde der Hofberichterstatter in Sachen Boxen. Ob Privatsender oder sich öffentlich-rechtlich nennendes Fernsehgedudel – es ärgert mich, wie die meisten der hier Angestellten jede Aktion des Hausboxers als Jahrhundertschlag feiern und, übernimmt dessen Gegner das Zepter, mit ein paar zumeist sinnentleerten Anekdoten aus dem Leben eines der beiden Boxer davon ablenken, dass ihr Favorit gerade Haue bekommt.[69] Nein, »politische Korrektheit« oder ähnlicher Schmus ist mit diesem Mann nicht zu veranstalten. Dafür verzeihe ich ihm locker, wenn er mal wieder den einen oder anderen Titel verwechselt oder dergleichen mehr. Zumal er, bemerkt er seinen Fehler, diesen auf der Stelle anstandslos zugibt.

So mancher noch so langweilige Kampf wird durch diesen Kommentator zum Erlebnis, und sei es, wenn er sich mangels nennenswerter Aktionen der Sportler auf die präzise augenzwinkernde Kommentierung der Ringmädchen verlegt. Auch seine – ich sage hier mal – unorthodoxe Art, auf bestimmte Eigenheiten eines Boxers einzugehen, mag ich durchaus. Nie vergesse ich zum Beispiel seine Bemerkung über Željko Mavrović, der gerade seinen Gegner gnadenlos dominierte. Erinnere ich mich richtig, sagt mein Lieblingskommentator: »Wenn einer so gut boxt, verzeihe ich ihm sogar, dass er Vegetarier ist … Obwohl, wenn er ab und zu mal 'ne Boulette oder 'ne Berliner Currywurst essen würde, vielleicht würde seine Haut dann nicht so blass aussehen.«

Von derartigen Bonmots einmal abgesehen, erlebe ich, sitzt dieser Mann am Kommentatorenmikrofon, Boxen pur ohne jeglichen aufgeblasenen Showballast, kommentiert von einem, der weiß, von wo und wie im Ring der Wind weht. Rau und dabei überaus herzlich von der ersten bis zur letzten Sendeminute, die er stets mit dem Gruß beschließt: »Machen Sie's gut, Ihr Werner Kastor.«

Weil englische Fans auch beim Boxen ihre Lieder haben

18. Dezember 2007, WBC-Weltmeisterschaft im Weltergewicht. Champion Floyd Meaweather jr. verteidigt seinen Titel in der Grand Garden Arena des MGM Grand, Las Vegas. Er gilt gewichtsklassenübergreifend als einer der zwei besten Boxer der Welt. Doch nicht »Money« Mayweather bringt die Massen in der Halle zum Singen, sondern sein Herausforderer. Die große Arena befindet sich fest in der Hand Tausender englischer Boxfans. Begleitet von einer Fanfarenkapelle intonieren sie die englische Nationalhymne mit dem berühmten *God Save the Queen*, vor allem jedoch besingen sie wieder und wieder ihren Helden: Herausforderer Ricky »The Hitman« Hatton aus Manchester. Ricky, der in der Zeit zwischen seinen Fights wie sein kleiner, dicker Cousin aussieht, zeigt sich im Ring als drahtiger Fighter mit enormer Zähigkeit. Während »Money« Mayweather darauf besteht, ein Star zu sein, der schwarz, reich und schön ist, präsentiert sich Ricky Hatten als der herzlich raue Typ von der Straße. Habitus und Miene sind die eines englischen Fußballfans jener Tage, als die Stadien der Insel noch von Arbeitern bevölkert wurden. Im Ring geht er unerschrocken auf seine Gegner los und beißt sich an ihnen fest, meist mit halbherziger bis gar keiner Deckung. Bis zu diesem Abend ist er wie Mayweather ungeschlagen.

Seine Fans sorgen mit ihrem Ricky-Hatton-Song endgültig dafür, dass sich die in Nevadas Wüstenmetropole gelegene Arena in ein altes englisches Fußballstadion verwandelt. Unentwegt singen sie:

There's only one Ricky Hatton,
One Ricky Hatton,
Walking along,
Singing a song,
Walking in a Hatton wonderland.

Sie machen Champion Mayweather mehr zu schaffen, als Ricky Hatton es an diesem Abend vermag. Tapfer, zäh wie aussichtslos stürmt er auf »Money« ein. Er liegt nach Punkten hoffnungslos zurück, als ihn der Weltmeister in der 10. Runde ausknockt. Die englischen Boxfans sind sich jedoch auch jetzt einig: »There's only one Ricky Hatton, ...«

Als Ricky schließlich wieder auf seinen Beinen steht, bekommt er weit stärkeren Applaus als der Champ bei der Verkündung des Kampfresultats, was Mayweather jr. sichtlich an die Nieren geht. Bereits im Vorfeld des Hatton-Kampfes hatte er seines Gegners singenden Fans entgegnet: »There's only one Mayweather!« – und damit schlichtweg gelogen. Kurz nach jenem Kampf wird sein Vater, Mayweather sr., Rickys neuer Trainer.

Zwei Jahre später steht Hatton, wieder in der Arena des MGM Grand, dem anderen womöglich besten Boxer der Welt gegenüber: Manny »The Pac Man« Pacquiao. Wieder gehört die Halle den englischen Fans und ihrem Lied. The Pac Man stoppt Ricky bereits in der 2. Runde, aber auch das bringt die Hatton-Fans nur kurz zum Verstummen. Nach einigen Momenten des Schreckens, es war ein fürchterlicher Treffer, mit dem Manny ihren Helden von den Beinen geholt hatte, schallt es wieder »There's only one Ricky Hatton!« durch die Arena.

Der Besungene sagte später, es sei jene vernichtende Niederlage gewesen, die ihn in eine schwere Depression stürzte. Vielleicht ist es dem unentwegt gesungenen Lied seiner Fans zu verdanken, dass Ricky Hatton immer wieder aufstand und auch an der psychischen Krankheit nicht zerbrach. Wie auch immer, der Ricky-Hatton-Song, von mehreren Tausend englischen Boxfans aus voller Kehle intoniert, macht für mich beide Boxkämpfe zu etwas ganz Besonderem. Dieses Lied werde ich mein Lebtag nicht vergessen, und ich hoffe sehr, Ricky geht es ebenso.

Weil Morbus Parkinson keine Boxerkrankheit ist

Von Anke und Frank Nussbücker

Der Boxer Muhammad Ali hat die Krankheit berühmt gemacht, aber gerade Morbus Parkinson entsteht, wie die meisten Erkrankungen, durch ein Zusammenspiel verschiedener Ursachen. In Deutschland sind derzeit 400.000 Menschen von Morbus Parkinson betroffen, und keinesfalls alle haben in ihrem Leben je als Boxer gekämpft.

Nun ist man einem statistischen Zusammenhang von Parkinson und dem »Sonnenvitamin« D auf der Spur. Das wird in unseren Breiten von Mai bis September in der Haut gebildet. Hat Muhammad Ali sein Training – abgesehen vom frühen Morgenlauf vor Sonnenaufgang – hauptsächlich in dunklen Gyms absolviert? Fensterglas lässt die UVB-Strahlung, die für die Bildung von Vitamin D nötig ist, kaum durch. Hinzu kommt, dass sich dunkelhäutige Menschen mindestens zwei Stunden täglich in der Mittagssonne aufhalten müssen, damit die Haut genügend Vitamin D bilden kann, das Ganze möglichst in Muskelshirt und kurzen Hosen.

Ein weiterer Risikofaktor ist ein beeinträchtigter Zuckerstoffwechsel. Anzeichen dafür ist das ungeliebte Bäuchlein. Und wenn dann noch durch einen Kopftreffer eine Hirnblutung und mit ihr ein Absterben eines Teils des Mittelhirns dazukommt, sind genügend Faktoren für die Krankheitsentstehung beisammen. Die Produktion des Nervenbotenstoffs Dopamin fällt ab, die Muskeln beginnen zu zittern, arbeiten langsamer und erstarren.

Dr. Nicolai Worm bezeichnet einen schlechten Vitamin-D-Status als Risikofaktor für Parkinson, wirft aber gleichzeitig sinngemäß die Fragen auf: Haben Parkinson-Patienten weniger Vitamin D im Blut, weil sie krank sind, schlechter laufen können und deshalb selten ins Freie gehen. Oder haben sie schon viele Jahre vorher als Bürohengst gearbeitet und nach Feierabend, wenn überhaupt, im neonbeleuchteten Gym trainiert, anstelle unter der Sonne draußen im Park zu joggen?[70]

Zeit seines Lebens hatte Muhammad Ali Schwierigkeiten, sein Kampfgewicht optimal zu gestalten. Gerade bei »Übergewichtigen« wird immer wieder ein niedrigerer Vitamin-D-Spiegel im Blut, verglichen mit gertenschlanken Personen, festgestellt. Starke Fetteinlagerungen im Bauch, in der Leber und in den Muskeln verschlechtern eindeutig den Zuckerstoffwechsel. Von dort ist der Weg zum Parkinson nicht mehr weit, oder anders ausgedrückt: Ist die Fettsucht möglicherweise ein größerer Risikofaktor als das Boxen?

Apropos, zurück zu besagtem Kampfsport: Fakt ist, dass Muhamad Ali nach seiner ihm aufgezwungenen dreijährigen Ringpause seinen Stil derart änderte, dass er weitaus mehr Treffer nahm als in jungen Jahren. Verkürzt ausgedrückt: Das »flow like an butterfly – sting like a bee« war mehr und mehr dem »rope a dope« gewichen. Und längst nicht nur an den Ringseilen nahm Ali bewusst zahlreiche harte Punches eines Joe Frazier, Ken Norton oder George Foreman in Kauf, um hier nur die bekanntesten seiner überaus schlagstarken Gegner zu nennen. Und zu gern würde ich wissen, wie es heute um Muhammad Alis Vitamin-D-Versorgung bestellt ist.

Boxen ist gefährlich und kann seinen Protagonisten den Tod bringen, wie nicht nur die Schicksale des deutschen Mittelgewichtlers Jupp Elze oder von Asymin Mustapha alias Young Ali aus Nigeria belegen. Boxen kann, wie die Leidensgeschichte des Wilfred Benitez traurig belegt, unheilbare körperliche wie seelische Wunden schlagen – genau wie nahezu jede Sportart oder der ganz normale Wahnsinn unseres alltäglichen Lebens in einer Gesellschaft, die gnadenlos auf schnellstmöglichen Maximalgewinn programmiert ist. Eine Welt, in der bereits 20- bis 30-Jährige Schlaganfälle oder Herzinfarkte erleiden, einfach nur, weil sie die Devise »Zeit ist Geld« ohne Rücksicht auf – vor allem eigene – Verluste umsetzen.

»Halt fest, was du hast und nimm, was du kriegen kannst!« Dieser Leitspruch zieht sich durch alle Schichten unserer Gesellschaft. Im Boxring heißt das: »Geben ist seliger denn Nehmen.«

Auch hier ist der Boxsport keinesfalls der Auslöser allen Übels, sondern vielmehr »verdichtete Menschlichkeit«, wie mein Freund Michel in einem anderen Zusammenhang zu sagen pflegt. Und dass Parkinson eine Boxerkrankheit sei, scheint mir ebenso unsinnig wie dereinst jene These aus konservativem Munde, dass Aids Gottes Strafe für Homosexualität sei.

Weil ein Boxer mit all seinen Sinnen kämpft

Von Anke und Frank Nussbücker

Ein Boxer trägt kein Maschinengewehr. Er trägt die Boxhandschuhe vor allem, um seine Hände zu schützen. Dicht an dicht stehen sich die Kämpfenden gegenüber, empfangen den Geruch von Schweiß, der sich je nach Konzentration männlicher oder weiblicher Sexualhormone charakterisieren ließe, den Geruch der Ausatmungsluft ihres Gegners oder von Resten des benutzten Haarshampoos. Im Clinch spüren sie mitunter den Herzschlag des Kontrahenten. Wer in den Ring steigt, tut dies nicht mit dem Ziel, sein Gegenüber zu töten. Es geht nicht um die Zerstörungskraft, wie sie militärischen Waffen und deren gewaltigem Technik-Arsenal innewohnt. Es geht darum, des Gegners Attacken zu meiden oder zu blocken, ihn seinerseits zu attackieren, zu dominieren, ihn womöglich zu Boden zu schlagen – eine Rangordnung herzustellen! Fast genauso wie im Tierreich, wenn sich zum Beispiel zwei Hirsche in der Brunftzeit raufen.

»Dem Instinkt anderer Tiere ist (im Unterschied zu uns Menschen?, F. N.) etwas eingegeben, was die Tötung der eigenen Art zügelt. Anscheinend gibt es sogar bestimmte Regeln bezüglich der Raufereien untereinander«[71], sagte der japanische Denker, Schriftsteller und Buddhist Daisaku Ikeda zu Tschingis Aitmatow.

Regeln, eine Begrenzung der Zahl der Runden, in denen die Boxer im Ring stehen, oder einen Ringrichter, der den Kampf abbricht, sieht er die Gesundheit eines Kämpfers ernstlich in Gefahr – all das gab es am Anfang der Boxhistorie nicht. Da wurde drauflosgehauen, bis einer der beiden Kontrahenten am Boden lag. Eine Legende erzählt, der längste Boxkampf habe sich über 110 Runden erstreckt und nach etwa sieben Stunden mit einem Unentschieden geendet. Zu Zeiten, als Ali und Frazier gegeneinander antraten oder Graciano Rocchigiani seinen ersten WM-Titel errang, wurden Meisterschaftskämpfe über 15 Runden ausgetragen. Mittlerweile sind es im Berufsboxen maximal zwölf, im Amateurbereich derzeit drei Runden à drei Minuten.

Bei Rothirschen endet der Kampf, »wenn einer der Gegner seine Unterlegenheit spürt und flieht. Sehr selten wird einer der Rivalen im Kampf getötet«[72], vermerkt die Webplattform Rothirsch.org. Der Verhaltensforscher Konrad Lorenz zeigte auf, dass zahlreiche Verhaltensweisen bei Mensch und Tier genetisch bedingt sind und durch Umwelteinflüsse hervorgerufen werden. Kampfeslust, Aggressivität gehören demnach zum genetischen Erbe der Menschheit. Sie lassen sich nicht einfach unterdrücken. Es gilt, sie umzuwandeln und in konstruktive Bahnen zu lenken. Eine Möglichkeit dafür ist der Sport – also letztendlich und zugleich vor allem: das Boxen nach festgeschriebenen Regeln.

»Die menschliche Rasse kennt den Instinkt zu kämpfen, aber gibt es einen Instinkt zu töten?«, fragt die boxbegeisterte amerikanische Schriftstellerin Joyce Carol Oates in ihrem Essay *Über Boxen* – und gibt weiter zu bedenken: »Hätte ein ›geborener‹ Killer die Disziplin, ganz zu schweigen von der moralischen Integrität, sich der rigorosen Härte des Boxsports zu unterwerfen, um einen solchen Instinkt auszuleben?«[73]

Im Ring verantwortet auch der Referee, wann ein Kampf beendet werden muss, ebenso der Trainer, der nicht zu seinem Schützling sagt: »Ist doch nüscht jebrochen, Junge!«[74] In Jim Sheridans Film *The Boxer* zeigt der Überlegene, indem er aus dem Ring steigt, dass er nicht willens ist, seinen mittlerweile kampfunfähigen Gegner umzubringen, um kein Geld der Welt. Es waren und sind Boxer wie Muhammad Ali, Barry McGuigan oder Hamid Rahimi, die mit ihren Fäusten Zeichen gegen den Krieg setzen, in dessen Gefolge zwangsläufig der massenhafte Tod von Menschen in Kauf genommen, ja beabsichtigt wird. Von ihnen an anderer Stelle mehr.

Freilich passiert es hin und wieder, dass ein Boxer seinen Verletzungen im Ring erliegt. Das kommt auch bei Formel-1-Piloten wie Radrennfahrern, bei Feuerwehr- wie Seeleuten – oder bei nacheinander hackenden Tauben vor, die nicht so einen starken Kontrollinstinkt haben wie die Wölfe mit ihren Furcht einflößenden Reißzähnen.

Auch wenn namhafte Berufsboxer im Ballyhoo vor dem Kampf immer wieder gern Sätze von sich geben wie: »Am liebsten würde ich ihn umbringen!« oder »Gebt mir eine Knarre, und ich erschieße ihn!« – sie werden am Ende mit ihren bandagierten und in Boxhandschuhen steckenden Händen, ihren Armen, Beinen, ihren Augen – kurzum: mit all ihren Sinnen nach den Regeln des Boxsports kämpfen!

KAPITEL 8

LEGENDÄRE FIGHTER UND FIGHTS (II)

Weil Puncher boxen und Boxer punchen können

Vereinigungstitelkämpfe sind das Salz in der Suppe des Boxbusiness, seit es verschiedene konkurrierende Weltverbände gibt. Am 16. September 1981 stand im Caesars Palace, Las Vegas ein solcher an, und was für einer! WBA Weltmeister Thomas Hearns traf auf Sugar Ray Leonard, Titelträger der WBC, um die unangefochtene Nummer 1 der Welt im Weltergewicht zu ermitteln.

Der bisher in 32 Kämpfen ungeschlagene Hearns hatte seinen Titel am 2. August 1980 durch einen TKO-Sieg gegen den weiterhin berühmten Pipino Cuevas errungen. In der 2. Runde fällte er den überaus schlagstarken Mexikaner mit zwei fürchterlichen rechten Haken. Cuevas hielt seinen Titel zuvor vier Jahre und hatte, abgesehen von seinem ersten Kampf als Profi, nicht vorzeitig verloren. Spätestens mit diesem Sieg galt Thomas »The Hitman« Hearns als erstklassiger Puncher. Inzwischen hatte er seinen Gürtel dreimal verteidigt, jeweils vorzeitig. Überhaupt hatte er bislang nur mit zwei Gegnern über die volle Distanz gehen müssen.

Leonard hatte seinen Titel 1979 gegen Wilfred Benitez gewonnen, ihn zwei Kämpfe später im bereits geschilderten Jahrhundertkampf gegen Roberto Duran verloren (siehe 43. Grund), um ihn sich ein knappes halbes Jahr später eindrucksvoll zurückzuholen und zweimal erfolgreich zu verteidigen. Zwar hatte auch er immerhin 21 seiner 30 Siege durch Abbruch beziehungsweise echten K.o. gewonnen, doch galt er gegenüber Puncher Hearns eher als der klassische Boxer.

Nun also trafen beide aufeinander. Im Ring belauerten sie sich zunächst ausgiebig. Leonard bewegte sich leichtfüßig um Hearns herum, der von der Ringmitte aus auf ihn zumarschierte. Beide beschäftigten sich – äußerst meisterhaft wie eindrucksvoll – mit Fintieren und Meiden. Traf einer der beiden, dann in meinen Augen

eher Leonard, dennoch gaben alle drei Punktrichter die Eröffnungsrunde an Hearns.

Leonard zeigte, dass er ein erstklassiger Konterboxer ist. Er
schlug und traf zumeist, nachdem er eine Attacke Hearns' abge-
wehrt hatte. Ihre Auseinandersetzung präsentierte sich mir als mit
Fäusten geführte Diskussion auf höchstem Niveau, bei der Leonard
zumeist die bessere Pointe zu »erzählen« wusste. In jedem Fall hätte
ich ihm die 2. Runde gegeben, anders die drei Unparteiischen.

In der 3. war es Hearns, der sofort nach einem Treffer Leonards
mit einem linken Haken voll durchkam und damit die weitaus bessere Pointe präsentierte als sein Gegner. Hearns lauerte auf weitere
Chancen, während Leonard vor allem mit exzellenten Oberkör-
per-Reflexen die Schläge seines Gegners auspendelte. Doch auch
Hearns zeigte eindrucksvoll seine Beweglichkeit, und wenn einer
der beiden traf, dann er – eine klare Runde für ihn!

Im vierten Durchgang lieferten sich beide Boxer in der letzten Minute einen einzigen Schlagabtausch, wobei mich Hearns wie Leonard
vor allem durch ihre meisterhaften Meidbewegungen begeisterten.
Einmal mehr war es Hearns, der öfter traf. In der nächsten Runde
präsentierten beide einige Showeinlagen mit ihrer Schlaghand.

Auch in Runde 6 weiter Faustfechten auf höchstem Niveau. Leonard taucht ab, um an Hearns' Körper heranzukommen. Nun ist
er es, der von der Ringmitte aus nach vorn marschiert. Noch eine
Minute ist zu boxen, als Sugar Ray mit einem knackigen linken
Haken ans Kinn seines Gegners durchkommt. Er setzt nach, schlägt
die Rechte hinterher, dann Kombinationen. »Hearns in trouble!«,
werden die amerikanischen Kommentatoren laut, und Leonard
marschiert weiter, stellt seinen Gegner am Seil, bringt ihn erneut
in Not. Erst in der Zeitlupe sehe ich, wie Thomas Hearns leicht in
den Knien wegknickt. Die erste klare Runde des Kampfs und sie
geht an Sugar Ray!

Der macht weiter Druck, behauptet die Ringmitte, greift an. Eine
gute Kombination Hearns' beantwortet er mit einem Schlaghagel,

trifft Körper und Kopf, landet eine weitere fürchterliche Rechte an Herns' Kinn. Beide wechseln einen tödlichen Blick, bevor sie nach dem Schlussgong in ihre Ecken gehen, wieder eine starke Runde für Sugar Ray Leonard.

Nun ist es Hearns, der um seinen Gegner herumtänzelt. Leonard bringt seine Linke ins Ziel, von Hearns kaum Schläge. Dennoch geben nur zwei Punktrichter die Runde an Leonard, der dritte votiert für Hearns. Leonard marschiert weiter, doch Hearns trifft immer wieder im Rückwärtsgang. Beide lauern auf eine falsche Bewegung ihres Gegners. Beide boxen, fast jeder bezahlt einen gelandeten Treffer mit einem Gegentreffer. Die 10. Runde beenden beide mit einem Shakehands, einige Zuschauer pfeifen. Auf allen drei Punktzetteln liegt Hearns vorn, zwei bis vier Runden.

Zur 11. Runde steht Thomas Hearns lange vor seinem Gegner im Ring. Der stürmt von seinem Hocker nach vorn und landet eine Linke an Hearns' Kinn. Hearns revanchiert sich alsbald mit einer knackigen Rechten. Beide praktizieren erneut ihr Faustfechten. Nun marschiert Hearns wieder, landet einen linken Haken zum Körper, hernach eine Kombination – holt sich die Runde. In der Pause zur 12. fordert er seine Fans auf, ihn zu unterstützen. Prompt klingt es »Thommy, Thommy!« durch die Halle. Dann wieder Boxen, beide Kontrahenten belauern sich, tauschen Treffer gegen Treffer, meiden, fintieren. Unter Leonards linkem Auge eine starke Schwellung.

Anfang der 13. Runde ringt Leonard seinen Gegner zu Boden, entschuldigt sich bei ihm, weiter gehts. Mitte der Runde eine harte Rechte von Ray – Hearns taumelt, flieht, ist erneut in Schwierigkeiten. Leonard ist bei ihm, Kombinationen erschüttern Körper wie Kopf seines Gegners. Er drängt Hearns an die Seile, schlägt weiter, Hearns rutscht mit den Füßen nach vorn, muss sich an den Seilen festhalten, der Ringrichter geht dazwischen. Leonard greift erneut an, eine Rechte von Hearns beantwortet er mit einer krachenden Linken, die Hearns sofort wieder in Not bringt. Leonard setzt entschlossen nach, drängt seinen Gegner erneut an die Seile, exakt an gleicher Stelle wie gerade eben – und wieder rutscht Thomas Hearns nach mehreren Treffern zu Boden. Der Ringrichter zählt ihn an. Eine klare 10:8-Runde für Sugar Ray!

14. Runde, und sofort drängt Leonard seinen Mann wieder in die Seile, schlägt und trifft. Hearns kann sich jedoch befreien und wirkt kurz darauf merklich erholt – bis ihn Leonard mit einem linken Haken ans Kinn durchrüttelt. Hearns strauchelt, taumelt weg. Leonard reißt seine Arme hoch, lässt die Rechte kreiseln, bevor er mit beiden Händen auf seinen Gegner eindringt. Er stellt ihn am Seil, schlägt links, rechts, links – bis der Ringrichter dazwischengeht und den Kampf abbricht. TKO-Sieger und damit unangefochtener Weltmeister im Weltergewicht: Sugar Ray Leonard!

Der Puncher hatte bewiesen, dass er ein erstklassiger Boxer ist, und der Boxer gewann vorzeitig – einen Kampf, der über weite Strecken von Taktik geprägt war und mich dennoch keine einzige Sekunde langweilte.

Weil knapp acht Minuten Boxen
Millionen Boxfans nachhaltig in Atem halten können

Marvelous Marvin Hagler war seit über dreieinhalb Jahren der unangefochtene Weltmeister im Mittelgewicht. Am 27. September 1980 hatte er in einem verletzungsbedingten Abbruchsieg gegen Alan Minter die Krone der beiden relevanten Verbände WBC und WBA errungen und sie seitdem zehnmal erfolgreich verteidigt. Seit 1983 trug er auch den Gürtel des neu gegründeten Weltverbandes IBF auf seinen Schultern in den Ring. Sämtliche Titel verteidigte er unter anderen gegen Roberto Duran, den er einstimmig nach Punkten besiegte. Am 15. Mai 1985 endlich kam es in Caesars Palace zu dem lange erwarteten Kampf gegen Thomas The Hitman Hearns.

Der war von 1980 bis 1981 WBA-Weltmeister im Weltergewicht gewesen, bis er den Titel im spektakulären Kampf gegen Sugar Ray Leonard verlor. Ein gutes Jahr später erkämpfte er sich gegen Wilfred Benitez nach mehrheitlicher Punkteentscheidung den WBC-Weltmeistergürtel im Halbmittelgewicht. Nach vier erfolgreichen Titelverteidigungen trat er nun noch eine Gewichtsklasse höher gegen deren unangefochtenen Champion an. Weltmeister gegen Weltmeister also, wobei hier nur Haglers Gürtel zur Disposition standen. Aber das interessierte angesichts dieser Ansetzung wohl niemanden, einmal abgesehen von den Funktionären der entsprechenden Weltverbände.

Die Kampfrekorde beider Boxer hatten es in sich. Der viereinhalb Jahre ältere Hagler hatte 50 seiner 60 Siege vorzeitig errungen, zweimal unentschieden geboxt und zweimal nach Punkten verloren. Bei Hearns standen 40 Siege, davon 34 durch K. o. lediglich der TKO-Niederlage gegen Leonard gegenüber. Hearns war mit 1,85 Meter acht Zentimeter größer als Hagler. Seine Reichweite von 1,98 Meter war der seines Gegners um sieben Zentimeter überlegen.

Beide kamen zu einer Art Marschmusik in den Ring. In selbigem standen etliche Dressmen in altertümelnden Soldatenuniformen und präsentierten große Gewehre, während die US-Flagge gehisst wurde. Ein einsamer Trompeter im Glitzerjackett blies die Nationalhymne, als befände man sich beim Abendappell in einem Army Fort mitten in der Wüste. Hearns kaute Kaugummi, während sich Hagler viel bewegte. Beiden Boxern ging das nationale Brimborium offensichtlich mindestens ebenso nahe wie mir als absolutem Nichtamerikaner.

Dann endlich begann das Boxen – und wie! Hagler kommt mit einer wüchtigen Rechten zum Kopf aus seiner Ecke, die nächste Hand trifft Hearns' Körper. Der revanchiert sich, indem er kurz darauf Hagler mit einem knackigen Uppercut durchrüttelt. Schon geraten die beiden amerikanischen Fernsehkommentatoren ins Schreien, weil beide Boxer förmlich explodieren. Hagler marschiert, doch Hearns fängt ihn immer wieder mit langen Händen ab. Die letzte Minute verbringt er am Seil, Hagler und er decken sich mit fürchterlichen Schlägen ein, wobei tatsächlich jeder den Treffer des anderen mit einem ebensolchen beantwortet.

Runde 2 eröffnet Marvelous mit einer trockenen Linken. Nach einem weiteren Treffer Haglers verliert Hearns kurz die Balance. Er hat die Hände tief, bewegt sich auf schnellen Beinen, beide arbeiten mit dem Jab. Dann übernimmt Marvelous das Kommando, dominiert den Herausforderer und landet im Schlagabtausch jetzt deutlich mehr Treffer als dieser. Die letzte halbe Minute stellt er Hearns am Seil und erwischt ihn mehrfach schwer. Dessen ungeachtet, erlitt er eine Platzwunde an der Stirn, die in der Pause von seinem Cutman intensiv versorgt werden muss.

Die 3. Runde beginnt Hearns mit mehreren langen Händen und bewegt sich gut aus Haglers Schlagdistanz, marschiert dieser nach vorn. Offenbar hat er nach den schweren Treffern der letzten Runde jetzt das Mittel gefunden, Hagler auf Distanz zu halten. Ringrichter Richard Steele unterbricht den Kampf, weil Haglers Platzwunde stark blutet, doch der hier ebenfalls entscheidungsberechtigte Ringarzt gibt den Kampf wieder frei.

Nun explodiert Hagler. Beim folgenden Schlagwechsel hat er mit einer krachenden Rechten an Hearns' Kopf das »letzte Wort«. Hearns tanzt weg, ist aber offensichtlich noch immer beeindruckt. Schon setzt Marvelous ihm quer durch den Ring nach, ist bei ihm und bringt eine zweite schwere Rechte ins Ziel. Er stellt den Hitman am Seil, wo eine dritte Rechte Hearns erschüttert. Hearns sinkt nach vorn, sein Kopf verharrt kurz auf Haglers Schulter, bevor er erschreckend langsam zu Boden geht.

Dann liegt er auf dem Ringboden, die Arme ausgestreckt wie ein Gekreuzigter. Plötzlich jedoch rappelt er sich auf, kommt tatsächlich bei zehn wieder auf seinen Füßen zum Stehen, um Richard Steeles Armen entgegenzutaumeln. Der winkt mit der Linken sofort ab, während er mit dem rechten Arm Hearns stützt, damit dieser nicht lang hinstürzt. Genau das hätte er ohne des Referees Hilfe zweifelsohne getan. Zwei Anzugträger bugsieren den noch immer sichtlich Angeschlagenen in seine Ecke. Kurz darauf steht er jedoch wieder sicher auf seinen Füßen und kann Marvin Haglers Umarmung herzlich erwidern. Ich denke, beide wussten: Über diesen Kampf, dessen sieben Minuten und 52 Sekunden allen Beteiligten keinen Augenblick zum Verschnaufen boten, würden Boxfans noch Jahrzehnte später einander begeistert erzählen.

Weil Marvelous tatsächlich fantastisch war

Am 6. April 1987 stand im Caesars Palace, Las Vegas ein weiteres Highlight der Boxhistorie auf dem Programm. Marvelous Marvin Hagler war nun schon seit fast sieben Jahren unangefochtener Mittelgewichtsweltmeister der drei großen Weltverbände. Seinen letzten Kampf hatte er am 10. März 1986 bestritten, also vor über einem Jahr.

Sein heutiger Gegner, Sugar Ray Leonard, war gar am 11. Mai 1984 zum letzten Mal durch die Seile in einen Boxring geklettert, also vor fast drei Jahren. Der Kampf gegen Hagler war sein zweites Comeback, welches er mit seinem vierten WM-Titel in der dritten Gewichtsklasse krönen wollte. Hagler ging als der klare Favorit in den Kampf. Trotz des Jahrs Pause stand er noch immer voll im Saft, hatte seinen Titel stets souverän verteidigt und seit elf Jahren jedweden Boxring als Sieger verlassen. Außerdem war das Mittelgewicht nun mal *seine* Gewichtsklasse.

Leonard überließ dem Champ von Beginn an die Ringmitte. Beide belauerten sich überaus wachsam und ehrfürchtig. Leonard schlug ein paar lockere Kombinationen, touchierte Haglers Nase, doch klare Treffer vermochte keiner der beiden zu landen. In Runde

2 bringt Hagler einen linken Haken ins Ziel, kurz darauf landet Leonard einen rechten Heumacher. Hagler marschiert, er sieht äußerst gefährlich aus, mit dem Schlussgong wechseln beide ein paar ganz sicher bitterböse Worte. Zur 3. Runde zeigt sich Marvelous noch entschlossener, Leonard indes landet zwei rechte Hände, klammert – und ist weg, präsentiert sich als fürchterlich unbequemer Konterboxer. Auch und gerade im Rückwärtsgang kommt er immer wieder durch. Hagler jagt seinen Gegner weiter unermüdlich durch den Ring, ohne ihm wehtun zu können, Wenn einer trifft, dann zumeist Sugar Ray. Er guckt, schlägt ansatzlos links wie rechts, trifft Körper wie Kopf und findet auch Gelegenheit, den von ihm gern gezeigten Bolo punch zu zelebrieren. Er dreht die Rechte mehrfach in der Luft, kündigt ihr Kommen quasi »schriftlich« an, bevor er sie ebenso souverän ins Ziel bringt. Howard Lederman von HBO gibt die ersten vier Runden komplett an Leonard.

Hagler greift weiter an. In der 5. Runde kann er seinen Herausforderer endlich am Seil stellen, trifft ihn mehrfach, am eindrucksvollsten mit einem knackigen Aufwärtshaken. Er holt sich die Runde, und auch im nächsten Durchgang hält er den Druck enorm hoch. Setzt sich jetzt seine überragende und – ich wiederhole mich hier gern – geradezu beängstigende Physis durch? Da bringt Sugar Ray zwei schnelle Linke ins Ziel, boxt Hagler mit der Linken an, schlägt die Rechte zum Kopf. Marvelous nagelt ihn in der Ecke fest, legt eine enorme Wucht in seine Schläge, bevor Leonard die Runde mit ein paar schnellen Kombinationen beendet. Bärenstarker Hagler gegen geschmeidigen Leonard, geht es mir durch den Kopf, doch auch Hagler zeigt sich enorm schnell wie elegant, und Leonard hat ebenfalls ordentlich Dampf in seinen Fäusten. In der 8. eine kleine Unterbrechung, weil sich an Leonards Bandage etwas Tape gelöst hat – und weiter geht des Fighters Jagd auf seinen Herausforderer. Leonard taucht unter Haglers Schlag weg, bewegt sich auf schnellen Beinen aus der Distanz, fängt den Champ ab, um sofort zu kontern. Doch auch Hagler bietet seinem Gegner kein stehendes

Ziel und ist sofort zur Stelle, sieht er eine Lücke in dessen Deckung. Ich bin heilfroh, dass ich den Kampf dieser beiden Meisterboxer nicht punkten muss. Auf Ledermans inoffizieller Scorecard liegt Sugar Ray nach der 8. Runde mit drei Punkten in Front.

In Runde 9 stellt Marvelous seinen Gegner gnadenlos am Seil, bringt mehrere harte Hände ins Ziel, bevor sich Sugar Ray mit einer langen, schnellen Serie knackiger Hände befreit. Kurz darauf ist es erneut an Hagler, seine Fäuste gen Leonard fliegen zu lassen. Beide fighten brillant und zugleich mit aller Macht, und schon ist diese großartige Runde zu Ende, leider!

Leonard wirkt mittlerweile fürchterlich müde. Saft- und kraftlos pendelt sein Oberkörper – und schon fliegen, überaus wach, seine Hände heraus. Hagler ist noch immer geballte Kraft. Beide stehen voreinander, die Oberkörper gebeugt wie zum Sprung. Hagler stellt Ray am Seil, der lässt wieder seine Rechte kreisen, bringt sie dreimal ins Ziel und ist weg.

In der Pause zur 12. und letzten Runde reißt Sugar Ray Leonard demonstrativ seine Arme hoch. »Drei Minuten!«, beschwört ihn sein Coach Angelo Dundee. »Du bist der Champ, beweg dich!« Die Rechte kreiselnd, als wolle sie Hagler sagen: »Komm her!«, betritt er den Ring. Diesmal kein Bolo punch, stattdessen zelebriert seine Schlaghand das Shakehand mit der Haglers. Dann das Übliche: Hagler marschiert, Leonard tanzt. Stellt ihn Marvelous am Seil, schlägt er mit! Kurz darauf locken beide einander mit tief hängender Deckung und in der Luft kreiselnden Schlaghänden. Dann wieder Boxen, will sagen: Schlagabtausch. Hagler bringt jetzt die besseren Argumente, dann lässt der Schlussgong beide ihre Arme hochreißen. In der Tat – und schon wieder wiederhole ich mich mit Absicht und aus vollster Überzeugung – auch und gerade dieser Kampf hat für mich einfach nur zwei Sieger.

Dessen ungeachtet hat Harold Lederman, genau wie einer der regulären Punktrichter, Sugar Ray mit zwei Runden vorn. Ein anderer sieht das 115:113 genau umgedreht. Der Computer verzeichnet

792 Punches von Hagler gegenüber 629 von Sugar Ray. Von denen fanden jedoch 306 ihr Ziel, gegenüber 291 Treffern Haglers. Die dritte Punktwertung, 118:110 für den Herausforderer, sieht die Sache so eindeutig wie wohl niemand sonst. Leonard jubelt, während Marvelous Marvin Hagler ein äußerst angefressenes Gesicht zeigt. Diese knappe wie äußerst umstrittene Punktniederlage nach Split Decision sollte der letzte Kampf seiner Karriere sein. Weil ihm Leonard die Revanche verweigerte, sah er keinen Grund, weiterzumachen. Gegen wen – außer Sugar Ray – hätte er nach 62 Siegen, davon 52 durch K. o., drei Punktniederlagen und zwei Unentschieden denn noch boxen sollen? Bis heute gilt er als einer der besten Mittelgewichtler aller Zeiten. Und bei aller Grimmigkeit seines Gesichts war ihm ein gewisser Humor wohl nicht fremd. Weil einige ihm offenbar nicht sehr wohlgesinnte Journalisten sich weigerten, seinen Kampfnamen Marvelous, sprich »Der Fantastische« oder »Der Wunderbare«, zu verwenden, hatte er sich selbigen als bürgerlichen Namen in seinen Ausweis eintragen lassen. So oder so – im Ring erwies er diesem selbst verliehenen Titel stets alle Ehre.

Leonard ließ jenem Kampf bis zum Ende seiner aktiven Zeit noch zwei weitere Comebacks sowie drei Rücktritte folgen. 1989 erboxte er ein Unentschieden gegen Thomas Hearns, das viele als für ihn schmeichelhaft bezeichneten. Seinen letzten Sieg feierte er über Roberto Duran. Im Zeitraum von neuneinhalb Jahren hatten sich die vier Ausnahmeboxer Druan, Hearns, Hagler und Leonard neun Kämpfe geliefert. Etliche von ihnen zählen bis heute zu den härtesten, spannendsten, interessantesten – hochkarätigsten Fights, die je in einem Boxring ausgetragen wurden.

Weil auch Axel Schulz seinen großen Kampf hatte

In der Nacht vom 22. zum 23. April 1995 schaute ich Boxen, weder daheim noch in einer Sportsbar, sondern zusammen mit meiner damaligen Freundin und etlichen guten Bekannten in einem kleinen Kino in Berlin Friedrichshain. Mein lieber Freund Clemens gehörte zu dessen Betreibern und hatte diese Privatvorstellung im Familienkreis organisiert. Ich freute mich sehr auf den Kampf – und doch hatte ich Angst. Ich hatte Angst um Axel Schulz, der in der Wüste von Nevada gegen Big George Foreman um dessen Weltmeisterkrone im Schwergewicht rang.

Bis zu jener frühen Morgenstunde, in welcher der Kampf nach mitteleuropäischer Zeit begann, gab es genug Sendeplatz für eine ellenlange Vorberichterstattung, die wir mit zunehmender Anspannung auf der großen Kinoleinwand verfolgten. Im Mittelpunkt stand ganz klar Big George Foreman, die lebende Ringlegende. Selbstverständlich zeigten sie Bilder seiner legendären K.-o.-Niederlage gegen Muhammad Ali, aber auch, wie er zuvor Smokin Joe Frazier und Ken Norton mit brachialer Gewalt in den Ringstaub geschickt hatte. Vom tiefen Loch, in das er nach dem Ali-Kampf und vor allem nach seiner Niederlage gegen Jimmy Young im März 1977 gefallen war, redeten die Moderatoren – und von seiner Wiederauferstehung zehn Jahre später.

Weitere vier Jahre dauerte es bis zu Big Georges' nächstem WM-Kampf, einer klaren Punktniederlage gegen Evander Holyfield. Zwei Jahre später scheiterte er ebenso deutlich an Tony Morrisson, einem der wenigen weißen Schwergewichts-Champs. Doch schon in Foremans nächstem Kampf ging es erneut um einen Weltmeistergürtel. Auch Champ Michael Moorer zeigte sich dem mittlerweile 45 Lenze zählenden Foreman boxerisch überlegen, bis ihn Big George in der 10. Runde mit einer schweren Rechten brachial ausknockte. Immer wieder zeigten sie jenen Knock-out, den Axels Trainer Manfred Wolke mit den Worten »Tja, da ist der Strom weg« kommentierte.

Ich hatte nun große Angst, dass es »meinem« Axel Schulz in dieser Nacht genauso ergehen würde wie Frazier, Norton, Moorer und vielen, vielen anderen. Auf der Kinoleinwand redeten sie so lange von Big George und seinen Bärenkräften, bis Co-Kommentator Henry Maske gemahnte: »Nun lass uns doch mal über Axel sprechen.« Als dieser kurz darauf eingeblendet wurde, begleitet von den Worten »Und dieser Mann will gegen den amtierenden Weltmeister …«, ging der Rest in unserem Lachen unter. Ganz offensichtlich glaubte keiner im Kinosaal noch in irgendeiner Weise daran, dass Axel heute Nacht auch nur den Hauch einer Chance hatte. Dabei waren wir alle für ihn, außer meine Freunde Malko und Clemens, die zu Big George hielten.

Endlich findet alles Vorgeplänkel ein Ende, die Boxer kommen in den Ring. Axel muss als Erster raus. Ruhig und konzentriert nimmt er den weiten Weg, steigt durch die Seile und prüft mit dem Rücken deren Spannung. Foreman begibt sich im Laufschritt zum Kampfplatz, fast so schnell wie beim Rumble in the Jungle 1974. Kaum ist er in den Ring geklettert, dreht er einige Runden durchs Seilgeviert.

»Von Frängfurdoder-Deutschländ – Äxel Schuuuulz!«, kündigt Michael Buffer den aus dem Lande Max Schmelings stammenden Herausforderer an. Die Vorrede bei seinem weltmeisterlichen Gegner ist ungleich länger, bis Buffer endlich, nach dem Satz »The impossible dream was reality!« dessen Namen verkündet: »Big … George … Foreman!«

Ringrichter Joe Cortez nimmt beide in der Ringmitte zusammen, dann geht es los. Mein Herz schlägt heftig, Foreman wirkt 15 Zentimeter größer und 111 Kilo schwerer als der »kleine« 1,90-Meter-Mann von der Oder. »Axel, Axel!«, höre ich die deutschen Schlachtenbummler im MGM-Grand rufen. Langsam, drohend und gewaltig schiebt sich Big George meinem Mann entgegen. Der wartet ab, hat er etwa genauso viel Angst vor diesem legendären Koloss wie ich und meine Freundin? Sobald die Kinoleinwand Big George überlebensgroß nach vorn marschierend zeigt, verbirgt diese schreiend ihr Gesicht an meiner Schulter.

Axel schraubt eine Eins-Zwei-Kombination in Foremans Gesicht, da beendet der Gong die 1. Runde. Axel und wir haben sie überlebt. Doch schon stampft Big wieder dräuend heran. Einen linken Uppercut beantwortet Axel mit einer rechten Geraden. Ab und zu greift er selbst an, zu selten für einen Herausforderer?

In der Pause zur 3. Runde zeigt der übertragende Sender HBO Bilder vom Oder-Tower in Frankfurt an der Oder, wo sich Tausende Schulz-Fans die Nacht um die Ohren schlagen. Im MGM Grand in Las Vegas bringt Foreman nun seine wuchtigen Windmühlenschläge – langsame Nachfahren jener höllischen Schwinger, mit denen er dereinst Frazier, Norton und Ali wehtat. Axel kontert zum Kopf, trifft härter, knackiger – warum nur so selten?

Nach Runde 4 hat Harold Lederman von HBO Schulz mit zwei Runden vorn. Axel umtanzt den Riesen – und boxt ihn! Klare Treffer zum Kopf – und wieder der Oder-Tower nahe der polnischen Grenze. Marschiert Foreman nach vorn, muss er immer wieder Axels Jab nehmen. »Jetzt gehts lo-hos!«, rufen die Deutschen in Las Vegas. Axel boxt deutsch, denke ich jetzt: ruhig, konzentriert, nach Plan – aber meiner Meinung nach noch immer zu selten derart explosiv, wie er es zwischendurch immer mal wieder andeutet.

George schlägt tief, Axel bekommt das Time-out zur Erholung. Mir scheint, George braucht selbige mehr als er. Der amerikanische Kommentator weist darauf hin, dass George Foreman und Axels Trainer Manfred Wolke dereinst bei derselben Olympiade ihre Goldmedaillen gewannen. Ja, natürlich, George ist fast 20 Jahre älter als Axel, alle Achtung davor, dass er im Boxring auch nach 73 Siegen in 77 Kämpfen eine Gefahr für jeden Gegner bedeutet!

In der 8. Runde ist Georges linkes Auge mächtig angeschwollen. Axel sieht gut aus, wenn er das Tempo hoch hält und Foreman unter Druck setzt. Endlich macht er genau das immer öfter! Die Kommentatoren weisen darauf hin, dass zwei Punktrichter aus Las Vegas kommen, der dritte aus der Bonanza-Stadt Carson-City, Hauptstadt von Nevada – keiner aus Europa, keiner aus Deutschland. Die Stimmung in Frankfurt (Oder) wird immer ausgelassener, das amerikanische Publikum im MGM Grand kontert: »USA, USA!«, vorgetragen im Rhythmus von: »DDR, unser Vaterland!«

Axel ist mittlerweile der Chef im Ring. Als ihm Foreman in der 11. einige harte Treffer beibringt, zeigt er keinerlei Wirkung und fightet postwendend zurück. Die letzte Runde boxt er wie entfesselt, und die amerikanischen Kommentatoren sprechen von einem historischen Augenblick. Über 60 Jahre nach Max Schmelings WM-Sieg der zweite deutsche Schwergewichtschamp. Als der Gong den Kampf beendet, reißt Axel die Arme hoch. George trottet mit gesenktem Kopf in seine Ecke, wo er sich sofort eine tiefschwarze Sonnenbrille auf sein golfballgroß angeschwollenes linkes Auge setzt. Die Sensation scheint perfekt – bis Michael Buffer das amtliche Endergebnis verkündet. Ein Punktrichter wertet den Kampf unentschieden, die anderen beiden haben Foreman mit zwei Runden vorn. 117:111 für Schulz steht auf Harold Ledermans nichtamtlicher Scorecard. Mein Ergebnis ist längst nicht so eindeutig, aber auf keinen Fall sah ich Axel hier als Verlierer. Der allerdings wirkt jetzt sichtlich angeknockt – nicht von seinem Gegner, sondern von den Punktrichtern.

Musste er verlieren, weil ganz Amerika auf den Megafight George Foreman versus Mike Tyson wartete, die Neuauflage von Gut gegen Böse oder gar edles Christentum gegen gewalttätigen Islam? Eine schlechte Kopie des Ali-Liston-Kampfes? Ein Kampf, bei dem allein Foreman 50 Millionen verdienen soll, wie Gerüchte verlautbaren.

Ich habe keine Ahnung. Fakt ist, dass Axel Schulz in jener Nacht den Kampf seines Lebens ablieferte. Die Tatsache, dass Big George bereits kurz nach dem Schlussgong verkündete, er werde nie wieder gegen diesen »tasmanischen Teufel« antreten, spricht ebenfalls dafür. Nach wie vor habe ich einen riesengroßen Respekt vor der Leistung Foremans. Bis zum endgültigen Ende seiner Karriere gelang es keinem seiner zumeist Jahrzehnte jüngeren Gegner, ihn zu deklassieren oder gar aufs Kreuz zu legen. In dieser Nacht jedoch war Axel für mich der Sieger – und Foreman der Verlierer, obendrein ein schlechter.

Weil der Ossi dem Wessi aufs Maul haut und umgekehrt

Seit Jahren hatte ich keinen Boxkampf mehr mit einer derartigen Spannung erwartet wie die Deutsch-Deutsche Weltmeisterschaft im Halbschwergewicht zwischen Henry Maske und Graciano Rocchigiani am 27. Mai 1995. Etwa fünf Jahre lang hatte das Vorgeplänkel gedauert, war der Kampf immer wieder neu angesetzt worden und dann doch nicht zustande gekommen. Schließlich wollten alle, die an diesem Megadeal in irgendeiner Weise beteiligt waren, ein möglichst großes Stück vom Kuchen abhaben. Den Managern ging es einzig ums Geld, dafür waren sie Manager geworden. Mir als boxbegeistertem Nicht-Geschäftsmann ging es vor allem darum, diesen Kampf zweier völlig unterschiedlicher Boxer, die gegensätzlicher kaum sein können, endlich zu *sehen*!

Meine Sympathien waren klar verteilt – auf eine Weise, die ich heute nicht mehr nachvollziehen kann. Damals aber war es eben so. Fünf Jahre zuvor hatte ich mein Heimatland verloren, die Wende-DDR. Diese, bis heute das einzige Vater- wie Mutterland meines Herzens, existierte von Oktober 1989 bis zum 3. Oktober 1990. Was davor und danach kam, stand und steht lediglich unter dem Schlagwort »Staatsangehörigkeit« in meinen Ausweisen. 1995, fünf Jahre, nachdem meine Heimat den Kalten Krieg verloren hatte, wohnte ich geografisch gesehen zwar noch immer im Osten Berlins, aber Häuser wie Grund und Boden gehörten bereits zu großen Teilen »denen da« von drüben. Der Westen hatte sich über uns gestülpt, die Ostbetriebe waren zerschlagen oder befanden sich, abgespeckt und als verlängerte Werkbänke degradiert, in Wessi-Hand. Überhaupt hatten die da drüben angeblich schon immer all das richtig gemacht, was wir aus dem Osten angeblich vergeigt hatten. So mancher kleine Geist, der westlich der Elbe aufgewachsen war, hatte quasi persönlich die Arbeit, das Fahrrad, Himmel und Erde erfunden und wir Zonen-Dödel sollten ihm dankbar dafür sein, dass wir von nun an quasi an all dem von ihm und seinesgleichen Geschaffenen teilhaben durften.

Und jetzt standen sich im Boxring ein ehemaliger Weltmeister aus dem Westen und ein amtierender Champion aus dem Osten gegenüber. Der Tag der Abrechnung war gekommen, das allein zählte für mich! Nicht etwa, dass der Ossi ein ehemaliger Offizier war, der von einem anderen, Dienstgrad-höheren Exoffizier trainiert wurde. Dabei hatte ich mir 1988 nach meiner Entlassung aus der NVA geschworen, dass ich mit Offizieren, die ich verächtlich »Knüppel« oder »Buckel« nannte, fortan nicht das Geringste mehr zu tun haben wollte. Auch, dass der Weltmeister aus Frankfurt an der Oder längst der Liebling der den Ring umlagernden Westprominenz und das Zugpferd der »Henry-Maske-Industrie« geworden war, wie es Wolf Wondratschek so treffend formulierte, interessierte mich nicht.

Genauso wenig führte ich mir vor Augen, dass der »Wessi« Graziano Rocchigiani ja ein Westberliner war, also einer von denen, die diesen Begriff als zumeist wenig schmeichelhafte Bezeichnung für ihre westdeutschen Landsleute erfunden hatten. Dazu war Rocky ein unangepasster Kerl, der sich, genau wie ich in meiner Profession, durchs Leben schlug.

Inzwischen ist aus dem angepassten Ostoffizier ein nicht minder angepasster Exboxer und Westgeschäftsmann geworden, den ich als Boxer jedoch nach wie vor verehre. Und Rocky ist nach wie vor ein Mann, der sich nicht biegen lässt, was ihn mir heute als Typ ungleich sympathischer macht. »Imbißstube gegen Krawattenzwang«[75], sah es Wondratschek schon 1995 ganz klar. Ich nicht.

Ich war 1995 durch die Einverleibung meiner Heimat durch den Westen zum Ostalgiker wider Willen geworden. Für diesen Kampf wünschte ich mir nur eines: dass der Ossi dem Wessi im Ring ordentlich was vor die Glocke haute. Dass der im selben Land wie ich Geborene diesen Marktschreier, diesen »Rummelboxer« vom Stamme der Besatzer endlich zum Schweigen brachte. Rockys Aussagen wie »Maske ist nur ein guter Taktiker, kein guter Techniker. Ich puste ihn um«[76] schlugen nämlich genau den Ton an, den ich mittlerweile zigmal von irgendwelchen Besserwessis gehört hatte: Ich kann eh alles besser! Ich zeige euch jetzt mal, wie man aufs Fahrrad steigt, welche Schuhe man trägt und wie man sich selbige über die Füße streift. Der östliche Volksmund hatte dafür die Formel gefunden: »Die Wessis kochen auch nur mit Wasser, aber nur sie wissen, wie man es verdünnt!«

Henry Maske, der akribische Arbeiter aus meinem untergegangenen Heimatland, hielt sich mit derlei Gebranze zurück. Er würde seine Antwort im Ring geben und diesem Großmaul aus dem Westen beweisen, dass sein noch so verdünntes Wasser die Nudeln auch nicht eher weich bekam. Mit dem im Osten ausgebildeten Boxer Henry Maske stand mein Bruder im Ring, der sich auf seinem Gebiet gegen einen der unzähligen Besserwessis maß und – so meine Hoffnung – für alle Zeiten klarstellte, dass wir allemal das Zeug dazu hatten, die da drüben in ihre Schranken zu weisen.

Weil ein Boxkampf oft besser als sein Urteil ist

Die Dortmunder Westfalenhalle schien nahezu komplett mit Maske-Fans gefüllt, die den Herausforderer mit lauten Pfiffen »willkommen« hießen. Doch bereits Mitte der 1. Runde brandete laut und vernehmlich das »Rocky, Rocky« auf. Ich für meinen Teil musste den »Rummelboxer« anstandslos zurücknehmen. Rocky hatte seine Hände im Peek-a-boo-Stil als Doppeldeckung vor dem Gesicht und setzte Henry mit überfallartigen, dabei bestens überlegten Angriffen zu. Von der Ringmitte aus marschierte er vor, traf Henry mit beiden Händen am Körper wie am Kopf – und war blitzschnell wieder weg. Seine Schläge kamen ansatzlos, knackig – meisterhaft! Ich kannte es von Henry, dass er sich in den ersten Runden bewusst zurückhielt, seinen Gegner »ausrechnete« – aber nicht, dass er die ersten beiden Kampfabschnitte komplett abgab.

Nach einer ausgeglichenen 3. Runde fand Henry im vierten Abschnitt endlich in den Kampf, wie das so schön heißt. Seine Eins-Zwei-Kombinationen kamen flüssig und fanden ihr Ziel, und immer wieder war er nicht mehr da, wenn Rocky angriff. Rockys Treffer wirkten noch immer härter, doch Henry traf nun häufiger.

In der 5. Runde sehe ich den Henry Maske, den ich kenne. Immer wieder lockt er Rocky aus seiner Doppeldeckung und bringt seine Konter ins Ziel, trifft im Rückwärtsgang und geht selbst nach vorn. So geht es weiter, und in der 8. Runde scheinen alle Würfel gefallen. Rockys rechtes Augenlid ist geplatzt. Noch immer marschiert er nach vorn, aber er sieht müde aus, während Henry ungleich frischer wirkt. Er nutzt seine Reichweitenvorteile und trifft nach Belieben. Mit seiner rechten Führhand öffnet er Rockys Deckung, bevor er ihm mit beiden Händen Kopftreffer versetzt. Als der Gong ertönt, sehe ich Henry mit einiger Erleichterung als sicheren Sieger dieses Kampfes.

Die 9. Runde beginnt Henry mit lockeren Kombinationen, in die Rocky hin und wieder einen knackigen Konter einstreut. Mitte der Runde erwischt er Henry mit einer krachenden Rechten, die den Champion fürchterlich durchrüttelt, voll am Kinn. Taumelnd geht Henry nach hinten raus. Rocky setzt ihm nach, hat ihn angeknockt. Nur mit großer Mühe kann sich der Weltmeister dem Ansturm seines Gegners entziehen. Gegen Ende der Runde setzt er selbst ein paar leichte Treffer, diese 9. jedoch hat er klar verloren. Viel klarer geht es nicht.

Zur 10. hat Henry seine Deckung wieder oben, was auch nötig ist, denn Rocky greift weiter an. Bald jedoch übernimmt Henry die Initiative, punktet mit seinen Eins-Zwei-Kombinationen, wirkt erstaunlich gut erholt, holt sich die Runde. Auch die 11. bestimmt er mit seinen Kombinationen, in die Rocky immer mal wieder einen Aufwärtshaken einzustreuen weiß. Dennoch geht die Runde an Henry. Mein Fazit vor dem Schlussdurchgang: am Ende doch noch ein souveräner Maske-Sieg, wenn auch schwerer als erwartet und mit einem deutlichen Schönheitsfehler, dem Fast-K.-o. in der 9. Runde.

Bei mir könnte Rocky jetzt nur noch durch Knock-out gewinnen – und genau danach sieht es Mitte der Runde aus. Wieder hat Rocky seinen Gegner ansatzlos getroffen, wieder ist Henry angeschlagen, taumelt zurück, muss sich in der Ecke Rockys Angriff stellen und geht schließlich zu Boden. Nicht direkt nach einem Schlag, eher gedrückt und geschoben – und doch ist er klar und deutlich angeschlagen. »No Knockdown!« Der Ringrichter zählt Henry nicht an – und weiter gehts. Rocky marschiert, Henry flieht und klammert. Von ihm kommt kein Schlag mehr, und doch: Mit aller Cleverness und Erfahrung rettet er sich bis ans Ende der Runde und damit des Kampfes.

Der verlief dramatischer als alle Fights sämtlicher *Rocky*-Filme zusammen. Obendrein zeigten hier beide Kontrahenten echtes Boxen. Wer aber ist der Gewinner? Beide reißen die Arme hoch.

Rocky klettert auf die Seile, wozu Henry offenbar nicht mehr in der Lage ist. Ich erwartete das Urteil mit einigem Bangen. Eigentlich müsste es gereicht haben für Henry, aber Rockys phänomenales Finish ...

Zwei der drei Punktrichter werteten den Kampf 116:113 für Maske. Kommentator Werner Schneyders Urteil habe 117:114 für den Weltmeister gelautet. Schneyder hatte bereits als Punktrichter fungiert, allerdings bei den Amateuren. Wolfgang Weggen von der *BILD* kam dagegen auf ein Ergebnis von 117:115 für Graciano Rocchigiani.

Als ich den Kampf anlässlich dieses Buches noch einmal in aller Ruhe Runde für Runde punktete, kam ich zu einem – ganz sicher fachlich wertlosen – 115:113 für Maske, wobei ich Rocky die letzte Runde mit 10:8 gutschrieb. Zu eindeutig seine Überlegenheit und der Kontakt von Henrys Gesäß mit dem Ringboden hatte aus meiner Sicht eindeutig was mit Rockys Treffern zu tun.

Interessant ist, dass Weggen und ich uns bei acht Runden völlig einig über deren Sieger sind. Die Runden 6, 10 und 11, die ich Maske gab, wertete der *BILD*-Mann unentschieden. Lediglich in Runde 5, die er Rocky und ich Maske zusprach, widersprechen wir uns direkt.

Gänzlich indiskutabel erscheint mir jedoch das 117:111 für Maske auf dem Punktzettel des dritten offiziellen Kampfrichters. Dieses Urteil ist es, das am Ende das gesamte Kampfergebnis fragwürdig dastehen lässt. Klar fühlt sich Rocky dadurch bis zum heutigen Tag verschaukelt. Auch wenn er aus meiner unmaßgeblichen Sicht tatsächlich verlor, sehe ich dank jenes völlig abstrusen 117:111 einen Schatten auf diesem Kampf, der allemal besser war als sein Urteil. Vor allem zeigte er all denen, die das Boxen seit Henry Maskes Amtsantritt als Weltmeister für eine reine Unterhaltungskunstveranstaltung gehalten hatten, dass dieser Sport eine gefährliche, ja brutale Seite hat. Selbst der eleganteste Faustfechter muss hin und wieder fürchterliche Treffer einstecken. Dass Henry Maske dies gelang, ohne das Heft des Handelns dauerhaft aus der Hand zu geben, fordert mir bis heute größte Anerkennung ab. Und Rocky hatte es nicht verdient, diesen Kampf mit einem derart fragwürdigen Ergebnis zu verlieren.

Unbestritten, auch hier traf Wolf Wondratschek den Nagel auf den Kopf: »Im Scheinwerferlicht gibt es nur einen Weltmeister, und der heißt Fernsehen.«[77] Klar, Henry war der Hausboxer des übertragenden Senders. Immerhin kommentierte mit Werner Schneyder kein Haus-und-Hof-Kommentator den Kampf, wie das später die »öffentlich-rechtlichen« Sender ARD und ZDF mit ermüdender Konsequenz hinbekamen.

Weil Johnny Tapia und Denny Romero
»the Battle for albuquerce« ausfochten

Am 18. Juli 1997 stieg in der Wüste von Nevada der Fight, auf den die Bewohner New Mexikos seit Jahren gewartet hatten. Im Thomas & Mack Center Las Vegas standen sich zwei Superfliegengewichts-Boxer aus New Mexikos größter Stadt in »the Battle for Albuquerce« gegenüber. Im Vorfeld des Kampfes war zwischen beiden Lagern jede Menge böses Blut geflossen. WBO-Titelträger Johnny Tapia habe geäußert, der junge, aufstrebende Romero habe es nicht verdient, Champion zu sein, IBW-Weltmeister Danny Romero soll seinen Gegner als Koksteufel bezeichnet haben, den er dorthin zurückschicken wolle, woher er komme: in die Gosse.

Doch nicht nur für die Leute aus New Mexiko – für die gesamte Boxwelt war der Vereinigungstitelkampf der zwei womöglich weltbesten Superfliegengewichtler ein Großereignis. Danny Romero (30 Siege, davon 27 K. o., eine Niederlage) galt pound for pound als härtester Puncher der Welt. Johnny Tapia (40 Siege, 24 K. o., zwei Unentschieden) verfügte über die größere Erfahrung. Allerdings zählte er bereits 30 Lenze, war damit sieben Jahre älter als sein Gegner. Hatte er noch die nötige Power für einen solchen Kampf?

IBF-Champ Romero betrat die Halle im goldenen Kampfmantel und mit tadellos liegendem schwarzen Gelhaar. Johnny Tapia trug um seinen Hals die übliche Kette mit dem Kreuz. Der Schriftzug »mi vida loca« zierte seinerzeit nur den Rücken seines schwarzen Mantels sowie den Hosenbund. Bei seinem Walk-in brandete frenetischer Jubel auf. Tapia kletterte durch die Seile, bekreuzigte sich und kniete in einer Ecke zum Gebet ab. Referee Mitch Halpern beorderte beide Boxer in die Ringmitte. Tapia stierte seinen Gegner mit krampfhaft vorgerecktem Kopf an, Romero schickte ihm einen vernichtenden Blick.

Der Gong, beide gehen sofort aufeinander los. Tapia arbeitet mit seiner Linken, schießt sie als Doublette, Triplette heraus, schlägt Links-Rechts-Kombinationen. Romero fightet zurück, bringt aber deutlich weniger Hände, weniger Treffer, verliert die Runde an »mi vida loca«.

2. Runde: Romero lauert, macht sich klein – Tapia attackiert und punktet. Bald treffen beide voll! Als der Gong ertönt, steht Tapia mit hängenden Fäusten provozierend dicht vor Romero. Er nickt heftig beim Gang zurück in seine Ecke, auch diese Runde gehört ihm.

Tapia geht weite Wege, schlägt eine Serie und ist sofort wieder weg. Die Hände, ein ganzes Stück vor seinem Körper, hängen tief. Romero hat die Fäuste oben. Am Ende der Runde erneut offener Schlagabtausch, Tapia ist schneller, trifft klarer, holt sich auch die 3. Runde. Beim Gang in seine Ecke vollführt er einen ausgelassenen Luftsprung. Der HBO-Kommentator und sein Co, Óscar de la Hoya, überschlagen sich vor Begeisterung über diesen Kampf, genau wie George Foreman und der Rest der vielleicht 11.000 Menschen in der Halle.

Tapia reizt Romero mit weit ausgebreiteten Armen, lässt die Rechte in der Luft kreiseln – dann schlägt sie ein. Sein Oberkörper pendelt Romeros Schläge mit spielerischer Eleganz aus, dann trifft er, wieder und wieder. Den letzten Schlag setzt er kurz nach dem Schlussgong, der Referee ermahnt ihn. Tapia wirkt so, als würde er am liebsten ganz ohne Ringpausen boxen.

Die 5. beginnt, wie die 4. endete. Johnny pendelt Romeros Jab aus und landet einen rechten Haken an dessen Kopf. Einen knackigen Körpertreffer feiert er wie ein Harlekin. Doch Danny fightet jetzt bedingungslos zurück, lässt Johnny keinen Platz mehr für dessen »Clowning«, wie es der HBO-Kommentator nennt. Als Danny einmal besonders hart trifft, zollt ihm Tapia mit zerknirschter Miene Respekt. Romero gewinnt die Runde – und macht weiter Druck. Er treibt Tapia durch den Ring, setzt jetzt immer öfter harte Treffer. Hat »mi vida loca« in den ersten Durchgängen sein Pulver verschossen? Doch da ist wieder sein »Clowning«. Nach einem Treffer lässt er sich zweimal nach hinten in die Ringseile fallen, federt zurück in den Ring und attackiert seinen Gegner. Aber auch diese Runde geht an Romero, deutlicher als die davor.

In der Ecke prasselt des Coachs Standpauke auf den »Clown« nieder, beide diskutieren heftig, bis Johnny abwinkt: »Okay!« Es klingt wie: »Ach, lass mich doch in Ruhe.«

Nach einem harten Punch seines Gegners vollführt er wieder seine Mätzchen – und verliert das Gleichgewicht, muss sich mit der Faust kurz am Ringboden abstützen. »Keine Schlagwirkung!«, entscheidet Mitch Halpern, Glück für Tapia! Doch ihm scheint jetzt klar zu sein: Ich muss wieder mehr tun! Beide stehen dicht an dicht, schlagen aufeinander ein. Im Eifer des Gefechts prallen ihre Köpfe aneinander. »Are you okay, Danny?«, ruft Johnny seinem Gegner zu. Die Runde geht knapp an Romero, der in ihr eine Unzahl von Schlägen abfeuerte.

Nun übernimmt der alte Hase wieder das Kommando. Tapia holt sich die 8., doch sein Trainer bleibt unzufrieden. »The Jab! … Combinations!«, fordert er vehement.

»Take it easy«, erwidert Johnny.

In der 9. trennt Mitch Halpern die Boxer, weil sie klammerten – zum gefühlt ersten Mal in dieser Ringschlacht! Nach einem besonders intensiven Schlagabtausch schreien sie sich zu, dass sie voll getroffen wurden. Längst haben sich beide in einen wahren Rausch geboxt. In der Pause zur 10. gibt Tapia dem voyeuristischen Fernsehmikrofon mit schelmischer Miene ein Interview. Es klingt, als stünde er am Tresen eines voll besetzten Irish Pubs und schreie seinem Thekennachbarn einen Witz zu.

Romeros Oberkörper pendelt blitzschnell, Tapias Hände sind schneller. Ein weiterer Kopfstoß aus vollem Schlaghagel heraus tut beiden weh, doch nach kurzer Pause lassen sie wieder die Fäuste fliegen. Tapias Coach ist nicht zu halten. »Johnny, have fun!«, schreit er seinen Boxer an – und Johnny hat Spaß. Er kreiselt die Rechte hoch in der Luft, bevor er sie eine endlose Schlagserie eröffnen lässt. Der junge Romero ist noch immer schnell, doch Tapia lässt ihn alt und langsam aussehen, führt ihn regelrecht vor. Ein harter rechter Haken öffnet Romeros Nase.

In der letzten Ringpause geht es in Tapias Ecke endgültig zu wie am Kneipentresen. »Water!«, fordert der Boxer und schreit nach einem kräftigen Schluck weiter wild herum. »Have some fun!«, beschwört ihn der Coach. Johnny verbeugt sich mit erhobenen Armen, federt zurück in die Seile – und ab in den Ring! Clowning vom Feinsten als Begleitung des wilden Tanzes, den beide Boxer auch in der 12. aufführen. Wie in Trance zelebrieren sie einen explosiven Kampftanz voller Leidenschaft.

Als der Schlussgong ertönt, reißen beide die Arme hoch, Tapia schlägt seinen Rückwärtssalto, tanzt, schreit. Das Urteil: 115:113 und zweimal 116:112 für Johnny »mi vida loca« Tapia, der nun beide Weltmeistergürtel auf seine drahtigen Schultern wuchten darf. Beim obligatorischen Ringinterview mit Weißhaar Larry Merchant bricht er in Tränen aus, seine Frau Teresa steht neben ihm, gibt ihm Halt. Ihr Johnny scheint traurig, dass der Tanz für heute vorbei ist.

Weil Andy Holligan und Shea Neary
um die Liverpooler Stadtmeisterschaft boxten

Der Kampf fand in einem Zelt vor 5.000 Zuschauern statt, am 12. März 1998. Offiziell handelte es sich dabei um die Weltmeisterschaft im Halbweltergewicht des Verbandes WBU, eine jener Meisterschaften, bei der es laut Graciano Rocchigiani um den Titel eines »Waldmeisters« geht. Boxkommentator Werner Kastor nennt diese gefühlt Tausenden Titelkämpfe der bereits seinerzeit über 20 Weltverbände »Unfug«, besagte Titel »irrelevant«. Entscheidend sei die Qualität der Boxer, und die sieht er im Hauptkampf jenes Abends als außerordentlich hoch an. Den Fight bezeichnet er als »Meisterschaft um den Titel von Liverpool zwischen Everton und Liverpool« – und trifft damit den Nagel auf den Kopf. FC Everton und FC Liverpool heißen die beiden großen, rivalisierenden Fußballclubs der Stadt am River Mersey, und auch dieser Kampf ist ein Derby: Herausforderer Andy Holligan ist bekennender Liverpool-Fan, Titelträger Shea Neary Everton-Supporter – und das Liverpooler Publikum fußball- *und* boxbegeistert wie kein zweites auf der Welt.

Andy »The Hunter« Holligans Walk-in ist betont schmucklos. Zusammen mit seinem Tross bahnt er sich den Weg durch die Massen, besteigt er den Ring. Die Menge tobt. Das Team des irischstämmigen Champs hat sich eine kleine Choreografie einfallen lassen: Hunderte grüne Luftballons gefangen in einem Rahmen. Als sie allesamt platzen, zeigt selbiger – untermalt von schnellem Irish Folk-Punk, Shamrock – das dreiblättrige Kleeblatt, inoffizielles Nationalsymbol der Iren. Das Kleeblatt klappt nach vorn, gibt den Weg frei für Shea »The Shamrock Express« Neary.

»Die wissen, wie man 'ne Show macht«, brummelt Kastor anerkennend. Der Ringsprecher verliest die Kampfrekorde: Holligan 29 Kämpfe, 27 Siege, davon 19 durch K. o. Neary 18 Kämpfe, 18 Siege, 15 durch K. o. Kastor merkt an, dass die beiden Niederlagen des Hunters aus seinen Begegnungen mit Weltmeister Julio César Chávez und dem britischen Meister Ross Hale stammen. In Nearys makellosem Kampfrekord dagegen fehlen bisher Boxer mit einem großen Namen.

Alles ist bereit, die 5.000 in dem ausverkauften Zelt entfachen trotz dessen, laut Kastor, mangelhafter Akustik echte Derbyatmosphäre. Der Gong eröffnet den Kampf. Beide Kämpfer kommen aus ihren Ecken, nehmen kurz Maß und decken einander ohne jedwede Zurückhaltung mit Schlägen ein. Neary sticht seine Linke heraus, Holligan landet eine krachende Rechte, beide schenken sich nichts. Holligan behauptet die Ringmitte, marschiert vorwärts, schlägt und trifft, bis ihn Neary mit einer Links-Rechts-Kombination ans Kinn durchrüttelt. Derart heftig geht es weiter. Wann immer einer der beiden eine gute Aktion bringt, weiß der andere die passende Antwort. Schläge, Kombinationen, schon beendet die Glocke die äußerst enge 1. Runde. Beide Fighter hatten in diesen drei Minuten mehr Aktionen gezeigt als andere in zwölf Runden.

2. Runde, beide machen da weiter, wo sie eine Minute zuvor unterbrochen wurden. Neary schießt die Führungshand heraus, Holligan kontert mit seiner Rechten. Neary knallt ihm eine Linke ans Kinn, die Rechte folgt als knackiger Körperhaken. Wieder gehört Holligan die nächste gute Aktion. So geht es weiter hin und her, da stellt Neary seinen Mann an den Seilen, deckt ihn mit Schlägen ein. Eine knackige Rechte zum Körper, die nächste sofort als Aufwärtshaken voll an den Kinnwinkel. Holligan in höchster Not, muss klammern, rettet sich quer durch den Ring an die Seile, wo ihn Neary im Eifer des Gefechts zu Boden drückt. Wertvolle Sekunden für den Herausforderer. Mit all seiner Cleverness rettet sich The Hunter in die Pause, eine klare Runde für den Shamrock-Express.

3. Runde, wieder gehen beide sofort aufeinander los. Neary legt deutlich mehr Gewicht in seine Schläge, Holligan versucht, seinen Rhythmus wiederzufinden. Offenbar hat er sich von den gerade

eben kassierten klaren Wirkungstreffern gut erholt. Er bringt zwei klare Aktionen, Körper-Kopf, bevor ihn Neary erneut durchrüttelt. Holligan fightet zurück. Auch diese Runde geht an den Iren, doch beherrschte er seinen Gegner längst nicht so klar wie im Durchgang zuvor.

Die Boxer kommen zur 4. Runde heraus, stehen voreinander, setzen Schlag auf Schlag. Holligan scheint fest gewillt, dem Kampf nun endlich *seine* Prägung zu geben. Jetzt ist er es, der die klareren, härteren Treffer setzt. Er hat sich nicht nur gut erholt, sondern holt sich die Runde.

5. Runde, Neary schlägt mehr, Holligan trifft deutlicher, knackiger. Er besetzt die Ringmitte, marschiert nach vorn, erschüttert den Körper und immer wieder den Kopf seines Gegners mit seinen Kombinationen. Und immer wieder der offene Schlagabtausch. Wer zeigt zuerst Schwächen? Wer hat die besseren Nehmerfähigkeiten? Wer hat den stärkeren Willen, hier zu siegen? Werner Kastor beweist, dass er voll auf der Höhe des Geschehens ist. Ich sehe hier zwei bedingungslos ackernde Kampfmaschinen und frage mich: Welche wird welche zuerst aus dem Takt bringen? Bis zum Ende der Runde ist es Holligan, der den stärkeren Willen zeigt, der besser funktioniert.

6. Runde, und Holligan drückt weiter, stellt Neary in der Ecke. Der befreit sich mit Schlägen. Kurz darauf ein unbarmherziger Schlagabtausch. Neary übernimmt das Kommando, Holligans Mundschutz fliegt nach einem Volltreffer durch den Ring. Der Ringrichter trennt beide. Der Mundschutz wird ausgespült und wieder eingesetzt. Schon folgt der nächste Infight, Links-Rechts-Kombination von Neary, sofort die nächste hinterher – Holligan muss runter, ein Knie auf dem Boden, dazu stützt er sich mit der Rechten ab.

»Da kann man noch so gut boxen, wenns knackt, dann knackts«, ist Werner Kastor zur Stelle. Holligan lässt sich bis acht anzählen, bevor er hochkommt. Klug nutzt er jede der ihm hier gegebenen Sekunden. Als der Ringrichter den Kampf wieder freigibt, setzt Neary sofort nach. Jetzt schlägt nur noch er. Mehrere schwere Treffer zwingen Andy Holligan in den Rückwärtsgang. Neary stellt ihn am Seil, deckt ihn mit Schlägen ein. Harte Treffer lassen seinen Herausforderer taumeln. Kurz bevor er sich erneut am Ringboden abstützen kann, geht der Ringrichter dazwischen, beendet den Kampf nach zwei Minuten und 42 Sekunden der 6. Runde. Diese knapp sechs Runden, das womöglich härteste Boxderby aller Zeiten, sind bis heute mit das Beste, was ich je an Kämpfen gesehen habe.

Weil Nehmen und Geben ähnlich spektakulär sein können

Dass große Boxkämpfe keinesfalls einen in ihnen zu erringenden Titel benötigen, beweisen die drei Auseinandersetzungen von »Irish« Micky Ward mit Arturo »Thunder« Gatti – und von jenen ganz besonders ihr erster Kampf. Er fand am 18. Mai 2002 im Mohegan Sun Casino, Uncasville in Connecticut statt.

Der irischstämmige Micky Ward hatte bis dato alle seine fünf »echten« Titelkämpfe verloren, darunter eine IBF-Weltmeisterschaft im Halbweltergewicht. Diese, ein TKO in der 3. Runde aufgrund einer Verletzung Wards, war seine einzige vorzeitige Niederlage. Im Ring präsentierte er sich stets als hart rackernder Arbeiter, und auch im wahren Leben war er keineswegs auf Rosen gebettet, wie der 2010 über ihn gedrehte Spielfilm *The Fighter* erzählt. »Ich habe gehört, du bist 'n Sprungbrett«, sagt darin seine zukünftige Frau abschätzig zu ihm, worauf er erwidert: »Ich hatte 'n paar harte Kämpfe, aber beim nächsten zeige ich allen, wer ich bin.« Ein Fernsehkommentator kündigt ihn mit den Worten an: »Micky Ward ist 31 Jahre alt, er ist hier, weil er das Geld braucht.«

Im Jahre 1991 hängte er seine Boxhandschuhe nach vier Niederlagen in Folge an den berühmten Nagel, bevor er 1994 ein grandioses Comeback startete. Lange Zeit hatte Micky im Schatten seines Halbbruders und Trainers Dick Eklund gestanden, welcher einst gegen Sugar Ray Leonard gekämpft und in zehn Runden nur nach Punkten verloren hatte. Am 11. März 2000 trat »Irish« in London gegen den ebenfalls irischstämmigen, ungeschlagenen Lokalmatador Shea Neary an. Es ging um den Weltmeistertitel des völlig unbedeutenden Verbandes WBU, doch der Kampf verlief viel packender als so mancher »große« Titelfight. Nase an Nase standen sich beide Boxer vor dem ersten Gong in der Ringmitte gegenüber, und auch im Kampf schenkten sie einander viele harte Punches ein. In der 3. Runde kam Neary mit einem rechten Cross durch und stellte Ward an den Seilen, wo er ihn mit weiteren harten Treffern in arge Bedrängnis brachte. Micky befreite sich und attackierte Neary. Hin und her wogte der Kampf. »It's like a movie-fight«, befand der amerikanische Kommentator, als ahne er, dass ebenjener Kampf zehn Jahre später das Finale des über Wards Leben gedrehten Films bilden würde.

Nach sieben harten Runden, beide lagen punktemäßig etwa gleichauf, kam Micky in der 8. mit einem harten linken Aufwärtshaken durch, der Neary von den Beinen holte. Er kam noch einmal zurück, bevor ihn »Irish« erneut zu Boden schickte und der Ringrichter den Kampf abbrach.

Wards Kampfstil begeisterte die Massen, weil er seine Gegner ohne Rücksicht auf eigene Verluste angriff und mit harten Treffern, zumeist auf den Körper, immer wieder für ein vorzeitiges Kampfende sorgte. 27 seiner 37 Siege hatte er durch K. o. erzielt. Mindestens ebenso sehr liebten ihn seine Fans dafür, dass er selbst nach härtesten Treffern umgehend in den Kampf zurückfand und seinen Gegner sofort wieder hemmungslos attackierte.

Ebendiese Qualitäten zeichneten auch Arturo Gatti aus. Der bewegte sich auf schnellen Beinen nahezu deckungslos durch den

Ring. 28 seiner bis dato 34 Siege hatte er vorzeitig errungen und war immer wieder selbst nach härtesten Wirkungstreffern zurückgekommen. So zum Beispiel, als er seinen am 15. Dezember 1995 gegen Tracy Harris Patterson errungenen IBF-Weltmeistertitel im Superfedergewicht erstmalig verteidigte. Dazu stand er am 23. März 1996 in New York Wilson Rodriguez gegenüber. Bereits in der Eröffnungsrunde schwoll Gattis rechtes Auge fast völlig zu. In Runde 2 schickte ihn Rodriguez gar mit einem linken Haken zu Boden. Nun wechselten sich beide Boxer mit heftigen Attacken ab. Der beste Treffer der 3. Runde war eine harte Rechte Gattis. In Runde vier brachte ihn Rodriguez mit einer langen, harten Schlagserie in Bedrängnis. Gattis Kopf fliegt hin und her, bevor er wieder das Kommando übernimmt und Rodriguez mit einer Vielzahl hart und schnell geschlagener Hände zusetzt. Derart geht es weiter, bis Gatti seinen Herausforderer in Runde 5 mit einem fürchterlichen Körperhaken zu Boden schickt. In Runde 6 knockt er Rodriguez mit einem blitzschnellen linken Haken aus.

Am 22. Februar 1997 verteidigte er seinen Titel gegen Patterson. Die Revanche missglückt, Gatti gewinnt klar nach Punkten. Um etliches spektakulärer war seine nächste Titelverteidigung gegen den Mexikaner Gabriel Ruelas, ehemals WBC-Weltmeister. Beide Boxer suchten immer wieder den offenen Schlagabtausch. In Runde 3 kam Ruelas hart zum Körper durch. Nachdem Gatti seinen Gegner in Runde 4 mit vielen knackigen Treffern durchgerüttelt hatte, übernahm Ruelas das Kommando. Schlag auf Schlag prasselte auf Gatti ein, ein linker Aufwärtshaken knockte ihn deutlich an. In der 5. machte Rueles unbarmherzig weiter, insbesondere mit seinen knackigen Aufwärtshaken. Fast sah es aus, als würde Gatti nun fallen, als er Ruelas mit einem linken Haken zu Boden schickt und der Ringrichter den Kampf abbricht. Das *Ring Magazine* wählte den Fight zum »Kampf des Jahres« 1997 und Gattis finalen Schlag zum »Knock-out des Jahres«. Anschließend legte er seinen WM-Titel nieder.

Ein Jahr später verlieh ihm Amerikas bedeutendste Boxzeitschrift ersteren Titel für seine 2:1-Punktniederlage gegen Ivan Robinson. Immer wieder lieferte Arturo Gatti seinem Publikum aktionsgeladene Ringschlachten, in denen er sich ebenso wenig schonte wie seine Gegner. Oft genug lieferte eine einzige Gatti-Runde mehr Dramatik und Aktion als die zwölf Runden so manchen Titelkampfs. Der Spitzname »The real life Rocky« oder der ihm von Ringsprecher Michael Buffer verliehene Titel »The Ultimate Blood and Guts Warrior« erzählen davon, dass ihn sein Publikum liebte und schätzte. Und nun trat dieser Vollblutkämpfer gegen einen Mann an, der ebenfalls ein großer Meister im Geben, aber vor allem eben auch im Nehmen war.

Weil Micky Ward und Arturo Gatti einander nichts und ihrem Publikum alles schenkten

Der schöne Italiener gegen den kantigen Iren. Beide harten Puncher mit den beängstigenden Nehmerfähigkeiten hatten ihre Fans in der Halle, wobei Favoriten- und Außenseiterrolle recht klar verteilt waren. »Irish« Micky Ward galt als Aufbaugegner für Arturo »Thunder« Gatti, der einen Kampf um die WBC-Weltmeisterschaft im Halbweltergewicht anstrebte.

Und Gatti begann wie ein Champion. Ward marschierte, doch Arturo tanzte ihm davon oder pendelte Irishs Schläge mit dem Oberkörper aus. Nach gut einer Minute brachte der »Thunder« seine ersten Kombinationen ins Ziel. Mit einem linken Schwinger öffnete er »Irishs« Deckung, traf ihn mit der Rechten am Kopf, mit links auf die Leber und erneut am Kopf. Dass Gattis Hände stachen, bezeugte der Cut an Mickys rechtem Auge, welcher stark blutete.

Griff Micky Ward an, pendelte Gatti dessen Schläge weiter aus oder tanzte ihm einfach weg. Die Runde ging klar an den Favoriten, wobei sein Gegner durch den blutenden Cut am Auge zusätzlich gehandicapt war. Wards Cutman Al Gavin hatte in der Pause alle Hände voll zu tun.

Als der Gong die Kämpfer in den Ring zurückbeordert, drängt Micky Ward seinen Gegner an die Seile, doch wieder ist es Gatti, der die klaren Treffer setzt: Uppercut, linker Haken, bevor er unter Wards wuchtigem Schlag wegtaucht. In einem ersten direkten Schlagabtausch kommen beide klar und hart durch, bevor Gattis Kombinationen wieder das Geschehen bestimmen. Kurz vor Ende der Runde landet er einen Schlag zu tief, wofür ihn Ringrichter Frank Cappuccino eindringlich verwarnt. Auch diese Runde geht an Gatti.

Als die Boxer zur 3. Runde aus ihren Ecken kommen, sieht Mickys Gesicht schwer gezeichnet aus. Blut neben seinem rechten Auge, unter seiner Nase. Arturos Miene ist äußerst konzentriert. »Gatti, Gatti!«, schallt es aus dem Publikum. Etliche seiner Schläge gehen auf Mickys Deckung, dann kommt er mit einem linken Haken zum Kopf durch. Wards Nase blutet stark. Dann erneut – und nun immer wieder – offener Schlagabtausch. Beide stehen Fuß an Fuß und hämmern aufeinander ein. Ward trifft härter, besonders mit seinem berüchtigten linken Körperhaken – Gatti öfter. Gatti holt sich die Runde, doch längst nicht so klar wie die beiden ersten. Mittlerweile hat Micky auch überm linken Wangenknochen eine Wunde.

In der 4. marschiert er wieder, rüttelt Gatti mit einer harten Rechten durch. Der revanchiert sich mit einer langen Kombination, mindestens sechs Hände! Linker Haken Ward – linker Haken Gatti. Irishs Treffer sind zumeist die härteren. 25 Sekunden vor Rundenende geht Ward nach einem harten Körpertreffer zu Boden, bearbeitet mit beiden Fäusten wütend den Ringboden. Allerdings hatte ihn der »Thunder« deutlich unter der Gürtellinie getroffen, was auch Frank Cappuccino nicht entging. »One Point!«, diktiert er den Punktrichtern sein Urteil, ein Punkt Abzug für Gatti! Dann wendet er sich an Micky Ward: »Five minutes!«, die übliche Zeit, die einem von einem Tiefschlag Getroffenen zur Rekreation zusteht. Allerdings hatte der Timekeeper versäumt, die Uhr anzuhalten – und läutet nun das Rundenende ein. Arturo Gatti entschuldigt sich bei seinem Gegner, Micky Ward trottet in seine Ecke. Offenbar legt er keinen gesteigerten Wert auf die ihm eigentlich zustehende Erholungszeit.

Die 5. Runde beginnen beide Boxer mit einem Shakehands, bevor sie umgehend wieder aufeinander eindringen. Gatti attackiert, meidet Wards Hände, öffnet den Cut an dessen Auge. Eine harte Rechte von Irish beantwortet er mit flüssigen Kombinationen. In der letzten Minute reißt Ward jedoch den Kampf an sich, trifft Gatti mehrfach schwer. Eine gut 15 Sekunden andauernde Schlagserie schleudert dessen Kopf hin und her, da landet Irish auch noch einen krachenden linken Haken auf Gattis Leber. Dessen Gesicht zeigt eine grässliche Grimasse. Gatti wirkt angeknockt, hilflos, als der Gong ihn rettet. Damit ist die Hälfte der Distanz geschafft. Beide Boxer liegen punktemäßig etwa gleichauf.

Die 6. Runde gehen beide verhältnismäßig ruhig an. Gatti wirkt erholt, kommt mit einem Heumacher an Mickys Kopf durch, setzt weitere Treffer. Mickys Schläge gehen jetzt wieder mehrfach ins Leere. Arturo Gatti hat wieder die richtige Distanz gefunden und holt sich die Runde.

Auch in Runde 7 wirkt er frischer als Irish. Gleich viermal hintereinander bringt er seine Rechte ins Ziel, verpackt Micky Wards Kopf geradezu in Schläge. Er gewinnt auch diesen Durchgang. Befinden sie sich gerade nicht in einem Schlagabtausch, gehen beide Boxer geradewegs entspannt miteinander um.

Die 8. kommt ebenfalls eher ruhig daher, bis sich beide Kämpfer die gesamte letzte Minute in einen einzigen Schlagabtausch stürzen, bei dem Ward stets die letzte Hand im Ziel hat. Kurz vor Rundenende steht Gatti erneut kurz vor einem Niederschlag – und mit dem Gong zur 9. greift Micky sofort wieder an. Einer seiner gefürchteten linken Körperhaken zwingt Arturo Gatti auf die Knie. Er lässt sich bis neun anzählen, dann treibt ihn Irish weiter durch den Ring, landet harte Schlagserien – bis auch Gatti wieder schlägt, müde zunächst. Schon bald jedoch kommen seine Kombinationen erneut flüssig und hart. Er nagelt Micky in einer Ecke fest, schlägt bis zur völligen Erschöpfung. Genau jetzt kommt Ward zurück, stellt sich Gatti in der Ecke zurecht und bearbeitet ihn fürchterlich mit beiden Fäusten. Die gesamte Runde ein einziger Schlaghagel! Ich staune, wie schnell sie zu Ende ist. Kein einziges Mal kam ich dazu, auf die eingeblendete Uhr zu schauen.

Als Frank Cappuccino beide Boxer zur letzten Runde ruft, sieht es so aus, als käme Arturo Gatti gar nicht mehr aus seiner Ecke. Micky Ward reißt seine Arme hoch, doch da ist Gatti wieder zur Stelle. Cappuccino beordert beide in ihre Ecken zurück und heißt sie, boxend daraus hervorzukommen. Und das tun sie, und wie! Gatti tänzelt, schlägt – und Irish bleibt ihm keine einzige Antwort schuldig. Beide geben und nehmen, bis sie mit dem Schlussgong völlig ausgepumpt gegeneinandersinken. Ein Punktrichter wertete unentschieden, die anderen hatten Ward mit einer beziehungsweise zwei Runden vorn. Wenn es einen Boxkampf gibt, der keinen Verlierer verdient hat, dann zweifellos dieser.

Die beiden Rückkämpfe gewann Arturo Gatti, wobei er bei ihrem letzten Aufeinandertreffen am 7. Juni 2003 erneut zu Boden ging. Irish Micky Ward hatte in allen drei Kämpfen zusammen laut Computer 975 Treffer weggesteckt. Nach dem dritten Gatti-Fight beendete er seine Karriere als Berufsboxer, dieses Mal endgültig. Arturo Gatti wurde im Januar 2004 WBC-Weltmeister im Halbweltergewicht. Zweimal verteidigte er seinen Titel erfolgreich, bevor er ihn im Juni 2005 gegen Floyd Mayweather jr. verlor. Am 11. Juli 2009 kam er unter ungeklärten Umständen gewaltsam ums Leben. Er wurde 37 Jahre alt.

Weil Vitali Klitschko gegen den Besten antrat

Genau zur kürzesten Nacht des Jahres 2003, also zum Eröffnungsgong des Sommers, stand ein hochkarätiger Boxabend an. Aus diesem Anlass erwartete ich den Besuch meines Boxsportfreundes Clemens, ein weiterer Grund zu ausgelassener Vorfreude. Im Staples Center von Los Angeles verteidigte Lennox Lewis, spätestens nach seinem Sieg gegen Doppelweltmeister Evander Holyfield unangefochtene Nummer 1 des Schwergewichts, seinen Titel gegen den von mir hoch verehrten Vitali Klitschko. Da der Kampf in unseren geografischen Breiten erst gegen fünf Uhr begann, hatte ich für Clemens und mich ein mehrstündiges Vorprogramm erstellt. Aus dem Archiv meiner Aufzeichnungen hatte ich etliche Kämpfe beider Boxer herausgesucht. Jeweils abwechselnd sahen wir Lennox und Vitali dabei zu, wie sie einige ihrer Gegner nach Strich und Faden vermöbelten.

Nach den ersten Wechseln schauten wir jedoch nur noch Lewis-Kämpfe. So sehr ich Vitalis überlegene Kampfesführung und seine psychische wie physische Stärke schätzte – seine Siege erschienen mir plötzlich geradezu fade und langweilig gegenüber denen seines heutigen Kontrahenten. Sein Stil wirkte auf mich plötzlich vor allem steif, eindimensional – gerade so, als müsste ich nun doch seinen scharfen Kritikern recht geben, die ihn so gern als Roboter bezeichneten. Während Vitali seine Gegner mit tief hängender Deckung lockte und sie irgendwann mittels seiner außergewöhnlichen Physis schlichtweg überrollte, erfreute uns Lennox mit seiner einzigartigen Variabilität und immer neuen Schlagkombinationen. Mal bereitete er einen Knock-out minutiös mit dem Jab vor, ein anderes Mal brachte er die womöglich härteste Rechte der Welt unvorbereitet ins Ziel – keiner seiner Siege glich dem anderen. Auch mit Gegnern, die ihm körperlich ebenbürtig waren, spielte er gnadenlos Katz und Maus. Shannon Briggs führte er vor, indem er ihm in der 5. demonstrativ Raum für eine Attacke ließ, bevor er ihn, eingeleitet von der Geste »Okay, und jetzt ich«, fällte wie eine altersschwache Rieseneiche. Andrew Gołota nagelte er gleich in der 1. mit endlosen Schlagserien zunächst in die Ecke und hernach an den Ringboden. Bei aller Schnelligkeit arbeitete er dabei in aller Ruhe und erschreckend präzise. Von all seinen Schlägen ging kein einziger daneben.

Unser Fazit: Vitali Klitschko hatte etliche leichte, kleine Männer niedergerungen, Lennox Lewis dagegen große wie kleine Kontrahenten boxerisch *und* physisch aus dem Ring gefegt. Dieser Boxer war einfach das Beste, was diese Welt an Schwergewichtlern hatte. Er hatte alle verprügelt, die ihm in die Quere kamen, ob sie nun Frank Bruno, Ray Mercer, Evander Holyfield oder Mike Tyson hießen. Seine Kämpfe gegen Oliver Mc Call und Hasim Rahman hatte er auf die leichte Schulter genommen – und war prompt gestoppt worden, bevor er in den Rückkämpfen die Verhältnisse eindrucksvoll wieder klarstellte.

Klar, Vitali war bisher ungeschlagen, sieht man von seiner »Niederlage« gegen Chris Byrd ab, als ihm in der 4. Runde die Supraspinatussehne in der Schulter anriss. Immerhin hatte er trotz angerissener Schulter, einem nahezu bewegungsunfähigen Arm und bestialischen Schmerzen bis zum Ende der 8. weitergemacht und auf allen drei Punktzetteln deutlich vorn gelegen. Diese Aufgabe, von seinem verantwortungsbewussten Trainer Fritz Sdunek erzwungen, brachte ihm seitens »knallharter« Zeitungsschreiberlinge, die ganz sicher angesichts weit, weit ungefährlicher Verletzungen stiften gegangen wären, den Spitznamen »Doktor Weichei« ein, aber diese feige Frechheit hier nur am Rande. Byrds Schnelligkeit hatte Vitali immerhin einige Mühe bereitet, und Lewis war mindestens ebenso schnell wie Chris, dazu ungleich schlagstärker. Er hatte fast Vitalis Körpergröße, war vier Kilogramm schwerer als er und ihm an Reichweite gar um zehn Zentimeter überlegen. Auch präsentierte er sich nicht minder austrainiert als der ältere der beiden

Klitschko-Brüder. Kurzum: Ich hatte schlichtweg Angst um meinen Lieblingsboxer – und bewunderte ihn für seinen Mut, gegen den unumstrittenen Superstar des Schwergewichtsboxens in den Ring zu steigen.

Weil ein Sieger nicht immer der Sieger ist

3.000 Ukrainer waren ins Staples Center von Los Angeles gekommen, den Herausforderer zu unterstützen. Die akustische Übermacht hatten jedoch die sangesfreudigen Engländer. Auch das Gros der US-Amerikaner unter den etwa 14.000 Zuschauern hielt zu Champion Lennox Lewis. In dieser Kulisse nun gedachte Exweltmeister Vitali Klitschko, jenes Weichei-Image abzulegen, welches ihm nach seinem Schultersehnenanriss angedichtet worden war. Wenige Wochen vor dem Kampf war er als Ersatz für den verletzten Kirk Johnson eingesprungen, der an diesem Abend eigentlich als Herausforderer hatte antreten sollen.

Beide Boxer begannen den Kampf mit tief hängender Deckung, die Führungshand weit vor dem Körper. Dass sie einander immer wieder umklammerten, demonstrierte den Respekt, den jeder vor den Fähigkeiten des anderen hatte. Klitschko ist der Erste, der mit einer knackigen Rechten an Lewis' Kopf ein Ausrufezeichen setzen kann. Als wolle er mich beruhigen, behält er das Heft des Handelns fest in der Hand. Er beschäftigt Lewis mit dem Jab, trifft deutlicher als der Weltmeister – und holt sich die Eröffnungsrunde.

Erst in der Zeitlupeneinspielung sehe ich, wie deutlich er Lewis ausboxte und geradezu schulbuchmäßig Eins-Zwei-Kombinationen landete. Trainer Fritz Sdunek lobt seinen Schützling und mahnt ihn mit ruhiger Stimme zu mehr Lockerheit. Lewis trifft mit dem Jab, Klitschko antwortet mit einer schweren Schlaghand. Ein weiterer rechter Haken erwischt Lewis noch klarer, lässt den Champion straucheln. Er taumelt zurück, »Lewis is in trouble!«, schreit der amerikanische Fernsehkommentator. Klitschko dominiert, trifft wieder und wieder und bringt bei Lewis' Attacken seinen Oberkörper mit schnellen Rückwärtsbewegungen aus der Schussbahn. Da bringt Lennox seinen Jab knackig ins Ziel, bevor ihn Vitali gleich einer Naturgewalt wieder mit Schlägen eindeckt. Eine klare Runde für ihn. Das Publikum raunt bei der Einspielung der Zeitlupe.

Zur 3. Runde stürzt Lewis aus seiner Ecke und erwischt Vitali, bevor sich beide einige Doubletten mit den Führungshänden verpassen. Entsetzt sehe ich: Vitalis linkes Auge blutet stark. Beide schlagen und treffen, Vitali öfter, Lennox eindrucksvoller. Die Runde geht an ihn, aber was ist mit Vitalis Auge?

»Terrible!«, ruft der Kommentator, und genau das ist es, ein schwerer Cut über dem linken Auge. Schlagwirkung, Kopfstoß oder Lewis' Rastalocken – bis heute weiß niemand sicher zu sagen, wie die Wunde zustande kam. Die Braue ist völlig aufgerissen. »Es war kein gerader Schnitt, sondern eine gezackte Wunde, wie sie Cutmen besonders fürchten, weil sie sich selbst mit ausgefeilten Tricks nicht schnell schließen lässt«[78], gibt Fritz Sdunek zehn Jahre später in seiner Autobiografie zu Protokoll. Diesmal raunt das Publikum, als der große Videowürfel zeigt, wie Cutman Joe Souza einen Wattestab vollständig in der Wunde verschwinden lässt. »Geh zur Seite!« Fritz Sdunek gibt alles, seinen Mann zu beruhigen.

Wieder stürmt Lewis aus seiner Ecke, attackiert Klitschkos Augenpartie, ringt ihn zu Boden – und hilft ihm wieder auf. Vitali übernimmt das Kommando, doch ist er nun sichtlich bemüht, Lewis' Händen möglichst kein Ziel zu bieten. Pause. Sdunek spricht, der Cutman arbeitet an Klitschkos offener Augenbraue.

Weiter gehts, beide mit tiefer Deckung, sie treffen einander hart, Vitalis Auge blutet wieder stark. Er drängt Lewis in die Seile, bringt ihn mit einer Schlagserie in Schwierigkeiten. Der Kampf wogt hin und her, jeder bringt seine Antwort auf die Attacke des Gegners.

Wieder Pause, noch mehr Blut in Vitalis Gesicht. Zu dem schweren Cut hat sich ein langer Riss überm Wangenknochen, unter dem verletzten Auge, gesellt.

Lewis marschiert, Klitschko trifft im Rückwärtsgang, setzt eine knallharte Links-Rechts-Kombination, übernimmt das Kommando – als ihn Lewis plötzlich mit einem fürchterlichen Aufwärtshaken fast vom Boden abheben lässt. Diese Schlaghand, die womöglich härteste der Welt, hätte wohl jeden anderen Gegner ins Land der Träume geschickt. Vitali klammert, steht wieder fest und fightet zurück. Kurz vor Rundenende drängeln sich beide verbissen clinchend durch den Ring, und Lewis bringt erneut einen harten rechten Uppercut ins Ziel.

Souza behandelt in der Ecke Vitalis »drei Augen«, da schreit der Kommentator: »He stopped the fight! … Lewis the winner!« Lewis wirkt merklich erleichtert. Als Vitali realisiert, was hier los ist, steht er auf, geht auf Lewis' Tross zu, schreit immer wieder: »No!« Außer sich, will er zu seinem bis eben noch Gegner vordringen. Sein Bruder und Fritz Sdunek gehen dazwischen. Mit liebevoller Gewalt gelingt es Wladimir, seinen großen Bruder von Lennox Lewis wegzuschieben.

Als Vitali seinen rechten Arm in die Luft streckt, brandet Jubel auf. Wieder steht er vor Lewis, schreit ihm etwas zu. »Rematch!«, verstehe ich, Lewis nickt, dann entbrennt aus dem Off ein heilloses Geschrei. Wieder schiebt Wladimir seinen Bruder Richtung Ecke, zwischen beiden Boxern ein heftiges Handgemenge. Ohrenbetäubender Jubel, als Vitali erneut die Arme hochreißt, auf die Ringseile steigt. Die Menge feiert ihn wie den neuen Champion. Als Michael Buffer den alten und neuen Weltmeister Lennox Lewis als TKO-Sieger ausruft, nimmt kaum einer davon Notiz.

Auf allen Punktzetteln führte Vitali zum Zeitpunkt des Kampfabbruchs mit 58:56. Wer hätte diesen Kampf gewonnen, wäre er weitergegangen? Dem Rematch verweigerte sich Lennox Lewis, indem er seine Karriere für beendet erklärte. Vitali Klitschko stoppte im nächsten Kampf Kirk Johnson, ein Jahr darauf erntete er den ihm gegen Lewis noch verweigerten Lorbeer und wurde zum zweiten – und nicht letzten – Mal Weltmeister.

Fritz Sdunek betrachtet Vitalis Kampf gegen Lewis als den Höhepunkt seiner Trainerlaufbahn. Vitali Klitschko ist für ihn einer der fünf stärksten Boxer aller Zeiten: »... er war mental so gefestigt wie kein anderer Sportler, den ich jemals trainiert habe. (...) Wenn ich sah, mit welcher Entschlossenheit er in jedes Training und in jeden Kampf ging, dann wusste ich, dass es fast unmöglich sein würde, diesen Mann zu besiegen.«[79]

Weichei nannte Vitali von nun an niemand mehr, und auch ich schämte mich fast dafür, dass ich ihm nicht zugetraut hatte, auch den vermeintlich Besten der Welt zu besiegen.

KAPITEL 9

DAS TRAINING IST DER HAUPTKAMPF

Weil sich ein wahrer Meister nicht zu schade für Arbeit ist

Kampfabend im Universum-Gym in der Hamburger Walddörferstraße, Mitte der 1990er. In der vollbesetzten Halle steigt eine ganze Reihe von Boxtalenten des Stalls in den Ring. Bei vielen Kämpfen dabei: Universums Cheftrainer Fritz Sdunek. Der ist spätestens, seit er am 10. Juni 1995 Ralf Rocchigiani zu Weltmeisterehren führte, vielen Boxsportfreunden ein Begriff. Ich »kannte« ihn bereits aus DDR-Zeiten, als er nach seinem Studium an der Deutschen Hochschule für Körperkultur (DHfK) in Leipzig die Boxer des SC Traktor Schwerin trainierte, unter ihnen Andreas Zülow oder mein Favorit Richard Nowakowski. Dessen Kämpfe im Bantam-, Feder- und Leichtgewicht verfolgte ich regelmäßig bei TSC- und Chemie-Pokal, bei Europa- und Weltmeisterschaften. Im Nationalteam der DDR arbeitete Sdunek als Assistent von Günter Debert, den Sdunek bis heute zu seinen großen Vorbildern zählt.

Zurück zum Universum-Kampfabend in Hamburg-Wandsbek. Nun hatte Fritz es also auch im Westen »geschafft«, worüber ich mich sehr freute und ihm seinen anhaltenden Erfolg von Herzen gönnte. Ebenso hätte ich es ihm gegönnt, dass er es sich nach dem harten Arbeitstag als Sekundant in den Ecken seiner Kämpfer auf der After-Show-Party gemütlich macht und nach einigen ausgesuchten exklusiven Drinks im Rolls-Royce ins beste Hotel der Stadt oder – er wohnte ja mittlerweile in Hamburg – in seine Riesenvilla mit kilometerlangem Swimmingpool und dergleichen mehr kutschiert wird. Mindestens das alles gebührte diesem Meister seines Fachs. Ich zählte und zähle ihn bis heute zu den besten Boxtrainern dieser Welt. Wie sehr allerdings meine naive Vorstellung seiner Feierabendgestaltung von der Wirklichkeit eines Fritz Sdunek abwich, erfuhr ich erst Anfang dieses Jahres, als ich seine Autobiografie las.

Sein Wechsel als Trainer der Amateure von Bayer Leverkusen zum Hamburger Profiboxstall des Peter Kohl fiel genau in die Zeit, da selbiger daranging, in der Walddörferstraße ein neues Gym zu errichten. Fritz ließ sich von Herrn Kohl das Bauvorhaben erläutern und hatte sofort seine eigene Vision, nämlich: »… aus dem Gym eine Art DDR-Sportschule im Kleinformat zu machen.«[80]

Neben Extraräumen für die Sparringspartner der Universum-Boxer, einem Aufenthaltsraum nebst Küche, ordentlichem Nassbereich, einem Extraraum für Geräte und Hanteln zum Krafttraining, unterbreitete er Herrn Kohl einen Vorschlag, den dieser womöglich erst einmal für den Scherz eines Durchgeknallten hielt. »Und in die geplanten Büroräume, da wollte ich selbst einziehen. ›Da kann man bequem Wohnzimmer, Schlafzimmer, Küche und Bad unterbringen.‹«[81]

Als der Hamburger Großgastronom merkte, dass sein Gegenüber das Ganze tatsächlich ernst meinte, habe auch er angefangen, jene Idee Sduneks ernst zu nehmen. Fakt ist: Im März 1994 begann Fritz seinen Job als Trainer *und Hausmeister* beim damals womöglich größten deutschen Profiboxstall. Zwei Jahre später durfte er sich sogar Cheftrainer nennen.

Und was tat dieser hochrangige Könner und womöglich wichtigste Mann des Unternehmens nach jenem Kampfabend und der anschließenden Party, die bis in die sonntäglichen Morgenstunden ging? Richtig! Nach kurzem Nachtschlaf hieß es, »früh aufzustehen, um aufzuräumen und zu putzen, das Gym zu lüften, den Zigaretten- und Alkoholgestank aus den Ecken zu kriegen und alles wieder fürs Training am Montagmorgen herzurichten.«[82]

Bei Bedarf reparierte er auch die Dachrinne, fegte Hof und Halle – kurzum, er und seine Frau taten alles, was man als Hausmeister-Ehepaar so tut. Ein paar Sportler halfen ihnen dabei, dazu Haustechniker Thomas Neunzig, später dessen Nachfolger Helge Pahnke. Beide nennt Fritz Sdunek in seiner Autobiografie namentlich.

Fakt ist: Er scheute sich weder, einen Besen in die Hand zu nehmen, noch sieht er auf andere herab, die wie er bereitwillig derart »niedere« Arbeiten verrichten. Dass ein bekannter Trainerkollege aus den USA ihn dafür auf überhebliche Art belächelte, ärgerte ihn. Seiner verantwortungsvollen Arbeit als Coach und Hausmeister tat dies keinen Abbruch. Meistertrainer Fritz Sdunek blieb bei seinem Credo: »Man soll sich für keine Aufgabe zu schade sein.«[83]

Weil ein Gym bedeutet: Boxen atmen!

Obgleich Promoter Klaus-Peter Kohl offensichtlich begeistert von seinem neuen Coach und alsbald Cheftrainer war, gingen ihre Meinungen in Detailfragen hin und wieder auseinander. So sei Herr Kohl zunächst nicht gerade begeistert von des Trainers Forderung nach Geräten und Ort für das Krafttraining gewesen, lese ich in Sduneks Autobiografie.

Schließlich vertrat Kohls damaliger Cheftrainer aus den USA die Meinung, Hantelarbeit schade den Boxern nur. Selbstredend wollte Sdunek aus seinen Kämpfern keine Bodybuilder machen, sondern die Arbeit an Gewicht, Hantel und Co. in das Gesamtkonzept seiner Arbeit einbetten. Krafttraining für den Boxring hieß sein Konzept! Glücklicherweise konnte er seinen Chef von ebendem überzeugen.

Ebenfalls geradewegs revolutionär für damalige Verhältnisse in Profiboxställen: Jeden Morgen bereitete Frau Sdunek gegen 9.30 Uhr das Frühstück – für ihren Mann, für sich und alle im Gym trainierenden Sportler, die zuvor ihr Morgentraining absolviert hatten. Auch die Sparringspartner nahmen mit am Tisch Platz, was für jeden von ihnen eine völlig neue Erfahrung war, wurden und werden Journeymen doch gemeinhin als lebende Sandsäcke angesehen, die für ein paar Kröten jede Menge Prügel einzustecken haben, und das wars.

Besonders lustig sei es gewesen, wenn dieser oder jener Sparringspartner nicht der im Hause Sdunek gesprochenen Sprachen Deutsch, Russisch oder Englisch mächtig war. Dann mussten die Gastgeber mittels Gebärden oder bei Fleisch und Wurst dem Nachahmen des entsprechenden Tiergeräuschs erklären, was da vor ihnen auf dem Teller lag. Auch dass Frau Sdunek ihnen – genau wie den Universum-Boxern – die Wäsche wusch, hatten die bei ihnen gastierenden Fahrensmänner des Boxens nie zuvor so erlebt.

Natürlich war das alles keine »reine Menschlichkeit« im Sinne eines verträumten Gutmenschentums. Fritz Sdunek brauchte die Sparringspartner als wichtige Mitarbeiter bei der Vorbereitung seiner Boxer. Und ein Kollege, dem man den entsprechenden Respekt entgegenbringt, arbeitet nun mal bereitwilliger und besser als ein Arbeitssklave. Der nämlich rührt seine Glieder lediglich »nach Vorschrift« und auch nur, wenn der Sklaventreiber ihn beobachtet. Sdunek wollte jedoch, dass die Angeheuerten beim Sparring genau das imitierten, was er für wichtig bei der Vorbereitung seines Schützlings auf den nächsten Gegner erachtete. Die Gastboxer dankten ihm und seiner Frau mit gutem Benehmen und zumeist einer hervorragenden Arbeit im Ring.

Hier im Gym lebte *und* arbeitete Fritz Sdunek über viele Jahre. Bis heute sieht er »sein« Trainingszentrum in der Walddörferstraße als etwas ganz Besonderes: »Ich habe die Atmosphäre im Gym immer deshalb geliebt, weil man dort das Boxen atmen konnte.«[84]

Nun meint er damit keineswegs das, was sich ein Boxromantiker, dessen Erfahrungen mit diesem Sport sich auf das intensive Reinziehen der *Rocky*-Filme Stallones und ihrer unzähligen Nachahmungen darunter vorstellt: »Ein echter Champ joggt durch die Straßen eines Slums oder haut im verschneiten Wald im Akkord Bäume um. Wenn er dann doch mal in einem Gym gegen Sandsack oder Sparringspartner haut, dann muss das ein völlig abgeranzter

Laden sein. Der Putz bleibt nur dank der meterdicken Schicht aus alten Boxplakaten an den Wänden, und die Luft ist vom Zigarrenqualm und dem Schweiß der Fighter so dick, dass du sie schneiden kannst!« Bei Fritz Sdunek liest sich das ein wenig anders: »Es war stets sauber und ordentlich, aber nie steril und geleckt.«[85]

Von meinem fiktiven Boxromantiker skizzierte Trainingsstätten lernte der Meistertrainer unter anderem in England und den USA kennen – und entwickelte seine eigene Art der »Liebe« zu ihnen. In solchen Läden »kam mir schon nach den ersten Atemzügen das Kotzen, weil die Luft derart abgestanden war. Und dreckig war es dort, schlimm!«[86]

Auch was Publikum und näheres Umfeld angeht, weiß mein Romantiker bestens Bescheid: »Da sitzen die ganzen Bandenchefs, in der einen Hand die Zigarre, mit der anderen fummeln sie ihren minderjährigen High-Heel-Bräuten am Knie rum. Trainiert wird natürlich im Keller – und obendrüber ist ein Puff mit Hinterzimmer, wo sich die allergrößten Ganoven vom Kiez die Klinke in die Hand geben.«

Nun, Publikum gab es im Universum-Gym auch, längst nicht nur zu den Kampfabenden. »Die Besonderheit war auch, dass wir zum Training fast immer Zuschauer zugelassen haben. Manchmal war die ganze Tribüne besetzt, wenn etwa die Klitschkos oder Dariusz Sparring gemacht haben.«[87] Die Fans band das an ihre Ringidole, und selbige fühlten sich vor Publikum selbstredend noch mehr dazu veranlasst, sich bestmöglich reinzuhängen. Kurzum, im »Hause Sdunek« wurde Boxen nicht gespielt oder geträumt, hier wurde Boxen gelebt, mit Kopf, Herz, Bauch, mit Fäusten und Beinen – und jeder Menge Schweiß, womit wir sogleich beim nächsten Kapitel wären.

Weil ohne Fleiß kein Preis

»No pain – no gain« – stehe es an Wand oder Tür im berühmten Kronk Gym in Detroit, Wirkungsstätte des am 25. Oktober 2012 verstorbenen Meistercoachs Emanuel Steward. Dass dies, neben aller mentalen und körperlichen Begabung, vor allem jede Menge harte Ackerei bedeutet, ist wohl jedem klar, oder?

Und wie geht jene Ackerei, auch Training genannt, nun vonstatten? Als begeisterter Amateurboxsteppke hieß es für mich, neben – oder besser *vor* – dem Sparring hauptsächlich: Laufen, Seilspringen, Liegestütze! »Muhammad Ali bringt jeden Tag 1.000 Stück!«, vertraute mir Schulfreund Willi an ...

Wie aber sieht nun das Boxtraining aus, welches aus Spitzensportlern Weltklasseboxer formen soll? Da hat wohl jeder Coach seine eigene Strategie. Beim Boxen wird, wie in den meisten Sportarten, der gesamte Organismus gefordert. Es geht um Kondition, Arm- und Beinkraft sowie die Kopplung von beiden. Überhaupt sind koordinative Fähigkeiten das A und O. Ein guter Gleichgewichtssinn, genau aufeinander abgestimmte Arm-, Bein- und Oberkörperbewegungen, Rhythmusgefühl, eine ausgesprochen gute Orientierungsfähigkeit des Körpers im Raum sowie ein schnelles Umschaltenkönnen von Bewegungsrichtung wie Schnelligkeit der Bewegung, alles entsprechend der konkreten Kampfsituation. Nicht zu vergessen: Auch die psychische Stabilität ist im Ring ein wichtiger Faktor.

Fritz Sdunek arbeitet nach variablen Trainingsplänen. »Wie man so einen Plan schreibt, habe ich an der Sportschule im Fachteil Trainingslehre gelernt«[88], verrät er in seiner Autobiografie. In der DDR eignete er sich als Amateurtrainer das an, was ihm später als Sekundant zahlreicher Weltmeister beim Berufsboxen beste Dienste erweisen sollte. Die Amateurschule war hart. Musste er doch seine Jungs übers Jahr auf etliche große Turniere vorbereiten, in denen sie, schafften sie es bis ins Finale, innerhalb weniger Tage etliche Kämpfer vor die Fäuste bekamen.

Zunächst stellt Sdunek den Athletikaufbau ins Zentrum – einen Teil der Wettkampfvorbereitung, die erfahrene Sportler auch ohne ihren Trainer absolvieren können. Hier arbeiten die Boxer den von Fritz jeweils für sie erarbeiteten Plan ab. Etliche Weltspitzenprofis, unter anderem der Tiger oder Wladimir und Vitali Klitschko, schwören/schworen auf Sduneks Fähigkeiten auf diesem Gebiet. Der jüngere der beiden Ukrainer arbeitete nach Sduneks Athletikplänen, nachdem er sich längst von ihm als Cheftrainer getrennt hatte.

Der athletische Aufbau liefert bei Sdunek die Grundlage für alles Weitere. Zwei bis drei Wochen vor dem Wettkampf beginnt bei ihm die Sparringsphase, in welcher seine Kämpfer bis zum Kampf gut 60 bis 100 Runden oder mehr im Ring arbeiten. Auch in dieser Phase gibt es wöchentlich einen neuen Trainingsplan. Kleine Kostprobe gefällig? »A bezeichnet das wettkampfspezifische Training, B steht für wettkampfnahe Arbeit und C für allgemeine Athletik und Ausdauer. Wenn also jemand in seinem Plan die Abkürzung ›B 10 PT‹ vorfindet, weiß er, dass wettkampfnahe Pratzenarbeit gefordert ist. ›A 10 8/14‹ steht für acht Runden Sparring bei insgesamt 14 Runden Training.«[89]

Obgleich jene Abkürzungen noch aus DDR-Zeiten stammen, ist das alles keineswegs »realsozialistische Einheitsware aus der verstaubten Kaderschmiede«. Für jeden der drei genannten Bereiche hat Sdunek um die 20 verschiedene Programme auf Lager, die er ständig neu kombiniert, jeweils abgestimmt auf seinen Sportler sowie die von ihm zu bewältigende Aufgabe. Auch, dass ein Boxer bei ihm so gut wie gar nicht läuft, kommt dabei vor. Es geht ihm hier nicht um stupides Bolzen, sondern um einen komplizierten physischen wie psychischen Prozess. Kurzum: Es geht ums Training, *die* Grundlage für den Erfolg im Ring!

Weil ein Meistercoach auch von seinen Schützlingen lernt

Um alle Boxer aufzuzählen, die mit Chefcoach Fritz Sdunek in ihrer Ecke Welt- oder Europameister wurden oder dies über lange Zeit blieben, fehlt mir an dieser Stelle die Geduld. Die bekanntesten unter ihnen sind sicher Vitali und Wladimir Klitschko, Dariusz Michalczewski, Juan Carlos Gómez und Felix Sturm. Sein erster Schützling auf Weltspitzen-Niveau war übrigens ein Berliner, der sich neben der Arbeit im Gym sehr gut in Kneipen auskennt, der äußerst gut rauchen, Bier trinken und Karten spielen kann und mit Sdunek'schen Trainingsplänen zunächst nicht das Geringste am Hut hatte.

»Ick finde, Sie sind 'n juter Typ, und Herr Kohl meint, Sie wären der richtige Trainer, um mich auf meinen WM-Kampf vorzubereiten«[90], habe ihn jener Berliner Kanten eines schönen Donnerstags angesprochen, erzählt Sdunek. Bis zum Kampf um den vakanten WBO-Weltmeistergürtel im Cruisergewicht, ausgetragen am 10. Juni 1995 im englischen Manchester, blieben gerade mal acht Wochen. Lokalmatador Carl Thompson aus England (18 Siege, drei Niederlagen) hieß der eine Titelaspirant. Sein Gegner aus Berlin hatte neben 33 Siegen bereits acht Niederlagen und sieben Unentschieden auf dem Buckel. Von seinen insgesamt 13 deutschen wie internationalen Titelkämpfen hatte er sieben verloren und dreimal unentschieden geboxt. Sein einziger WM-Kampf: eine Punktniederlage über zwölf Runden. Er war ein Jahr älter als Thompson und, wie gesagt, kein Kind von Traurigkeit. Sein Name: Ralf Rocchigiani.

Acht Wochen, das war nicht viel Zeit. Also wollte Fritz Sdunek mit dem Training nicht erst – wie von *Rocky II* erwartet – am Montag beginnen, sondern sofort. Der Trainer ordnete dem Boxer an, er möge sein Sportzeug anziehen und sich zu den anderen Boxern gesellen, die gerade ihr Lauftraining absolvierten. »Warum laufen die denn so viel?«, hatte ihn Ralf gerade eben noch spöttisch gefragt. »Das sind doch Boxer und keine Leichtathleten.«[91]

Zwei Erwärmungsrunden später habe der WM-Aspirant bereits merklich gepumpt. Nach zwölf Minuten Laufen in maximaler Geschwindigkeit, den nachmittäglichen Krafteinheiten, einem knallharten weiteren Trainingstag sowie einem Sonnabendmorgen-Lauf entließ ihn der Coach ins Wochenende nach Berlin. Ralf Rocchigiani habe sich mit der Ansage verabschiedet, er wisse nicht, ob er am Montag tatsächlich wieder zum Training erscheinen werde.

Der Boxer selbst sah es zunächst so: »Fritz ist ein Ossi-Trainer, der will mich als Wessi fertigmachen.«[92] Immerhin erschien er zum Training und brachte mit Fritz nicht nur seine Kondition auf Vordermann. Es war ein harter Weg, den beide miteinander gingen. Ralf hatte wohl nie zuvor einen Mann in seiner Ecke gehabt, der in diesem Maße systematisch arbeitete und ihm derart viel Training abverlangte – und Fritz wohl nie einen derart »rational« arbeitenden Schützling. »Er hat effektiv gearbeitet, aber letztlich nur das Nötigste getan.«[93]

Als sie nach Manchester aufbrachen, begleitete sie zunächst lediglich ein Kumpel von Ralf. Niemand im Hause Universum schien daran zu glauben, dass Ralf Rocchigiani in einem WM-Kampf, noch dazu auswärts, tatsächlich etwas reißen würde. Die Halle tobte, feuerte ihren Mann an – und Thompson legte los wie die Feuerwehr. Bereits in der 1. Runde schickte er Ralf zu Boden. Fritz Sdunek war bereit, jeden Augenblick zum Schutze seines Boxers das Handtuch zu werfen – aber zugleich keine Sekunde zu früh. »›Ralf!‹, rief ich ihm zu, und er hörte mich, sah zu mir herüber, nickte und blinzelte mit einem Auge.«[94] Da wusste Fritz, sein Mann war wieder völlig klar, und er legte das Handtuch wieder weg. Es sollte das erste und letzte Mal in Ralf Rocchigianis Profikarriere sein, dass er auf diese Art Bekanntschaft mit dem Ringboden machte.

Sein Trainer hatte richtig entschieden, denn Ralf Rocchigiani kam zurück und schickte Thompson im Laufe der folgenden

Durchgänge gar dreimal auf die Bretter. Zudem renkte sich Thompson die Schulter aus. In der 11. Runde brach der Referee nach erneuten harten Treffern des Berliners den Kampf ab. Ralf Rocchigiani hatte auf allen drei Punktzetteln zurückgelegen – und mit seinem Abbruchsieg in der Heimat seines Gegners den WM-Titel im Cruisergewicht erkämpft.

Sein Coach hatte in jedem Fall einen gehörigen Anteil daran, mindestens das. Beide blieben zusammen und Ralf hielt die Erfolgsspur. Dafür ließ er sich sogar das ihm eigentlich so lästige Lauftraining gefallen. Sdunek hielt zu seinem Mann, in guten wie in schlechten Tagen. Als sein Kämpfer nach Berlin floh, um in seinem Kiez zu feiern und den Karten zu huldigen, statt sich im Gym zu schinden, fuhr er ihm hinterher. Geduldig saß er neben seinem Schützling am Kartentisch, bis dieser gar nicht anders konnte, als nach kurzer Nacht zusammen mit Fritz ins Training zurückzukehren. Mindestens ebenso wichtig wie der ausgebildete Trainerfachmann Sdunek war bei alledem wohl der Pädagoge namens Fritz. So jedenfalls lese ich Ralf Rocchigianis Worte: »Fritz konnte mich motivieren, ohne mich unter Druck zu setzen. Er hat mich zu Eigenmotivation geführt.«[95]

Auf der anderen Seite lernte auch der erfahrene Meistertrainer von seinem eigenwilligen Schützling. Nicht nur, dass er darauf verzichtete, Ralf Rocchigiani das Rauchen zu verbieten. »Rocky hat mir vor Augen geführt, dass man seine Ziele auch erreichen kann, wenn man sich ab und zu eine Pause gönnt.«[96]

Ralf Rocchigiani verteidigte seinen Titel sechsmal erfolgreich, bevor er ihn am 4. Oktober 1997 wieder an Thompson verlor. Es war das Ende der Zusammenarbeit mit Fritz Sdunek. Aus den Augen verloren sich beide jedoch bis heute (zumindest bis zur Drucklegung von Sduneks aus meiner Sicht hochgradig spannender Autobiografie im Jahre 2012) nicht. Im Ring begegneten sie sich noch mindestens einmal, Sdunek als Boxer, Ralf als Referee eines hier im Buch geschilderten Schaukampfs …

Weil Ossi-Trainer das deutsche Berufsboxen aufmischten

Spätestens mit Henry Maske als IBF-Weltmeister im Halbschwergewicht begann eine Hochzeit des deutschen Berufsboxens. Das ist unbestritten. Viele Menschen, die mit diesem Sport bis dato nicht das Geringste am Hut hatten, strömten seit dem 20. März 1993 in die Hallen, in denen der »Gentleman« antrat. Jeweils etliche Millionen verfolgten seine WM-Fights am heimischen Fernseher oder in der Sportsbar. In seiner Ecke arbeitete sein alter Coach aus Amateurzeiten, der Olympiasieger von 1968 im Weltergewicht, Manfred Wolke. Dessen Kampfrekord von 236 Siegen in 258 Kämpfen bei vielen internationalen Spitzenturnieren belegt, dass er auch als Aktiver zu den Meistern seines Faches gehörte.

Wolke ist einer der wenigen, die eine derartige Karriere als Aktiver auch nach dem Wechsel in die Ringecke als Sekundant nahezu ungebrochen fortsetzen konnten. Neben Henry Maske trainierte er unter anderem Federgewichts-Olympiasieger Rudi Fink. Weitaus bekannter natürlich seine Erfolge im Berufsboxen mit Axel Schulz, den May-Brüdern, Danilo Häußler oder Enad Licina. Henry Maske wollte auch bei seinem Einkampf-Comeback am 31. März 2007 Coach Wolke in der Ecke haben. Sicher war diese Entscheidung *ein* gewichtiger Grund für seinen sensationellen Sieg gegen Virgil Hill. Mit einer beeindruckenden Leistung bezwang Maske den Mann, der ihm seine einzige, noch dazu umstrittene Niederlage als Profi beigebracht hatte und zum Zeitpunkt ihres erneuten Aufeinandertreffens amtierender Weltmeister im Cruisergewicht war!

Bis Henry Maske und Manfred Wolke auf der großen Bühne erschienen, dümpelte der deutsche Profiboxsport mehr oder weniger im Schatten der Halbwelt dahin. Ich möchte behaupten, dass die beiden ihn regelrecht revolutionierten. Genau wie sein Kollege Fritz Sdunek vom SC Traktor Schwerin hatte auch Manfred Wolke an der

DHfK in Leipzig das Trainerhandwerk gelernt. Da ich über Sdunek und die zahlreichen von ihm zu Europa- und Weltmeisterehren geführten Boxer bereits ausgiebig erzählte, komme ich hier gleich zum dritten der großen drei aus dem Osten: Ulli Wegner.

Auch er war in der DDR Boxer und Trainer gewesen, Letzteres bei der SG Wismut Gera und dem Berliner TSC. Nach der Wende tat er sich zunächst als Bundestrainer des DABV (Deutscher Amateur-Box-Verband e. V., bis 2003 existierend, Vorgänger des Deutschen Boxsport Verbandes (DBV)) in Berlin hervor. Sven Ottke führte er zum EM-Titel, dazu Oktay Urkal und Thomas Ulrich 1996 zu Olympischem Edelmetall, um hier nur drei seiner insgesamt 150 Medaillen bei Europäischen und Weltspitzenturnieren zu nennen.

Genau wie Manfred Wolke wechselte er schließlich zu Boxpromoter Wilfried Sauerland, wo er seit 1996 zahlreiche Europa- und Weltmeister »machte«. Ich denke, es ist kein Zufall: Viele hielten seinen ersten Meisterschüler, den in Berlin-Tempelhof geborenen Supermittelgewichts-Champion Sven Ottke, lange Zeit für einen Ossi. Das lag sicher nicht nur daran, dass seit Wende und Anschluss der DDR nahezu alle deutschen Spitzenboxer und Meistertrainer aus der »Ehemaligen« stammten. Ich denke, auch Ottkes unaufgeregte Art und Weise trug zu diesem Irrtum bei. Über viele Jahre tat er sich, genau wie Henry Maske, die Mays oder Axel Schulz vor allem durch Taten im Ring hervor denn mit diversen Yellow-Press-Skandälchen.

Wie auch immer, Ottke war nur der erste der zahlreichen »Wegner-Meister«, die bekanntesten sind sicher Markus Beyer, Arthur Abraham, Marco Huck und Yoan Pablo Hernández – die beiden Letzteren übrigens die amtierenden Nummern 2 und 1 der Weltrangliste im Cruisergewicht.[97]

Sollte es tatsächlich noch zu einem Kampf von Arthur Abraham gegen Felix Sturm kommen, würde Ulli Wegner einmal mehr seinem Kollegen Fritz Sdunek gegenüberstehen. Zweifelsohne war es jenes hier vorgestellte Dreigestirn Wolke-Sdunek-Wegner, die seit Beginn der 90er-Jahre des letzten Jahrhunderts den Profiboxsport made in Germany prägten. Sie alle hatten ihr Handwerk in der viel gescholtenen DDR erlernt. Ihre Nachfolger zeigen sich seit Jahren in den Ringen dieser Welt. Torsten Schmitz, Michael Timm und Karsten Röwer sind die ersten Namen, die mir hier ohne nachzudenken einfallen, auch sie allesamt gelernte Ossis. Noch Fragen?

KAPITEL 10

MEINE ‹LIEBLINGS-BOXERFILME

Weil Boxer auch am Mikrofon schlagfertig sind

Am 20. Juni 1969 traf der deutsche Halbschwergewichtler Norbert Grupe, besser bekannt unter seinem Kampfnamen »Wilhelm von Homburg«, im Berliner Sportpalast auf den argentinischen Schwergewichtler Oscar »Rocco« Bonavena. Der gehörte zu den ganz Großen seiner Zeit, hatte bereits mit Floyd Patterson, Muhammad Ali und Joe Frazier im Ring gestanden. Einzig Ali konnte ihn stoppen, TKO in der 15. Runde. Der Kampf in Berlin war eine klare Sache. Fünfmal ging Grupe zu Boden, bevor sein Trainer das ungleiche Duell in der 3. Runde abbrach und sich prompt einen satten Rempler seines Boxers einfing. Das war mit Sicherheit keine Showeinlage. Wenn Grupe irgendetwas fremd war, dann die Angst vor einem noch so mächtigen Gegner.

Weit berühmter als besagte TKO-Niederlage ist denn auch jener Kampf, den Norbert Grupe am Abend darauf in Deutschlands zweitberühmtester Sportsendung bestritt. In den Kulissen des *Aktuellen Sportstudios* sitzt er Moderator Rainer Günzler gegenüber. Beide sind über Eck am Tisch positioniert, jeder auf einem herrlich karierten Sessel. Beide tragen einen dunklen Anzug. Günzler, der seinen Kontrahenten wie ein Richter den Angeklagten anschaut, zeigt darunter Schlips und Kragen, der Boxer einen weißen Rollkragenpullover. Grupe fläzt in den Kissen, sein Blick ist wie vor jedem Kampf fokussiert. Es heißt, Günzler habe sich im Vorfeld mehrfach abfällig zum Lebenswandel seines Kontrahenten geäußert.

»Wie fühlen Sie sich nach den fünf Niederschlägen von gestern Abend?«, schießt der Moderator seine erste verbale Schlaghand heraus.

Grupe zeigt keinerlei Reaktion, dann sieht er seinen Kontrahenten so beiläufig wie ein lästiges Insekt an. Mindestens ebenso beiläufig schlägt er nuschelnd zurück: »D' war gestern Abend, nä?«

»Ja, gestern Abend«, zeigt Günzler erste Wirkung, bevor er erneut angreift: »Wie gehts Ihnen denn? Gut?«

»Heude gehts mir gut«, pariert Grupe so lässig, wie es irgend geht, was sein Gegenüber bereits in erste Bedrängnis bringt.

Sichtlich angeschlagen wiederholt Günzler die Worte des Boxers. Offenbar hat er sich noch nicht restlos erholt, als er seine nächste Attacke bewusst einige Meter zu tief ansetzt: »Sie haben sich bei *irgendeinem* Niederschlag den Knöchel verletzt. Sind Sie umgekippt?«

Grupe lässt seinen Mann einen Moment schweigend zappeln, bevor er ihn, schweigend, mit einem breiten Grienen voll ins Gesicht trifft.

»Er ist umgekippt, ich weiß es, er hats mir vorher erzählt«, rettet sich Günzler in die Seile, um von dort aus – mittlerweile deutlich verzweifelt – zu einigen hilflos wütenden Heumachern auszuholen.

Ob Grupe gewusst habe, dass dieser Gegner zu stark für ihn sei? Ob das Ganze purer, dummer Mut gewesen sei oder der bereits lange zuvor geplante letzte Zahltag seiner Ringkarriere?

Grupe weiß, dass er seinen Kontrahenten von nun an am wirkungsvollsten trifft, wenn er überhaupt nichts sagt – und hält sich konsequent an seine Linie. Schon grantelt der angeknockte Günzler herum, Grupe habe ihm bei seiner Niederlage im Ring deutlich besser gefallen als jetzt.

»Warum schweigen Sie?«, kommt es hilflos aus seiner Ecke. Das ist mehr ein aufgeblasenes Winseln denn ein Schlag.

Prompt führt ihn der Boxer weiter vor, indem er ihn am ausgestreckten Arm verhungern lässt. Seine Zunge spielt zweimal kurz an seiner Lippe, als würde er vielleicht doch noch etwas erwidern. Schließlich schickt er seinem völlig überforderten Widerpart in aller Lässigkeit ein weiteres Grienen über den Tisch, an das sich Günzler klammert wie ein Ertrinkender an den berühmten Strohhalm: »Na, Ihr Lächeln ist ja auch ganz hübsch.«

Mit der mühsam errungenen zweiten Luft versucht er, seine Haut zu retten, indem er auf den gewaltigen Gewichtsunterschied beider

Boxer von 18 Pfund zu sprechen kommt. Grupe ist fest gewillt, diesen Kampf vorzeitig zu beenden. Um seinen Gegner aber noch ein wenig strampeln zu lassen wie einen auf dem Rücken liegenden Käfer, bleibt er eisenhart bei seinem lächelnden Schweigen.

Nun endlich wirft Günzler das Handtuch. Er steht auf, packt das Mikro ein und bedankt sich bei seinem Gegner für dieses »Gespräch«. Im Abgehen wendet sich Norbert Grupe noch einmal halb zu Günzler um. Mit einem Ton, als würde er etwas Ungeliebtes von einem Protokollzettel ablesen, würdigt er des Moderators hervorragenden Einsatz für den Boxsport. Auch im unverblümt zynischen Heucheln erweist er sich als hoffnungslos überlegen.

Das Urteil des Kampfgerichts: Der Bund Deutscher Berufsboxer wollte Grupe auf Lebenszeit die Boxlizenz entziehen – ein hilfloses Ansinnen, welches sich alsbald zerschlug. Günzler hingegen soll, so Grupe später, seitdem nie wieder einen Berufssportler live interviewt haben. Einen klareren Knock-out sah ich selten, weder innerhalb noch außerhalb eines Rings.

Weil sie sich auch auf offener Straße nicht blöd kommen lassen

Als der eben geschilderte Kampf ausgetragen wurde, war ich gerade mal zwei Jahre alt. Dass ich ihn sehen konnte, verdanke ich Gerd Kroskes Dokumentarfilm *Der Boxprinz* aus dem Jahre 2000. Er erzählt auf einmalige Weise das schillernde Leben des Norbert Grupe alias Prinz Wilhelm von Homburg.

Ein weiterer, nicht minder berühmter Fight aus Kroskes Meisterwerk ereignete sich während der Dreharbeiten auf dem Straßenpflaster von St. Paulis berühmtester Straße, der Reeperbahn. Protagonist ist Stefan Hentschel, der Anfang der 1980er hier im Kiez zu den ganz Großen gehörte. In Kroskes Film schlendert er mit dem Filmteam über das Pflaster jener »Straße der gebrochenen Träume«, wie er die Meile nennt, und erinnert sich an seine glorreichen Tage. Irgendwann hört man aus dem Off diskutierende Stimmen. Ich verstehe etwas wie: »Würden Sie bitte hier vorbeigehen?«

Kurz darauf drängt sich ein kleiner Südländer mit mustergültigem Vokuhila-Oliba-Look in die Szene und sieht Hentschel stupid wie herausfordernd an. »Ey Alda!«, brüllt es aus dem Off, offensichtlich ein Kumpan des Eindringlings. Der brabbelt etwas in seinen Schnauzer, von dem ich nur verstehe: »… Hassu Problem?«

Hentschel nimmt des Eindringlings Gesprächseröffnung auf und fragt ihn zurück, ob *er* womöglich ein Problem habe, verbunden mit der deutlichen Aufforderung, er solle schleunigst seiner Wege ziehen. Der jedoch denkt nicht daran, die Filmszene zu verlassen, und glotzt lieber weiter mit stumpfer Miene in die Kamera. Was nun folgt, ging offensichtlich nicht nur meinen Augen zu schnell, sondern überforderte auch jegliche Reaktionsfähigkeit des unerwünschten Filmakteurs.

Innerhalb von Bruchteilen einer Sekunde zieht Hentschel seine Hand aus der Hosentasche und landet mit ihr nach wuchtigem Schwung eine schellende Backpfeife im Gesicht seines Gegenübers. Die bringt den Mann mit der modischen Haarpracht umgehend zu Fall, was Hentschel wiederum zu der Nachfrage bewegt, ob der jetzt womöglich *noch* etwas auf seinem Herzen habe, was dringend einer Lösung bedarf.

Der Vokuhila ist schnell wieder auf den Beinen. Mit verwirrtem Blick salutiert er Hentschel und sieht zu, dass er Land gewinnt. Sein Gesicht wird sicher noch eine Weile brauchen, bis es zur gewohnten »Ey Alda, isch hau disch Fresse«-Miene zurückfindet. So lange will Stefan Hentschel offensichtlich nicht warten. Er weist den Kameramann an, den eingeschlagenen Weg fortzusetzen, da er keinerlei Verlangen nach weiterer Unterhaltung dieses Inhalts verspüre.

Klar, der Vokuhila war gefühlte zwei Köpfe kleiner als Schwergewicht Hentschel und in den Schultern nicht mal halb so breit, aber
er war nicht allein, und wer weiß, was sich in seinen überaus geräumigen Hosentaschen verbarg? In jedem Fall hatten der kleine Mann
und seine Kumpels genau das gesucht, was sie gerade bekommen
hatten: Streit. Die von Hentschel eingeschlagene Richtung jener
Unterhaltung schien die einzige für sie geistig auswertbare zu sein.

Stefan Hentschels Kampfrekord als Berufsboxer weist laut
boxrec.com lediglich eine K.-o.-Niederlage auf, welche wiederum
der einzige Sieg im Profirekord seines Gegners blieb. Und doch
zeigte sich dieser Mann in seinem Leben immer wieder als überaus
schlagfertig., und das gegenüber weit mächtigeren Widersachern
als jener Horde halb garer Störenfriede.

Am Ende jedoch musste er sich dem wohl gefährlichsten Gegner
beugen, auf den man im Leben treffen kann: sich selbst. Am 18. Dezember 2006 erhängte sich Stefan Hentschel mit einem Springseil
an einem Deckenhaken im Boxkeller der »Ritze«, Hamburgs berühmter Kiezkneipe. An jenem Haken hing bis dato der seit vielen
Jahren von Hentschels Fäusten bearbeitete Sandsack. Bar jeglicher
Falschheit oder Verklärung hat Kroskes Film nicht nur diesem
Mann ein Denkmal gesetzt. Keins mit goldenem Sockel, sondern
eines im wahrsten und brutalsten Sinne des Wortes.

Weil Boxer-Adel erdig ist

Vor allem aber erzählt Kroskes Film die Lebensgeschichte Norbert
Grupes. Sein Kampfname »Wilhelm von Homburg« stammt aus
seiner Arbeit als Wrestler, Mitte der 1950er in den USA. Norbert
und sein Vater gaben hier *die* Bad Boys schlechthin, die Nazis aus
Deutschland. Ihr Familienname, der im Englischen wie Groupy

klingt, erschien ihnen hierzu denkbar unpassend. Also nannten sich Vater und Sohn markig deutsch »The von Homburg-Brothers«. Vater Richard gab den muskelbepackten germanischen Riesen, Sohn Wilhelm den grantigen Schmock mit Monokel, schwarzer Seidenjacke und riesigem Reichsadler auf der Brusttasche. Natürlich hatten die bösen Deutschen gegen die edlen Amerikaner zu verlieren. Dafür wurden sie gebucht und bezahlt.

1962 begann Grupe jr. seine Karriere als Berufsboxer. Mit einem Kampfrekord von 16 Siegen, drei Niederlagen und zwei Unentschieden kehrte er 1964 nach Deutschland zurück und ließ sich in Hamburg nieder. Um möglichst wirkungsvoll auf sich aufmerksam zu machen, mimte er weiterhin den Bösewicht. Prinz Wilhelm von Homburg spuckte vom Boxring aus ins Publikum oder trat gegen das untere Seil, wagte sich jemand zu nahe an seine Bühne. Vor dem Ringrichter ging er auf die Knie, um ihn mit brav gefalteten Händen um die Rücknahme eines gegen ihn gefällten Urteils zu bewegen.

Ein deutscher Kommentator nannte ihn aufgrund seiner Haarpracht einen »Box-Beatle«, er selbst bezeichnet sich in Kroskes Film als »ausgeflipptes Ferkel«, bei dessen Kämpfen alle hofften, dass es sich endlich ausgeknockt im Ringstaub wälzte. Das Ganze war pure Marketingstrategie. »Um mich zu sehen, mussten sie inne Tasche fassen!« Und der Prinz bot ihnen was für ihr Geld. Im Ring präsentierte er bei jeder sich bietenden Gelegenheit mit narzisstischer Geste seinen austrainierten Körper, seine Kampfhose ließ er mit breiten Streifen aus Nerzfell aufpeppen. Die seien besonders bei der Damenwelt *der* Hingucker gewesen.

Bei aller Show: Im Training wie im Kampf war er vor allem ein eifriger Arbeiter, der sein Handwerk meisterlich beherrschte. »Mut wie ein Bär«, habe er gehabt, so sein einstiger Gegner Jürgen Blin, dazu jede Menge Dampf in den Fäusten. Blin zählt ihn in Kroskes Film zu den besten deutschen Faustkämpfern jener Jahre. Ja, mehr noch: Bei soliderem Lebenswandel hätte er das Zeug gehabt, auch international einer der ganz Großen zu werden. Doch der Prinz war auch im täglichen Leben ein Mann der Extreme. Einst hatte er als Fleischträger, Kellner oder im Hafen als Schauermann geschuftet. Nun lebte er als großer, starker Mann auf dem Hamburger Kiez – zu einer Zeit, in der sich das Milieu gern mit Boxern umgab wie »Hanne« Kleine, der legendäre Wirt der »Ritze«, im Film erzählt.

Ein Puffbesitzer machte ihn zu seinem Freund, getreu dem Motto: »Meinen Abkassierer suche ich mir lieber selbst.« Auch die Hells Angels und Grupe fanden einander. Der Prinz avancierte mühelos zum Star eines der berühmten Prozesse gegen die Rockergang. In der eigens für ihn gebauten Zelle habe er Zigarre geraucht oder seinen Anwalt verprügelt, erinnert sich ein Hamburger Vollzugsbeamter. Dabei habe der Boxer seinem Rechtsbeistand lediglich demonstrieren wollen, dass das nur ein kleiner Rempler gewesen sei, wegen dem er hier vor Gericht stehe. Den täglich prall mit Zuschauern gefüllten Gerichtssaal benutzte der Prinz konsequent als Showbühne. Er kniete vor dem Richter ab, seine Unschuld zu beteuern, und brachte bei jeder Gelegenheit die Beisitzer zum Lachen. Nur Richter und Staatsanwalt hätten mit ernsten Gesichtern dagesessen, »zu ernst«, findet der gemütliche Beamte. Sein Resümee: »Lustig war das mit Norbert!«

Domenica, einst »Königin der Reeperbahn« und später Streetworkerin, erinnert sich seiner dagegen mit Schrecken. Sie, die überaus couragierte Frau, verspürte Angst bei einem Blick in seine Augen. Ebendiese Gefährlichkeit faszinierte den Filmemacher Werner Herzog. Er ließ Wilhelm von Homburg in seinem Film *Stroszek* einen sadistischen, völlig durchgeknallten Zuhälter spielen, der jeden Klaus Kinski locker in den Schatten stellt. Sein brutales Grienen, begleitet vom irren Flackern seiner Augen, das alles lässt selbst mich als bloßen Zuschauer zittern.

Von seinen 47 Kämpfen als Berufsboxer gewann der boxende Prinz 30, davon 24 durch K. o. Hinzu kommen sechs Unentschieden und elf Niederlagen, lediglich zwei davon vorzeitig. Im einzigen Titelkampf seiner Karriere traf er am 19. November 1966 auf Halbschwergewichtseuropameister Piero del Papa aus Italien. Austragungsort war die prall gefüllte Berliner Deutschlandhalle. Im Film gibt Grupe zu, der Titel sei ihm lediglich Mittel zum Zweck gewesen: »Auf die Kohle hab ich Jacht gemacht!« Als Nächstes hätte er seinen EM-Gürtel in England verteidigt, seine gesamte Gage auf den Gegner gesetzt, sich »gekonnt hingelegt« und »mörderisch angeschafft«!

Gleich in der 1. Runde hatte er den Europameister, der nie zuvor »an Deck«, sprich am Boden, war, angeknockt. Dass er Kampf und Titel gewann, verhinderte in der 11. Runde der Ringrichter, der den Prinzen wegen eines angeblich absichtlichen Kopfstoßes disqualifizierte. »Schiebung!«, rief das Publikum. Zahlreiche Quellen sprechen von einer kontroversen Entscheidung, in jedem Falle eine, die Grupe noch 34 Jahre später kurz in Rage bringt, bevor er abwinkt: »Es is zum Küssen.«

In *Der Boxprinz* erlebe ich Norbert Grupe, der stets das Extreme suchte und fand, als drahtigen alten Haudegen mit Bukowski-Gesicht und langem weißen Haar. Wie einst der Dichter lebt er in Los Angeles, wo er sich mit kleinen Filmrollen über Wasser hält. Gerd Kroskes Filmwerk zeigt mir einen Menschen, der fest im Leben steht – derart, dass er selbiges mit bemerkenswert klaren Worten erzählen kann. Am 10. März 2004, vier Jahre nach den Dreharbeiten, starb Norbert Grupe mit 63 Jahren in Mexiko an Lungenkrebs.

Weil »Wie ein wilder Stier« gedreht wurde

Dass Martin Scorseses Film über das Leben des Mittelgewichtlers Jake LaMotta künstlerisch ein Meisterwerk ist, bestreitet wohl kaum irgendjemand. Es ist dazu genügend geschrieben, sodass ich mich hier kurz fassen kann.

Mir bringt der 1980 erschienene Film einen Mann nahe, der in einem Atemzug charmant und ordinär sein kann, der äußerst sensibel ist und im nächsten Augenblick erschreckend brutal – zumeist dann, wenn er von seiner größten Dämonin geplagt wird: seiner Eifersucht. Kommt sie über ihn, kennt er weder Bruder noch geliebte Frau, mutiert er augenblicklich zum Formel-1-Boliden im roten Drehzahlbereich, der kurz davor steht, zu explodieren. Und genau das passiert im nächsten Augenblick, wieder und wieder.

Jake LaMotta erscheint mir hier als ein Mann, der sich als Italo-Amerikaner seiner Jahre weder homophoben Witzeleien noch der Mafia entziehen kann, die der Film als eine große Familie unter der Leitung der auf den ersten Blick gütigen grauen Eminenz Tommy Como skizziert. Comos Residenz: eine mir wie ein »Club der Volkssolidarität« anmutende Lokalität, in der sich arme alte Männer in Hosenträgern zum Kartenspielen treffen. Die von Como umsichtig geführte »Familie« entscheidet, ob und wann der aufstrebende Stier aus der Bronx seinen Titelkampf bekommt. Genau dann, wenn Como dafür den höchstmöglichen Wettgewinn abschöpfen kann.

Wovor Jake seine »Familie« nicht bewahren kann: vor sich selbst, seinem enormen Dickschädel, der ihm einerseits als getreuer Freund hilft, sich in einer harten, betrügerischen Welt durchzusetzen – und der ihm zum brutalen Feind wird, verbindet er sich mit seiner großen Dämonin, seiner alles zerstörenden Eifersucht.

Das alles ist meisterhaft erzählt, aber was »Raging Bull« – auf Deutsch *Wie ein wilder Stier* – für mich zu einem einzigartigen Film macht, ist Scorceses Art, wie er das Boxen künstlerisch verdichtet auf die Leinwand bringt. Hierzu bediente er sich nicht nur des schauspielerischen Genies seines Hauptdarstellers Robert De Niro – wie er und Jake Italo-Amerikaner. »Ich würde auch ein Schnitzel spielen«, soll De Niro mal gesagt haben, ein Unterfangen, von dessen Gelingen ich spätestens nach *Wie ein wilder Stier* felsenfest überzeugt bin. Was das Boxen angeht, zeigt De Niro, dass er Jake LaMottas Stil im Ring – zumindest für mich als Boxlaien

– nahezu perfekt verkörpern kann. Die Beine breit auseinander, der pendelnde Oberkörper tief, die Deckung ebenso, auf dass er blitzschnell seine Hakenserien an, sagen wir besser *in* den Mann schlagen kann. Vor den Dreharbeiten absolvierte er ein intensives Boxtraining, obendrein stand ihm der echte Jake LaMotta beratend zur Seite.

Der Film verfolgt Jakes Profikarriere von seinem 16. Kampf, einer denkwürdigen Niederlage gegen Jimmy Reeves, seiner ersten überhaupt – bis zu seinem legendären WM-Kampf gegen Sugar Ray Robinson, dem, vom Film nicht mehr thematisiert, noch zehn Kämpfe folgten.

Bei vielen Details hält sich Scorsese haargenau an die Originalkämpfe seines Helden, insbesondere bei Jakes bereits von mir kommentiertem WM-Fight gegen Sugar Ray, so zum Beispiel die Gänge des Ringsprechers nach dem Kampfabbruch oder die Pabst-Blue-Ribbon-Werbe-Einsprecher des Fernsehkommentators. Die Kämpfe selbst zeigt Scorsese in knappen, charakteristischen Szenen, stark filmkünstlerisch verdichtet.

Dabei denke ich besonders an den ersten und letzten im Film behandelten Kampf: Am Ende der vorletzten Runde gegen Jimmy Reeves steckt LaMotta-De Niro etliche harte Kopftreffer ein. Die letzte Ringpause zeigt die Kamera zunächst aus Jakes Perspektive. Quer durch den Ring blicken er und wir auf die gegnerische Ecke. Geradezu selbstgefällig sitzt sein Gegner auf seinem Hocker und lauscht den Ausführungen seiner Sekundanten. Die Kamera zoomt näher an Reeves heran, wechselt abrupt zu einer Schlägerei im Publikum, es folgt der Gong zur letzten Runde. Jake attackiert Reeves mit schweren Haken, schlägt ihn zu Boden. Als er wieder steht, ist er sofort wieder bei ihm, um ihn fürchterlich zu treffen. Eine endlos anmutende Serie von Kopftreffern zwingt Reeves erneut zu Boden. Der Referee zählt, da rettet den Geschlagenen der Gong. Sie schleppen Reeves in seine Ecke. Nach der Urteilsverkündung hebt jemand seinen leblosen Arm. Jake lässt sich als der wahre Sieger feiern, die Menge applaudiert ihm, opponiert gegen das Urteil. In weitem Bogen fliegt ein Stuhl in den Ring, der Tumult bricht los. Auf einen Wink des Ringsprechers spielt die oben auf einer Empore sitzende Pianistin die amerikanische Hymne auf dem Klavier. Deren Melodie untermalt die immer weiter um sich greifende Massenschlägerei.

Auch bei Jakes letzter Begegnung mit Sugar Ray steigt der Film in der Schlussphase des Kampfes ein. Jake sitzt fürchterlich malträtiert in seiner Ecke, vernimmt die Geräuschkulisse in der Halle, als befände er sich – und damit wir – unter Wasser. Zurück im Ring, verprügelt er Robinson mit kurzen, knackigen Haken. Schnitt, Pausengong, Jake wankt zurück in seine Ecke. Ich sehe die verdichtete 11. Runde des »echten« Kampfes vor mir, an deren Anfang Jake noch einmal mit letzter Kraft seinen Gegner attackierte. In der Pause befinden sich unsere Ohren wieder unter Wasser, allerdings in weit größerer Tiefe. Dunkles Wasser läuft in Zeitlupe den geschundenen Leib des Boxers hinab. Es folgt die 13. Runde, in der, genau wie im Original, nur noch Robinson schlägt, zumeist gegen Jakes harten Schädel.

»Komm doch, schlag zu!«, feuert Jake durch den Mundschutz seinen Gegner an.

»Robinson scheint müde zu sein, offenbar hat er sich zu viel zugemutet«, orakelt der Fernsehkommentator.

Die Kamera zeigt Ray. In Slow Slow Motion steht er riesengroß vor Jake und uns. Lange, unerquicklich lange, wir befinden uns direkt im Auge des Hurrikans – und dann endlich bricht der Sturm los. Fürchterliche Kopfhaken schleudern Jakes Gesicht nach rechts, links, immer weiter. In Zeitlupe spritzen Schweiß und Blut durch die Luft. Dumpf das Tosen der Menge, dazu das endlose Klacken der Fotografenblitzlichter – und weiter fliegt Jakes Kopf zur Seite. Sein Blut spritzt auf Tische, Hemdkragen und Wangen der Offiziellen, Blut läuft Jakes Beine hinab, während er sich mit beiden ausgestreckten Armen – auch das originalgetreu – am obersten

Ringseil festklammert. Da endlich bricht der Referee die »Hinrichtung« ab, und die Menge »… jubelt ihrem Idol Jake LaMotta zu!«, übernimmt der Kommentator das Wort und nennt das Ganze eine »sensationelle Niederlage«.

Hier nun erlaubt sich Scorsese einen präzisen Extrahaken, indem er Jake, von seinem Sekundanten gestützt, zu Robinson wanken lässt, um ihm dumpf durch den Mundschutz und mit letzter Kraft die abgrundtief wahren Worte: »You never got me down, Ray!« (»Ey, Ray, ich war nicht am Boden (…) Niemals kriegst du mich zu Boden!«) an den Kopf zu knallen.

Scorsese malt jeden Boxkampf anders, und zeigt doch jedes Mal die brutale Faszination, die von diesem Sport ausgeht, ja die ihn zu großen Teilen ausmacht. Jeden der gezeigten Kämpfe dichtete er mit den Mitteln des Films nach, dazu boxerisch durchweg auf hohem Niveau. Meilenweit entfernt von der plakativen Flachheit, die viele Kampfsequenzen der *Rocky*-Filme ausmacht, sofern sie nicht von echten Boxprofis wie Exschwergewichtschamp Tommy Morrison »gespielt« wurden. Als Rocky am Ende gegen Ivan Drago triumphiert, fällt mir dazu nur ein Grund ein: weil es nun mal so im Drehbuch stand, von all den Nachahmern besagter Filmreihe einmal ganz zu schweigen. All denen steht Scorseses Meisterwerk gegenüber wie das von ihm verwendete Intermezzo aus *Cavalleria Rusticana*, einem italienischen Herz-Schmerz-Schlager von der Stange.

Weil »The Boxer« kein Film-Märchen erzählt

Jim Sheridans Film *The Boxer* aus dem Jahre 1987 erzählt eine tragisch-optimistische Liebesgeschichte vor dem blutigen Hintergrund des Nordirland-Konflikts. Stacheldraht, schwer bewaffnete

Sicherheitskräfte, Panzerwagen und kreisende Militärhubschrauber bestimmen die Szenerie. Zugleich erzählt der Film eine Geschichte darüber, was der Boxsport im Kampf um den Frieden leisten kann:

Danny Flynn war einst der beste Boxer von ganz Ulster. Als er am eigenen Leib den Terror der protestantischen nordirischen Polizei erlebte, schloss er sich dem bewaffneten katholischen Widerstand an. Als 18-Jähriger deckte er nach einem Bombenanschlag der IRA den Aktivisten Harry und ging statt seiner 14 Jahre ins Gefängnis. Hinter Gittern löste er sich vom bewaffneten Kampf der IRA, nicht jedoch vom Boxen. In der Zelle und auf dem Hof trainierte er unermüdlich.

Als er 1992 entlassen wird, ist er mit 32 Jahren wohl zu alt für den ganz großen Titel. In einer Notunterkunft trifft er seinen ehemaligen Trainer Ike. Der ist seit Jahren dem Alkohol verfallen und verflucht den Terror der IRA, der seinen Traum von Dannys Weltmeistertitel zerstörte. Ihre ehemalige Trainingshalle, der Holy Family Boxing Club Belfast, beherbergt nun ein abgeranztes Gemeindezentrum, in dem alte Männer Karten spielen. Der alte Boxring verstaubt derweil unter der Bühne. Etliche der ehemaligen nordirischen Boxhoffnungen beider Konfessionen sind mittlerweile dem von ihren militanten Lagern geführten Bürgerkrieg zum Opfer gefallen.

Danny und Ike bauen ihren Ring wieder auf und beginnen mit dem Training, lassen den Holy Family Box Club wiederauferstehen. Sie wollen damit ein Zeichen für den Frieden setzen. Boxbegeisterte Jungs beider Konfessionen sollen hier wie dereinst gemeinsam trainieren, Katholiken und Protestanten friedlich vereint im harten Faustkampf! Ein Ansinnen, das bei Hardlinern wie Harry auf Verachtung stößt. Harry ist sicher: Niemals wird die protestantische Mehrheit ihre katholischen Mitbürger als gleichwertig anerkennen. Der Krieg zwischen beiden Bevölkerungsgruppen währt bereits viele Jahre und hat auf beiden Seiten unzählige Wunden geschlagen. »Zu viele Opfer machen ein Herz aus Stein«[98], zitiert Danny-Darsteller Daniel Day-Lewis hierzu in einem Interview den irischen Dichter William Butler Yeats.

Den ersten Kampfabend in ihrem Boxclub widmet Ike dessen im Bürgerkrieg umgekommenen Boxern und ihren Angehörigen. Ausdrücklich begrüßt er dabei eine protestantische Familie, die aus Anlass dieses Abends seit vielen Jahren zum ersten Mal wieder das katholische Viertel besucht. »Sentimentaler Scheiß«, grantelt Harry. Den Hauptkampf des Abends verliert Danny deutlich. Sein Gegner schlug ihn mehrfach zu Boden, doch immer wieder stand er auf, stellte er sich zum Kampf. Harry bemerkt höhnisch, Danny würde nun wohl den Friedensnobelpreis bekommen – für sein harmloses Boxen. Seiner Frau indes imponieren Nehmerfähigkeit und Mut des vermeintlichen »Feiglings«.

Endgültig Harrys Zorn erregt Danny, als er den ebenfalls unter der alten Bühne des Gemeindezentrums versteckten Sprengstoff entdeckt und ihn in den Fluss wirft. Weiterer Sprengstoff entsteht, als die protestantische Polizei überfallartig den völlig mittellosen Boxclub mit modernem Trainingsgerät ausstattet. Ike begrüßt die neuen Handschuhe, Sandsäcke und Kopfschützer, während Danny diese Geschenke als Vereinnahmung durch die Polizei versteht. »Ich nehm nichts von den Bullen!«, bringt einer seiner Jungs das Ganze auf den Punkt. Der Vater des Jungen sitzt seit Jahren im Gefängnis. Die Geschenke der Polizei sind Wasser auf die Mühlen der Hardliner, die Dannys und Ikes Friedensbemühungen als Verrat an den katholischen Opfern der protestantischen Sicherheitskräfte ansehen. Doch nicht nur die Hardliner des katholischen Widerstands, auch die herrschenden Engländer wollen keinen Frieden zwischen den streitenden irischen Konfessionen.

Ein auf Danny abgefeuerter Warnschuss bringt die Fensterscheibe seiner Wohnung zum Bersten. Der nächste Kampfabend, Dannys Revanche, steigt in der großen Stadthalle. Katholiken und Protestanten, getrennt in den auf ihre Gesichter geschminkten Nationalflaggen, singen gemeinsam die alte irische Ballade *Oh Danny*

Boy, feuern wie aus einem Munde ihren Boxer Danny an, während sich draußen vor der Tür der Polizeichef vor der Presse selbstherrlich in Szene setzt. Es sei gut, dass ein ehemaliger Krimineller nun nach den Regeln kämpfe.

In der Halle siegt Danny durch K. o. Der Polizeichef verabschiedet sich von den Presseleuten und steigt zufrieden in sein Auto. Einen Augenblick später sprengt eine gewaltige Detonation den Wagen. Der darauf spontan einsetzenden Massenschlägerei unter den Zuschauern folgt der brachiale Einsatz der Polizeieinheiten. Unter Steinwürfen und Tränengas zerbricht der Friede, kurz darauf geht auch die Halle des Holy Family Boxclubs mit den »Bullen-Geschenken« in Flammen auf.

Ike sieht ein, dass das Annehmen der Polizeipräsente ein Fehler war. Danny verdingt sich in London. In einem High-Society-Club steigt er als irischer »Untermensch« gegen einen Schwarzen in den Ring. Das englische Oberschichtpublikum betrachtet beide Kämpfer als Sklaven, die sich zu ihrer Belustigung gegenseitig die Nasenbeine und mehr zu brechen haben. Als der Schwarze kampfunfähig ist, weigert sich der Ringrichter, den Kampf abzubrechen. Danny verweigert der Meute den Totschlag seines wehrlosen Gegners, den sie von ihm erwarten, und verlässt als Verlierer den Ring. Hier gibt es für ihn als Iren keine Zukunft mehr.

Als er nach Belfast zurückkehrt, um zusammen mit seinem alten Trainer den Boxclub wieder aufzubauen, ist Ike bereits tot. Nach der Übertragung von Dannys London-Kampf war er mit Harry in Streit geraten, an dessen Ende Harry den alten Boxtrainer ermordete. Nach Ikes Beerdigung findet auch Harry sein Ende. Danny wird weitermachen, das konfessionsunabhängige Boxen in den Dienst des Friedens zu stellen.

Der Film erzählt viel mehr als diese Geschichte, er ist schließlich ein Liebesfilm. Was das Boxen und den Friedensprozess angeht, ist er keineswegs ein gut gemeintes »Märchen«. Inspirierte Sheridan doch die Lebensgeschichte jenes irisch-nordirischen Boxers, der Hauptdarsteller Daniel Day-Lewis für diese Rolle im Boxen trainierte. Lewis zeigt in der Tat gutes Boxen, und das keineswegs grundlos. Wir »trainierten (…) so ernsthaft, daß ich den Film dabei vergaß. Nach einem Probejahr hatte ich das Gefühl, eine gewisse Fähigkeit zu besitzen«[99], bekennt er im bereits erwähnten Interview. Und sein prominenter Trainer attestierte ihm, er hätte durchaus Talent wie Willen für eine erfolgreiche Karriere als Berufsboxer, hätte er bereits in jungen Jahren mit dem Training begonnen. Von besagtem Boxer erzählen die Storys des folgenden Kapitels.

KAPITEL 11

THE CLONES CYCLONE

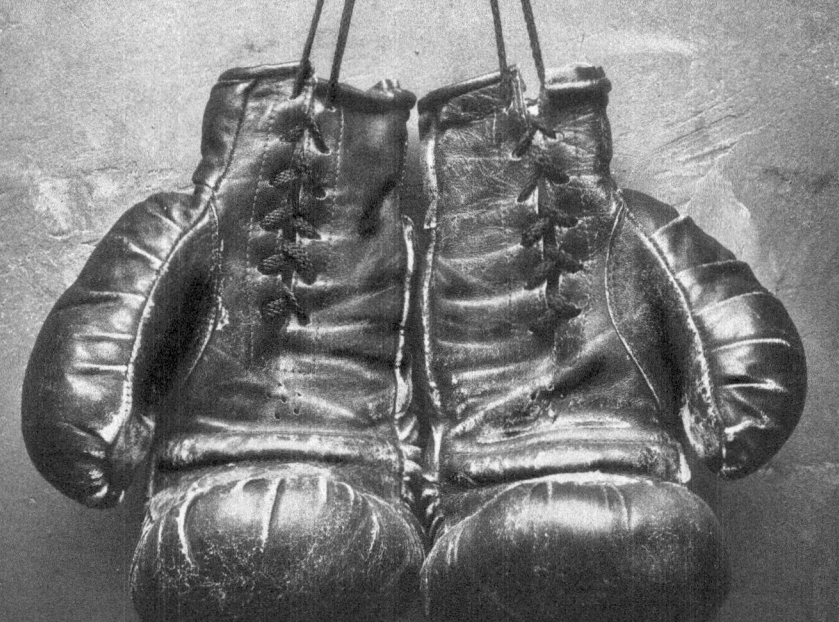

Weil Stadiongesang nicht gleich Stadiongesang ist

8. Juni 1985, West London. WBA-Weltmeisterschaft im Federgewicht. Der in Nordirland lebende Ire Barry McGuigan fordert Titelträger Eusebio Pedroza aus Panama heraus. 26.000 Menschen verwandeln mit ihren Gesängen das kompakte Loftus Road Stadium in einen Hexenkessel. Sonst spielten hier die Queens Park Rangers. Die Atmosphäre dürfte der eines Spitzenspiels der Rangers kaum nachgestanden haben. »Here we go, here we go, here we go!«, höre ich die Fans singen. 12.000 seien allein aus Belfast und Umgebung angereist, wo McGuigan fast alle seiner bisherigen Kämpfe ausgetragen hatte.

Es wird deutlich lauter, als der Herausforderer zur Erkennungsmelodie der *Rocky*-Filme Silvester Stallones versucht, zum Ring zu gelangen. Zum »Here we go!« gesellt sich der Ruf: »Barry! Barry!« Nur äußerst mühsam bahnt sich McGuigans Tross den Weg durch die Massen. Den Boxer selbst vermag die Kamera nicht einzufangen, so sehr bedrängen die Leute den 1,68 Meter großen Kämpfer. Jeder will ihm auf die Schulter klopfen, ihm die Hand reichen. Lediglich am langsamen Vorwärtsschieben einer großen blauen Fahne mit weißem Aufdruck sehe ich, dass sich der Herausforderer offenbar dem Ring nähert. Längst ist das *Rocky*-Intro verklungen, gehört das Stadion ganz dem tausendfachen »Here we go« der Fans, und noch immer ist er unterwegs. Dann wieder, lauter als alles andere zuvor, »Barry, Barry!«, schließlich ohrenbetäubender Jubel, als der kleine, drahtige Mann im blau-gelben Kampfmantel seinen Sekundanten durch die Seile in den Ring folgt. Er dreht tanzend eine Runde innerhalb des Seilgevierts, dann geht er in seine Ecke, lockert seine Schultern, bewegt die Arme, scharrt mit den Füßen, während die Massen unentwegt mit »Barry! Barry!« seine Anwesenheit feiern.

Währenddessen hat auch der Champion, nahezu unbemerkt, den Ring erreicht. Er hatte es bedeutend leichter, sich den Weg hierher zu bahnen. Eusebio Pedroza erhebt seine Hände zum Gruß und erhält Applaus. Weiter hinten alsbald wieder die »Here we go«-Fußballgesänge. Sie sind laut, haben aber längst nicht die Wucht des »Barry, Barry!« Die Offiziellen nehmen im Ring Aufstellung, über ihnen die panamesische Flagge für den Weltmeister und die blaue für den Herausforderer. Jetzt erkenne ich: Der weiße Aufdruck ist eine Taube – das von Pablo Picasso geschaffene Friedenssymbol.

»Die Nacht ist kalt, kalt, … aber die Atmosphäre heiß!«, vermeldet der englische Fernsehkommentator. Der Ringsprecher bittet die 26.000 Gäste, sich für die Nationalhymnen von ihren Plätzen zu erheben, zuerst *God Save the Queen*. Anders als »normale« englische Fußballfans singen die Massen jedoch nicht hörbar mit. Barry McGuigan lässt sich während des Musikstücks Instruktionen von seinem Trainer geben, macht sich locker, pendelt mit dem Oberkörper. Auch Pedroza bewegt sich, während das Nationalinstrumental seines Heimatlandes erklingt, seine Miene spricht von äußerster Konzentration. Kaum sind beide Nationalstücke verklungen, schallt es wieder »Here we go, here we go, here we go!«.

Die Offiziellen bleiben im Ring stehen, McGuigans Sekundanten bedeuten den Massen, leise zu sein. Währenddessen tritt ein kleiner Mann im schwarzen Anzug nach vorn. Er hält ein Mikro in seiner Hand und hat bereits angefangen zu singen. Es dauert eine Zeile, bis die Massen so weit verstummt sind, dass man ihn hört. Doch schon zu Beginn der zweiten Zeile fallen viele in seinen Gesang mit ein. Zwei weitere Zeilen später singen die 26.000 wie aus einem Munde – durch die Masse der Stimmen machtvoll, aber vor allem getragen, derart, dass sich mir die Haare auf den Unterarmen aufstellen. Der Mann im Anzug blickt auf die vor ihm wehende blaue Friedensfahne. Er ist Berufssänger, heißt Pat McGuigan und ist Barrys Vater.

Die Melodie des von ihm intonierten Liedes stamme aus dem 16. oder 17. Jahrhundert, las ich. Erst zu Beginn des 20. Jahrhunderts habe sie ihren Text erhalten, der bis heute von unzähligen Bands, Musikerinnen und Musikern wie Glen Miller, Joan Baez, Johnny Cash, The Pogues oder Sinéad O'Connor interpretiert wurde und wird: *Oh Danny Boy!*

Hier im Stadion singen Patrick und die 26.000 die ersten acht Zeilen des Liedes, singen vom Abschied des Helden, der, von Dudelsäcken begleitet, mit dem Ende des Sommers seine Heimat verlassen muss. Es bleibt offen, wohin der Besungene zu gehen gezwungen ist. Womöglich zieht er in einen Krieg. Eine andere Interpretation besagt, hier seien die anderthalb Millionen Iren gemeint, die ihrer Heimat während der großen Hungersnot der Jahre 1845 bis 1852 den Rücken kehrten, um zu überleben. Eine verheerende Kartoffelfäule hatte mehrere Ernten vernichtet, eine Million Iren verhungerte.

In jedem Fall ist jener Abschied ein trauriger – und doch sind die Singenden voller Hoffnung. Eines Tages wird der Scheidende zurückkommen, im nächsten Sommer, dem darauffolgenden Winter oder erst nach vielen, vielen Jahren. Wann auch immer es passiert, sie werden da sein, denn sie lieben ihn über alles, ihn, von dem wir nichts wissen, außer seinen Namen: Danny Boy!

Was Außenstehenden womöglich wie eine überdimensionale Kitschnummer anmutet, steckt voll echter Tragik, tausendfachem Tod – und dennoch voller Hoffnung. Viele von denen, die hier gemeinsam *Danny Boy* singen und sich für ihren Boxer Barry McCuigan die Seele aus dem Brustkasten schreien, sind sonst getrennt in ihren Farben, ihrer Religion – und standen oder stehen sich womöglich in den zahllosen Gefechten des seit fast 20 Jahren andauernden Irisch-Nordirischen Bürgerkriegs als Feinde gegenüber. Über 2.000 Menschen fanden darin bis dato den Tod, weit über 20.000 wurden verletzt. Heute Abend jedoch sind sie alle, die 26.000 im Stadion und etliche Millionen vor Fernsehgeräten oder Leinwänden, durch einen 1,68 Meter großen, drahtigen Boxer mit dem unschuldig-spitzbübischen Gesicht eines kleinen Jungen friedlich vereint.

Weil es ein Boxer war, der seine
verfeindeten Landsleute friedlich vereinte

Am 28. Februar 1961 erblickte Finbar Patrick McGuigan in der irischen Stadt Clones, unweit der Grenze zu Nordirland, das Licht der Welt. Seine Familie ist katholisch, was hier bedeutet: Sie hält zur irischen Republik. Finbar ist ein kleiner Junge, als einige seiner protestantischen und katholischen Mitmenschen einander einen Krieg erklären, für den die offizielle Bezeichnung »Nordirland-Konflikt« wohl um etliche Nummern zu harmlos ausfällt. Sprechen wir hier doch von einem Bürgerkrieg, der in den folgenden Jahrzehnten Tausende Todesopfer und Zehntausende Verletzte fordert.

Bombenanschläge und massive Polizeipräsenz gehören für den kleinen Barry zur Tagesordnung. In seiner Heimatstadt Clones gibt es ein Militärdepot. Die Grenze zu Nordirland ist, wie gesagt, nur wenige Hundert Meter entfernt. Die seit Jahren schwelende und 1969 eskalierende Gewalt hat viele Menschen verhärtet, der Kriegszustand ist ihnen Normalität. Auch Barrys Helden sind Kämpfer. Sie tragen jedoch keine Schusswaffen und legen keine Bomben, sind weder protestantische noch katholische Nationalisten. Sie heißen Sugar Ray Robinson oder Jake LaMotta und sind Boxer. Mit Begeisterung liest er ihre Biografien – und beginnt mit elf Jahren mit dem Boxtraining. Sein Trainingseifer ist enorm – und offensichtlich besitzt er dazu ein gehöriges Talent. 1976 verbucht der 15-Jährige den Gewinn des All Ireland Amateur Championship, zwei Jahre später kommt in Kanada der Sieg bei den Commonwealth-Games hinzu. Ein mit allen Wassern gewaschener und boxbegeisterter Belfaster Geschäftsmann nimmt sich seiner als Manager an – und arbeitet zudem als Sekundant mit in Barrys Ecke. Barry McGuigan wird Profi. Am 10. Mai 1981 gibt er sein Debüt mit einem K.-o.-Sieg in der 2. Runde.

Der Krieg seiner Landsleute bleibt in Barrys Leben weiter präsent, auf seinen täglichen Trainingsläufen überquert er unzählige Male die stacheldrahtbewehrte Grenze zu Nordirland. Grenzen zu überwinden gehört offensichtlich generell zu seinen liebsten Übungen. So heiratet der aus einer katholischen Familie Stammende eine Protestantin. Später ziehen sie mit ihren Kindern nach Nordirland – wieder nur wenige Meter von der Grenze entfernt. Dass er seit 1982 einen britischen Pass besitzt, hatte wohl vor allem den Grund, dass er in seinem Beruf hoch hinauswill. Wie wohl jeder talentgesegnete Newcomer hegt Barry McGuigan den Wunsch, es seinen Helden gleichzutun und Weltmeister zu werden.

Der Weg dorthin ist hart, auch wenn er fast alle seine Kämpfe durch K. o. gewinnt – und in seinem zwölften Kampf gerade deshalb. In London besiegt er am 14. Juni 1982 den Nigerianer Young Ali durch K. o. in der 6. von acht angesetzten Runden. Noch viele Jahre später – ganz sicher bis zum Ende seines Lebens – sieht er jene lange Rechte herausschießen, die seinen Gegner in ein Koma versetzte, aus dem dieser niemals wieder erwachen sollte. Young Ali starb fünf Monate nach dem Kampf. Der Schock saß tief. Barry boxte weiter, weil es der einzige Weg war, seine Familie zu ernähren.

Stets an seiner Seite: sein großer Bruder Dermot, der in Barrys ersten Jahren als Boxer viel mit ihm trainierte. Seine Frau Sandra sitzt bei all seinen Kämpfen am Ring, um ihn zu unterstützen. Auch der Rest des Clans ist stets mit dabei – und Vater Pat singt alsbald vor Barrys Kämpfen die uralte irische Ballade *Danny Boy*. Sie wird seine Hymne, und seine Flagge jene blaue Friedensfahne. Bei seiner Kampfkleidung achtet Barry darauf, dass sie weder das Grün der Katholiken noch das Orange der Protestanten zeigt. Und doch – oder gerade deswegen – verfolgen seine Kämpfe Boxfans beider Konfessionen und bald auch viele, die sich zuvor nicht die Bohne für diesen Sport interessierten. Egal, ob er wie bei seinem Profidebüt in Dublin, in London oder alsbald fast immer in Belfast durch die Ringseile klettert, immer mehr seiner Landsleute begeistern sich für Barrys geradlinigen, draufgängerischen Kampfstil und mindestens ebenso sehr für sein menschliches Engagement. Was kein Dichter, kein Gelehrter und erst recht kein Politiker vermochte, schaffte mehr und mehr dieser Boxer. Etliche Jahre später würde es vor einem seiner wenigen Kämpfe in Dublin ein handgemaltes Plakat auf den Punkt bringen: »When Barry fights, Ireland unites«!

Barry indes weiß – spätestens nach seinem Kampf gegen Young Ali, dass sein Job dem eines Kriegers in einem Punkte gefährlich gleicht. Nachdem der Ringrichter seine letzten Instruktionen gibt, beide Boxer ihre Fäuste zum Shakehands zusammenführen und in ihre Ecken gehen, kommt der Moment, in dem sie sich umdrehen – und nichts ist mehr so, wie gerade eben noch. Wenn sie boxend aus ihren Ecken kommen, herrscht zwischen ihnen etwas, was durchaus in einem Atemzug mit Krieg zu nennen ist. Ein Krieg, begrenzt auf das Territorium innerhalb des Seilgevierts, ausgeführt von zwei eigens dafür ausgebildeten Profis und begrenzt von Regeln, deren mutwillige Verletzung mit Disqualifikation bestraft wird. Diese lokale Auseinandersetzung ist ein Krieg im Frieden, was der Boxer und Mensch Barry McGuigan durchaus als Losung *und* Lösung verstanden wissen will.

»Wenn ihr schon glaubt, daß ihr Krieg braucht / dann überlaßt das Fighten mir«[100] bringt es Udo Lindenberg 1986 in seiner Ballade *Johnny Boxer*, die er ausdrücklich Barry McGuigan widmet, auf den Punkt.

Weil Barry McGuigan im Ring boxend Wort hielt

Sportlich ging es bei Barry weiter bergauf: Im April 1983 wurde er britischer Meister im Federgewicht, gut sieben Monate später Europameister. Nachdem er ersteren Titel einmal und den des EBU-

Champions zweimal verteidigt hatte, griff er nun am 8. Juni 1985 im Londoner Loftus Road Stadium nach dem WM-Gürtel.

Sein Gegner Eusebio Pedroza (38 Siege, drei Niederlagen, ein Unentschieden) war neun Jahre zuvor WBA-Champion im Bantamgewicht geworden, bevor er ins Federgewicht aufstieg und am 14. April 1978 auch hier den Weltmeistertitel holte. Den hatte er inzwischen 18-mal erfolgreich verteidigt. Er war der unumstrittene Titelträger seiner Gewichtsklasse, fünf Jahre älter als McGuigan, ungleich erfahrener und galt zudem als einer der unfairsten Fighter der Welt. Sein Herausforderer hatte 23 seiner 26 Siege vorzeitig errungen. Ihnen stand lediglich eine Punktniederlage gegenüber. Sie stammte aus seinem dritten Kampf als Profi.

Barry und das Team seines Gegners, des Weltmeisters, dürften zu den ganz wenigen gezählt haben, die das von seinem Vater Pat angestimmte *Oh Danny Boy* nicht mitgesungen hatten. Ein kleinwüchsiger Mann mit grünem Hut und ebensolcher Jacke rennt eine Runde schattenboxend durch den Ring, dann bittet Ringrichter Stanley Christodoulou in die Ringmitte …

Barry marschiert von der ersten Sekunde an. Er ist laut boxrec.com lediglich fünf Zentimeter kleiner als der Champ. Der wirkt jedoch viel, viel größer und muskulöser als sein drahtiger Herausforderer. Der hat den Oberkörper tief, pendelt und versucht, an seinen Gegner heranzukommen. Er pendelt Pedrozas Jab aus, bringt seinen linken Haken ins Ziel, das Publikum quittiert seinen Treffer mit stürmischem Jubel. Immer wieder muss er jedoch die Führungshand des Weltmeisters nehmen. Pedroza umtanzt ihn, lässt sich kaum noch treffen und dürfte die Runde gewonnen haben.

Auch in Runde 2 bewegt sich Pedroza geschmeidig, schnell – und gerät ins Straucheln, als ihn Barry mit seinem linken Haken erwischt. Bald darauf erwischt er den Champ mit einer Rechten zum Körper, bringt eine Eins-Zwei-Kombination ins Ziel. McGuigan hält das Tempo hoch und setzt seinen Gegner pausenlos unter

Druck. Linker Haken, rechte Gerade, er stellt Pedroza am Seil, landet einen weiteren rechten Haken – holt sich die Runde!

Dessen ungeachtet ist er am linken Auge gezeichnet von Pedrozas Jab, der Cutman ist gefragt. Kurz darauf jagt er auf ein Neues seinen Gegner durch den Ring. Der versteht jedoch hervorragend zu kontern, bringt einen rechten Aufwärtshaken voll ins Ziel. Keine Reaktion von McGuigan, der unentwegt weiter angreift. Nimmt Pedrozas Linke, kontert mit der Rechten, wühlt sich heran, kämpft – dürfte die Runde allerdings abgegeben haben. Auch in des Champs Ecke arbeiten sie an einem Cut, seiner sitzt *neben* dem linken Auge. Barry steht bereits vor ihm, als sich Pedroza von seinem Hocker erhebt. Er marschiert, greift jedoch nicht mehr bedingungslos an. Sein Körper weiß offensichtlich um des Gegners Beweglichkeit und Konterstärke. »Irish Terrier«, nennt der Kommentator den Herausforderer, der jedoch weitere Treffer des Weltmeisters nehmen muss. Kann sich Pedroza weiter absetzen, im Ring seinen Stil etablieren?

Gegen Ende der Runde von beiden ein bedingungsloser Infight ohne eindeutigen Sieger. Auch in Runde 5 kommt Barry kaum mit seinen Schlägen durch, doch auch Pedroza kann ihn kaum treffen – wenn, dann stets als Konter. Wieder stehen beide Kopf an Kopf, Barry bringt einen linken Haken voll ins Ziel. Reicht das, um die Runde zu gewinnen? Jetzt wird Barrys unermüdliche Arbeit belohnt. Die Rechte schlägt am Kopf, die Linke am Körper seines Gegners ein. Pedrozas Konter pendelt er aus oder hat einen Handschuh dazwischen. Dann treffen ihn zwei Hände voll im Gesicht – und er marschiert weiter. Mit dem Schlussgong bringt er eine Kombination ins Ziel. Ein packender Kampf, bei dem der erfahrene südafrikanische Ringrichter nahezu unsichtbar bleibt. In der Pause arbeiten beide Ecken an den Augen ihrer Boxer.

Und weiter geht des kleinen Mannes Jagd. Pedroza, cool, abgeklärt, macht nicht mehr, als unbedingt nötig – da klingelt ihn Barry mit einem knackigen rechten Aufwärtshaken zum Kinn an, der nachgezogene linke Haken holt Pedroza unter dem unbändigen

Jubel der 26.000 von den Beinen. Es klingt geradewegs so, als habe die Heimmannschaft soeben aus spitzem Winkel den Führungstreffer erzielt. Pedroza lässt sich anzählen, ist rechtzeitig wieder da – und Barry setzt ihm weiter nach, nicht mit aller Macht. Offenbar weiß er: Sein Gegner ist noch stark genug, derartige Volltreffer zu überstehen. Eine klare 10:8 Runde für den Herausforderer!

Pedroza kommt stark zurück. Beide jagen sich durchs Seilgeviert, dann ist es wieder Barry, der marschiert. Und weiter ist er stets der Erste im Ring. Pedroza arbeitet mit langen Händen, Barry vor allem mit seiner explosiven Linken. Der Jab auf die Deckung, die Rechte zum Körper, gleich danach zum Kopf. Pedroza kommt mit seinem Jab voll zum Kopf durch. Besonders in der Zeitlupe ein verheerender Treffer, den Barry jedoch zu ignorieren scheint. 9. Runde, und wieder rüttelt er Pedroza mit einem fürchterlichen rechten Kopfhaken durch. Der Champ taumelt, zwei linke Haken von Barry gehen daneben, dann sucht der Champ quer durch den Ring das Weite. Barry setzt ihm nach, rüttelt ihn wieder mit der Rechten durch, bringt weitere Hände ins Ziel. Sieht aus, als lächele er dabei, da rettet der Gong den Noch-Weltmeister. Die nächste Runde feiern die Fans mit ohrenbetäubendem »Here we go!«, während Barry den Ring wie ein Champ beherrscht. Tanzend marschiert er nach vorn, setzt seinen Gegner pausenlos unter Druck.

Pedroza fällt nichts ein, er wartet ab, als liege er in Führung, geht in Runde 10 kurz zu Boden, ohne dass ich sehen kann warum. Pedroza klammert, Barry wühlt, wenn einer trifft, dann er. Weiter greift er an, schaltet dabei jedoch einen Gang zurück. Pedroza telegrafiert so manchen seiner Schläge, klemmt Barrys Rechte unter seinem linken Arm ein, wird kurz ermahnt. Gegen Ende der Runde setzt er eine Rechte an Barrys Kopf – und klammert sofort. Ein guter Einzeltreffer. In der Pause zur 13. Runde fällt mir die – gemessen an den beiden Boxern – riesig große Ringfrau mit ihren langen, weißen Strumpfhosenbeinen auf. Offensichtlich hat der Kampf ein wenig an Intensität nachgelassen. Kein Wunder bei dem irren Tempo, welches beide Boxer – und ganz besonders der Herausforderer – gehen. Auch Schwergewichtler Frank Bruno verfolgt im Stadion den Fight. 13. Runde, Pedrozas Konter sehen halbherzig aus, von beiden kaum noch klare Treffer – da kracht Barrys Rechte voll an Pedrozas Kinnwinkel. Wieder strauchelt er, wieder setzt ihm Barry nach, erwischt ihn mehrfach, bevor ihm der Gong in die Arme fällt. 14. Runde, Pedroza lässt sich zu Boden ringen, versucht, seine Reichweitenvorteile auszuspielen, nimmt Barrys Rechte. Der macht Druck, Druck, Druck.

Letzte Runde, die Massen singen Barry den Sieg nach Hause, orakelt der Kommentator. Barry kann offenbar nicht anders. The Clones Cyclone kennt nur eine Richtung: vorwärts, mitten rein in den Gegner. Er marschiert, pendelt, lauert auf die nächste sich ihm bietende Lücke, bringt seine Rechte – und lässt sich mit dem Schlussgong von all denen, die nun den Ring erstürmen, feiern. Schon sitzt er auf den Schultern eines seiner Sekundanten und reckt beide Fäuste in die Luft. Auch Pedroza lässt sich feiern. Seine Miene verrät mir: Er weiß, dass er verloren hat. Von Barry derweil keine Spur mehr. Nahezu jeder der um ihn Stehenden überragt ihn klar. Er umarmt seinen Vater, seine Frau, seinen Manager, seinen Sohn, seine Freunde.

»Noch ist sein Sieg nicht offiziell!«, mahnt der Kommentator. Alsbald erhebt der Ringsprecher seine Stimme: »Ladies and Gentlemen, the official result … unanimous decision!«, ruft er. Umgehend quittiert vom Jubel der 25.000, »by McGuigan!« Es gibt kein Halten mehr. Selten sah ich derart viele Menschen in einem Boxring. Andere erklettern die Traversenmasten des Ringdachs. Alle jubeln, singen, feiern. Der, der sie alle dazu brachte, bricht beim anschließenden Ringinterview in Tränen aus. »Lasst mich kämpfen!«, lautete seine Botschaft, und er hatte sie mit Herz, Leib und Seele in diesen 15 Runden in die Tat umgesetzt.

Weil er niemals lockerließ

In Belfast bereiteten ihm 75.000 Menschen einen überwältigenden Empfang, in Dublin sollen es noch weit mehr gewesen sein. Alle wollten ihn sehen, alle wollten einen Teil von ihm haben, die Leute auf der Straße seinen Händedruck, die Fernsehanstalten und Werbeagenturen sein Gesicht und seine Faust vor ihren Kameras. Im Werbeclip für seinen »eigenen« Snack präsentiert er eine Chipstüte mit dem zum Schlag ansetzenden Boxhandschuh.

Zur ersten Titelverteidigung schnürt er selbige am 28. September 1985, keine vier Monate nach seinem Triumph über Pedroza. Sein Gegner ist die Nummer 1 der WBA-Weltrangliste, der ungeschlagene Bernard Taylor (33 Siege, ein Unentschieden) aus den USA. Die McGuigan-Fans verwandeln die Kings Hall in Belfast, Nordirland in einen tosenden Hexenkessel. Die Kings Hall gehört zu den stimmungsvollsten Hallen der irischen Insel, wenn nicht gar der Welt. Letzteres in jedem Fall, sofern in ihr The Clones Cyclone seine Fäuste fliegen ließ. Der Kampf war eng, der Kampf war hart, über weite Strecken ein einziger Schlagabtausch. Die 8. Runde jedoch gehörte McGuigan. Stets hatte er mindestens eine Hand mehr im Ziel. Gegen Ende der drei Minuten sah es so aus, als habe er Taylor kurz vor dem K. o. Es sollte die letzte Runde des Kampfes sein, beim Stand von 79:76, 77:76 und 80:77, jeweils für den Cyclone, gab die Ecke des Herausforderers auf.

Am 15. Februar 1986 folgte die nächste Titelverteidigung, dieses Mal in Dublin, Hauptstadt der Republik Irland. In der Royal Dublin Society ging es gegen Danilo Cabrera aus der Dominikanischen Republik. Genau wie beim Taylor-Kampf bestand das Publikum aus Nordiren und Iren, kamen die Leute aus protestantischen und katholischen Vierteln, um gemeinsam und ohne jedweden Zwist den Mann zu unterstützen, der im Boxring sowohl *für sie* als auch *statt ihrer* kämpfte, stets mit der Hymne *Oh Danny Boy* und der weißen Friedenstaube auf seiner Kampfhose.

Während sie alle gemeinsam und friedlich ihren Boxer anfeuerten, zeigte sich Barry im Ring einmal mehr als bedingungsloser Fighter, der keinen Schlagabtausch scheut, der härteste Treffer nehmen kann – und offenbar weitaus härter trainierte als seine Gegner. Ein Mann, der stets vor seinen Kontrahenten zur nächsten Runde bereitsteht, der diese selten mit *dem* Lehrbuch-Treffer ausknockt, sondern sie endlos zermürbt, dass sie irgendwann einfach reif für den Niederschlag sind. Ein kleiner, drahtiger Fighter, der seinen Kampfnamen »The Clones Cyclone« mehr als zu Recht trägt. Ein Wirbelsturm, der so unendlich viel Kraft und Intensität in den Ring wirft, dass ich gar nicht anders kann, als ihm – wie Udo Lindenberg und viele, viele andere auch weit außerhalb seiner irischen Heimat – bedingungslos die Daumen zu drücken.

Auch in Dublin singen sich die Barry-Fans die Kehlen wund, und ihr Mann liefert ihnen im Ring immer wieder handfeste Gründe dafür. Nach der Pause zur 14. Runde nimmt Cabreras Ecke ein wenig Extrazeit. Am Stiefel ihres Boxers ist der Schnürsenkel offen. Dann gibt der Referee den Kampf frei. Barry zermürbt den Mann aus der Dominikanischen Republik mit seinen Attacken, bis dieser schließlich zu Boden geht. Er kommt noch einmal zurück, um kurz darauf erneut seinen Handschuh auf den Ringboden zu setzen. Er sucht daselbst nach seinem Mundschutz – da hat der Referee genug gesehen. Nach einer Minute und 40 Sekunden der 14. Runde heißt der Sieger durch TKO einmal mehr: The Clones Cyclone, Barry McGuigan! Ein tiefer Cut unter seinem rechten Auge erzählt davon, dass er diesen Sieg auf seine unbedingte Kampfweise errungen hatte.

Weil Barry bis weit nach dem Schlussgong
ein Kämpfer blieb

Vier Monate später, am 23. Juli 1986, trat Barry erstmalig als Profi außerhalb von Irland und Großbritannien auf. In der Outdoor Arena von Caesars Palace stieg seine dritte Titelverteidigung vor etwa 15.000 Zuschauern, unter einem strahlend blauen Himmel, in der glühenden Hitze der Wüste von Nevada. Als Ringsprecher fungierte ein braun gebrannter Michael Buffer, der allerdings noch nicht mit seinem berühmten Spruch aufwartete. Als erstes rief er, ohne dass das Publikum größere Reaktionen zeigte, den Herausforderer in den Ring.

Steve Cruz, mit 20 Jahren fünf Jahre jünger als Barry, war die Nummer acht der WBA-Weltrangliste und galt als klarer Außenseiter. Von seinen 25 Siegen hatte er 13 durch K. o. erzielt, einmal hatte er verloren, TKO in der 1. Runde.

Beim Einmarsch des Weltmeisters brandet Jubel auf. Ich sehe Transparente für Barry, ein paar irische Fahnen, höre das »Here we go!« – allerdings bedeutend weniger klanggewaltig als bei seinen Kämpfen in England, Nordirland oder Irland. Das *Rocky*-Intro erklingt. Barry voraus die blaue Friedensfahne, die auch auf der im Farbton seines heutigen Mantels gehaltenen roten Kampfhose prangt. Hier in Nevada ist die Stimme seines singenden Vaters Pat vom ersten Ton des *Oh Danny Boy* an bestens zu verstehen. Sicher auch, weil der Chor derer, die mitsingen, bedeutend leiser singt als drüben auf der Insel. Nach seinem Auftritt nimmt Pat McGuigan neben Barrys Frau Sandra und seinem Enkel in der 1. Reihe am Ring Platz. Referee Richard Steele erteilt den Kämpfern die letzten Instruktionen, dann der letzte Gang in die Ecken, der Gong.

Barry behauptet die Ringmitte, marschiert, ist aggressiver, schlägt und trifft mehr, holt sich standesgemäß die Eröffnungsrunde. Doch schon im nächsten Durchgang kontert Cruz, der Underdog, ihn ab. Er erwischt den Champ mit dem Jab, bringt mehrfach Eins-Zwei-Kombinationen ins Ziel. Barry kommt einmal wunderbar zum Körper durch, die Runde dürfte jedoch bei Cruz sein. Am Ende der Pause fällt mir auf, dass Barry nicht wie sonst lange vor seinem Gegner im Ring steht, sondern »nur« zeitgleich mit ihm. Gute Rechte Cruz – gute Rechte McGuigan, dann marschiert Barry wieder, holt sich den Kampf zurück. Immer wieder boxt er Cruz mit dem Jab an. Jab, Jab, Jab – und die Rechte hinterher, sobald er eine Lücke entdeckt. »Barry, Barry!«, schallt es von den Rängen und der marschiert auch in Runde 4. Den Kopf voran, deckt er Steve mit Schlägen ein, pendelt dessen Gegenangriff aus – und ist sofort wieder am Mann. Kurz nach dem Schlussgong schlägt Steve nach. Richard Steele holt Barry zurück, dass sich Steve beim Weltmeister entschuldigen darf, erneut eine klare Runde für Barry.

Er bleibt am Drücker, schaltet aber einen Gang runter. Klar, die letzten beiden Durchgänge haben eine Menge Kraft gekostet. Steve wehrt sich, Barry setzt hin und wieder einen Schlag etwas tief. Er greift an, deckt sich mit beiden Händen, Cruz weicht zurück. In der letzten Minute von Runde 6 hat Steve bei einem Schlagwechsel das letzte »Wort«, erwischt Barry voll mit der Rechten, setzt ihm nach, treibt den Weltmeister durch den Ring, trifft ihn mehrfach. Am Ende marschiert wieder Barry, aber er schlägt nicht mehr.

In Runde 7 ein kurzes »Armdrücken« um die Ringmitte, dann marschiert erneut Barry. Allerdings trifft ihn Steve immer wieder mit Links-Rechts oder Links-Rechts-Links. Referee Richard Steele ermahnt McGuigan wegen eines Tiefschlags. In Barrys Schluss-attacke schlägt Steve einen knackigen Kopfhaken. Ich sehe auch diese Runde beim Herausforderer.

Doch Barry kommt zurück! Nachdem beide zu Beginn der 8. Runde gut treffen, kann er mehrfach seine wuchtigen Kombina-tionen unterbringen. Jab, rechter Kopfhaken, linker Haken, rechter Aufwärtshaken – der Clones Cyclone wirbelt, und wie! Mit harten

Haken arbeitet er am Mann. Sucht er *jetzt* die Entscheidung? Cruz nimmt viele klare Treffer – aber er fällt nicht. Die 9. zeigt einen haushoch überlegenen Champ. Er ist beweglicher, geschmeidiger, trifft härter. Immer wieder greift er an, eröffnet mit dem Jab, ein anderes Mal mit dem rechten Haken. »Jetzt hat er ihn!«, jubiliere ich.

In der 10. das gleiche Bild. Ich bin fast erleichtert, dass Cruz endlich mal zurückfightet, doch schon wieder deckt ihn Barry mit harten Händen ein. Mitten in eine seiner Attacken plötzlich ein linker Haken des Herausforderers an Barrys Schläfe, der den Weltmeister augenblicklich von den Beinen holt. Barry kommt rechtzeitig zurück. Er marschiert, schlägt aber nicht mehr. Noch in der Ringpause verbirgt seine Frau entsetzt ihr Gesicht.

Mit Beginn der 11. ist Steve Cruz der Chef im Ring. Von der Ringmitte aus schiebt er sich heran. Was er macht, sieht eindimensional aus – und doch ist jetzt *er* der gefährliche Mann. In der nächsten Pause arbeitet Barrys Cutman an beiden Augen des Champs. Der meldet sich eindrucksvoll zurück, stellt Cruz am Seil – doch er setzt ihn längst nicht mehr so entschlossen unter Druck. Ganz sicher fordern die Hitze und sein irres Tempo ihren Tribut. Außerdem weiß sein Köper mittlerweile, dass Steve ihm wehtun kann. Ich sehe leichte Vorteile auf Barrys Seite – da schlägt er wieder tief! Richard Steele unterbricht den Kampf, zeigt an: ein Punkt Abzug McGuigan!

Der macht in Runde 13 wieder mächtig Druck. Er beschäftigt seinen Gegner mit dem Jab – und greift an: Jab, Jab, rechter Haken. Barry landet deutlich mehr Treffer als sein Herausforderer, doch Steves Hände kommen weiterhin härter. Barry wühlt sich heran. Den Kopf an der Brust seines Gegners, beide Hände dreschen auf dessen Körper ein. Links-Rechts, Links-Rechts, dann pendelt er Steves Schläge aus – und ist wieder am Mann. »Here we go!«, singen seine Fans, und Barry wühlt sich weiter in seinen Gegner, bringt Haken auf Haken, etliche davon finden ihr Ziel. »Barry, Barry!«, schallt es von den Rängen. Vor der letzten Runde habe ich Barry mit zwei Punkten vorn. Auch die Stimmen in seiner Ecke klingen zuversichtlich. »Wir brauchen die Runde!«, schärft Steves Coach seinem Mann ein. Längst hält es keinen der Zuschauer mehr auf seinem Platz!

Und los gehts! Barry hat den Oberkörper tief, greift an – und Steve fightet beherzt zurück. Da stellt er den Champ am Seil, boxt ihn mit dem Jab an, erwischt ihn voll mit der Rechten. Beide schlagen aufeinander ein, Steve trifft klarer, härter, Links-Rechts – und wieder geht Barry zu Boden! Sein Körper unendlich müde, sein Gesicht sieht entsetzlich aus, doch er schafft es, rechtzeitig wieder auf seinen Füßen zu stehen. Steve macht unerbittlich weiter, jagt ihn durchs Seilgeviert, trifft ihn mit der Linken, dann Rechts-Links. »McGuigan in trouble!«, schreit der Fernsehkommentator. Kurz darauf die »Andeutung« zweier Schläge des Herausforderers – und Barry muss erneut zu Boden. Offensichtlich völlig am Ende mit seiner Kraft, steht er dennoch wieder auf. Den Rest der Runde übersteht er durch Weglaufen und immer wieder durch Klammern. Endlich der Gong.

Einer seiner Sekundanten schnappt Barry, geleitet ihn zurück in seine Ecke. Dass er genau wie sein Herausforderer die Arme hebt, lese ich als Zeichen, dass er einfach nur heilfroh ist, diesen Kampf im wahrsten Sinne überlebt zu haben. Die Entscheidung der Punktrichter ist knapp, fällt aber eindeutig aus: 142:143/139:143 und 141:142 für Steve Cruz. Bei mir hätte Barry mit 141:141 Unentschieden seinen Gürtel behalten … hier aber erklärten die Richter auch aus meiner Sicht völlig zu Recht jenen Mann zum Sieger, der seinen Gegner mehrfach kurz vor der eindeutigsten Niederlage hatte, die es im Boxen gibt. Und Barry nahm diese Niederlage, wie dies nur ein Kämpfer wie er tun kann. Beim Interview im Ring zeigt er sich als fairer Verlierer. Seine Stimme ist matt, er nuschelt, wirkt benommen. Kurz darauf wird er ins Krankenhaus gefahren. Zerschlagen und besiegt liegt er auf der Trage und reckt seine Hand in die Höhe. Die Diagnose: Dehydrierung! Hatte er sich nicht genügend auf das Wüstenklima von Nevada eingestellt? War er in den ersten Runden ein zu hohes Tempo gegangen? Fakt ist: Er hätte an diesem Tag sterben können. Noch viele Jahre später kommen Barry McGuigan beim Betrachten der Bilder jenes Kampfes Tränen in die Augen. Sein Kommentar zu seiner Niederlage: »Empty!«[101]

Weil The End for Barry McGuigan nicht das Ende von Barry McGuigan ist

Fast zwei Jahre sollte es dauern, bis Barry McGuigan das nächste Mal als Berufsboxer durch die Seile eines Rings kletterte. Seine verheerende Niederlage in Las Vegas mag einer der Gründe für die lange Pause gewesen sein, ein anderer womöglich die Trennung von seinem Manager. Seit jenen Tagen in der Wüste von Nevada habe dieser quasi kein Wort mehr mit ihm gewechselt. 1994 wird ihn sein ehemaliger Förderer vor Gericht bringen, aber das gehört nicht hierher. Ein schwerer Schlag ereilt Barry 1987, als sein Vater Pat stirbt. Auch dieser Verlust war sicher nicht dazu angetan, weiter seinem Beruf nachzugehen, gerade für einen Mann, der sich stets durch enormen Trainingsfleiß, durch vollste Konzentration aufs Boxen hervortat. Nach zwei Jahren ist er wieder da und visiert den Weltmeistertitel im Superfliegengewicht an.

Am 20. April 1988 trifft Barry McGuigan bei seinem Comeback in London auf Nicky Perez, den er in Runde 4 ausknockt. »I'm so glad is over!«[102], ruft seine Frau, während sie ihn noch im Ring heftig umarmt. Zwei Monate später boxt Barry wieder in einem Stadion. Im Kenilworth Road Stadium in Luton, Südengland, der Heimspielstätte des Luton Town FC, bekommt er Francisco Thomas Da Cruz aus Brasilien vor die Fäuste. Der gewann bisher 30 seiner 32 Kämpfe, seine letzte Niederlage ein TKO in Runde 3 gegen den großen Julio César Chávez. Gegen Barry ist in der 4. Runde Schluss.

Ein gutes halbes Jahr später, ebenfalls in London, trifft McGuigan auf Julio Cesar Miranda (29 Siege, eine Niederlage, drei Unentschieden), der ihm immerhin bis 1,12 Minuten der 8. Runde standhält.

Am 31. Mai 1989 zieht Barrys Tross ins G-Mex Leisure Centre, Manchester, Lancashire. Sein vielleicht letzter Gegner vor der Weltmeisterschaft heißt Jim McDonnell (25 Siege, davon elf vorzeitig, eine Niederlage). McDonnell war genau wie Barry ungeschlagener Europameister im Federgewicht. Seine einstimmige Punktniederlage stammt aus einer WBA-Weltmeisterschaft gegen Brian Mitchell. Der Kampf gegen McGuigan ist auf zehn Runden angesetzt. 8.500 Zuschauer sind gekommen, ihn zu sehen. Als Ringrichter fungiert mit Mickey Vann aus Leeds ein ehemaliger Federgewichtler.

Barry wird von den 8.500 Zuschauern deutlich intensiver begrüßt als Jim, und wieder hat es sein Tross äußerst schwer, sich den Weg durch das andrängende Publikum zu bahnen. Dennoch ist die Kulisse eine andere als jene vor vier Jahren: Keine blaue Fahne, kein *Oh Danny Boy* vor dem Kampf, und die Barry-Sprechchöre wie das »Here we go« haben längst nicht jene ohrenbetäubende Intensität. Was blieb: die weiße Friedenstaube auf Barrys blauer Kampfhose und seine ungeheure Intensität im Ring.

Mit dem Gong zur 1. Runde marschiert Barry nach vorn, pendelt mit dem Oberkörper, greift seinen Gegner an. Aber Jimmy McDonnell ist nicht gewillt, sich vom Wirbelsturm hinwegfegen zu lassen. Zu Beginn der 2. Runde treffen sich beide Boxer in der Ringmitte – und McDonnell greift sofort an. Es geht unerbittlich hin und her. Barry marschiert, aber er kann seinen Gegner nicht stellen, ihn nicht entscheidend treffen. Die härteren Punches setzt Jim. Barrys linkes Auge blutet, ich kann nicht sagen, ob nach einem Treffer oder als Folge eines unabsichtlichen Kopfstoßes. Als beide im Infight aneinandergeraten, ringt Barry seinen Gegner zu Boden. Bald darauf ein Halten und Schlagen von Jim – kurz darauf feuert er im weiten Bogen einen knackigen linken Haken ab, der brutal

Barrys verletztes Auge rasiert. Barry schaut zum Ringrichter, der beide kurz zusammennimmt und einen sauberen Kampf anmahnt.

In der Pause zeigt die Fernsehkamera den langen, tiefen, blutenden Riss über Barrys rechtem Auge. Sein Cutman arbeitet fieberhaft an der Wunde. Runde 3, beide Kontrahenten bearbeiten sich weiter unerbittlich wie zwei britische Boxer aus dem Lehrbuch. Immer wieder zielt Jim auf Barrys verletztes Auge. Er trifft erschreckend oft. Sieht Barry die Schläge nicht mehr kommen? In der Ringpause das »Here we go!« der Fans, doch als der Gong ertönt, schickt Mickey Vann Barry in seine Ecke zurück. Zu stark blutet sein Cut. Nach kurzer Behandlung durch den Cutman entscheidet er: »Ring frei!« Barry fightet, Barry bewegt sich, Barry schlägt – und wird immer wieder am Auge getroffen. Da geht Vann dazwischen, bricht den Kampf ab. Ich bin traurig – vor allem aber erleichtert. Der Sieger ist außer sich vor Freude, umarmt seinen Gegner, lässt sich feiern. Barrys Bruder Dermot hält seine Hand vor die Fernsehkamera, als die seinen verletzten kleinen Bruder filmt. Dann verdeckt er die Sicht auf Barry mit Schultern und Hinterkopf.

Nach dem Kampf verkündet der 28 Jahre alte Kämpfer, das Auge mehrfach getapet: »Ich habe in der Vergangenheit gesagt, dass ich aufhören würde, wenn ich dieser Tage verlöre, und ich habe nicht vor, das zurückzunehmen. Ich sage nun, dass ich nie wieder kämpfen werde. Du musst irgendwann aufhören und …«, nach kurzer Pause, die ein erschöpfter Bergsteiger einlegt, bevor er den letzten Schritt auf den Gipfel tut, fügt er hinzu: »This is the end for Barry McGuigan.«[103] Dermot nimmt ihn in den Arm, ist für den völlig erleichterten wie erschöpften Boxer, den ich nicht nur in diesem Augenblick für einen der ehrlichsten wie liebenswertesten Menschen der Erde halte, ganz der große Bruder.

Der härteste Schlag in Barrys Leben folgt 1994 mit dem Freitod Dermots, der im Ring bis zuletzt an seiner Seite gestanden hatte. Dass er ihn nicht mehr um sich weiß, kann Barry bis heute nicht verwinden. Und doch ging sein Leben weiter. Mittlerweile betreut er junge, aufstrebende Boxer, managt unter anderem den ungeschlagenen Superbantamgewichtler Carl Frampton aus Belfast und arbeitet als Fernsehkommentator. Zusammen mit seiner Frau betreibt er eine von zwei gemischt-konfessionellen Schulen in Nordirland. Sandra ist selbstredend mehr als erleichtert, dass ihr friedliebender Mann nicht mehr im Ring sein Leben aufs Spiel setzt.

2005 fand Barry McGuigan Aufnahme in die International Boxing Hall of Fame. Einige namhafte Musiker schrieben und sangen Songs über ihn, neben Udo Lindenberg zum Beispiel Johnny McCauley oder The Worry Dolls, nicht zu vergessen auch der von seinem Leben zumindest inspirierte Film *The Boxer*. Außerhalb jeder Politik stehend, erreichte er mehr als jeder Politiker seines Landes: Wenn er kämpfte, herrschte Frieden – außerhalb jenes Rings, in dem er in einem gewalttätigen Sport sein Leben aufs Spiel setzte. Und was bleibt noch: Streift Barry heute durch Belfast, kommt es durchaus vor, dass ihn Jungs, die seine Zeit im Ring kaum miterlebt haben dürften, auf der Straße mit erhobener Faust grüßen. Anerkennung und Stolz glimmen in ihren Augen.

KAPITEL 12

DIE DAS BOXEN IN DIE SCHRIFT STELLEN

Weil Bertolt Brecht einen ordentlichen Punch in den Fingern hatte

Der Mann war klein und schmächtig, aber er hatte den Kniff raus. Ein halbes Jahr war er in Amerika abgetaucht, wo er offensichtlich lernte, wie eine gute Show aussah. Mit einem Kampfnamen, den Gebaren einer Diva und einem lila Kampfhöschen brachte dieser Hänfling von Bantamgewichtler das deutsche Publikum zunächst eher zum Lachen. Aber da war ja noch sein Kniff. Dieser Mann hatte genau das perfektioniert, was mir einst mein Trainer predigte: »Bring deine Schläge nicht *an* den Gegner, schlage durch ihn *hindurch*! Was auch immer sich deinen Fäusten auch entgegenstellt, es taugt nicht im Geringsten dazu, sie aufzuhalten!«

Was bei mir weder am Sandsack noch im Ring funktionierte, beherrschte jener Bantamgewichtler aus dem Effeff. Setzte er einen seiner alsbald gefürchteten Haken an den Kinnwinkel, schlug er nicht einfach nur aus der Schulter heraus. Sein ganzer Leib verwandelte sich quasi in jenen Fäustling, welcher blitzschnell wie punktgenau im Ziel einschlug und jedem Gegner in null Komma nichts ein nachhaltiges Stelldichein mit dem Ringboden verschaffte. Nicht lange, und der Mann hatte seinen Meisterschaftskampf im Berliner Sportpalast, *dem* deutschen Boxtempel!

In dessen Vorbereitung erlaubte sich unser Bantam-Mann einige Extravaganzen. Er zahlte ein Motorrad an und entschloss sich, die fachmännische Benutzung jenes Gefährts just innerhalb jener acht Trainingswochen zu erlernen. Obendrein verliebte er sich in ein garantiert wunderschönes Mädchen und verlobte sich mit ihr, selbstverständlich ebenfalls innerhalb jener 56 Tage. Materiell ausgedrückt hieß das: Auf ihn als zukünftigen Ernährer einer Familie kamen eine Menge finanzielle Verbindlichkeiten zu. Die schrien danach, dass er nicht nur besagten Meisterschaftskampf gewann, sondern den – noch nicht errungenen – Titel mehrfach spektakulär wie erfolgreich verteidigte. Trotz dieser schweren Hypothek lief das Training offensichtlich reibungsarm. Außerdem hatte er ja noch seinen Kniff in der Schlaghand.

Ein paar Stunden vor dem Kampf suchte er zusammen mit seinem Manager ein von Boxern und ihrem Umfeld gern frequentiertes Berliner Bierlokal auf. Als er sich an den Kneipentisch setzte, sah er sich unvermittelt einer äußerst widerborstigen Keilerei ausgesetzt. Spürte er doch ein ungeheures Verlangen danach, das zu tun, was man an einem solchen Ort nun mal tat: ein Bier trinken! Natürlich wusste er nur zu gut, dass dieses Ansinnen unmöglich war. Und doch, nach achtwöchiger schweißgetränkter Askese schrie seine Kehle danach, wenigstens ein Glas des gekühlten Gerstensafts genussvoll passieren zu lassen, und sei die Plörre auch noch so schal. Lust und Vernunft stürzten sich hinter seiner Stirn in einen erbarmungslosen Kampf, der seinen austrainierten Boxerkörper zum bloßen Statisten degradierte. Seine Lust ließ ihn den Kellner rufen, bevor die Vernunft selbigen unverrichteter Dinge wieder wegschickte. Die Lust trieb ihn an den Tresen, wo ihn die Vernunft wie ein unmündiges Kind herumstehen ließ. Aus Verlegenheit kaufte er ein paar Zigaretten, bevor er mit hängendem Kopf an den Biertisch zurückkehrte.

Die Vernunft hatte über die Lust gesiegt wie einst König Pyrrhos I. in seiner berühmten Schlacht. Der Bantam-Mann mit dem besonderen Kniff am Leibe hatte sich im Kampf gegen sich selbst derart zermürbt, dass sein Meisterschaftskampf lange vor dem ersten Gong entschieden war.

Der Kinnhaken heißt die hier nacherzählte Kurzgeschichte von Bertolt Brecht. Der Dichter lässt sie in ebenjenem Lokal von einem angetrunkenen Berufsboxer erzählen. Steckt hinter jenem Erzähler womöglich Schwergewichtler Paul »Samson« Körner, in den 1920ern ein guter Bekannter Brechts? Der schmächtige Schriftsteller war einer von vielen Intellektuellen der Weimarer Republik, die sich von Sechstagerennen und Berufsboxen magisch angezogen fühlten.

George Grosz, Fritz Kortner, Kurt Tucholsky, Ödön von Horváth, Thomas Mann, Joachim Ringelnatz oder Egon Erwin Kisch – sie alle hatte das gerade grassierende Boxfieber erfasst. Ein Phänomen, welches den Barden Otto Reutter entnervt dichten und singen ließ:

> *Willst Du berühmt sein auf heutiger Erden*
> *Darfst du kein Dichter – musst Boxer jetzt werden*
> *Wirst dann bewundert – bestaunt von Interesse*
> *Kriegst Du dann auch mal 'n Schlag in die ... Visage*
> *Lächle beglückt mit geschwollenem Gesicht – Gräme Dich nicht!*[104]

Angeblich soll Brecht, der jedweder körperlichen Auseinandersetzung aus dem Weg ging, Boxunterricht bei Körner genommen haben. Ein Foto, welches beide zusammen zeigt, lässt mich anderes vermuten. Brecht hat den Kopf gesenkt, seine Schultern hängen schlaff herab. Die Hände in den Hosentaschen vergraben, bestaunt er die mächtige Rechte des Boxers. Und was er gegen die Einführung des Punkturteils ins Feld führt, dürfte jedem, der sich schon mal boxend in einem Ring aufhielt, bestenfalls ein mitleidiges Lächeln abverlangen. In *Der Kinnhaken* erweist sich Papier-Fighter Bert Brecht jedoch auf wenigen Buchseiten, genau wie der schmächtige Held seiner Geschichte im Boxring, als außerordentlich treffsicher. Die Schlusspointe setzte Brecht in jedem Fall genau auf den Punkt – ich empfehle hiermit herzlich die Lektüre!

Weil Charles Bukowski der literarische Vater des Promiboxens ist

Henry Chinaski saß in der letzten Reihe und linste zum Ring runter. Er befand sich mitten in seinen »besten Jahren«: jung, bis auf eine

Stelle unterhalb des Bauchnabels abgemagert und immer hungrig. Etwas wie eine Wohnung hatte er nicht. Sein Besitz beschränkte sich auf den zerknitterten Anzug auf seinem dürren Leib und den Inhalt eines altersschwachen Pappkoffers. Der beherbergte unter anderem mehrere von Henry verfasste und bisher von keinem Verleger zur Kenntnis genommene Short Storys.

Auf den Plätzen direkt am Ring saßen die, die es geschafft hatten: mächtige Männer und hübsche Frauen. Zwischen den Seilen der Kampfstätte zerlegte Ernest Hemingway einen Mann, der ihm athletisch wie technisch keinen Fingerhut voll Wasser reichen konnte. Wie Chinaski durchlebte auch Hemingway gerade seine beste Zeit, schriftstellerisch und hier im Ring. Er boxte in der Normalauslage. Nach einigen platzierten Führungshänden schickte er seinen Gegner mittels einer knackigen Rechten zu Boden. Der Ringrichter begann zu zählen. Der überforderte Journeyman stand bei acht wieder auf seinen Beinen, aber Hemingway hatte Erbarmen und ganz offensichtlich keine Lust mehr auf diesen ungleichen Kampf. Lachend winkte er ab, schritt in seine Ecke. Da pflanzte er sich auf den Schemel, ließ sich Wasser in den Mund spritzen, als wolle er sagen: »So, der Nächste bitte!«

Für Henry Chinaski war es Zeit, sich von seinem Platz zu erheben und langsamen Schrittes die Stufen hinunter zum Ring zu nehmen. Niemand beachtete ihn, außer Ernest Hemingway. Den nämlich puffte Henry mit der Faust, wobei er den Wunsch äußerte, sich im Ring mit ihm zu messen. Als Hemingway aufgrund der offensichtlichen Untermaßigkeit dieses schäbigen Grünschnabels abwinkte, wurde Henry deutlicher. Kurzum, der Kampf war abgemachte Sache.

Von einem Sekundanten in Hemingways Umkleidekabine geführt, ließ sich Henry eine Boxerhose verpassen. Die war ihm viel zu groß, aber Chinaski verweigerte jede weitere Kostümanprobe, ebenso das Bandagieren seiner Hände sowie einen Mundschutz. Er zündete sich eine Zigarre an, begab sich rauchend in seinen alten, zerlatschten Schuhen und der zu großen Boxerhose auf den Weg zum Ring.

Als er durch dessen Seile gestiegen war, kletterte auch Hemingway in den Ring zurück. Seine Sekundanten zogen ihm die Boxhandschuhe an. Schließlich erbarmte sich einer, auch Henry in die seinigen zu helfen. Rauchend stakste Chinaski in die Ringmitte, wo ihn Hemingway und der Ringrichter bereits erwarteten. Dessen obligatorische Belehrung unterbrach er mit dem brüsken Einwand, dass er auf Garantie nicht klammern werde. Auch des Ringrichters Rat, nicht mit brennender Zigarre in den Kampf zu gehen, schlug er lässig in den Wind.

»Okay«, verzichtete der Referee auf weiteren unnützen Text, »geht zurück in eure Ecken. Und beim Gongschlag kommt ihr boxend heraus.«[105] So geschah es.

Den ersten Höhepunkt der Eröffnungsrunde setzte Henry Chinaski, indem er Ernest Hemingways Gesicht eine ordentliche Wolke aus Zigarrenrauch verpasste. Dieser »Treffer« zeigte offenbar Wirkung. Hemingway griff an, eins, zwei – schnelle Hände, aber etwas überhastet. Weder die linke Gerade noch sein rechter Haken trafen ihr Ziel. Zu exzellent Henrys Beinarbeit. Der zeigte weiter flinke Füße, bevor er den Vorwärtsgang einschaltete. Ehe sich Ernest Hemingway versah, hatte er fünfmal Henrys Führhand im Gesicht.

Hier jedoch zeigte sich Chinaskis Mangel an Ringerfahrung. Statt schnell wieder aus der Distanz zu gehen, um hernach einen nächsten punktgenauen Angriff zu starten, verirrte sich sein Blick ins Publikum. Direkt am Ring saß eine junge Schönheit.

Ernest Hemingway war sofort zur Stelle. Seine Schlaghand zermalmte Henrys Zigarre direkt zwischen dessen Lippen. Mund und Wange versengt, die Rechnung für den Zigarrenrauch war beglichen. Henry spuckte den erloschenen Stummel aus und antwortete mit einem knackigen Körpertreffer, ebenfalls mit der Schlaghand. Doch wieder hatte Ernest Hemingway die bessere Antwort parat:

Kombinationen statt Einzeltreffer. Die Rechte ans Kinn, die Linke mit voller Wucht aufs Ohr.

Sein Gegner bringt einen Heumacher, den Ernest lässig auspendelt und – eins, zwei – schon erschüttert die nächste Kombination seinen Gegner. Und wer dachte, damit würde es der Meister bewenden lassen, hatte sich getäuscht. Ein knackiger rechter Haken holt Henry von den Beinen, da ertönt der Gong.

Der Niedergeschlagene rappelt sich auf, schlappt in seine Ecke. Das von einem Sekundanten überbrachte Friedensangebot des großen Dichters wie Boxers schmettert er mit der Bemerkung zurück, er habe allein deshalb so schlecht ausgesehen, weil er Rauch in die Augen bekam. Nun aber werde er ernst machen.

Genau danach sah es nach dem Gong aus. Offenbar hatte Henry nicht vor, sich auf die Punktrichter zu verlassen, und klar, er weiß, dass er hinten raus keine Chance hat. Wir können davon ausgehen, dass sein Gegner trotz des höheren Alters über die deutlich bessere Kondition verfügt.

Henry legte los wie die Feuerwehr. Eine Kombination folgte der nächsten; schnelle Hände, nicht besonders hart, aber fast alle fanden ihr Ziel. Zum ersten Mal in diesem Kampf erleben wir Ernest Hemingway im Rückwärtsgang. Er wirkt verunsichert, und Henry verkürzt die Distanz, schiebt sich näher an seinen Mann ran. Wieder prasseln seine Kombinationen auf Erny ein, jetzt bedeutend härter, und mit welcher Präzision! Henry bearbeitet seinen Gegner wie einen Sandsack, oder nein: Er bringt ihn zur Strecke wie der Matador seinen Stier.

Geradezu tödlich mutet dieser mittlerweile völlig einseitige Kampf an. Kaum bringt Henry seinen Mann mit einem fürchterlichen Körpertreffer dazu, nach vorn einzuknicken, richtet ihn auch schon ein knackiger Aufwärtshaken wieder auf. Unglaublich, aber wahr: Dieser Nachmittag erzählt die wahre Geschichte von Hemingways Essay *Death in the Afternoon*! Wo zum Teufel ist der Ringrichter? Dieses brutale Stierschlachten hätte er längst abbrechen müssen!

Endlich zeigt Henry Chinaski ein Einsehen. Er lässt die Hände sinken, tritt ein paar Schritte zurück, dass der bis zur Bewusstlosigkeit malträtierte Körper seines Gegners den Regeln der Schwerkraft folgen kann. Endlich ist auch der Ringrichter zur Stelle. Er weiß, dass er sich jedwedes Zählen ersparen kann.

Der Rest ist schnell erzählt. Hemingway braucht Minuten, bevor er in der Kabine das Bewusstsein wiedererlangt. Er hat zunächst keine Ahnung davon, was ihm hier, an jenem unseligen Nachmittag, widerfahren war.

Henry Chinaski hatte mittlerweile eine neue Adresse. Eine äußerst wohlhabende, blutjunge wie heiß begehrte Schönheit, zu ihren hoffnungslosen Verehrern gehört der amerikanische Schriftsteller Thomas Wolfe, adoptierte ihn nach Kampfende. Der papierene Inhalt seines alten Pappkoffers entzündete das Interesse eines namhaften Literaturkritikers, welcher ebenfalls direkt am Ring im Publikum gesessen hatte. Am nächsten Tag vermeldet er, sämtliche Short Storys seien ihm von den Chefs zweier großer Publikumsverlage aus den Händen gerissen worden.

So ungerecht kann das Leben sein: Begründete dieser Nachmittag doch den kometenhaften Aufstieg des einen wie den brutalen Untergang des anderen Mannes. Henry Chinaskis Worte, auf der Quasi-Pressekonferenz an seinen Gegner gerichtet, zeigten durchaus so etwas wie Mitgefühl: »Du bist ein guter Mann, Papa, aber man kann nicht immer siegen.« Damit reichte er Erny die Hand, bevor er ihm den aus heutiger Sicht nur als visionär zu bezeichnenden Rat mit auf den Weg gab: »Schieß dir keine Kugel in den Kopf.«[106]

Der hier geschilderte Kampf bildet das Zentrum von Charles Bukowskis im Jahre 1973 veröffentlichter Kurzgeschichte *Klasse*. Im wirklichen Leben war er seinem Berufskollegen nie begegnet. Auch ich habe Buk nicht persönlich kennengelernt, so kann ich nur vermuten, dass *Klasse* seine Antwort auf die ihm zum Hals heraushängenden Vergleiche mit »Papa« Hemingway ist. In jedem Fall lieferte er auf jenen sieben Buchseiten das literarische Vorbild für das etliche Jahre nach seinem Tod im deutschen Privatfernsehen verbrochene Trash-Format namens Promiboxen, das allerdings gänzlich ohne seinen Willen!

Weil Hank Chinaski niemals ein Promiboxer war

In den Boxkämpfen seines »wirklichen« Lebens bekam es Hank Chinaski mit gänzlich unprominenten Gegnern zu tun. Gegen sie vermochte Charles Bukowskis Alter Ego auch längst nicht so zu glänzen wie in der soeben nacherzählten Kurzgeschichte.

Der Prominenteste jener Unbekannten ist sicher jener Barkeeper, dem Bukowski in seinem Drehbuch zu Barbet Schroeders Spielfilm *Barfly* oder in seinem 1989 veröffentlichten Roman *Hollywood* ein Denkmal setzte. In Letzterem schildert er die Dreharbeiten zu *Barfly*, welcher hier, zumindest in Carl Weissners deutscher Übersetzung, *Der Tanz des Jim Beam* heißt.

Der Film beleuchtet ein paar Tage von Hanks »großer« Zeit, als er in abgewrackten Zimmern zur Miete hauste und daselbst versuchte, Gedichte zu schreiben. Die meiste Zeit jedoch hing er in mindestens ebenso abgeranzten Kneipen herum. Eine hatte es ihm besonders angetan – jene, die mehrere Jahrzehnte später der wichtigste Schauplatz von *Barfly* wird.

Ihr Publikum: eine geradewegs verschworene Gemeinde hoffnungsloser Trinker beiderlei Geschlechts. Hank passte sich in sie ein wie der Kronkorken auf den Flaschenhals. Ja mehr noch, zusammen mit dem Barkeeper der Spätschicht sorgte er mehrmals die Woche dafür, dass besagter Korken mächtig knallte, zur bestmöglichen Unterhaltung der Gemeindemitglieder. Nachdem beide einander dies- und jenseits des Tresens warmgepöbelt hatten, gingen sie hinaus, um ihre Meinungsverschiedenheit mit handfesten

Argumenten fortzusetzen. Diesen Boxkämpfen, ausgetragen mit blanken Fäusten, war, zumindest seitens Chinaskis, nur *eine* Art des Trainings vorausgegangen.

Zielstrebig hatte sich Hank den lieben langen Tag lang in Form gesoffen, »… im Suff hat man einen Körper aus Gummi und einen Kopf aus Zement«[107], bringt Bukowski das Ganze 1989 in *Hollywood* auf den Punkt. Vom Alkohol betäubt, steckte Henry Chinaski weitaus mehr ein, als er sich nüchtern zugetraut hatte. Während die beiden Männer sich gegenseitig die Knochen malträtierten, verloren sie niemals den Blick für ihr Publikum. So manchem Treffer folgten ans Auditorium gerichtete Ausrufe, frei nach dem Motto: »Habt ihr das gesehen? Das war ein Volltreffer. Ich hab ihn sauber erwischt!« Der Kampf dauerte, genau wie einst in den Anfangsjahren des Boxsports, bis einer der beiden Kämpfer das Bewusstsein verloren hatte.

»Es war eine gute Show, und der Eintritt war frei«[108], gedenkt Hank beim Dreh des Jim-Beam-Tanzes seiner Kämpfe jener Tage. Er ist froh, dass er der Gosse entkommen ist – und doch möchte er, als er den Fight der beiden Schauspieler-Doubles auf dem Bildschirm sieht, am liebsten noch einmal mit ihnen tauschen. Noch einmal zurückkehren in seinen Ring, der niemals etwas anderes als die Gosse war.

Hanks Boxen hatte nicht das Geringste mit Trainingsplänen zu tun. Etwas wie ein Gym hatte dieser Straßenkämpfer bis dato nie gesehen. Die meisten seiner Kämpfe endeten für ihn in der Bewusstlosigkeit des k. o. gegangenen Verlierers. Er erwachte genau dort, wo ihm der andere Stunden zuvor den Strom abgestellt hatte, auf dem Hinterhof jener Spelunke, umgeben von Mülltonnen, Unrat und Ratten. An etwas wie eine Fernsehübertragung dürfte er dabei kaum gedacht haben.

Dass er so oft verlor, lag womöglich an seinen zu kleinen Händen, aber wohl auch daran, dass er seine Kämpfe mit dem Barkeeper, genau wie sein ganzes Leben jener Jahre, nicht wirklich ernst genommen habe. »Für mich war alles nur Theater«[109], blickt der alte Hank, der mittlerweile ganz gut von seiner Arbeit als Schriftsteller leben kann, in jene Jahre zurück. Inzwischen sieht er sich gern Boxkämpfe im Fernsehen an. Das Boxen habe sein Gesicht unterdessen mächtig verändert, bemerkt er. Kondition, erarbeitet in ungezählten harten Trainingseinheiten, spielt die dominante Rolle. Ohne sie nütze jetzt weder Mumm noch Willenskraft. Was den Boxern der Ring, ist ihm längst die Schreibmaschine geworden. Auch hier brauche es, besonders bei einem Roman, vor allem Kondition, geistige! Ich, der ich beide Kampfplätze kennenlernen durfte, kann ihm da nur recht geben.

Weder als Boxer auf dem Kneipenhinterhof noch als Schreiber hat Hank Chinaski je halbe Sachen abgeliefert. Und noch eins: Für das Promiboxen, ein Aufeinandertreffen größtenteils verweichlichter Möchtegernberühmtheiten an einem Ort, an dem sie alle von ihren Fähigkeiten her nichts zu suchen haben, sind Bukowski wie Chinaski auf alle Zeiten verloren.

Weil Bukowski seinem Lieblingsfeind Hemingway am Ende die Hand reichte

Wann immer das Berufsboxen in Bukowskis Werk auftaucht, sind es niemals Glanz und Glamour, die er in den Mittelpunkt rückt, sondern stets die ungeschminkt profane Seite dieses Geschäfts. Das Gedicht *Man kann aus einem Schmetterling keinen Löwen machen*[110] erzählt den entscheidenden Kampf eines bärenstarken jungen Boxers aus der behüteten weißen Mittelschicht. Der Erzähler ist Teil dessen Managements. In zahlreichen Kämpfen gegen handverlesene Gegner haben sie ihren Mann professionell aufgebaut. Mit einem makellosen Kampfrekord von 26 Siegen geht er in den

Fight gegen den Fünftplatzierten einer wie auch immer gearteten Rangliste. Der ist ein alter, schwarzer Zausel, mehrfach vorbestraft. Athletisch seinem übergewichtigen und vom Koks halb zerfressenen Gegner haushoch überlegen, entscheidet der Modellathlet die 1. Runde mühelos für sich.

Der Schwarze hatte dem Leben mehrfach und ausgiebig in den Hintern geschaut, und ab dem nächsten Gong macht er Ernst. Runde für Runde zeigt er seinem Kontrahenten, was der in Wirklichkeit ist: ein junger Muskelprotz mit enormen Locken, aber ohne Biss. Den ersten Wirkungstreffer des alten Zausels nutzt der geplante Boxpromi, um sich auszählen zu lassen.

»Ich denke, ich werde Schauspielunterricht nehmen«, unterbricht er die bedrückende Stille in der Kabine.

Das Fazit seiner Manager braucht weniger Worte: »Tja, Scheiße.«

Auch »Papa« Ernest Hemingway hatte in seinem Werk das Boxbusiness geradezu unverklärt gezeigt, so in seiner Erzählung *Fifty Grand*, die in der deutschen Übersetzung seltsamerweise *Um eine Viertelmillion*[111] heißt. Jack, ein unwiderruflich am Ende seiner Karriere angelangter Mittelgewichtschamp, steigt ein letztes Mal in den Ring. Sein Gegner ist ein junger, kurzbeiniger Schläger mit Schwergewichtsoberkörper. Obgleich er weiß ist, nennt er sich nach dem früheren schwarzen Heavyweight-Champion Walcott. Jacks Trainer und Freund erzählt die Geschichte jenes Titelkampfs.

Ringfuchs Jack weiß, dass er, gehen beide Boxer an ihre Grenzen, keine Chance gegen den hungrigen Jungen hat. So kommt es ihm zupass, als ihm zwei zwielichtige Anzugträger in Gegenwart seines Managers anbieten, die titelgebende Geldsumme auf einen Sieg seines Gegners zu setzen. Nicht nur Jack, auch der Erzähler hat nicht das Geringste dagegen einzuwenden. Jack hat keine Chance. Warum also nicht den schwer erkämpften Abgang ein wenig versilbern?

Der Kampf läuft wie zu erwarten. Jacks Klasse bringt ihm die ersten Runden, bevor Walcotts Schlagkraft die Oberhand gewinnt. Als Jack Gefahr läuft, k. o. zu gehen, versetzt ihm sein Gegner mit voller

Härte einen deutlichen Tiefschlag, der offensichtlich das Kampfende durch Disqualifikation erzwingen soll. Jack behielte den Titel, verlöre aber seinen Wetteinsatz. Offenbar hatten jene Anzugmänner nicht nur ihm vor dem Kampf einen »heißen Tipp« gegeben. Mit übermenschlicher Willenskraft hält sich Jack auf den Beinen, um den Kampf kurz darauf selbst mittels eines finalen Tiefschlags zu beenden. Er, der in diesem Kampf keine reelle Chance hatte und obendrein betrogen werden sollte, dreht den Spieß um und legt unter Einsatz seines Lebens die wahren Betrüger aufs Kreuz.

Beide Dichter liebten das Boxen – und zeigen hier, einer wie der andere, wie es von der schnöden Jagd nach dem Geld überwuchert wird. Obgleich es Bukowski nie mochte, mit Hemingway verglichen oder gar als dessen Nachfolger bezeichnet zu werden, gibt er im Jahre 1993 im wahrscheinlich letzten Interview seines Lebens zu: »… ich schulde ihm vermutlich mehr, als mir lieb ist und als ich zugeben kann.«[112]

Sein Alter Ego Henry Chinaski hatte sich bereits 1989 in *Hollywood* mit O'Neill, Faulkner, Jack London und – ja, auch mit Ernest Hemingway – in eine Reihe gestellt. Bei ihnen allen handele es sich um »beachtliche Schluckspechte«[113], denen der Alkohol ordentlich Mumm in die Schreibhände gepumpt habe.

Weil einer der tiefgründigsten Texte übers Boxen von einer Frau verfasst wurde

Als kleines Mädchen nahm sie ihr Vater mit zu den Golden Gloves, einem der traditionsreichsten US-amerikanischen Amateurboxturniere. Das Geschehen im Ring und darum herum muss bei der Kleinen einen mächtigen Eindruck hinterlassen haben. Eine besondere Beziehung verband sie mit des Vaters Mutter, ihrer Großmutter

Blanche. Die schenkte ihr unter anderem das Buch *Alice im Wunderland*, welches die Kleine restlos begeisterte. Bis heute sieht sie jene Erzählung als kostbarsten Schatz ihrer Kindheit an. Sie las sehr viel, von Faulkner über Hemingway bis zu Dostojewski und den Geschwistern Charlotte und Emily Brontë. Mit 14 Jahren begann sie zu schreiben, auf einer Schreibmaschine, die ihr Großmutter Blanche schenkte. Neun Jahre später erschien ihr erster Roman.

Heute gehört die mittlerweile 76-Jährige zu den bekanntesten Schriftstellerinnen Amerikas. Ihr schriftstellerisches Werk umfasst über 40 Romane, dazu Theaterstücke, Novellen, Kurzgeschichten und Erzählungen, Essays, Dramen, Kinder- und Jugendbücher. Das Erste, was ich von Joyce Carol Oates in die Hände bekam, in einem Zuge durchlas und mir sofort etliche mir besonders gelungen erscheinende Zitate herausschrieb, war ihr Essay *Über Boxen*.

Mich beeindruckte ihre weibliche Sicht auf jenes Metier, welches sie vor allem als männlichen Ritus erlebt. Was da im Ring und darum herum passiert, erscheint ihr zum einen völlig fremd, zugleich unsagbar nah. Sie wertet nicht zuerst, sondern beobachtet, assoziiert – erzählt! Viele ihrer Sätze sprechen mir bis heute direkt aus dem Herzen, decken sie sich doch völlig mit den Erfahrungen, die ich als kleiner Junge in diesem Sport am eigenen Leib machte: »Jeder Boxkampf ist eine Geschichte – ein einzigartiges und bis zum Äußersten verdichtetes Drama ohne Worte.«[114] Genau als ein solches hatte ich meinen allerersten Übungskampf gegen Scholle in unserer Schulturnhalle empfunden.

Ich bin nicht Oates' Meinung, dass Boxen rein männlich sei und Frauen völlig ausschließt, genau so wie uns Männern die weibliche Erfahrung des Gebärens auf ewig fremd sein wird.. Nun, das Frauenboxen war in jenen Jahren kein Thema. Der Internationale Amateurboxverband lehnte es noch 1990 ab, weibliche Boxer zu lizenzieren. Erst 2012 wird Frauenboxen olympische Disziplin. Dessen ungeachtet berührte mich Oates' Bemerkung: »Ein Boxer bringt alles in den Kampf ein, was er ist, und alles wird sich erbarmungslos zeigen, auch das Geheimste, was nicht einmal er selbst über sich weiß: sein Körper-Ich, seine Männlichkeit könnte man sagen, die ›Schicht‹ unter seinem ›Ich‹.«[115]

Diese Schicht vermutete ich bei mir als Kind und junger Mann, genau genommen bis Mitte 30, als äußerst unmännlich. Genau das war mein Problem. Ich war ohne Vater aufgewachsen und musste mir vieles, was »normale« Jungs von ihrem Papa lernen, von meinen gleichaltrigen Kumpels beibringen lassen. Eine Folge davon: Ich sah mich als nicht männlichen Jungen, und das fühlte sich sehr unangenehm an. Stach mich später ein Rivale bei einem Mädchen aus, war mir klar warum. Er war ein Mann, im Gegensatz zu mir. Dass dem nicht so ist, erfuhr ich erstmalig im Boxring, jeweils während eines Kampfes. Ein Körperwissen, welches nach dem letzten Gong leider alsbald wieder verblasste.

Äußerst präzise erscheint mir auch Oates' Gebrauch der Begriffe »Boxen« und »Kämpfen«. Ersteres sei durchaus etwas Zivilisiertes, beinhaltet es doch vor allem die Umsetzung dessen, was der Boxer zuvor im Training erlernte und verfeinerte. Letzteres jedoch »gehört einer unzivilisierten Zeit an, in ihm kommt ein Instinkt zum Ausdruck, der nicht nur auf Verteidigung aus ist (...), sondern der den anderen angreifen und in vollständige Unterwerfung zwingen will.«[116]

Und auch den Inhalt des nächsten Satzes erlebte ich, als die Mädchen und Jungen unserer Klasse um Scholle und mich herum plötzlich in geradezu ekstatisches Geschrei verfielen: »Daher der elektrisierende Effekt, den es auf den typischen Zuschauer hat, wenn eine normal verlaufende Begegnung plötzlich zum ›Kampf‹ wird – wenn ein Boxer zu bluten anfängt und die Sache eine qualitativ andere Dimension bekommt, gefährlich wird.«[117]

Doch wendet sich Oates keineswegs nur dem Geschehen im Rampenlicht zu. »Nicht das öffentliche Schauspiel oder der Kampf selbst, sondern das rigorose Trainingsprogramm, das vor jedem Kampf kommt, verlangt die härteste Disziplin, und am Training liegt es, wenn ein Boxer physisch oder psychisch versagt.«[118]

Hier nun stellt sie eine Parallele zwischen der Arbeit eines Boxers und der eines Schriftstellers her, der ich allein aus meiner Erfahrung der letzten Monate heraus einfach nur begeistert zustimmen kann. »Es ist dieselbe fanatische Unterwerfung der eigenen Persönlichkeit unter ein selbst gewähltes Schicksal. Man könnte das zeitgebundene öffentliche Spektakel eines Boxkampfs (...) mit der Veröffentlichung eines Buches vergleichen. Was an diesem Prozess ›öffentlich‹ ist, ist allein das letzte Stadium, dem eine langwierige, mühsame, erschöpfende und oft zur Verzweiflung treibende Zeit der Vorbereitung vorausgeht.« Genau die liegt nun, da du dieses Buch in Händen hältst, hinter mir, und ich bin froh, dass dem so ist.

Weil Wolf Wondratschek mit Absicht
Bert Brecht kopierte

Zu meinem letzten Geburtstag schenkte mir ein sehr guter Freund ein kleines Büchlein mit dem Titel *Im Dickicht der Fäuste*. Es versammelte Texte übers Boxen aus der Feder eines Mannes, der nicht nur im Namen jener 218 Seiten umfassenden Sammlung auf Altmeister Bert Brecht anspielte.

Bevor mir der Dichter seine Reportagen, Storys, Gedichte, Artikel und Interviews um die Ohren haut, zeigt er sich auf einer absolut originellen wie punktgenauen »Fotokopie« des einstigen Weltmeisters der Dramatiker. Die Hände in den Hosentaschen vergraben, betrachtet er gesenkten Blickes und überaus versonnen die gewaltige rechte Faust, die ihm sein Gegenüber unter die Nase hält. Der Mann hinter der riesigen Faust ist deutlich älter als der Dichter, überragt ihn um einen halben Kopf und ist um einiges stämmiger. Und deutlich eleganter ist er gekleidet. Auf seinen breiten Schultern trägt er ein dunkles Jackett, darunter weißes Hemd mit dunkler Krawatte. Der Dichter kombiniert sein Jackett mit einem offenen Hemdkragen und Blue Jeans.

Aber nicht, was sie anhaben, fesselt meinen Blick, sondern die Dynamik zwischen ihnen. Der stattliche hochaltrige Herr mit der großen Faust, die da aus Hemds- und Jackettärmel ragt, hat seinen linken Arm um des Dichters Nacken gelegt, als wolle er ihn fixieren, auf dass er keinesfalls seiner Faust ausweichen kann. Doch das hat der Dichter offensichtlich ohnehin nicht vor, ist sein Blick doch geradewegs gefesselt von jener rechten Hand.

Es ist ebenjene, mit der sein Gegenüber am 19. Juni 1936 im New Yorker Yankee-Stadion den zuvor als unbezwingbar geltenden Joe Louis in der 12. von 15 angesetzten Runden ausknockte und ihm damit die erste seiner insgesamt drei Niederlagen beibrachte. Denen standen an Louis' Karriereende 66 Siege gegenüber, 52 durch K. o.!

Es ist jene sagenumwobene Rechte, die Max Schmelings vor dem ersten Louis-Kampf gemachte Aussage »I have seen something!« (Ich habe bei Louis eine Schwachstelle gesehen) im Ring so eindrucksvoll manifestierte. Im Kampf brachte Schmeling seine Schlaghand immer genau dann, wenn Louis, während er seinen berühmten linken Haken schlug, seine Rechte kurz hängen ließ. Es sei übrigens Jack Johnson gewesen, der erste schwarze Schwergewichtsweltmeister aller Zeiten, der jenen Titel von 1908 bis 1915 hielt und vom weißen Amerika nur durch einen miesen Trick im Ring zu besiegen gewesen war, der Max Schmeling und sein Team in diese womöglich einzige Schwachstelle Louis' einweihte. Zuvor hatte das Louis-Lager auf die Mithilfe des ehemaligen Champs aller Klassen schnöderweise verzichtet …

Der Dichter schaut gebannt auf jene rechte Hand, die tatkräftig mithalf, dass Max Schmeling sechs Jahre vor dem Louis-Kampf, ebenfalls in New York, gegen Jack Sharkey Schwergewichtsweltmeister geworden war, seinen Titel einmal erfolgreich verteidigte und 40 seiner 56 Siege vorzeitig errang. Von Jack Johnson, Max Schmeling, Muhammad Ali, Henry Maske, vom einzigartigen Norbert Grupe und vielen vom Dichter hautnah erlebten Details rund um das Boxen erzählen die Seiten dieses Buches, das Ganze meisterhaft aufgeschrieben. Auch wenn ich längst nicht immer des Dichters Meinung teile: Ich danke meinem Freund Malko, dass er mir dieses Büchlein schenkte, und Wolf Wondratschek, dass er es schrieb.

Und Letzterem danke ich auch ganz besonders dafür, dass er 1985 dieses wunderbare Foto mit sich und Max Schmeling aufnehmen ließ. Ist es doch die wirklich haargenau nachgestellte »Kopie« jener berühmten Fotografie aus den 1920er-Jahren, welches Bertolt Brecht in ebenjener Stellung zusammen mit dem am 13. November 1887 in Zwickau geborenen Halbschwergewichtler Paul Samson-Körner zeigt. Ganz nebenbei: In einem Boxkampf zwischen Altmeister B. B. und W. W. würde ich mein Geld nach dem Betrachten beider Fotos in jedem Fall auf Letzteren setzen.

Weil auch ein namenloser Journeyman seine Geschichte hat ...

»3.000«, hämmerte es hinter Atzes Schläfen – mit jedem Schlag, den ihm der junge Schwarze verpasste: »3.000, das Doppelte, wenn du verlierst!« Sein Gegner zeigte keine Anzeichen von Ermüdung, während er auf Atze einschlug. Wie der Tiger einen alten Büffel hetzte er ihn durch den Ring. Endlich der Gong, eine Minute Pause. Atze stakste in seine Ecke. Seine Ecke? Der graue Zauselbart in der bonbonfarbenen Trainingsjacke sprach ja nicht einmal seine Sprache. Atze ließ sich auf den bereitgestellten Hocker fallen. Der Zausel klaubte ihm den Mundschutz von den Zähnen, steckte ihm die Plastikpipette einer Trinkflasche zwischen die Lippen, redete auf ihn ein.

Sicher quatscht der französisch, dachte Atze. Er verstand kein Wort. Wie so oft war er gestern Abend in einen Bus gestiegen und zu nachtschlafender Zeit über eine Grenze gefahren. Zuvor, am Nachmittag, hatte ihn Ratte, sein Manager, angerufen. »3.000«, hatte Ratte gesagt, »das Doppelte, wenn du verlierst.«

Ein günstiges Angebot! Es war sein Job, einem jungen, vielversprechenden Boxer zu einem beeindruckenden Kampfrekord zu verhelfen. Nur so kam dessen Management an die großen Kämpfe, an die richtigen Börsen heran. Was seinen Marktwert anging, gab sich Atze keinen Illusionen hin. Mit 41 war er mehr als ein Jahrzehnt zu alt fürs Geschäft. Kein Management würde mehr in ihn investieren.

Zu dumm, dass er im Jahr vor der Wende, als der goldene Hinnark zur Olympiade fuhr, wegen dieser Alimentengeschichte in den Knast einziehen musste. Dabei hatte er Conny gesagt: »Ich zahle, sobald ich das Geld habe!«

15 Monate hatten sie ihm aufgebrummt. Das ausgelaugte Land brauchte Arbeitskräfte für den Schienenbau. Hinnark holte in Atlanta Gold und wechselte kurz darauf in den Stall des zweitgrößten deutschen Boxpromoters. Siebenmal hatte Atze ihn beim Sparring auf die Bretter geschickt, und doch war es Gold-Hinnark, der nun handverlesene Gegner vor die Fäuste bekam, sich einen ansehnlichen Kampfrekord aufbaute und in den Ranglisten nach oben kletterte.

Als Atze aus dem Knast kam, war Hinnark Weltmeister, die neue Welt aufgeteilt. Kein Promoter wurde sein Partner, sondern das Arbeitsamt. Seine Kämpfe fanden fortan in Kohlenkellern, Schlachthöfen und auf schäbigen Bürofluren statt. Ins Boxgeschäft bekam er erst wieder einen Fuß, als sie erkannten, dass man als Aufbaugegner für die kommenden Stars nicht nur Pfeifen und Fallobst brauchte. So wurde er ein Journeyman, der zu boxen, vor allem aber einzustecken und am Ende eindrucksvoll zu verlieren hatte. Seine Gegner wurden von Monat zu Monat jünger, schneller, bissiger, während er froh sein konnte, dass er die für den Ring nötigen Bewegungsabläufe noch einigermaßen hinbekam. Dazu quälten ihn ein Kampfrekord, der ein Witz war, und gelegentliche Almosen von Hinnark – obwohl er froh sein musste, dass sich der alte Kumpel an ihn erinnerte.

Und jetzt war er hier, sich von diesem jungen Puma Gesicht und Oberkörper umgraben zu lassen und bei alledem gute Miene zu machen. Das war sein Job, er konnte nun mal nichts anderes als das Boxen. Wenn der da drüben ein Puma war, fiel ihm ein, was für ein Tier war dann er? Am ehesten wohl ein alter Wolf, der sich in seinen besten Jahren höchstselbst aus dem Rudel verbannt hatte und nun die Rechnung dafür bekam. Was er, allein und mittlerweile anständig altersschwach, erbeuten konnte, waren jene Brocken, die die Rudelwölfe nach dem Mahl am Wegesrand liegen ließen. Verdammt, auch dieser Arbeitstag in der Tretmühle des Rings war irgendwann zu Ende.

Weil auch er eines Tages seine große Stunde erlebt

Der Gong brachte Atze in die Halle zurück. »Stand up, Buddy«, brummte der Zausel und zog ihm den Schemel unterm Hintern weg. Plattfüßig bewegte sich Atze auf die Ringmitte zu, wo ihn der junge Schwarze bereits erwartete. Der Kerl war elend schnell, zeigte eine erstaunliche Beinarbeit – und bumm, rammte er seinen nächsten Jab gegen Atzes Kinn.

Atze taumelte zwei Schritte zurück. Das schmerzende Kinn runter, die Augen weit offen, verschanzte er sich hinter einer kompakten Doppeldeckung. Der Schwarze setzte ihm nach, trieb ihn in die neutrale Ecke, brachte Links-Rechts-Kombinationen. Etliches ging auf die Deckung, doch er hörte einfach nicht auf, auf Atze einzuhämmern. Da verpasste er ihm einen wilden, rechten Schwinger aufs Ohr.

Augenblicklich verwandelte sich der Jubel der Zuschauer in ein betäubendes Dröhnen. Atze war für einen Moment irritiert. Was war das? Aus dem seine Sinne durcheinanderwirbelnden Gedröhn formten sich im tiefsten Inneren seines Schädels die Worte: »Atze, boma ye!« Suaheli war das – eine Sprache, von der er nichts verstand als jene drei Worte, die Alis Fans 1974 in Zaire gebrüllt hatten. »Atze, mach ihn tot!«

Fast war er dem Schwarzen dankbar für den stechenden Schmerz, den dessen Linke beim Aufschlag auf seinem Nasenbein verursachte. Durch den Treffer augenblicklich wieder hellwach, blockte Atze die einen Tick zu unpräzis heranfliegende Schlaghand ab und brachte selbst eine knackige Rechte auf dem Brustbein seines Gegners unter. Der sah ihn für den Bruchteil einer Sekunde aus weit aufgerissenen Augen an – lange genug, dass Atze aus der Ecke herauskam. Den Rest der Runde passierte nicht viel. Atzes Kopf dröhnte, die vielen Treffer machten ihm das Atmen schwer. Endlich der Gong.

»It's broken?«, hörte Atze den Zausel fragen.

»Wat, jebrochen, meenste? Keene Ahnung.« Verstand seine Worte auch keiner, fühlte er sich gleich nicht mehr ganz so einsam in der Halle, hörte er seine Stimme. Einsamkeit hatte er genug – nachher auf dem Busbahnhof und anschließend im verwanzten Nachtbus.

Als Junge hatte er davon geträumt, durch die Welt zu reisen. Paris, London, Wien – jetzt war er mehrmals im Jahr dort, sich vermöbeln zu lassen. Boxte er in Paris, musste er zumindest nicht auf halber Strecke umsteigen und konnte nach der obligatorischen Viertelflasche Klaren bis zur Grenze durchschlafen. Das Zeug schmeckte erbärmlich, trieb aber den Fuß- und Schweißgestank aus der Nase.

Apropos Nase, die hatte wohl ordentlich was abbekommen. Der Blick des Zausels verriet ehrliche Anteilnahme. »It's broken«, wiederholte er und zwinkerte ihm zu. »Are you ready?«

»Klaro«, brummte Atze und nickte, damit ihn der Alte auch verstand.

Dessen Lippen formten sich zu einem breiten Grienen, während er ihm beinah zärtlich den Mundschutz überstülpte. »Dann hau ihn um«, brummelte er in das Läuten des Gongs.

Idiot, dachte Atze, während er erneut in die Ringmitte stakste. Wer würde ihm die verlorenen 3.000 ersetzen? Noch dazu, wo Hinnarks Almosen die nächste Zeit ausblieben. In seinem letzten Kampf hatte er den Titel verloren – gegen diesen jungen Schwarzen. Dazu war bald Weihnachten, und Atze brauchte Geschenke für Connys Kinder. Wie alt wurde der kleine Max nächstes Jahr?

Die Fäuste des Schwarzen verhinderten jeden weiteren Gedanken. Wie entfesselt prügelte der Kerl auf ihn ein. Ein ums andere Mal zog er Atzes Doppeldeckung runter und landete ganze Serien von Kopftreffern. Immer nur nach vorn, Eins-zwei, Eins-eins-zwei, wie eine Dampframme – genau wie ich vor 20 Jahren, erinnerte sich Atze an seine erste Zeit im Ring. Atze »Maschine« Müller hatte nur eine Richtung gekannt: vorwärts, mitten rein in den Mann!

Schon explodierte der nächste linke Hammer an seiner Stirn. Mit lautem Klatschen verfing sich die nachgezogene Rechte in Atzes Deckung. Atze stutzte. Wurde der Junge langsamer? Ließ seine Kraft nach? Bump – die nächste Linke war wieder drin, doch rüttelte sie ihn längst nicht so durch wie die Treffer der vergangenen Runden. Wurde der Kerl also doch müde! Bekam der jetzt keine zweite Luft, konnte er die 6.000, von der gebrochenen Nase abgesehen, ohne größere Blessuren mit nach Hause nehmen.

Atze atmete tief durch, da erschütterte ihn ein fürchterliches Stechen. Es kam von tief innen, aus seinem Bauch und der linken Brusthälfte. Nicht der junge Schwarze setzte ihm hier zu, sondern etwas anderes: 3.000, Atze – das Doppelte, wenn du verlierst. Am besten, ich leg mich hin, durchfuhr es ihn. Er brauchte nur den nächsten Schlaghagel abzuwarten, nach dem ersten Treffer zu taumeln, zum Gegenschlag auszuholen, sich abkontern zu lassen – und endlich zu fallen.

Warum griff der Kerl nicht an? Hatte er sein Pulver verschossen? Nein, da war er wieder: die linke Gerade, Dublette, die Rechte als Uppercut – verpasst! Der Instinkt hatte Atze gerade noch rechtzeitig die Deckung hochziehen und den Haken auspendeln lassen. Nur der Instinkt? Ich kenne die Regeln genau, fluchte er in sich hinein, warum mache ich's mir so schwer? So ein Angebot kriege ich nie wieder! Diesmal hatte er zu lange überlegt. Die Schlaghand des Schwarzen flog als wuchtiger Heumacher über die Außenbahn heran und landete krachend auf seinem Ohr. Atzes Kopf wurde zur Seite geschleudert, für einen Augenblick schwanden ihm die Sinne.

»Atze, boma ye!«, schrien die den Ring umsäumenden Massen, »Atze, hau ihn um!« Als sich Rattes »3.000, das Doppelte, wenn du verlierst« meldete, war es bereits zu spät. Wie von selbst tauchte Atze unter der nächsten Rechten durch – und stand frei vor dem Jungen. Er sah das Weiße um dessen Pupillen. Sie zeigten nackte Todesangst.

Längst war seine Linke losgeflogen. Sie bohrte sich in die Leber des jungen Boxers wie ein Torpedo in den Bauch eines Luxusliners. Bevor der Junge nach vorn fallen konnte, richtete ihn Atzes als Aufwärtshaken an die Kinnspitze geschlagene Rechte wieder auf. Für den Bruchteil einer Sekunde stand die Welt still. Das gesamte Publikum schien genau in diesem Augenblick den Atem anzuhalten, so entsetzlich ruhig war es in der Halle.

Die Augen geschlossen, stand der Schwarze hoch aufgerichtet im Ring, die Arme ausgebreitet, als wären sie Flügel – bevor er wie ein Brett nach hinten fiel. Zunächst schlug der muskulöse Schultergürtel, dann sein Hinterkopf auf den Ringboden. Der Ringrichter war ein alter Fuchs. Man sah ihm den Ärger darüber an, dass er nicht rechtzeitig dazwischengegangen war. Nun war es zu spät. Selbst wenn er bis 100 zählte, der Junge kam nicht mehr auf die Füße. Bis er den nächsten Meisterschaftskampf bekam, gingen mindestens zwei Jahre ins Land – falls ihn sein Management nicht vorher fallen ließ und gegen einen anderen Jungen eintauschte.

Atze spürte das Adrenalin in seinen Eingeweiden kochen. Er schlug seine Fäuste gegeneinander und schrie dem erstarrten Publikum die unzähmbare Freude über seinen Lucky Punch ins Gesicht. Die Halle erwachte zum Leben, zaghaft erstand Applaus. Der Ringsprecher nuschelte das Urteil, der Ringrichter fasste Atzes Handgelenk und hob es in die Höhe.

Der Applaus wurde lauter, mit ihm die Pfiffe. Eine Gruppe Krawattenträger kletterte durch die Seile. Sie schoben Atze in die Ringmitte. Verkniffen an ihm vorbeiblickend, schnallte ihm ein Herr im Anzug einen protzigen Gürtel um die Hüften. Als Hinnark das Ding getragen hatte, berichteten die Zeitungen darüber. Die doppelte Gage war futsch, die Nase ebenso. Aber diesen Augenblick konnte Atze niemand mehr nehmen.

KAPITEL 13

THE FIGHTING PRIDE OF WALES

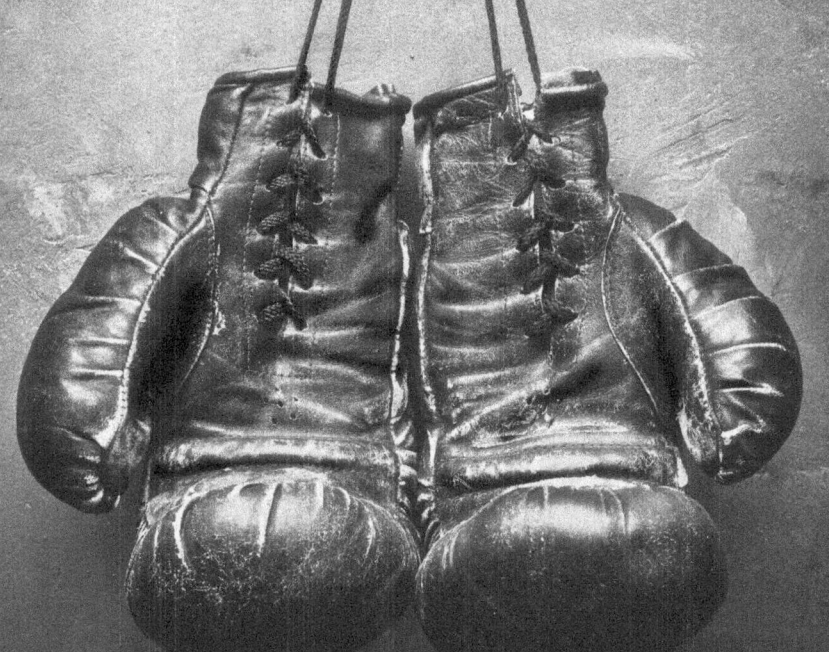

Weil ein kantiger Waliser sich nicht besiegen ließ

Michel zählt ihn zu den am meisten willentlich Unterschätzten unter den ganz Großen. Fakt ist, dass der am 23. März 1972, exakt fünf Jahre nach meinem Geburtstag in London geborene »Pride of Wales« Joe Calzaghe über zehn Jahre lang das Supermittelgewicht beherrschte. Leider kam es nie zum Duell mit Sven Ottke, dem anderen ungeschlagenen Weltmeister jener Jahre.

Als Amateur soll Rechtsausleger[119] Calzaghe um die 120 Kämpfe bestritten, 110 davon gewonnen und unter anderem den späteren Schwergewichtsweltmeister Chris Byrd besiegt haben. Betreut wurde Calzaghe seine gesamte Karriere hindurch von seinem Vater Enzo, einem italienischen Immigranten aus Sardinien. Joes zweiter Kampfname lautet denn auch »Italian Dragon«.

Als Profi gewann Calzaghe seine ersten neun Kämpfe durch TKO oder K. o. in den ersten beiden Runden. In seinem 23. Profikampf boxte er am 11. Oktober 1997 um den vakanten Weltmeistertitel des Verbands WBO. Das Ergebnis: ein einstimmiger wie klarer Punktsieg über Exweltmeister Chris Eubank, den er in Runde eins am Boden hatte. Es folgten etliche erfolgreiche Titelverteidigungen, unter anderem gegen Robin Reid, David Stary, Omar Sheika, Richie Woodhall, den bis dahin ungeschlagenen Mario Veit oder Charles Brewer.

Am 28. Juni 2003 fand sich Joe im Kampf gegen Exweltmeister Byron Mitchell in der 2. Runde zum ersten Mal in seiner Profilaufbahn auf dem Ringboden wieder. Zwei Fights später passierte ihm das Gleiche gegen Kabary Salem. Mitchell besiegte er am Ende durch TKO in ebenjener 2. Runde, Salem schlug er klar nach Punkten. Er boxte einen gänzlich anderen Stil als der großartige Defensivkönner Ottke. Anders als der Deutsche suchte Calzaghe sein Heil durchaus im Vorwärtsgang. Wurde er dabei angeknockt, stand er wieder auf und holte sich den Kampf zurück. Er konnte eben beides, »äußerst elegant boxen und fighten wie ein Tier«, wie mein Freund Michel sagt.

Dennoch bestand in den USA, dem Mekka des großen Boxgeschäfts, keinerlei Interesse an dem kantigen Waliser. Als es am 4. April 2006 zum Vereinigungstitelkampf gegen IBF-Weltmeister Jeff »Left Hook« Lacy aus St. Petersburg in Florida kam, musste der US-Boy nach England reisen. Das Interesse an diesem Kampf war auf der Insel weitaus größer als in den Staaten. Lacy hatte seinen Titel im Oktober 2004 durch einen TKO-Sieg gegen Syd Vanderpool erkämpft und ihn seither viermal verteidigt, wobei »Left Hook« lediglich gegen Omar Sheika über die volle Distanz hatte gehen müssen. 17 seiner 21 Siege kamen vorzeitig. Immer wieder nannte man ihn, was seinen Punch anging, in einem Atemzug mit »Iron« Mike Tyson. Auch den Waliser würde er ausknocken, gab er vor dem Kampf bekannt.

Joe Calzaghe bekam im heimischen Trainingslager Besuch von Ringlegende Barry McGuigan – in jedem Fall Ausdruck der Hochachtung des irisch-nordirischen Ausnahmeboxers. Der Fight der beiden ungeschlagenen Weltmeister stieg in der Manchester Arena. Lacy war 28 Jahre alt, seine Bilanz: 21 Siege und ein Kampf ohne Wertung gegen Vitaly Tsypko, den er nach dem Calzaghe-Kampf durch mehrheitliche Punktrichterentscheidung bezwang. Bei Calzaghe, der bereits 33 Lenze zählte, standen 40 Siege zu Buche, davon 31 vorzeitig. Der offenbar härtere Puncher also, zumindest auf dem Papier, hieß Jeff »Left Hook« Lacy.

Der Kampf wird weltweit übertragen, auch live in die USA. Als Ringsprecher fungiert die Nummer 2 der amerikanischen Announcer, Jimmy Lennon jr. Als der den IBF-Weltmeister in die rote Ecke ruft, branden heftiges Buhen und ein gellendes Pfeifkonzert auf. Lacy wirkt äußerst fokussiert, verkörpert in meinen Augen von Kopf bis Fuß geballte Schlagkraft und absoluten Kampfeswillen. Ohrenbetäubender Jubel, als sein Gegner aus Wales die Halle betritt. Joe zelebriert seinen Walk-in mit Pokerface, wirkt locker, ist für mich ungeheure Power auf Stand-by. Die Punktrichter stammen aus Las Vegas, London und Puerto Rico, als Referee fungiert Raul Caiz sr. Beide Boxer vollführen keinerlei Mätzchen, als Letzterer sie zum Shakehands in die Ringmitte bittet.

Weil Joe Calzaghe mit 34 einen ungeschlagenen hungrigen Weltmeister alt aussehen ließ

Als der Gong ertönt, greift Calzaghe an – und klammert, als Lacy seine gefährlichen Haken ins Ziel bringen will. Die Zuschauer singen wie beim Fußball, feuern ihren Local Heroe an. Der geht nach vorn, bringt lange Hände oder geht, beide Fäuste aufreizend tief, in den Mann rein. Rechte Gerade, linker Haken, alles locker und zugleich mit Schmackes. Calzaghe zeigt sich als beherzter Fighter, der den gefährlichen Puncher kaum zum Zuge kommen lässt. Einmal muss er einen rechten Kopfhaken Lacys nehmen, doch er zeigt keinerlei sichtbare Wirkung. Eine klare Eröffnungsrunde für den Waliser.

In der 2. das gleiche Bild. Calzaghe marschiert, trifft – und geht hinten raus oder taucht unter Lacys Händen weg, versucht sich dieser im Gegenangriff. Fast immer ist es Joe, der trifft. Lange Rechte, linker Haken, kurzes Klammern – und erneute Attacke. Noch eben ruhen seine Hände an der Hüfte, schon schlagen sie an Lacys Kopf oder Körper ein. Als Lacy ihn angreift, taucht er geschmeidig ab – und bringt einen knackigen Aufwärtshaken ins Ziel. Explosives Boxen bei totaler Überlegenheit – Joe Calzaghe. In Lacys Ecke fordert der Coach, sein Boxer solle endlich seinem Kampfnamen gerecht werden, den linken Haken ins Ziel bringen.

3. Runde, Lacy greift an – Calzaghe fängt ihn mit langen Händen ab oder landet im Infight Hakenserien. Hier theoretisch als

größerer Mann mit größerer Reichweite im Nachteil, zeigt er sich auch am Mann überlegen. Der Infight währt nur kurz, dann nagelt »The Pride of Wales« seinen Gegner mit wuchtigen Haken in die Ringecke. Einzelschläge, Kombination, Serie, Abtauchen – Calzaghe variiert, scheinbar nach Belieben. Trifft er mal nicht, setzt er seinen Kontrahenten dennoch unter Druck, sodass der gar nicht dazu kommt, selbigen aufzubauen. Joe geht ein enormes Tempo. Das kann er unmöglich über zwölf Runden durchhalten.

Doch auch noch in der 9. dominiert er seinen Gegner und hat sogar Kraft wie Zeit für ein wenig Show. So lässt er die Linke in der Luft kreiseln, bevor er Lacy mit ihr oder wahlweise mit der Rechten Treffer auf Treffer einschenkt. Lacy wirkt müde, nicht *er*!

In der 10. nimmt Joe etwas Tempo raus – und bestimmt dennoch weiter den Kampf. Beherrscht Puncher Lacy scheinbar nach Belieben, trifft aus der Distanz wie im Infight. »Absolutly fantastic!«, bringt Vater Enzo das Kampfgeschehen in der Pause zur 11. Runde auf den Punkt.

Lacy wirkt völlig demoralisiert. Als der Kampf unterbrochen werden muss, weil sich an Joes Bandage etwas Tape gelöst hat, scheint er die Auszeit weit nötiger zu haben als der kantige Waliser. Und schon sieht er sich erneut dessen Angriffen ausgesetzt. Calzaghe tänzelt, Lacy pumpt. Die Runde immerhin vergrößert Joes Punktevorsprung nicht weiter, weil ihm der Referee gegen Ende einen Punkt wegen Kopfstoßens abzieht. In der Zeitlupe sehe ich, wie Calzaghe im Infight seine Linke hintenherum an Lacys Kopf unterbringt. Offensichtlich ist er seinem Gegner auch in Sachen »dreckiges Boxen« überlegen.

Es folgt die letzte Runde. Lacy bräuchte den Lucky Punch, um hier noch irgendetwas zu bestellen. Doch sein kurzer Angriff verpufft – und Joe ist es, der in die Offensive geht. Eine endlose Hakenserie an Lacys Kopf und Körper – sucht Joe jetzt die Entscheidung? Links-Rechts-Links-Rechts – und Jeff »Left Hook« Lacy findet sich zum ersten Mal in seiner Profilaufbahn am Boden wieder. Er kommt wieder hoch – und bekommt alsbald eine weitere kleine Auszeit. Nun hat sich bei ihm das Tape gelockert.

»Easy, easy!«, brüllt das Publikum, und genauso sieht das aus, was ihr Mann da seit nahezu zwölf Runden im Ring zum Besten gibt. Als sei das hier ein lockerer Trainingskampf gegen einen völlig überforderten Journeyman. Jeder, der schon einmal im Ring stand, wird wissen, dass dem nicht wirklich so ist – und doch: Was Joe Calzaghe hier abliefert, ist Runde für Runde erstklassiges Boxen *und* absolut beherzter Fight. Endlich erlöst der Schlussgong seinen Gegner von dieser Bestrafung. Und Joe Calzaghe hat bewiesen, dass er auch mit 33 Jahren noch in der Lage ist, einen hungrigen jungen und bis dato ungeschlagenen Weltmeister klar in die Schranken zu verweisen. Spätestens mit diesem Kampf erwachte auch bei den Boxveranstaltern aus den USA das Interesse, unter Mitwirkung des »The Pride of Wales« große Zahltage zu erzielen.

Zunächst jedoch blieb Joe auf der Insel, verteidigte seine Titel in Manchester gegen Sakio Bika. Statt seinen IBF-Titel gegen Pflichtherausforderer Robert Stieglitz zu verteidigen, kämpfte er im Millennium Stadium Cardiff, Wales gegen Peter Manfredo jr. Er brach sich im Ring die Hand – und verteidigte seinen WBC-Gürtel dennoch zum 20. Mal.

Weil er einen bärenstarken Wikinger auf die Hörner nahm

Am 3. November 2007 folgte, ebenfalls im Nationalstadion von Wales, ein weiterer Vereinigungstitelkampf: WBO-Champ Joe Calzaghe gegen WBA Superchamp und WBC-Weltmeister Mikkel Kessler aus Kopenhagen. Der Däne hatte einen makellosen Kampfrekord von 39 Siegen (31 davon vorzeitig) vorzuweisen und war, geboren am 1. März 1979, nun schon fast sieben Jahre jünger als der Waliser.

Wohl vor allem deshalb sahen viele Boxexperten den schlagstarken Kessler im Vorteil. Der hatte zwei Kämpfe zuvor WBC-Weltmeister Markus Beyer aus Erlabrunn in der 3. Runde ausgeknockt.

Das Millennium Stadium war prall gefüllt, im Publikum auch etliche dänische Flaggen. Über dem Ring prangte das Logo des amerikanischen Senders HBO, als Ringsprecher fungierte Michael Buffer. Die Wales-Hymne singt ein stimmgewaltiger Männerchor. Alle im Ring verharren in militärisch korrekter Habtachtstellung – außer die beiden Boxer. Endlich ist der Nationalzirkus vorbei. Referee Mike Ortega ruft Joe und Mikkel in die Ringmitte, das Shakehands bringen sie ohne jedwedes Mätzchen.

Mit dem Gong belauern sich beide zunächst. Jeder scheint eine gehörige Portion Respekt mit in den Ring genommen zu haben. Joe versucht ein paar lockere Attacken mit seiner rechten Führungshand, ohne klar durchzukommen. HBO-Kommentator Lederman sieht die Eröffnungsrunde bei Kessler.

Runde zwei, Kessler landet einen knackigen linken Haken, schießt wuchtig die Rechte hinterher. Calzaghe fightet zurück, aber Kessler bleibt am Drücker, wirkt auf mich physisch stärker als der Waliser. Gegen Ende eine gute Rechte von Calzaghe. Ich sehe hier zwei ebenbürtige Champions – und eher die 2. Runde bei Kessler.

Weiter geht das enge Gefecht. Der Däne landet einen linken Haken voll an des Walisers Kinn – und geht kurz darauf zu Boden. Die Zeitlupe offenbart: Er hatte nahezu ohne Schlagwirkung das Gleichgewicht verloren. Womöglich war er ausgerutscht. Beide nehmen unaufgeregt heftig den Kampf wieder auf. Calzaghe bringt mehrere schnelle Hände ins Ziel, »zaubert« ein wenig mit kreiselnder Schlaghand – ohne jedwede Konsequenz oder Wirkung. Dann die Linke, ein-, zwei-, dreimal. Der Waliser holt sich die Runde.

Im vierten Durchgang ein heftiger Schlagabtausch in der Ringmitte. Kessler trifft härter, klarer, besonders mit rechten Aufwärtshaken. Links-Rechts-Links, die HBO-Kommentatoren schreien begeistert auf. Auch in Runde 5 ist der Däne der stärkere Mann.

Er ist jünger, das zeigt sich nun deutlich – und er hat eine Menge Dampf in seinen präzise einschlagenden Fäusten. Auch Calzaghe bringt einige lange Hände unter. Er boxt für mich raffinierter, jedoch lange nicht so druckvoll wie sein Gegner. Kessler trifft ihn mit einer knackigen Eins-Zwei-Kombination, Calzaghe knickt leicht in den Knien ein – und vollführt sogleich einen kleinen Faxentanz.

Nach einer vergleichsweise ruhigen 6. Runde diktiert der Waliser nun das Geschehen. Rechts-Links-Rechts. Der Däne antwortet mit harten Geraden und Haken, doch Joe hält seine Deckung auffallend geschlossen, trifft häufiger als Mikkel. Der große Däne weiterhin aggressiv, wenn er denn mal angreift. Joe kann die meisten Hände abblocken oder auspendeln, bevor er Kessler aus der Distanz attackiert und am Mann Hakenserien schlägt. Unaufdringlich, aber permanent ist er in meinen Augen nun der Chef im Ring – und erboxt sich einen stetig wachsenden Punktevorsprung.

Es bleibt dabei: Greift Kessler an, geht Calzaghe hinten raus, klammert oder meidet mit schnellem Oberkörper. Wird er dennoch getroffen, nimmt er durch rechtzeitiges Wegdrehen den Schlägen einen Großteil ihrer Wirkung. Seine Antwort: flüssige Kombinationen an Kopf und Körper. Feuern beide einen Schlaghagel gegeneinander ab, ist es Joe, der ganz zum Schluss noch einen platzierten Kopfhaken hinterherschickt. Die Kommentatoren loben seinen Handspeed, und auch ich genieße es, ihm zuzuschauen. Drei Körperhaken lässt er eine Rechte zum Kopf folgen.

»Jab, Jab, straightly left!«, schreit Lederman, maßlos begeistert vom Ringgeschehen. Wie auch immer man es in Worte fassen mag. Joe Calzaghe entfaltet seine boxerische Überlegenheit. Kesslers Treffer nimmt er mittlerweile völlig cool – oder er klammert kurz, löst sich, schlägt! Kessler fängt ihn ab, trifft ihn mit einer wuchtigen Kombination – keine Reaktion bei Calzaghe. Weiter geht er sein enormes Tempo. Längst ist es wieder er, der seinen sieben Jahre jüngeren Kontrahenten alt aussehen lässt. Die zweite Hälfte dieses Kampfes gehört eindeutig ihm.

»Knock ihn aus!«, bekommt Mikkel Kessler von seiner Ecke zu hören. Es ist die Pause vor der 11. Runde. Ein offensichtlich aussichtsloses Unterfangen. Kessler kann nicht mehr, Calzaghe braucht nicht mehr – dann wieder Boxen, Schlagabtausch, Calzaghe mit einem Kopfhaken als i-Tüpfelchen! Sobald Kessler eine Pause sucht, schlägt Calzaghe noch einmal zu. Ob aus der Distanz oder am Mann, immer hat er mindestens eine Hand mehr im Ziel.

Die letzte Runde. Sven Ottke, der andere große Supermittelgewichtler jener Tage, würde sie auf schnellen Stiefeln nach Hause laufen. Calzaghe jedoch ist viel zu sehr Fighter, diesen Weg zu gehen. Stattdessen »Clowning« mit hängenden Händen – und Attacke. Kessler kommt mit der Linken knackig zum Körper durch, seine gefürchtete Rechte fliegt an Joes Kopf vorbei. Wieder war der Waliser im richtigen Augenblick den entscheidenden Tick schneller. Immer wieder stellt er sich zum Kampf, bietet dem Dänen Gelegenheit, seine harten Hände ins Ziel zu bringen. Joe reißt die Arme hoch, Kessler attackiert ihn – da lässt der Schlussgong beide Boxer innehalten. Sie umarmen einander.

Einer der amerikanischen Fernsehkommentatoren vergleicht den Waliser schnell noch mit Sugar Ray Robinson, dann verliest Michael Buffer die Entscheidung der Punktrichter: 117:111 und zweimal 116:112. Klarer Punktsieg für Joe Calzaghe, der sich nun Weltmeister der drei größten Boxverbände nennen darf.

Auch wenn ich mich hier wiederhole: Leider kam es nie zum Duell mit Sven Ottke, der seinen WBO-Titel zwischen Oktober 1998 und März 2004 insgesamt 22-mal erfolgreich verteidigte. Seine letzten fünf Kämpfe fungierte er zudem als WBA-Superchampion. Joe Calzaghe kam zwischen dem 11. Oktober 1977 und dem Tag des Kessler-Kampfs auf »nur« 21 erfolgreiche Titelverteidigungen. Dennoch sehe wohl nicht nur ich *ihn* als den stärksten Kämpfer dieser Gewichtsklasse. In jedem Fall hielt er seine(n) Titel sensationelle zehn Jahre ohne Unterbrechung. Die Internetseite bocrec.com führt ihn bis heute als besten Supermittelgewichtler aller Zeiten.[120] Sven

Ottke rangiert hier auf Rang drei, Mikkel Kessler hinter seinem Landsmann Mads Larsen auf sieben.

Niemals gelang es einem noch so hochkarätigen Boxer, Calzaghes schwer ausrechenbarem Kampfstil sowie seinem bis zum letzten Gong äußerst hohen Tempo auf Dauer etwas entgegenzusetzen. Mit seinem zweiten Sieg gegen einen bis dato ungeschlagenen amtierenden Weltmeister beendete der kantige Waliser seine einzigartige und bis heute unerreichte Karriere im Supermittelgewicht.

Weil »The pride of Wales« schließlich doch noch die USA eroberte

Die Boxhandschuhe hängte er indes noch nicht an den Nagel, stattdessen reiste er – erstmalig in seiner Profilaufbahn – über den Teich, um am 19. April 2008 in der Wüste von Nevada, im Thomas & Mack Center Las Vegas, durch die Seile eines Boxrings zu steigen. Sein Gegner: die lebende Legende Bernard Hopkins. Der war mit 43 Jahren gleich *noch* sieben Jahre älter als der Waliser. Zwar stand er gerade ohne WM-Titel da, doch das hatte nichts zu sagen.

Bis zum 16. Juli 2005 hatte er die Halbschwergewichtsgürtel aller vier großen Weltverbände in den Ring zu tragen gehabt. Begonnen hatte sein phänomenaler Siegeszug, als er am 17. Dezember 1994 zunächst den vakanten IBF-Titel errungen hatte. Als Beleg, dass Calzaghe in Vegas keinen abgehalfterten Exchamp vor die Fäuste bekam, mag der Umstand gelten, dass sich Bernard Hokpins 2011 kurzzeitig den WBC-Gürtel zurückholte. Seit dem 9. März 2013 darf er sich wieder Halbschwergewichtsweltmeister der IBF nennen. Am 19. April 2014 kam der Titel des WBA-Superchampions hinzu.

Aber zurück ins Jahr 2008, den Nicht-Titelkampf *zweier* lebender Ringlegenden in Nevadas künstlicher Wüstenmetropole. Im Vorfeld des Fights hatte Hopkins gegenüber Calzaghe gehöhnt, dass dieser bisher ja *nur* in Europa geboxt habe, dass er *nur* weiß sei – und wer, um Himmels willen, sei ein Mikkel Kessler? Überhaupt, wie könne es dieser Waliser Nobody überhaupt wagen, sich gegen einen echten Champ wie ihn auch nur den Hauch einer Chance auszurechnen? »You are serious?«, fragte er seinen Kontrahenten, das übliche PR-Gequatsche eben.

Zum Einwiegen fand sich allerhand Prominenz ein. Der bekannteste Star mit Boxbezug: Sylvester Stallone, wie der Waliser ein Mann mit italienischen Wurzeln. Calzaghe wirkte gelassen und in Vorfreude auf das Geschehen im Ring, Hopkins präsentierte den handelsüblichen bösen Blick in Richtung seines Kontrahenten. Kaum hat die Waage verkündet: Beide Kämpfer haben das exakt gleiche Gewicht, stehen sie auch schon Nase an Nase voreinander. Hopkins präsentiert von den Fußsohlen bis zur Glatze geballte Aggression. Es sieht aus, als könne er sich kaum zurückhalten, schon jetzt auf seinen Gegner loszugehen. Calzaghe zeigt sich als einer, der genau *darauf* wartet. Ein hinterhältiges Lächeln im Gesicht, spricht er zu seinem Gegner. Bestimmt lädt er ihn nicht zum Tee zu sich nach Hause ein … Endlich der Boxkampf: Nach einer Minute landet Hopkins eine krachende Rechte am Kinn seines Gegners. Joe knickt ein, geht zu Boden, lässt sich anzählen, nimmt den Kampf wieder auf.

In Runde 10 hat er – auf gänzlich andere Weise – Hopkins am Boden: Im Getümmel des Infights gerät Joe ein Schlag etwas tief. Hopkins' Oberkörper kippt demonstrativ nach vorn – da steht Joe hinter ihm, umklammert die Hüften seines Gegners und penetriert den sich ihm entgegenstreckenden Hintern gestisch mit ein paar Rammstößen. Als Hopkins daraufhin endgültig zu Boden geht, streckt Joe seine Arme aus: Na, was ist, kannst du nicht mehr? Ringrichter Joe Cortez gewährt Hopkins die nach einem Tiefschlag üblichen fünf Minuten. Hopkins nimmt sich die Zeit, Calzaghe reckt seine Arme in die Höhe, die Halle jubelt.

Zwischen beiden Szenen liegt vor allem viel, viel Clinch. Die beiden ausgebufften Ringfüchse überbieten sich gegenseitig im Halten und Schlagen, Festklemmen von Arm oder Kopf. In Runde 4 schlägt erst Hopkins nach, dann bringt Joe eine Hand hinter seinem Rücken herum ins Ziel – wie ein Jimi-Hendrix-Nachahmer, der sein »Brett« mal kurz hinterm Rücken spielt. Referee Joe Cortez zitiert beide zu sich, mahnt: »Clean fight!« – und weiter geht das Klammern, Schieben und Schlagen.

Ab und zu bringt Joe eine flüssige Kombination oder eine harte Linke ins Ziel. Jeweils gegen Rundenende ergehen sich beide in einem heftigen Schlagabtausch, bei dem der Waliser zumeist etliche Hände mehr im Ziel hat.

In seine Schlagserien streut Hopkins hin und wieder eine krachende Rechte. Als der US-Amerikaner in der 11. Runde erneut auf Tiefschlag moniert, schickt ihn Cortez boxen. Es bleibt dabei: Beiden gelingt nicht viel, doch Calzaghe fast immer ein wenig mehr. Zwei der drei Punktrichter sehen ihn am Ende vorn, er bleibt – und ich sage zu Recht – ungeschlagen!

Noch ein letztes Mal lässt er sich von Vater Enzo die Boxhandschuhe überziehen. Am 30. September 2008 kämpft er im altehrwürdigen Madison-Square-Garden zu New York gegen die einstige unangefochtene Nummer 1 im Supermittel- und Halbschwergewicht. Roy Jones jr. hatte nach seinen zwei Niederlagen gegen Antonio Tarver und der gegen Glen Johnson seine letzten drei Kämpfe gewonnen, den letzten klar nach Punkten gegen Exwelter- und Mittelgewichtschampion Felix Trinidad.

Calzaghe beginnt spritzig, schlägt und trifft nach Belieben, bis ihn plötzlich – und wieder in der Eröffnungsrunde – eine perfekt geschlagene Linke seines Gegners voll trifft, dieses Mal mitten ins Gesicht. Jones nachgezogene Rechte touchiert Joes Kinn und Ohr. Der Waliser befindet sich bereits auf dem Weg Richtung Ringboden. Er lässt sich in aller Ruhe anzählen, kommt zurück und attackiert seinen Gegner, als sei nichts geschehen.

Auch in Runde 2 ist es vor allem Joe Calzaghe, der viel schlägt und trifft, doch auch hier setzt Jones mit einer krachenden Rechten zum Kopf den womöglich entscheidenden Akzent. Spätestens in Runde 3 ist es jedoch eindeutig der Waliser, der den Kampf bestimmt und seinen Gegner bisweilen zum lebenden Sandsack degradiert. Den Kopf ungedeckt voran wie einst Jake LaMotta – und schon fliegen seine Fäuste an Jones' Körper und Kopf. Dessen Schläge pendelt er aus oder nimmt sie mit einem Lächeln – und greift sofort wieder an. Einmal richtet er sich, während er mit schnellen Reflexen meidet, demonstrativ seine Hose, überhaupt scheint er immer mehr Spaß an diesem Kampf zu haben.

»Wales, Wales!« und »USA, USA!«, singen die Fans gegeneinander an, und die Boxer attackieren einander im Ring. Eine Hakenserie zum Körper schließt der Waliser mit einem knackigen Kopftreffer ab. Als ihn Jones voll am Kopf trifft, markiert er ein Taumeln, welches seinem Gegner ein Lächeln abverlangt. Dann geht Joe sofort wieder zur Sache.

Runde für Runde dominiert er mit seinem Feuerwerk an Schlägen und kleinen Showeinlagen. Wo nimmt der Kerl nur diese Energie her? Jones' Kopf fliegt zur Seite, dann landet auch er endlich mal wieder eine krachende Rechte an Joes Kopf. Beide belauern sich mit hängender Deckung – um sofort wieder aufeinander loszugehen. Immer wieder nagelt Joe seinen Gegner mit krachenden Schlagserien in der Ecke fest. In der 6. Runde rammt Roy Jones einen krachenden Aufwärtshaken in Joes Kinn – ein Schlag, der wohl fast jeden Gegner gnadenlos ausgeknockt hätte, doch keinen Joe Calzaghe in seinem letzten Kampf!

In der nächsten Runde eine ebenso perfekt geschlagene Linke Calzaghes. Der Schlag öffnet Jones' linkes Auge, ein langer, tiefer Cut, der stark blutet. Der Waliser dreht weiter auf, bringt wuchtige Rechts-Links-Kombinationen ins Ziel, dazu lange Schlagserien mit enormer Geschwindigkeit. Jones findet sich jetzt nahezu so hilflos in dieser und jener Ringecke wieder wie dereinst viele seiner

Gegner. Die Halle »gehört« mittlerweile ganz den Waliser Boxfans, der Ring ihrem Helden. Jones konnte anfangs immer wieder seine Klasse aufblitzen lassen. Mittlerweile lässt ihm Calzaghe durch seine ständigen Attacken keinerlei Gelegenheit mehr dazu. Jones' Cut blutet nach wie vor stark. Schon zweimal ließ der Referee den Ringarzt das Auge ansehen.

Ab der 11. Runde nimmt Calzaghe etwas Dampf raus. Es sieht mir nicht so aus, dass er nicht mehr kann. Viel eher glaube ich: Es ist vor allem Respekt vor dem Mann mit der riesengroßen Vergangenheit, dem er hier im Ring gegenübersteht. Roy Jones hingegen scheint mir in diesem Kampf längst am Ende mit seinem Latein. Joe dominiert, ohne die Entscheidung zu suchen. »Easy, easy!«, schallt es durch die Halle, und genauso sieht es aus, was er hier zelebriert. Grandioses Boxen gegen einen großen Mann, der ihm hier – abgesehen von der 1. und teilweise der 2. Runde – hoffnungslos unterlegen ist. Das einstimmige 118:109 ist zugleich das Ende seiner eigenen, einzigartigen Karriere als Berufsboxer. Umringt von seinem Vater, der seit seinem ersten Kampf als Amateur in seiner Ecke gearbeitet hatte, und zwei Jungs, die nur seine Söhne sein können, grüßt er im Ringinterview seine mitgereisten Landsleute. So nimmt ein großer Champ Abschied von jenem Seilgeviert, in dem ihn in 15 Jahren als Berufsboxer kein einziger seiner 46 Gegner bezwingen konnte.

KAPITEL 14

WARUM AUSGERECHNET FAUSTKAMPF?

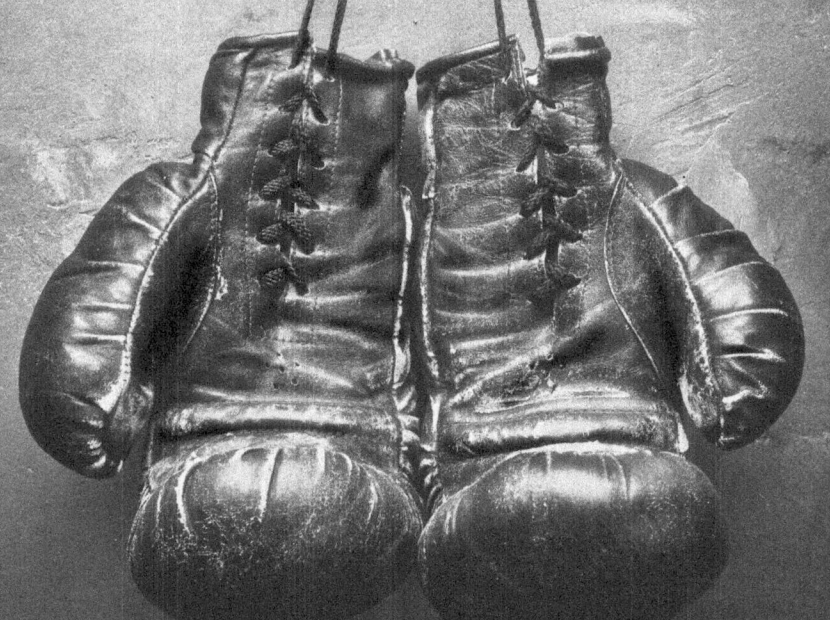

Weil das Boxen aus vermeintlichen Opfern Helden macht

Ein kleiner alter Mann mit dicker Hornbrille auf der Nase führt sein Hündchen im nächtlichen Park Gassi. Der alte Herr ist recht beleibt. Man sieht ihm an, dass ihm das Laufen mittlerweile einige Mühe bereitet. Keine Ahnung, ob sein beigefarbener Anorakmantel jemals eine Mode bediente. Sein vierbeiniges Freundchen, ich wähle hier bewusst jene Niedlichkeitsform, würde locker jedes Casting für einen Film über ein homosexuelles Szenepaar gewinnen.

Das fahle Licht einer Laterne schält die Umrisse eines breitschultrigen Kerls aus der Dunkelheit. Der Mann in der Bomberjacke, das Gesicht unter Kapuze und Sonnenbrille verborgen, beobachtet die beiden sich ihm nähernden Gestalten. Eine typische Sequenz aus einem zeitgenössischen Berlin-Krimi, könnte man meinen, allerdings entspringt die hier beschriebene Szene keinem Drehbuch, sondern dem rauen Leben unserer Tage.

Der Kapuzenmann tritt einen Schritt zur Seite. Die Daumen unterm Gürtel seiner Jeans, erwartet er den Mann mit seinem Hündchen. Kurz bevor sie ihn erreicht haben, vertritt er ihnen den Weg. »Ej Opi, so spät noch unterwegs? Ick hatte 'ne verdammt beschissene Woche, also zuck nich rum. Rück deine Brieftasche raus, und wenn de 'n Handy inner Tasche hast, kannste det ooch gleich dazupacken. Andernfalls muss ick dir dein Nasenfahrrad richten.« Mit diesen Worten hält er dem alten Mann seine Rechte vor die Nase. Der Alte zuckt zusammen, starr vor Schreck sieht er den Hünen an.

Diese kleine Geschichte erzählte mir mein Freund Michel. Er hatte sie von Manne, einem einstigen Trainerkollegen – von jenem alten Herrn, der in besagter Szene gerade erschrocken vor seinem Widersacher steht. Erschrocken war Manne wirklich, und obendrein völlig ratlos. »Der Bengel hatte sich direkt vor mir aufgebaut«, hatte er Michel anvertraut, »und ick hatte meenen Hund an der Leine, natürlich an meiner Rechten! Jut, die Leine in die andere Hand nehmen, det wär ja noch gegangen, aber det Schlimmste an der Sache war: Ick stand falsch!«

Manne war unzweifelhaft in die Jahre gekommen und wusste gut genug, dass es keinen Sinn hatte, sich mit dem jungen Banditen auf eine Keilerei einzulassen. Dem war er einfach nicht mehr gewachsen. Er hatte nur einen einzigen Schlag. Wenn der nicht saß, dann gute Nacht. Und wie sollte sein einst gefürchteter rechter Haken sitzen, wenn er den »falschen«, also den rechten Fuß vorn hatte und seiner Schlaghand nicht genügend Schwung verleihen konnte?

»Der Kerl war kurz davor, mir an die Wäsche zu gehen, da kam mir in letzter Sekunde die Idee: Spiel dem doch einfach 'nen Herzkasper vor.« Gedacht, getan, griff sich der alte Mann, begleitet von einer beunruhigenden Mischung aus Stöhnen und Röcheln, mit beiden Händen an sein Herz. Während er sich stöhnend nach vorn krümmte, wechselte er schnell das Ende der Hundeleine von der rechten in die linke Hand, die Augen dabei fest auf sein Gegenüber gerichtet.

Der Kapuzenmann bekam nun selbst einen Schreck – und tat genau das, worauf Manne spekuliert hatte. Er trat einen Schritt zurück und brachte sich in genau jene Distanz, die Manne für seinen einen Schlag brauchte. Wenige Sekundenbruchteile später detonierte die eingangs erwähnte Straßenlaterne, um nach einer hellen Explosion jäh zu verlöschen – zumindest im Bewusstsein des Mannes mit der Kapuze. Mannes Rechte hatte ihn voll am Kinnwinkel erwischt. Der alte Mann wirkte einen Moment lang ratlos. Dann holte er aus einer seiner Anoraktaschen ein Mobiltelefon hervor und wählte die Nummer der Feuerwehr. Wer weiß, vielleicht war der Kerl ja unglücklich gefallen?

Weil sich Karl nicht gern reinlegen lässt

Als mein Freund Karl ein kleiner Junge war, lebte er in einem Stadtteil Westberlins, in dem geografisch klar geregelt war, bei welcher lokalen Fußballmannschaft man kickte, sofern man sich für Fußball erwärmte. Das tat Karl, und sein Herz folgte den ungeschriebenen Gesetzen seines Viertels. Sein Problem war ein anderes: »Bis zu den Beinen war ich Maradona, aber die Beine selbst gehörten eher *Frau Maradona.* … Und Frauenfußball war quasi noch nicht erfunden, wenn du verstehst, was ich meine«, fügt er mit einem Augenzwinkern hinzu.

»Ich wollte aber *unbedingt* Sport machen, und weil ich groß, kräftig und mit guten Reflexen gesegnet war, stellte ich mich schließlich in einem Boxverein vor. Auf gut Deutsch: Ich fing an zu boxen, weil ich zum Fußball zu ›blöd‹ war.«

Der Trainer lässt Karl in den Ring steigen und befindet alsbald: »Der Kerl hat Potenzial!« Er fördert ihn, auch finanziell, was für Karls Teilhabe am Vereinsleben durchaus entscheidend war. »Von meinen Eltern hatte ich keinen Pfennig zu erwarten!«, sagt Karl. »Ohne die Initiative meines Trainers hätte ich zu keinem einzigen Wettkampf fahren können, geschweige denn, mir das nötige Equipment kaufen.«

Von seiner Mutter hatte Kerl, sofern er sich erinnern kann, lediglich zu hören bekommen, dass er zu nichts tauge, von Grund auf schlecht sei und überhaupt zu blöd zu allem. Später im Heim war die Atmosphäre ebenfalls nicht gerade dazu angetan, das Selbstbewusstsein eines verstoßenen Jungen zu stärken. Beim Boxen dagegen konnte Karl einiges von dem zeigen, was in ihm steckte. Auch seine körperlichen Voraussetzungen passten gut zu diesem Sport und zu Karls Gewichtsklasse, dem Schwergewicht. »Ich war schon immer groß und kräftig, habe dazu sehr lange Arme. Brauche ich bei Klamotten die Größe XXL, kommen bei den Armen locker zwei X dazu. Dazu hatte ich, wie gesagt, schon immer sehr gute Reflexe. Die leisten mir bis heute beim Tischtennis sehr gute Dienste – und taten dies eben auch beim Boxen.«

Und noch etwas gab es, was ihn zu einem großen Kämpfer machte: »Durch die raue Heimerziehung hatte ich einiges an Aggressionen angestaut, und ich kannte keine Angst vor körperlichen Schmerzen. Damit du mich nicht falsch verstehst: Ich wollte im Ring niemanden zerstören. Meine Feinde sah ich schon immer außerhalb des Seilgevierts: Leute, die mich ausnutzen, die mir erst was versprechen und mich dann übers Ohr hauen wollen. Aber auch beim Boxen hatte ich eben keine Angst, mich dem Kampf zu stellen, mit allen Konsequenzen.«

Karl hatte neben Kraft, Reflexen und seinem Kämpferherz offenbar auch eine gehörige Portion Talent in die Waagschale zu werfen. Er bestritt um die 20 Amateurkämpfe, wurde dreimal Berliner Jugendmeister und einmal Dritter bei den Norddeutschen Meisterschaften im Schwergewicht.

Am deutlichsten jedoch erinnert er sich an eine seiner wenigen Niederlagen. Es war mal wieder ein Städtevergleich zwischen der Berliner Auswahl und der eines bayerischen Traditionsvereins. Normalerweise eine klare Sache für Berlin. Im Schwergewicht bekam es Karl mit einem bulligen Perser zu tun. »Ich war 19 und der Kerl, wie sich später herausstellte, ein paar Jährchen älter. Ein kleiner Schrank, der an den unmöglichsten Körperstellen Haare hatte. Offenbar auch auf den Zähnen. Ich schlug mit meinen Fäusten auf ihn wie auf eine Steinmauer ein. Was ich ihm auch an den Latz knallte, es verpuffte ohne die geringste Wirkung. Dann blitzte es plötzlich – und ich schlug zweimal auf. Das erste Mal mit dem Kopf auf dem Ringboden, das zweite Mal im Krankenhaus. Als ich im Ring lag, merkte ich nur: Ich kann nicht aufstehen. ›Lass jut sein‹, rief mir der Coach zu. Der Perser hatte mich voll erwischt.«

Das Ganze hatte ein Nachspiel. Karls Gegner war ein ehemaliger Profi und zudem ein paar Jahre älter als für das Turnier zulässig. Kurzum, jener Perser hätte hier gar nicht antreten dürfen. Er wurde für Amateurwettkämpfe gesperrt. Karls Niederlage war somit null und nichtig – und für den Kämpfer doch überaus präsent. »Nach dem Ding wollte ich erst mal 'ne Weile nicht mehr in den Ring«, erinnert sich Karl.

Auf andere Weise schwer wog eine gänzlich andersartige »Niederlage«: Karls Trainer hatte einen Sohn, den er für die kommende Nummer 1 im Schwergewicht bei den Profis hielt. Und weil er Karl, wie gesagt, für einen guten Boxer erachtete, unterbreitete er ihm ein Angebot: »Willste dir 100 Mark verdienen? Mach mal 'nen Sparringskampf gegen meinen Jungen, drei mal drei Minuten.« Karl konnte jeden Pfennig dringend gebrauchen und sagte sofort zu.

»Na ja, musst ja nicht so doll zuhauen«, gab ihm sein Trainer mit in den Ring.

»Der Junge machte nicht viel her«, resümiert Karl, »aber was sollte ich machen? Ich zeigte bisschen was, aber ließ ihn am Ende gewinnen.«

Das jedoch gefiel dem Vater des »Wunderboxers« ganz und gar nicht. Vielleicht ärgerte er sich auch nur über die Leistung seines Sohnemanns? In jedem Fall blaffte er Karl an: »Für 'ne Pfeife wie dich ist mir mein Geld zu schade. Den Hunni kriegste jedenfalls nich!«

Das verstieß eindeutig gegen die getroffene Abmachung, und es war nicht das erste Mal, dass sich der junge Karl von einem ihm nahestehenden Menschen derart verschaukelt fühlte. »Meine Mutter hatte mir über Jahre so viel versprochen – und nichts davon gehalten, und jetzt der! Na ja, da platzte mir eben der Kragen.«

Er vereinbarte mit seinem Gegner eine Zusatzrunde, »sozusagen die dritte Halbzeit, wie sie beim Fußball sagen«, fügt Karl hinzu.

In dieser Runde schoss er all das heraus, was da an Wut in ihm hochgekocht war. »Ich habe seinen Sohn regelrecht zusammengehauen und ihm anschließend vor die Füße gelegt: ›Hier haste deinen Superboxer!‹«

Verarschen jedenfalls ließ sich Karl noch nie gern.

Weil Boxen keine Schunkelmugge ist

In den 1970er-Jahren baute die Boxabteilung von Hertha BSC ein Team für die 2. Bundesliga auf. Dessen Trainer dachte dabei auch an Karl. Der lebte für den Sport. Sein erstes Bier trank er mit Anfang 30, er fing sehr spät zu rauchen an und achtet bis heute genau auf seine Ernährung. Und doch kannte er sich schon damals gut genug: »Der Mann machte mir klar, was da auf mich zukam, wenn ich mitmachte. Ein strenges Reglement, jeden Abend pünktlich um 20.00 Uhr ins Bett und dergleichen mehr. Da sagte ich mir: Diesen Teppich möchte ich nicht kaufen!« Augenzwinkernd zitiert er den berühmten Spruch aus einer Bierwerbung unserer Tage.

»Alle Achtung!«, lasse ich ihn wissen – und hake sofort nach: »Und es stand für dich echt nicht zur Debatte, in der Bundesliga zu boxen oder gar Profi zu werden?«

Karl lächelt, bevor er erwidert: »Genau wie jeder, der ernsthaft Sport treibt – egal, in welcher Disziplin –, wollte ich so weit nach oben wie möglich. Und ›Profi‹, das ist ein Zauberwort. Es bedeutet: Dein Leben ändert sich total. Andere bestimmen, was du zu tun und zu lassen hast. Das ›Muss‹ war mir einfach zu viel. Allein schon für die 2. Bundesliga hätte ich viel zu viel ›gemusst‹, verstehst du?«

Und es gab einen weiteren Grund für Karls Absage an das Berufsboxen: »Die Verhältnisse waren ganz andere als heute. Wir wurden damals im Boxverein eher zu Schlägern ausgebildet als zu Sportlern. So zumindest hab ich es empfunden. Und dass du mit diesem Sport das große Geld verdienst, daran war gleich gar nicht zu denken. Das Profiboxen gehörte der Halbwelt, fand in dunklen ›Hinterhofzimmern‹ statt. Die Börsen für die Boxer waren, gemessen an heute, nicht der Rede wert. Erst Henry Maske hat den Boxsport nach oben gebracht, ihn der Halbwelt entrissen.«

Mit Letzterer bekam es Karl bald ebenfalls zu tun, allerdings nicht im Boxring. Er schloss sich einer Straßengang an, die einen beherzten Kämpfer wie ihn mit Kusshand in die Familie aufnahm. Bei Auseinandersetzungen mit rivalisierenden Gangs steht Karl in der ersten Reihe. Allein schon durch seine Größe provoziert er so manchen Gegner, zuallererst *ihn* anzugreifen – und Karl war auch hier kein Zimperling. Die Quittung: über 30 Anklagepunkte, schließlich eine mehrjährige Haftstrafe.

Im Knast hilft ihm der Sport dabei, nicht zu verblöden. Karl spielt Fußball, schließt sich der Boxstaffel an. Der Sportbeamte ist ein ehemaliger Boxer. In seiner Zelle übt sich Karl im Schattenboxen, macht täglich Liegestütze auf den Fäusten.

Wieder draußen, kehrt er Gangs und Halbwelt den Rücken. Sport treibt er bis heute, von Hantelarbeit über Tischtennis bis Jiu Jitsu ist alles dabei. »Ich bin jetzt Ende 50 und hab keinen Bock, steif zu werden.«

Boxen gehört nicht mehr zu seinem Programm. Karl weiß am eigenen Leib, dass dieser Sport keine Schunkelmugge ist: »Jeder Kopftreffer eine Gehirnerschütterung. So mancher Exboxer kassiert heute Stütze, weil er zu viel gegen die Birne bekam. Mein Nasenbein war mehrmals gebrochen. Mittlerweile besteht es zum größten Teil aus Plastik. Manchmal krieg ich durch die Nase nicht genug Luft, muss durch den Mund atmen, da wird die Mundhöhle trocken. In der rechten Schulter und meiner Schlaghand zieht es, wird es draußen kälter.«

Trotz allem habe ihm das Boxen geholfen, seine kindlichen Minderwertigkeitskomplexe loszuwerden und den inneren Frust abzuarbeiten, bekennt Karl. All die Wut über die ständigen Enttäuschungen, die sich bei ihm angestaut hatten, konnte er im Ring loswerden. Wobei er das Seilgeviert stets als Austragungsort eines sportlichen Wettkampfs sah.

»Und hast du es mittlerweile vielleicht doch mal bereut, dass du nie versuchtest, das Boxen zum Beruf zu machen?«, nerve ich ihn ein letztes Mal.

Karl schüttelt den Kopf: »Wird dein Name zu groß, musst du dich wohl oder übel verbiegen, dich zum Nappel machen. Das war nie mein Ding. Wenn ich sehe, wie sich heute mancher Exboxer mit Autogrammstunden vor ›McDoof‹, als sogenannter Trainer beim Promiboxen oder ähnlichen Schwachsinnsveranstaltungen zum Affen macht, könnte ich einfach nur kotzen. So was käme für mich nie infrage. Lieber würde ich auf dem Bau im Akkord Häuser einreißen. Und guck dir mal an, was aus all den Boxstars geworden ist. Die meisten sind heute finanziell schlechter gestellt als ich. Nee du«, fügt er mit einem Lächeln hinzu, »ich wäre wohl kein guter Profi gewesen. Weißt ja, zu undiszipliniert … und außerdem viel zu stolz.« Genauso kenne ich ihn.

Weil jeder seine eigenen Gründe hat, zu boxen

Mein Unioner-Freund Plauzi war einer der Kleinsten in seiner Klasse. In seiner Schule, der POS Deutsch-Sowjetische Freundschaft, fiel er vor allem dadurch auf, dass er sich nahezu täglich prügelte, gern auch mit Jungs, die drei, vier Klassen höher waren als er. Zumeist ging Plauzi als Sieger vom Platz, wenigstens fürs Erste.

Warum er sich so oft prügelte, danach fragte keiner. Plauzi wuchs im Kinderheim auf, weshalb ihn so mancher Mitschüler gern mal als »Heimkind« hänselte. Nachdem seine Kinderseele von den Eltern, die ihn nicht haben wollten, bereits unzählige Male gebrochen worden war, wusste sich Plauzi nicht anders zu wehren, als denjenigen, die ihn ob seines Schicksals auch noch verspotteten, im Kampf an die Wäsche zu gehen. Alsdann hieß es für ihn: Altstoffe und Schrott sammeln. Vom Erlös musste er die im Kampf zerrissenen Jacken oder Hosen seiner Peiniger bezahlen.

Im Heim sagen sie schließlich: »Stopp, so gehts nicht weiter! Zur Aggressionsbewältigung gehst du ab sofort zum Boxen!«

Mit ganz schönem Bammel in Beinen und Magengegend erscheint Plauzi zum ersten Training im örtlichen Boxclub. »Zeig mal, was de draufhast!«, heißt es da. Sie schicken ihn zum Sparring gegen einen Jungen in den Ring, den sie »Arne die Eiche« nannten.

»Der Typ hatte endlos lange Arme und ordentlich Dampf in den Fäusten«, erinnert sich Plauzi. »Nicht lange, da haute der mir ein Ding vor die Stirn, dass ich nicht mehr wusste, wo ich bin. Aber immerhin, ich fiel nicht um! ›Und, willste weitermachen?‹, fragten sie mich. ›Ja klar!‹, sagte ich nur.«

Zwei Jahre lang geht Plauzi regelmäßig zum Boxtraining, wird Vize-Kreismeister und steht auch bei einigen Showkämpfen im Ring. In jedem Fall konnte er, seit er Boxer war, sein Schrottsammelgeld ausschließlich für Zigaretten und überhaupt für all das ausgeben, was im Leben eines jungen Mannes wichtig ist. »Fortan legte sich keiner mehr mit mir an. Nicht unbedingt, weil ich so 'n guter Boxer war«, bekennt er. »Die hatten einfach Angst vor mir, weil sie wussten, dass ich im Boxen war.« Hinzu kam, dass Boxer seit jeher bei der holden Weiblichkeit hoch im Kurs stehen. Es war jedoch nicht das Einzige, was die Bekanntschaft mit diesem Sport bei ihm bewirkte: »Ich stellte fest, dass ich durch das Boxtraining im normalen Leben viel ruhiger und gelassener wurde.« Erst, als sie ihn auf die Armeesportschule schicken wollen, wirft Plauzi das Handtuch und sagt dem Boxen Tschüss.

Maike hatte nie etwas mit Prügeleien am Hut. Seit sieben Jahren lebte sie in einer festen Beziehung. Sie liebte Jakob und er sie, aber gerieten sie in Streit, vergaß er sich manchmal vor Wut und schlug zu. Nicht oft, aber immer mal wieder – und wenn, dann gezielt:

auf den Hals, in den Magen. Hinterher weiß er von alledem nichts mehr. Maike ist völlig hilflos, ist es mal wieder so weit. Eines Tages plagte sie zudem ein linksseitiger starker Kopfschmerz, der eine ganze Woche andauerte. Selbstzweifel und das Gefühl, vor einer hohen Wand zu stehen, lassen sie Rat bei einer Psychologin suchen. »Es gibt Frauen, die geschlagen werden«, sagt diese, »und es gibt Frauen, die sich schlagen lassen.«

Maike braucht nicht lange in sich zu gehen, um herauszufinden: »Ich gehöre nicht zu letzteren. Ich hasse es, Jakob in diesen schlimmen Momenten so hilflos ausgeliefert zu sein! Es macht mich krank!«

Sie begibt sich weder zum Neurologen noch in Psychotherapie, sondern durchsucht das Internet nach Kampfsportschulen, die Selbstverteidigung für Frauen anbieten.[121] Maike staunt, wie viele es davon in Berlin gibt. Sie entscheidet sich für einen Club in Kreuzberg. Der bietet sein Programm ausschließlich für Mädchen und Frauen an. Maike hat nichts gegen Männer, aber ihr Problem hat nun mal mit einem von ihnen zu tun. Nur Frauen, das ist ihr lieber.

Sie geht zum Probetraining, genießt es, sich körperlich voll auszupowern und am Ende, nach ein paar Yogaübungen, entspannt auf der Matte zu liegen und einfach »nur noch« zu atmen. Sie bleibt dabei, geht über mehrere Jahre zum Kickboxtraining. Dies gibt ihr weit mehr als die Summe all der unermüdlich geübten Blocks, Meidbewegungen, Kicks und Schläge. »Ich gehe aufrechter seitdem«, bekennt Maike, »innerlich und in der Körperhaltung. Natürlich hätte ich nach wie vor Angst, greift mich einer an, aber ich weiß auch, dass ich mich wehren kann – und ich weiß, wie es sich anfühlt, zu kämpfen.«

Maike hat sich übrigens kein einziges Mal mit Jacob geprügelt. »Er traute sich plötzlich nicht mehr, mich zu schlagen, obwohl ich ihm nie erzählte, wohin ich da zweimal die Woche zum Training gehe.« Das Kickboxen konnte die Vergangenheit nicht ungeschehen machen, aber vielleicht waren es auch die in diesem Kampfsport gemachten Erfahrungen, die Maike die Kraft gaben, eine langjährige Beziehung zu beenden, die sie früher oder später in eine tiefe seelische Krise gestürzt hätte.

Weil die Faszination die Kombination ist

Ich kenne Guido aus meiner Straße, aus jenen Jahren direkt nach der Wende, in denen wir hier ein riesiger Haufen verschiedenartigster Leute waren, die sich des Abends im Café »Entweder-Oder« trafen. Guido gehörte zu den Sportlern, einer Truppe Lehramtsstudenten, die allesamt das Fach Sport in ihrem Portfolio hatten. Er ist in vielen Sportarten zu Hause, unter anderem boxte er bereits während des Studiums. Auch später als Lehrer bandagierte er sich regelmäßig im Gym die Hände, um diesen Kampfsport zu trainieren. Doch nicht nur körperliche, auch geistige Fitness war ihm wichtig. Letztere trainierte Guido zum Beispiel im Schachspiel. Dann, um das Jahr 2005 herum, nimmt alles seinen Lauf. Während einer Projektwoche an seiner Grundschule hilft Guido einem Kollegen bei dessen Schach-AG. Beide sind befreundet. Was also liegt näher, als dem Kollegen unter die Arme zu greifen? Aber Guido bewegte noch etwas anderes: »Ich wollte besser werden, einen neuen Zugang zum Schach finden.«

Genau das gelang ihm offenbar. Er ist Feuer und Flamme für den berühmten Denksport auf schwarz-weißem Brett – und lässt natürlich auch andere an seiner Leidenschaft teilhaben. Als er im Gym seinem Boxtrainer davon erzählt, nickt der ihm zu: »Dann komm doch mal bei uns vorbei!«

»Bei uns«, das ist ein Trainingskeller in Berlin-Mitte, den Guido bald darauf aufsucht. Sandsäcke hängen von der Decke, an den Wänden Schlagpolster, weiter hinten ein Boxring – auf den ersten

Blick ein Vollkontakt-Kampfsport-Gym wie unzählige andere in Berlin. Eine Kleinigkeit ist hier jedoch anders: Neben all dem für das Boxen typischen Trainingsgerät und Equipment gehören auch mehrere schwarz-weiß karierte und mit je 32 Spielfiguren besetzte Bretter sowie etliche Schachuhren zum Inventar. Guido hatte seine Füße in den CBCB, den Chess Boxing Club Berlin, gesetzt, den ersten Schachboxclub der Welt!

Er kann und will sich dem Sog dieses »Intellectual Fight Clubs«[122] nicht entziehen. Zweimal die Woche geht er zum Training, ist mit Begeisterung dabei: »Ich identifizierte mich voll damit, wollte besser im Schach werden – und im Boxen. Am meisten jedoch faszinierte mich die Kombination aus beidem!«

Begonnen hatte alles damit, dass der niederländische Aktionskünstler Iepe Rubingh irgendwann den Comic *Froid Équateur* (deutsch: *Äquatorkälte*) aus dem Jahre 1992 las. Enki Bilal schildert darin unter anderem einen Wettkampf, bei dem sich die Protagonisten abwechselnd am Schachbrett und im Boxring duellieren. 2003 geht der begeisterte Schachspieler Rubingh daran, dieses Szenario in einer Kunstaktion Wirklichkeit werden zu lassen. Vor mehreren Hundert Zuschauern tritt er gegen einen Freund zum ersten Schachboxfight auf Erden an. Rubingh gewinnt – und ist gefangen von dem, was er da gerade erfunden hat. Aus der einmaligen Kunstaktion wird ein völlig neuartiger Sport, dessen Regeln überhaupt erst mal fixiert werden müssen. Noch im gleichen Jahr gründet Rubingh den Weltverband World Chess Boxing Organisation (WCBO) – und in seinem Wohnort Berlin zusammen mit einer guten Handvoll Mitstreitern besagten Schachboxclub, den CBCB.

Zu dessen Pionieren gehörte seit 2005 auch Guido. Der ist in meinen Augen ein kühler Denker mit großem Kämpferherz. Nicht so sehr ein Mystiker, der sich in jenem Trainingskeller einem geheimnisvollen Orden anschließt, viel eher sehe ich in ihm einen Menschen, der hier die einzigartige Chance ergreift, Körper und

Geist auf einzigartige Weise miteinander spielen und kämpfen zu lassen.

Der klassische Schachboxfight besteht aus elf Runden: einem in sechs Durchgängen ausgetragenen Blitzschachmatch sowie einem Boxkampf über fünf Runden. Der vierminütigen Eröffnungsrunde Schach folgt eine Minute Pause. Die Kämpfer gehen in ihre Ecken, bekommen die Handschuhe über die bandagierten Hände gestreift, während weitere Helfer das Brett aus dem Ring räumen. Ertönt der Gong, kommen die Kontrahenten boxend aus ihren Ecken, absolvieren eine dreiminütige Boxrunde. Danach wieder eine Minute Pause: Boxhandschuhe aus, Platz nehmen am Brett, Gong, 3. Runde – das Schachmatch geht weiter.

»Fast alle Kämpfe gehen nicht über die volle Distanz«, vertraut mir Guido an, »und die meisten Entscheidung fallen übrigens am Schachbrett.« Verloren hat, wer beim Boxen k. o. geht, bei der Partie am Brett schachmatt gesetzt wird oder seine zwölf Minuten auf der Schachuhr vorzeitig verbraucht hat. »Der heikelste Augenblick ist der, wenn du aus der Boxrunde kommst und am Brett den ersten Zug machen musst«, weiß Guido aus eigener Erfahrung. »Dein Körper ist vollgepumpt mit Adrenalin – aber jetzt, beim Schach, brauchst du vor allem 'nen kühlen Kopf.«

Das ist längst nicht nur nach harten Treffern nahezu unmöglich, erinnere ich mich an meine Erfahrungen im Boxring. Nach dem Gong hätte ich vor Erschöpfung umfallen oder im Akkord Holz hacken, aber keinen vernünftigen Zug auf einem Schachbrett vollführen können. »Deshalb siehst du zu, dass du die Schachrunde möglichst mit einem eigenen Zug beendest – und dein Gegner in der nächsten zuerst ziehen muss.«

Die meisten Mitglieder des Clubs kommen wie Iepe Rubingh vom Schach. »Etliche ›zocken‹ regelmäßig im Internet«, so Guido, »das ist eine richtige eigene Szene.«

Das Training bestand aus reinen Schach- und Boxelementen – sowie der Kombination aus beiden. »Ein Großmeister unterrichtete uns am Brett, ein kubanischer Meistertrainer an Sandsack, Maisbirne oder im Ring.« Mittlerweile erfolgt das Schachtraining nicht mehr im Gym, sondern individuell.

Dazu gibt es spezielles Schachboxtraining. Es umfasst viele Varianten, längst nicht »nur« die elf Runden des mittlerweile klassischen Kampfes. »Zum Beispiel stellt der Trainer jedem eine Schachaufgabe, die du auf Zeit lösen musst. Danach gehts für drei Minuten an den Sandsack oder zum Sparring, oder es beginnt mit einer Boxrunde, der eine zweiminütige Partie Blitzschach folgt, dann wieder Boxen. Das Ganze über vier oder sechs Runden. Eine andere Variante: Nach jedem Schachzug machst du 20 Liegestütze. Bei alledem geht es darum, dass geistige und körperliche Beanspruchung unmittelbar aufeinander folgen.«

Guido engagiert sich im Club, übernimmt als Materialwart Verantwortung. Das regelmäßige Training ist ihm wichtiger als der eigentliche Wettkampf. Es war es nie sein Ziel, einen Meistertitel zu erringen – und doch erlebte er gleich zwei Weltmeisterschaften hautnah im Ring.

Weil Stärke und Klugheit zusammengehören

Fungierte der CBCB als Ausrichter einer Deutschen, Europa- oder Weltmeisterschaft, war Guido bereits etliche Tage zuvor mit der Vorbereitung beschäftigt. »Wir mieteten einen Raum an, der genug Platz für 1.000 Zuschauer und mehr bot. Da drin bauten wir den Ring auf, installierten die Licht-, Ton- und Übertragungstechnik – eben alles, was du für so einen Abend brauchst.«

Eine Weltmeisterschaft im Schachboxen, dazu gehören ein Showprogramm, Nummerngirls, Ringsprecher und mittlerweile auch Vorkämpfe. Das alles will entsprechend ausgeleuchtet und beschallt werden. Den Boxkampf leitet ein ausgebildeter Ringrichter, das Match am Brett überwacht ein professioneller Schachreferee. Der achtet unter anderem auch darauf, dass ein Kämpfer nicht auf Zeit spielt. Damit das Publikum auch die Schachpartie als spannungsgeladene Auseinandersetzung erleben kann, wird das Geschehen am Brett mittels Beamer auf eine Videowand projiziert. »Speziell dafür haben Freunde von uns eine entsprechende Software entwickelt«, verrät mir Guido, »das ganze Schachboxen ist ein großes Netzwerk von Leuten, die zum Gelingen beitragen.«

Die Grafik zeigt den Stand der Figuren auf dem Brett, Pfeile markieren den gerade getätigten Zug. Ein Schachkommentator bringt auch den wenigen Uneingeweihten unter den Zuschauern die Dramatik der Partie nahe. Spezielle Kopfhörer schirmen die Kämpfer weitgehend vom Livekommentar wie von der Kulisse des begeisterten Publikums ab.

Guido bereitet nicht nur als Materialwart die großen Kampfabende vor, sondern arbeitet zugleich als Sekundant in der Ringecke. Hier geht er dem Chefcoach zur Hand, zieht dem Kämpfer die Boxhandschuhe an und aus – verrichtet somit alles, was in der Ringecke an Arbeit anfällt: »Einmal hätte ich vor lauter Aufregung um ein Haar vergessen, meinem Mann zum Beginn der Boxrunde die Brille abzusetzen. Er sagte mir zum Glück noch Bescheid.«

Beim Schach tropft der Schweiß der Kämpfer auf das Brett, manchmal auch Blut, erinnert sich Guido. »Der gegnerische Kämpfer hatte ein dickes blaues Auge. Im Ring stand er kurz vor einer K.-o.-Niederlage, dann setzte er unseren Mann in der folgenden Schach-Runde matt!«

Der erste Star des Berliner Clubs war Halbschwergewichtler Frank Stoldt, ein Polizist aus dem Wedding mit dem Kampfnamen »Anti-Terror«. Der ehemalige Berliner Meister im Kickboxen war, so Rubingh, »der erste richtige Schachboxer«[123]. Auch in Helmut-Kuhns Berlin-Roman *Gehwegschäden*, der teilweise im Schachboxmilieu spielt, findet Anti-Terror-Frank Erwähnung. Guido schildert mir den Mann wie folgt: »Er ist der totale Sportler, zugleich ein begnadeter Schachspieler – einfach ein knallharter Hund.« Als Frank »Anti-Terror« Stoldt 2007 gegen den US-Amerikaner David »Double D« Depto um die erste Weltmeisterschaft im Schachboxen kämpft, arbeitet Guido als Sekundant in Franks Ecke. »Es war ein tolles Gefühl, als wir beim Walk-in aus dem Fahrstuhl direkt in die mit weit über 1.000 Zuschauern prall gefüllte Halle marschierten.«

Guido erlebt mit, wie die Kämpfer die ersten beiden Runden eng gestalten, bevor sich Frank in der 3. Runde am Brett in eine gute Position bringt. Doch Depto hält dem Druck des Berliners stand – und versucht, in Runde 6 im Ring die Entscheidung zu erzwingen. Attacke auf Attacke schickt er gegen Frank, doch auch der zeigt Kämpferherz und herausragende boxerische Fähigkeiten. Er wehrt Deptos Angriffe ab und setzt seinen Gegner wenige Sekunden vor Abbruch der 7. Runde schachmatt.

Am 5. Juli 2008 verteidigte Frank Stoldt seinen WM-Titel im Halbschwergewicht gegen den Russen Nikolay Sazhin. Der reist von weither aus Sibirien an. Auch dort gibt es mittlerweile, wie an so manchem anderen Ort, einen Intellectual Fight Club.[124] Sazhin ist 19 Jahre jung und bereits ein erfahrener Amateurboxer, zudem ein begnadeter Mathematiker, Student an der Universität für Raumfahrttechnik. Der Gast aus Sibirien erarbeitet sich trotz blutiger Nase im Boxring Vorteile. Die Entscheidung fällt jedoch auch hier am Schachbrett. Als Frank schließlich seine Dame einbüßt, ist er seinen Titel los. Er muss den Kampf aufgeben.

Apropos, zu Gast bei Stefan Raab betont Iepe Rubingh: »Man schlägt keine Frauen, nur Damen.«[125] Erstere übrigens sind längst im Schachboxen aktiv. Etwa ein Drittel der derzeit um die 100 Mitglieder des Berliner Clubs sind Frauen. Sie trainieren gemeinsam mit den Männern.

Der Denk- und Vollkontakt-Kampfsport vereint, das erschien mir auf den ersten Blick absurd. Dabei bedingt sich die Faszination dieser neuen Sportart gerade aus beider Wechselspiel. Gerade eben noch kämpfte der Organismus heißen Bluts im Ring – und schon muss er am Schachbrett kühlen Kopfes den nächsten Zug berechnen. Schach bestimmt das Boxen – und umgekehrt. Hier wie dort geht es ums nackte »Überleben«. Je länger der Kampf dauert, desto mehr spitzt er sich zu. Fast immer gibt es ein klares Ende, also kaum Platz für klassische Fehlurteile der womöglich bestochenen Punktrichter. Ich wünsche Iepe Rubingh, Frank und all den anderen aktiven und ehemaligen Schachboxern wie Guido von ganzem Herzen, dass ihr Sport eines Tages tatsächlich die Königsdisziplin der Olympischen Spiele ist, wird in ihr doch wahrhaftig die stärkste und klügste Frau, der stärkste und klügste Mann gekürt, jeweils vereint in ein und derselben Person.

Weil der Walk-in der Boxer selbst als reine Showeinlage seine einzigartige Energie entfaltet

Der größte Raum einer geräumigen Berliner Eckkneipe ist prall gefüllt, das Publikum nahezu komplett in Rot- oder Blau-Weiß gekleidet. Auf welcher Seite er steht, daraus macht hier keiner ein Hehl. Vorn ein paar Stuhlreihen, das Gros des Publikums steht. Fast jeder hält ein Bier in der Hand. Plastikbecher selbstverständlich, sicher ist sicher. Es ist so weit. Der Ringsprecher betritt die Bühne. Kein gedresster Michael-Buffer-Verschnitt, sondern ein vierschrötiger Haudegen im roten Dress. Klar, auch er ist keineswegs unparteiisch, genau wie alle anderen im Raum. Mit rauer, Korn-gestählter Stimme ruft er den ersten Kämpfer in die blaue Ecke des Rings. Dessen Kampfrekord besitzt biblische Dimensionen. »Mit 1.892 Siegen ist er der Meister seiner Zunft!«, röhrt der Ansager. Obendrein führt der Kämpfer statt eines Nicknames zwei komplette Namen samt Attributen: »Der legendäre Hanne Ruch, der einzigartige Knuuuut«, zieht der Announcer – nun doch ein klein wenig in Buffer-Manier und zugleich auf seine eigene, von vielen Kneipenkämpfen erzählende Art – den einzigen Vokal des Vornamens in die Länge. Den Nachnamen schreit der halbe Saal mit, und zwar kurz und knackig: »Beyer!«

Blaue Sweatshirtärmel recken sich in die Luft, »Ha-ho-he, Hertha BSC!«, schallt es ohrenbetäubend durch den Saal. Aus einem Seitenraum marschiert der Tross der blauen Ecke die wenigen Schritte hinauf in den Ring. Voran, als Träger der blau-weißen Fahne, niemand Geringeres als der gallische Held Obelix. Mit seinen blau-weiß gestreiften Beinkleidern und dem rot-weißen Schal um den Hals ist er der Einzige, der hier beide Farbkombinationen trägt. Hinter ihm der Sekundant Beyers, ein kahlköpfiger Hüne im rot-weißen Dress. Den muskelbepackten rechten Arm mit Bierbecher in der riesigen Hand hat er siegesgewiss hochgereckt. Die überdimensionale rote, mit weißen Pünktchen übersäte Mini-Mouse-Schleife auf seinem Wikinger-Schädel bildet einen bizarren Kontrast zur brachialen Erscheinung dieses Kriegers. Hinter ihm, die Boxhandschuh bewehrten Hände auf des Wikingers Schultern, marschiert Knut Beyer. Auch er ein Schrank von einem Mann, das Gesicht noch unter der Kapuze seines blauen Bademantels verborgen.

Kaum die Treppenstufen zum Ring erklommen, reckt er seine Linke in die Höhe. Er schenkt seinen Fans ein breites Lächeln, übernimmt Obelix' Fahne, schwenkt sie durch die Luft. Von den Sohlen bis in die Haarspitzen strahlt dieser Recke die Zuversicht seiner knapp 2.000 Siege aus, und die Menge feiert ihren Helden. Erst als er längst im Ring ist, vernehme ich die Klänge seiner Intro-Hymne. Sein Sekundant führt ihm das Bier an die Lippen, dann schwenkt der Kämpfer wieder seine Fahne. Kein Zweifel: Knut ist locker und zum Kampf bereit. Je öfter ich mir die Aufzeichnung seines Walkins ansehe, desto unwohler wird mir in meiner Haut.

Schließlich erobert sich der Ringsprecher die Aufmerksamkeit im Saal zurück. Er äußert sein Unverständnis ob der allzu empathischen Begrüßung des doch bereits als Nicht-Sieger feststehenden Herausforderers. Dann ruft er den Kämpfer der Roten Ecke in den Saal. Einen Mann, der es in seiner Disziplin angeblich mit jedem aufnimmt, mit »Muhammad Ali, Joe Frazier, Ballwegboxer Potti Matthies und auch mit *dem*«, schickt der Announcer einen spöttischen Blick in Beyers Richtung, »der sich hier gern als ›der Größte‹ bezeichnet: Frank Nuussieeeeee Nussbücker!«

Buhrufe prallen auf Jubel, schließlich obsiegt das vielfach gebrüllte »Eisern Union!«.

»Wir aus dem Osten gehen immer nach vorn!«, stimmt die rotweiße Hälfte des Publikums in die Intro-Hymne ihres Kämpfers ein, da erscheint Obelix am hintersten Ende des Raums und trägt die rot-weiße Fahne zum Ring. Ruhigen Schrittes folgt ihm die Sekundantin des Kämpfers. Eine kühle Blonde mit einem mächtigen Pferdeschwanz, sie trägt ein blau-weißes Trikot. Ihr Schützling sucht mit beiden Boxhandschuhen Halt auf ihren Schultern, hat den Kopf tief gebeugt. Seine Stirn berührt fast ihren Nacken. Die Kapuze seiner roten Kampfjacke und ein ins Gesicht gezogener rotweißer Wollschal verhüllen sein Antlitz.

Im Ring angekommen, lässt er sich von seiner Sekundantin letzte Instruktionen geben. Ihre nonverbale Zwiesprache verrät: Beide wissen genau, um was es hier geht und nach welcher Marschroute sie jetzt gleich ihren großen Traum zu verwirklichen suchen. Behutsam tupft sie ihrem Schützling den Schweiß von der Stirn. Der Wikinger widmet den beiden ein wegwerfendes Grienen, dann kümmert er sich wieder um seinen Mann. Mit einem Badetextil fächert er seinem Recken großflächig Luft zu.

Beide Kämpfer nehmen keinerlei Notiz voneinander. Beyer lockert seine Schultern, Beine, Arme, während Nussbücker abwechselnd in sich gekehrt meditiert und jeweils zum »Eisern Union!« seiner Walk-in-Hymne die Fäuste in die Luft schnellen lässt. Und wieder versorgt die umsichtige Sekundantin seine offenbar schweißnasse Stirn.

Schließlich wenden sich die beiden Kämpfer einander zu, schenken sich den obligatorischen bösen Blick, schlagen ihre Handschuhe zum Shakehands aufeinander. Obelix, Sekundanten und Ringsprecher verlassen die Bühne, die Kämpfer lassen Jacke wie Mantel zu Boden gleiten, streifen ihre Handschuhe ab. Dann nehmen sie, jeder das von ihm geschriebene Buch in den nun freien Händen, hinter ihren Mikrofonen Aufstellung.

Auf diese Art begann das Finale unserer langen Veranstaltungsreihe: »Berliner Lesederby – 1. FC Union Berlin gegen Hertha BSC«. Knut, der Herthaner, hatte das blau-, ich als Unioner das rot-weiße Buch geschrieben. Auf der Lesebühne beharkten wir uns auf das Heftigste verbal, wobei der Sieger jedes Mal der gleiche war. Das Publikum, bestehend aus Fans beider Vereine. Wir alle feierten gemeinsam, wobei die Veranstaltungen einen immer größeren Rahmen bekamen. Immer mehr Mitmacher sorgten vor und hinter der Bühne dafür, dass der Laden lief.

Das oben erwähnte Finale bildete in jedem Fall den Höhepunkt unserer zu zweit begonnenen Unternehmung. Um dem Ganzen einen krönenden Abschluss zu geben, war das Team auf die Idee mit jenem vom Berufsboxen abgeschauten Walk-in gekommen. Was als reiner Spaß gedacht war, entfaltete vor Ort eine umwerfende Eigendynamik. Beide Seiten sangen, ja schrien gegeneinander an, und das völlig ohne wirklich böses Blut. Das Ganze eine Persiflage und trotzdem zu 111 Prozent echt. Das Singen war der Kampf – und zugleich die große Gemeinsamkeit aller. Das Feuer entlud sich im Anfeuern der beiden Vereine, für die Knut und ich in den Ring stiegen.

Ich für meinen Teil kann nur sagen: Die explosive Mischung aus Jubel und Buhrufen, mit der mich das Publikum empfing, versetzte mir einen absoluten Adrenalinkick. Ich rammte meine gepolsterten Fäuste mit aller Kraft gegen die Wand meiner »Kabine« und war augenblicklich völlig high. Ganz sicher hätte ich in jener Verfassung einen tatsächlichen Volltreffer kaum wahrgenommen, es sei denn, er hätte mich von den Beinen geholt. Derart intensiv begann für mich nie zuvor ein Bühnenauftritt – und ich hoffe sehr, Knut und ich konnten dem, was der uralte Ritus aus dem berühmten Faustkampf im Publikum an Erwartungen geweckt hatte, anschließend zumindest halbwegs gerecht werden.

KAPITEL 15

SIEGER DURCH K. O.: DAS BOXEN

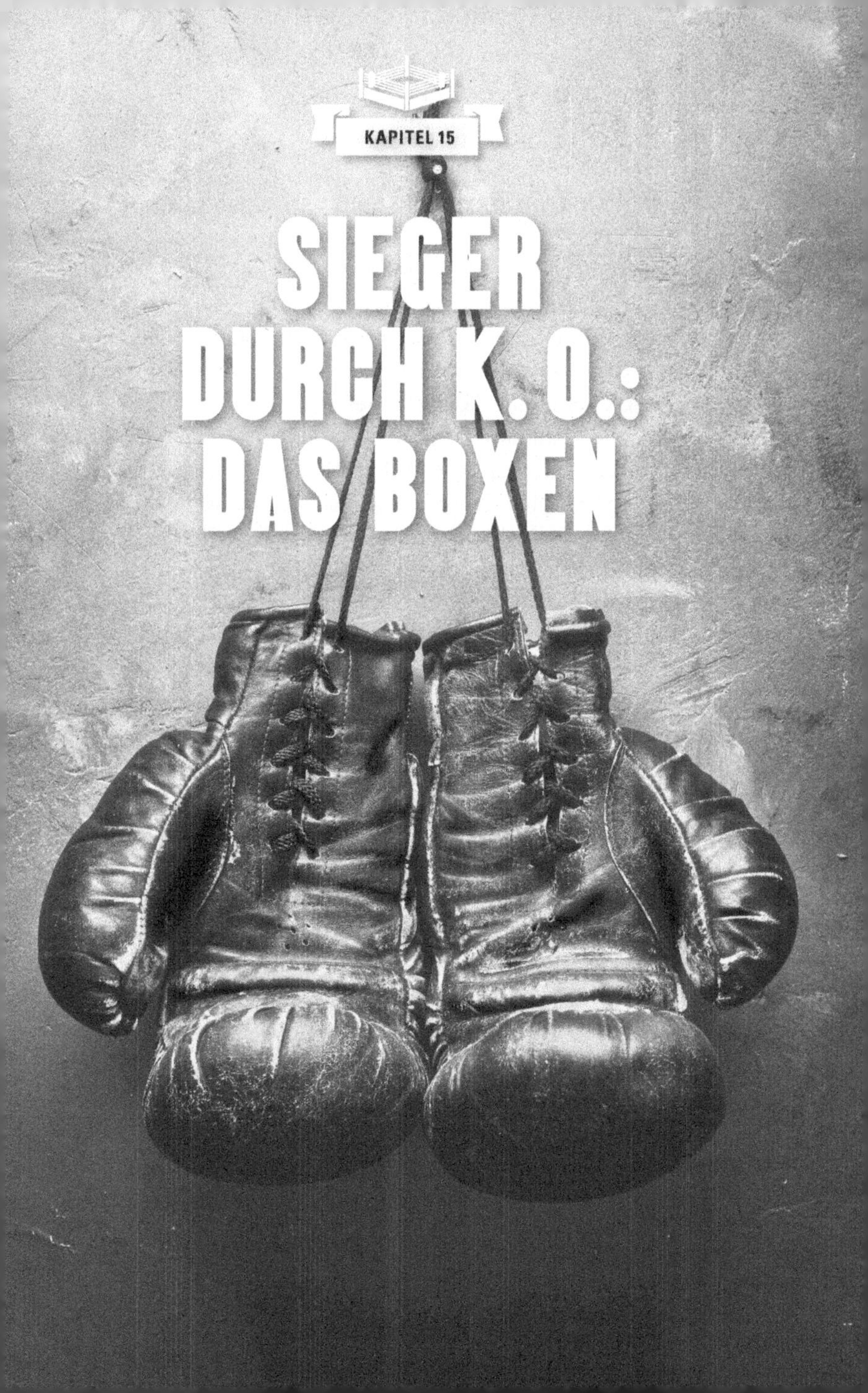

Weil sich das Boxen nie ganz verbiegen lässt

Selten habe ich bei einem nach 1945 gedrehten deutschen Spielfilm derartig herzhaft gelacht wie bei *Bang Boom Bang*. Dramatik, Klamauk, Milieustudie – und all das verpackt mit einer Menge Witz. Nur jeweils dann mochte ich nicht lachen, wenn der ultrabrutale Knacki Kalle Grabowski die Szene betrat und selbige mit seinem ersten Atemzug gnadenlos beherrschte. Der kaltblütige Killer von nebenan, meisterhaft gespielt von Ralf Richter.

Moment mal, gespielt? Niemals! Ralf Richter *war* Kalle Grabowski, zumindest für mich, der ich doch jahrzehntelang Theater gespielt und mich notgedrungen immerhin etliche Jahre als Komparse und Kleindarsteller an diversen Filmsets herumgedrückt hatte. Regelrecht erschlagen war ich von der brutalen Präsenz dieses Mannes, der im Knast seinen Zellengenossen mit einem laufenden Fernseher erschlug oder den Videotheksbesitzer und Hobbypornodarsteller Franky ohne mit der Wimper zu zucken und mehrfach mit seinem Mercedes im brutalsten Sinne des Wortes überfuhr. Franky hatte dummerweise in einem seiner Pornofilmauftritte als heißblütiger Beischlafpartner von Kalle Grabowskis Angetrauter geglänzt. Kalle-Ralf Richter-Grabowski, einmal gereizt, mutierte im Handumdrehen zur totalen Vernichtungswaffe in menschenähnlicher Vokuhila-Gestalt.

Auch mit anderen Frisuren und Bekleidungen hatte mich Ralf Richter bis dato das Fürchten gelehrt – bis ich ihn eines unschönen Abends bei der ersten Folge der Promiboxen genannten Fernsehshow gegen ein Mitglied der Kelly Family kämpfen sah: Staksige Beinarbeit, vorsichtig ausholende Arme, seichte Schlagandeutungen seiner Hände – nie zuvor hatte ich in einem Boxring einen harmlosen Menschen gesehen. Immerhin zeigte er sich fit und klug genug, seine Deckung geschlossen zu halten, dass er die angesetzten drei oder vier Runden zwar als Verlierer, wohl aber halbwegs unbeschadet überstand.

Fortan jedenfalls konnte ich mir Ralf-Richter-Filme einschließlich *Bang Boom Bang* mit grenzenlosem Vergnügen anschauen, wofür ich, ganz ehrlich, herzlich dankbar bin. Das ist eines der beiden positiven Dinge, die ich einer derart unseligen Veranstaltung wie der oben genannten abgewinnen konnte. Was dem Ganzen – ob von den Machern gewollt oder nicht – einen Hauch Klasse einhauchte, war das hier zur billigsten Unterhaltung verhunzte Boxen höchstselbst.

So genoss ich es durchaus, als ein obercool daherkommender Böse-Buben-Darsteller, der vor dem Kampf in der Kabine demonstrativ mit einem abgehalfterten Extiger Karten kloppte, im Ring für diese dümmliche Überheblichkeit mit einem nahezu brutalen Knock-out bestraft wurde.

Es war einmal mehr das Boxen, welches selbst hier viel Spreu von einem bisschen Weizen trennte und so manche tiefe Wahrheit über seine Protagonisten im Rampenlicht des Rings brutal sichtbar machte. Ein Boxring ist durchaus ein Platz für Finten, nicht für die Lüge.

Weil auch KZ-Häftling Nr. 9841 nicht vergessen ist

Der Kampfrekord des deutschen Mittelgewichtlers Johann Heinrich Trollmann auf der Datenbank boxrec.com scheint auf den ersten Blick wie einer von unzähligen anderen. 31 Siege, elf durch K. o., stehen 19 Niederlagen (sieben K. o.) und 13 Unentschieden gegenüber. Von seinen letzten zwölf Kämpfen verlor er neun. Offenbar ging es ihm wie vielen seiner Berufskollegen, die nach dem Überschreiten ihres Zenits nicht aufhören konnten.

Trollmann starb jung. Geboren am 27. Dezember 1907, endete sein Leben bereits am 9. Februar 1943. Er wurde also gerade mal 35 Jahre alt. Auch frühe Tode gibt es unter Boxern, noch dazu fällt das Ende seines Lebens in die Zeit des Zweiten Weltkriegs. Seinen vorletzten Sieg errang Johann Heinrich Trollmann am 9. Juni 1933 in Berlin. Es ging um die Deutsche Meisterschaft im Halbschwergewicht. Einige Tage nach seinem Sieg wurde Trollmann der Titel von den deutschen Boxbehörden aberkannt. Unter seinem letzten Kampf findet sich bei boxrec.com der kleingedruckte Vermerk: »Trollmann died in Neuengamme Concentration Camp, near Hamburg, in 1943.«[126]

Trollmann war ein schlanker, austrainierter Kämpfer mit wallendem schwarzen Haar. Lediglich von einem seiner Kämpfe existieren ein paar Sekunden Film. Mit aufreizend tiefer Deckung tänzelt er auf schnellen Füßen durch den Ring. Ehe sich sein Gegner versieht, ist Trollmann direkt vor ihm und streckt ihn mit einem ansatzlosen rechten Haken nieder.

Diese Schnelligkeit in Beinen und Armen verhalf ihm am 9. Juni 1933 in der Kreuzberger Bockbierbrauerei zum bereits erwähnten Deutschen Meistertitel im Halbschwergewicht. Trollmann, von Hause aus Mittelgewichtler, errang einen klaren Punktsieg über den größeren und schwereren Adolf Witt, einen echten Halbschweren. David hatte gegen Goliath gewonnen, zumindest im Ring!

Trollmanns Fans riefen ihn »Rukeli«. Er war auch unter dem Namen »Gibsy« bekannt. Genau das wurde sein Verhängnis. Der in Wilsche bei Gifhorn geborene Kämpfer war ein Sinto – also einer, der im Nazireich keinen Arier schlagen und erst recht kein Deutscher Meister sein durfte. Noch am Kampfabend wollten die mit Nazis gespickten deutschen Boxbehörden dem Kampf die Wertung versagen, was jedoch am lautstarken Protest der Zuschauer scheiterte. Trollmann wurde unter ohrenbetäubendem Jubel zum Sieger erklärt. Die »ordnungsgemäße« Aberkennung seines Siegs erfolgte eine Woche später, und die Nazis setzten noch eins drauf.

Am 21. Juli bestritt Trollmann, ebenfalls in Kreuzberg, seinen nächsten Kampf. Sein Gegner: der Weltergewichtler Gustav Eder. Nun war Trollmann der schwerere Mann mit der größeren Reichweite. Die Nazis wollten in diesem Kampf die Überlegenheit der angeblichen Herrenrasse gegenüber einem »Zigeunerboxer« zur Schau stellen. Trollmann wurde verboten, im Ring »unarisch« zu tänzeln. Ein deutscher Boxer halte die Füße still. Außerdem verbot man ihm, aus der Distanz zu boxen, anderenfalls würde man ihm sofort seine Boxlizenz entziehen.

Trollmann führte die, die ihn vorführen wollten, selbst vor. Er färbte sich die Haare blond, puderte seine Haut weiß – und *boxte* auch wie die Karikatur eines Germanen. Breitbeinig stand er im Ring, bewegte sich nicht von der Stelle und nahm die Schläge, die da kamen. In der 5. Runde ging er k. o., was ihm zumindest noch einige Monate die Boxlizenz erhielt, seine Arbeitserlaubnis.

Sie zogen ihn in die Wehrmacht ein, schickten ihn an die Ostfront. Die dort erlittene Verletzung wird ihm zum Verhängnis. Zurück in der Heimat, verhaften ihn die Nazis und stecken ihn im Juni 1942 ins KZ Neuengamme bei Hamburg. Die Wachmannschaften der SS wussten, wen sie da vor sich hatten, und verprügelten ihn regelmäßig. War ihnen langweilig, ließen sie ihn für ein paar Butterbrote gegen andere Häftlinge boxen. Am 9. Februar 1943 um sechs Uhr wurde er offiziell für tot erklärt, doch lebte er nach Auskunft eines Mithäftlings unter falschem Namen bis Mitte 1944 im KZ Wittenberge in Brandenburg. Dort wurde er ermordet.

Das Ansinnen der Nazis, den Häftling Nr. 9841 ihres KZ Neuengamme aus der Historie zu tilgen, ging auf – bis Anfang der 1990er ein Buch über Trollmanns Schicksal berichtete. Mittlerweile widmeten sich weitere Bücher, Theaterstücke, Kunstprojekte, Songs sowie im Jahre 2012 ein Doku-Spielfilm seinem Leben. Eine kleine Straße in Hannover, in der Rukeli einst wohnte, heißt seit 2003 Johann-Trollmann-Weg. Vor seinem dortigen Wohnhaus, dazu im Hamburger Schanzenviertel, wo er einige Kämpfe bestritt, sowie in der Kreuzberger Fidicinstraße, in der er 1933 seinen Meistertitel errang, erinnern Stolpersteine an ihn und seine Ermordung. In Berlin Kreuzberg trägt eine Boxhalle seinen Namen.

Rukelis Art zu boxen – flieg wie ein Schmetterling, stich wie eine Biene – war im Grunde eine Vorwegnahme von Alis berühmtem Kampfstil. Etliche Quellen bezeichnen Trollmann als eines der größten deutschen Boxtalente jener Jahre, das auch international für Furore gesorgt hätte. Erst seit dem 19. Dezember 2003 zählt ihn der Verband Deutscher Berufsboxer offiziell zu den Deutschen Meistern im Halbschwergewicht – genau 70 Jahre, nachdem Rukeli den für ihn so folgenschweren Titel im Ring erkämpft hatte. Und das auch nur, nachdem etliche Menschen dafür gesorgt hatten, dass seine Geschichte an die Öffentlichkeit drang und sich die Berliner Boxpromoterin Eva Rolle vehement für die Anerkennung seines im Ring erboxten Titels einsetzte.

Weil Boxen die Seele gesund machen kann

Wir schreiben den 20. Oktober 2012. Das Fernsehbild zeigt eine unspektakuläre Halle mittlerer Größe, in der ein Boxring aufgebaut ist. Vor etwa 3.000 Zuschauern boxen Lokalmatador Hamid Rahimi und Said Mbelwa aus Tansania um den vakanten Intercontinental-Titel im Mittelgewicht des Verbandes WBO. Kein Jahrhundert-Ereignis also, zumindest was den rein offiziellen Stellenwert ihrer Begegnung betrifft.

Und doch ist dieser Fight etwas völlig Einzigartiges und in ergreifendem Maße Besonderes. Austragungsort des Kampfes ist Kabul – Hauptstadt eines Landes, welches sich seit Jahrzehnten im permanenten Kriegszustand befindet. Es ist ein kleines Wunder, dass es an diesem Abend hier einen Boxkampf gibt. Das noch weit größere Mirakel: Es ist ein Abend ohne Selbstmordattentate, ohne Schießereien zwischen rivalisierenden Clans – ohne all das, was hier sonst auf der Tagesordnung steht. Zwei Jahre lang haben Hamid Rahimi und seine Freunde darum gekämpft, dass diese Wunder zustande kamen.

Am 12. September 1983 wird Hamidulla Rahimi in Kabul geboren – mitten im Krieg der von den USA unterstützten Mudschaheddin gegen die Sowjetarmee. Die Kriegsherren wechseln, nicht jedoch das, was sie anrichten: Verwüstung, Zerstörung, Tod. Es gäbe in Afghanistan keine Kinder, sagte Rahimi in einem Interview. Die wie Kinder aussehen, sind kleine Taliban, kleine Mudschaheddin – kleine Soldaten.

Seine Eltern gehören zur Kabuler Oberschicht. Der Vater ist Agraringenieur, die Mutter Direktorin einer Schule. Beide versuchen nach Leibes- und Seelenkräften, ihren vier Kindern auch unter den Bedingungen jenes permanenten Krieges ein halbwegs normales Leben zu ermöglichen. Hamidulla ist der Jüngste.

Alle Normalität erlischt jäh, als der Achtjährige eines heißen Sommertags zusammen mit seinem Freund Samir ein Eis essen will. Samirs Eis fällt zu Boden, er geht zurück, will sich eine neue Kugel holen. In diesem Augenblick explodiert neben ihm eine Fahrradbombe. Hamidulla sieht seinen Freund fallen, will ihn an der Hand nehmen, mit ihm wegrennen, doch Samir ist tot. Hamidulla verliert für zwei Jahre seine Sprache. Derart tief sitzt der Schock.

Die Familie beschließt, dem Vater zu folgen und das Land zu verlassen. Es heißt, er befinde sich in Deutschland. 15 Monate dauert die Odyssee. Über Russland geht es quer durch Europa nach Hamburg. Sie landen am Hansaplatz, wo der Vater in einem kleinen Zimmer haust. Von nun an leben sechs Menschen, die kein Wort Deutsch sprechen, in jenem Raum, zunächst illegal und ohne einen Pfennig. Die Flucht hat das gesamte Vermögen der Eltern verschlungen. Auf der Straße Sexshops, Prostituierte, Junkies – die Szene, wie es so verharmlosend heißt.

Als die Familie eine Aufenthaltsgenehmigung erhält, darf Hamidulla in die Schule. Im Klassenzimmer ist sein Platz ganz hinten, im Ranking der Schüler steht er an letzter Stelle. Er stottert, gibt das ideale »Opfer« ab, bis er auf dem Schulhof seine Fäuste sprechen lässt.

Deren Sprache ist klar, scharf, voller Hass. Er steigt im Ranking, findet Anerkennung, nicht nur in der Schule. Mit 13 Jahren hat er seine eigene Gang, Kokain und Shit sind alsbald seine treuen Begleiter. Ersteres peitscht ihn auf, das Dope bringt ihn wieder runter. Braucht er beide, um die Dämonen in seinem Inneren zu ertragen? Die sind bei ihm, seit ihn die Hölle des Kriegs seiner Kindheit beraubte. Sein großer Bruder Wahid macht sich Sorgen um den Kleinen, offenbar zu Recht.

Mit 17 landet Hamidulla im Jugendknast. Was als Mord an einem Widersacher gedacht war, endet als versuchter Totschlag. »Ich war ein Nichtsnutz, der allen Leuten nur Probleme gemacht hat«, bekennt er später in einem über ihn gedrehten Dokumentarfilm[127] über jene Phase seines Lebens. »Wenn die Nacht am tiefsten ist, ist der Tag am nächsten«[128], lautet eine Liedzeile meiner Lieblingsband, und sie bewahrheitet sich auch bei Hamidulla. Im Gefängnis sieht er einen Boxkampf von Dariusz Michalczewski. Er erlebt mit, wie der Tiger sein Handwerk beherrscht und damit die Menschen glücklich macht – auch ihn, den bösen »Nichtsnutz« aus Afghanistan.

Noch in der Zelle beginnt er mit dem Boxtraining. Nach seiner Entlassung wird er Berufsboxer, genau wie sein Vorbild, der Tiger. Das tägliche harte Training lenkt seine Wut in produktive Bahnen, lässt ihn entspannter werden. Und er besitzt nicht nur jene Wut, einen unbändigen Willen, sondern ganz offensichtlich auch eine gehörige Portion Talent. Seinen ersten Kampf bestreitet Hamid Rahimi am 1. November 2006. Er siegt einstimmig nach Punkten, gewinnt jede Runde. So geht es weiter, und im Dezember 2007 steht er vor seinem ersten Titelkampf.

Weil Fäuste manchmal für Frieden sorgen

Wenige Tage vor dem großen Ereignis erneut die Katastrophe: Hamid wird verhaftet. Er habe mit Kokain gedealt, heißt es. Nach fünf Monaten U-Haft in einer sieben Quadratmeter kleinen Zelle erweist sich die Anklage als pures Windei. Einem Polizeidolmetscher war bei der Übersetzung eines Telefongesprächs zweier Kokaindealer ein Fehler unterlaufen.

Wieder frei, aber mittellos wohnt er bei seinen Eltern – und trainiert wie besessen weiter. »Sport ist Therapie«, sagt Hamid. Eröffnet ihm das Boxen doch die einmalige Chance, den Hass in seinem Inneren zu besiegen, sich selbst zu lieben – und dadurch auch andere lieben zu können. Er wird anerkannt, selbst von seinem strengen Vater, der doch gewollt hatte, dass sein Jüngster Arzt wird. Tag für Tag arbeitet Hamid für seinen Traum. »Auch ein Afghane kann es schaffen, Weltmeister zu werden!«

In Afghanistan ist er mittlerweile für viele Menschen zum Idol geworden. Seit Jahrzehnten ist er hier der erste Held ohne Waffe in der Hand. Ein Held, der niemanden erschießt, sondern im Boxring kämpft. Auch er denkt stets an den Krieg in seinem Heimatland. Sein Traum wird konkret, und er geht weit über Hamids persönlichen Ruhm und sein Geschäft als Berufsboxer hinaus: Einen Boxkampf will er nach Kabul holen, um zu zeigen, wie ihm dieser Sport das Leben rettete, und dass der harte Kampf im Ring nicht nur ihm, dem Boxer, inneren Frieden schenkt, sondern auch sein tödlich zerstrittenes Volk befrieden kann, und sei es auch nur für ein paar Stunden. Fäuste im Ring sollen fliegen, keine Bomben und Schüsse auf den Straßen fallen.

Der Boxer wird zum Diplomaten. Immer wieder fliegt Hamid in seine Heimat, redet ergebnislos mit der Deutschen Botschaft, der Regierung – und erhält nach Langem endlich Unterstützung von Präsident Karsai. 1.800 Soldaten will der bereitstellen, um beim womöglich gefährlichsten Boxkampf aller Zeiten die Sicherheit zu gewährleisten. Bis der tatsächlich stattfinden kann, sind noch unzählige Hürden zu überwinden. Karsai gibt Soldaten, aber kein Geld. Das treibt Hamid schließlich selbst auf, unterstützt durch seine Familie. Schweren Herzens verkauft er die Kabuler Wohnung seiner Eltern. Selbst sein Vater unterstützt sein Vorhaben, ihrem Heimatland mit jenem Kampf für einen Abend Frieden zu schenken. Hamid ist beseelt von seiner Idee.

Das Boxen hat ihn aus dem Sumpf geholt, nun will er das Feuer weiterreichen. Das Ganze mit einer Konsequenz, die vielen afghanischen Konservativen ein Dorn im Auge sein dürfte. In einem Land, in dem boxende Mädchen bedroht werden, macht sich Hamid für das Frauenboxen stark. Frauen haben das gleiche Recht wie er, mit diesem Sport ihre Körper zu stärken, ihre Seelen gesund werden zu lassen. Im Vorkampf seines Fights will er zwei Frauen kämpfen lassen.

Für sich selbst braucht er einen Gegner, der seiner Klasse gerecht wird und der sich traut, in Kabul zu kämpfen. Mit dem ebenfalls in Hamburg lebenden Rafael Bejaran findet Hamid einen, der würdig und mutig genug ist. Der erste Boxkampf in der Geschichte Afghanistans, der live im Fernsehen übertragen wird, ist perfekt, als ein verheerendes Bombenattentat in einer Moschee alles zunichtemacht. Bejaran sagt ab, der Termin platzt.

Hamid denkt jedoch nicht daran, aufzugeben. Alles noch mal von vorn, inklusive der Suche nach einem Gegner. Said Mbelwa erklärt sich schließlich bereit, in Kabul zu boxen. Zudem kann Hamid die WBO überzeugen, den Kampf als Interkontinentale Meisterschaft zu sanktionieren. Der Rest ist Boxen – und zugleich weit mehr als das!

Hamids große Träume werden Wirklichkeit. Der »Fight 4 Peace« titulierte Kampf eint für einen Abend alle blutig zerstrittenen Ethnien seines Landes. 3.000 Menschen in der streng bewachten Halle und weitere 20 Millionen verfolgen am Fernseher seinen Auftritt im Ring. Sie alle erleben einen Kampf, den Mbelwa in der 7. Runde aufgrund einer Schulterverletzung aufgeben muss – und der doch keinen Verlierer hat. Und es soll weitergehen. Der nächste »Fight 4 Peace« soll nach Hamids Willen im Kabuler Ghazi-Stadion stattfinden, einem Ort, an dem die Taliban bis 2002 öffentliche Hinrichtungen veranstalteten. Unter ihren Opfern befanden sich viele mutige, stolze Frauen, die Hamid wie seine Mutter bewundert. Ihnen allen will er mit jenem Kampf ein lebendiges Denkmal setzen. Ich wünsche ihm von ganzem Herzen, dass es gelingt!

 UND EPILOG

Weil Bücherschreiben auch Boxen ist

Ich würde mir nie erlauben, einem Boxer ernsthaft Tipps für seinen Ringauftritt zu geben. Erst recht käme es mir nicht in den Sinn, die Leistung eines Boxers naseweis abzuurteilen oder ihn gar als feige, lahm oder sonst wie abschätzig zu bezeichnen. Wer einmal die drei mal drei Minuten eines Amateurkampfs im Ring nicht nur gestanden, sondern auch geboxt hat, kann in etwa ermessen, was das für Körper und Geist bedeutet: Schwerstarbeit am Rande des Limits und weit darüber hinaus. »Im Ring zählt nur, was du nach völliger Erschöpfung noch zu bieten hast«[129], verdichtete Muhammad Ali diese Wahrheit in einem Satz.

Klar kann man altklug plappern: Rocky hätte in seinem ersten Kampf gegen Henry Maske in der 9. und erst recht in der 12. Runde entscheidender nachsetzen müssen. Warum wohl hat er es nicht getan? Weil er keine Lust hatte oder annahm, der Kampf ginge wie früher über 15 Runden? Ich bin sicher, er tat es nicht, weil er es nicht mehr *konnte*, was keinerlei Kritik an seinem Willen oder Können ist. Boxer geben im Ring fast immer alles, wozu sie im Augenblick der öffentlichen Prüfung, die ein Boxkampf darstellt, irgend imstande sind.

Genauso halten es jene Menschen, deren Kampfdistanz die mehreren Hundert Seiten eines zu schreibenden Buches darstellen. Seite für Seite werfen wir unser Herz und Können in die Waagschale, dir, liebe Leserin und lieber Leser, das Bestmögliche zu bieten.

Ein Buch zu schreiben ist natürlich etwas anderes, als sich auf einen Titelkampf im Boxen vorzubereiten. Der Boxer steht für gewöhnlich um die gleiche Zeit auf und folgt in den Wochen oder gar Monaten der direkten Kampfvorbereitung einem minutiös abgestimmten Trainingsplan.

Ich dagegen versuchte, zu welchen Tages- oder Nachtzeiten auch immer, möglichst viele »Einheiten« am Laptop zu absolvieren, weiß ich doch: Je mehr davon ich gehen kann, desto schärfer stechen am Ende meine Zeilen, desto besser kann ich das Rohmaterial meiner Geschichten in die Form bringen, in der es den Weg zu dir am leichtesten findet. Dein Herz, deine Seele und ja, auch deinen Verstand möchte ich berühren, und dazu muss möglichst jeder Buchstabe »sitzen«. Und das Ganze muss für dich am Ende so locker und lässig daherkommen, als wäre das alles eine meiner leichtesten Übungen. All die durchgeackerten Nächte in notwendiger Einsamkeit, meine Kämpfe mit dem leeren oder schlecht beschriebenen Blatt, meine Zweifel, aufkommende Verzweiflung – und die Lösung jedes einzelnen Problems darfst du diesem Buch am Ende nicht ansehen.

Und nach all dem Irrsinn, dem stetigen Überschreiten des Limits, die das Schreiben eines Buches nun mal darstellt – zumindest, wenn der Schreiber auch sein Herz mitschreiben lässt –, steht das Buch da, nackt und bloß wie der Boxer im Ring. Die, die ihn oder es betrachten, werden dies überaus kritisch tun, und weder der Boxer, noch der Autor dürfen sich beschweren, schließlich leben wir davon, dass sich ein Publikum unseren Auftritt ansieht.

Selbstredend erhebt dieses Buch keinerlei Anspruch auf Vollständigkeit. Es sind *meine* Gründe, warum ich diesen Sport so liebe, und selbstverständlich kommen stetig neue hinzu. So sah ich leider erst zwei Abende vor Manuskriptabgabe Andrew Langs 2009 gedrehten Dokumentarfilm *Sons of Cuba*. Seine 88 Minuten erzählen vom Leben neunjähriger Jungen in Havannas Boxakademie, die sich gerade auf die nationale Meisterschaft der Unter-Zwölfjährigen vorbereiten. Kleine Kinder, auf deren austrainierten schmalen Schultern ein ungeheurer Druck lastet. Ein Boxer, das zählt viel auf der kleinen Karibikinsel, die seit über 64 Jahren unter der US-amerikanischen Handelsblockade leidet.

»Ein Kubaner ist mit seiner Geburt ein Kämpfer«, drückt es einer der Jungs aus, die sich in der Akademie rund um die Uhr einem knallharten Arbeitsalltag stellen. Um 4.30 Uhr in der Frühe beginnt das Morgentraining an der frischen Luft. Den Tag über wechseln Boxeinheiten und Schulunterricht einander ab. Das Akademie-Internat, die Trainer und die Kameraden sind quasi ihre Familie. Auf den meisten von ihnen lastet zudem die Erwartung ihrer leiblichen Familien. Die Kinder sollen nicht nur olympische Goldmedaillen, nationale und Weltmeisterehren nach Hause bringen, sondern damit zugleich zum wirtschaftlichen Überleben beitragen. Ein erfolgreicher kubanischer Boxer wird verhältnismäßig gut versorgt und hilft dadurch seiner Familie.

Die im Film porträtierten Jungs kamen in der »Sonderperiode« auf die Welt, dem Zusammenbruch des sozialistischen Weltsystems, der keinen so hart traf wie die Menschen auf Kuba. »Du kannst arm sein, du kannst nichts zu essen haben – aber du sollst trotzdem deinen Kopf erhoben tragen!«, gibt eine der Mütter ihrem Jungen mit auf den Weg. Sie alle sind unsagbar stolz, lieben ihr Land – und ganz besonders ihren Sport, auch wenn er ihnen die Kindheit nimmt. Wir, die wir hierzulande zumeist seit Generationen im Luxus leben, können wohl kaum ermessen, was diese Jungs leisten. Ihnen gilt meine absolute Hochachtung. Ich wünsche Christian Martinez, Santos Urguelles, Junior Menendez und ihren Kameraden, dass sie ihr Schicksal meistern, dass sie im Leben glücklich und im Ring erfolgreich sind.

Liebe Leserin, lieber Leser, wie auch immer dein Urteil über das hier Gelesene ausfällt: Ich danke dir dafür, dass du dir meinen Kampf – ich meine, mein Buch – »reingezogen« hast, und hoffe in jedem Fall, es hat dir was erzählt und dich unterhalten.

Ganz *besonderer* Dank gilt all jenen, die mich während meiner Arbeit an diesem Buch mit Rat und Tat, mit Geschichten und kritischer Anteilnahme, mit spendierten Bieren und aufmunternden Jabs gegen meine Schultern oder was auch immer unterstützten: Atze (verstorben 2011, R. I. P.), Berge, Knut Beyer, Iepe B. T. Rubingh, Oliver Schwarzkopf, Dr. Martin Brinkmann, Michael Casper, Clemens Tragelehn, Inameany, Jens van Uehm, Rolf Jungermann, Karl der Große, Werner Kastor, meine Liebe, Bob Lüder, Maike, Malko, Guido Nikolaizik, Brigitte und Petra Nussbücker, Plauzi, Hamid Rahimi, Michelle Bergemann, Manuel Trollmann, T. A. Wegberg und alle berühmten wie unbekannten Fahrensfrauen und -männer des Boxens.

Anmerkungen

Anmerkungen

1 Siehe u. a.: José Torres: »Knock out. Die Mike-Tyson-Story«. Berlin: Sportverlag 1992.

2 Boxsport (www.box-sport.de), Mai 2014, S. 22 f.

3 So die im DDR-Volksmund gebräuchliche Abkürzung für »Sportwarenfachgeschäft«. In der Spowa gab es Hanteln, Matten, Bälle, Sportkleidung – einfach »alles«.

4 Ali, Muhammad/Durham, Richard: »Der Größte«. Berlin (Ost): Volk und Welt 1977, S. 147.

5 Ebd., S. 239.

6 Ebd., S. 161.

7 Ebd., S. 569.

8 Ebd., S. 582.

9 Ebd., S. 585.

10 Ebd., S. 593.

11 Ebd., S. 597.

12 Ebd., S. 371.

13 Ebd., S. 603.

14 Ebd., S. 604.

15 Ebd., S. 606.

16 Ebd.

17 Ebd., S. 606 f.

18 Ebd., S. 607.

19 Thrilla in Manila: de.wikipedia.org/wiki/Thrilla_in_Manila (letzte Einsicht: 03.02.2014).

20 Rosentritt, Michael: »Ein stolzer Mann« (15.06.2012). www.tagesspiegel.de/sport/ein-stolzer-mann/6751558.html (letzte Einsicht: 06.08.2014).

21 Muhammad Ali. Fighting Spirit – Teófilo Stevenson: www.youtube.com/watch?v=tjTjOqSYQqU (letzte Einsicht: 05.04.2014).

22 Zit. nach Teófilo Stevenson: de.wikipedia.org/wiki/Te%C3%B3filo_Stevenson (letzte Einsicht: 05.04.2014).

23 »Die Olympischen Spiele in Los Angeles 1932«. Hg. v. Reemtsma Cigarettenfabriken Altona-Bahrenfeld. Druck: E. Grundlach. Aktiengesellschaft Bielefeld 1932, S. 114.

24 Ebd., S. 117.

25 Ebd.

26 Ebd., S. 119.

27 Ebd.

28 »Die Olympischen Spiele 1936 in Berlin und Garmisch-Partenkirchen«. Hg. v. Cigaretten-Bilderdienst Altona-Bahrensfeld. Bd. 2. Druck: E. Grundlach. Aktiengesellschaft Bielefeld 1936, S. 101.

29 Ebd.

30 Ebd.

31 Ebd., S. 102.

32 Ebd., S. 106.

33 Ebd., S. 102.

34 Ebd., S. 105.

35 Ebd., S. 104.

36 Ebd., S. 103.

37 Ebd.

38 Ebd.

39 Ebd., S. 104.

40 Ebd., S. 106.

41 Ebd., S. 103.

42 Lechenperg, Harald (Hg.): »Olympische Spiele 1972«. Saporro München. München: Copress Verlag 1972, S. 285.

43 Ebd.

44 Ebd., S. 286.

45 Ebd.

46 Ebd.

47 Ebd., S. 285.

48 Grube, Frank/Richter, Gerhard (Hg.):
    »Das Goldene Olympiabuch Montreal
    1976«. Hamburg: Hoffmann und
    Campe 1976, S. 108.

49 Ebd.

50 Ebd.

51 Lechenperg, Harald (Hg.):
    »Olympische Spiele 1972. Saporro
    München«. München: Copress Verlag
    1972, S. 287.

52 Ebd.

53 »Das Goldene Olympiabuch Montreal
    1976«. Hamburg: Hoffmann und
    Campe Verlag 1976, S. 106.

54 Ebd.

55 Ebd., S. 108.

56 »Spiele der XXII Olympiade Moskau
    1980«. Berlin (Ost): Sportverlag 1980,
    S. 225.

57 »Spiele der XX. Olympiade München
    1972«. Berlin (Ost): Sportverlag 1974,
    S. 198.

58 Ebd., S. 199

59 Ebd., der kubanische Trainer schreibt
    sich korrkt: Alcides Sagarra Carón

60 Ebd.

61 Ebd.

62 boxrec.com/list_bouts.php?human_
    id=9625&cat=boxer (letzte Einsicht:
    11.08.2014)

63 Ali, Muhammad/Durham, Richard:
    »Der Größte«. Berlin (Ost): Volk und
    Welt 1977, S. 156.

64 Brzezinski, Matthias/Frommann,
    Stefan/Meinhardt, Gunnar: »Das ist
    alles Klamauk, das tut mir weh« Die
    Boxtrainer Fritz Sdunek, Uli Wegner
    und Manfred Wolke diskutieren über
    das Comeback von Schwergewichtler
    Axel Schulz (25.11.2006). Berliner
    Morgenpost, S. 27.

65 Schmieder, Jürgen: »Wieder auf-
    gestanden« (29.11.2013). In: www.
    sueddeutsche.de/sport/philippinischer-
    boxer-manny-pacquiao-wieder-
    aufgestanden-1.1826947 (letzte Ein-
    sicht: 11.08.2014).

66 Ebd.

67 s. a.: Meinhardt, Gunnar: »Ja, ich
    habe ein Glaskinn«, Interview mit
    Wladimir Klitschko (02.03.2012).
    www.morgenpost.de/printarchiv/sport/
    article1917807/Ja-ich-habe-ein-Glas-
    kinn.html (letzte Einsicht: 11.08.2014).

68 Strerath, Esther/Kohrt, Marlies:
    »Lauterbach macht sich für den Tiger
    stark« (01.04.1997). BILD, S. 5.

69 Eine rühmliche Ausnahme bildet hier
    in meinen Augen Tobias Drews. Er
    bleibt bei seiner Berichterstattung
    nahezu immer hautnah wie fachlich
    kompetent am Kampfgeschehen im
    Ring. Und noch etwas: Nach den Ring-
    pausen, die bei Privatsendern nun mal
    der Werbung gehören, informiert er
    die Fernsehzuschauer bei Bedarf sofort
    und äußerst präzise darüber, was
    gerade in den Ecken passierte.

70 Worm, Dr. Nicolai: »Heilkraft D. Wie
    das Sonnenvitamin vor Herzinfarkt,
    Krebs und anderen Zivilisations-
    krankheiten schützt«. 4. Aufl., Lünen:
    systemed-Verlag 2009-2013, S. 67.

71 Aitmatow, Tschingis/Ikeda Daisaku:
    »Begegnung am Fudschijama. Ein
    Dialog.« 3. Aufl. Zürich: Unionsverlag
    1994, S. 323.

72 o. V.: »Sozialverhalten von Rotwild«.
    In: rothirsch.org/wissen/erscheinung-
    verhalten/das-sozialverhalten-von-rot-
    wild/ (letzte Einsicht: 12.08.2014).

73 Oates, Joyce Carol: »Über Boxen«.
    Zürich: Manesse-Verlag 2013.

74 Coach Ulli Wegner bei Arthur Abrahams erstem Kampf gegen Edison Miranda am 23. September 2006

75 Wondratschek, Wolf: »Im Dickicht der Fäuste«. München: DTV 2005, S. 124.

76 BILD Berlin, 8. Februar 1994, S. 9.

77 Wondratschek, Wolf: »Im Dickicht der Fäuste«. München: DTV 2005, S. 123.

78 Sdunek, Fritz (mit Jensen, Björn): »Durchgeboxt – Mein Leben am Ring«. Berlin: Schwarzkopf & Schwarzkopf 2012, S. 293.

79 Ebd., S. 272.

80 Ebd., S. 124

81 Ebd.

82 Ebd., S. 132.

83 Ebd., S. 133.

84 Ebd., S. 131.

85 Ebd.

86 Ebd.

87 Ebd.

88 Ebd., S. 177.

89 Ebd., S. 176.

90 Ebd., S. 162.

91 Ebd.

92 Ebd., S. 172.

93 Ebd., S. 164.

94 Ebd., S. 165.

95 Ebd., S. 172.

96 Ebd., S. 164.

97 boxrec.com/ratings.php?country=&sex=m&division=Cruiserweight&status=A&SUBMIT=Go (letzte Einsicht: 11.08.2014).

98 Pleuger, Richard: »Kämpfer in einer rituellen Konfrontation« (09.02.1998). www.focus.de/kultur/medien/kultur-kaempfer-in-einer-rituellen-konfrontation_aid_171730.html (letzte Einsicht: 11.08.2014).

99 Ebd.

100 Udo Lindenberg: »Jonny Boxer« (1986). www.songtexte.com/songtext/udo-lindenberg/jonny-boxer-1bda75d8.html (letzte Einsicht: 11.08.2014).

101 Sports Life Stories – Barry McGuigan: www.youtube.com/watch?v=7fndx5Ks350 (letzte Einsicht: 10.08.2014).

102 Ebd.

103 unter: www.youtube.com/watch?v=7fndx5ks350, ab 36.44 Min. (letzte Einsicht: 14.08.2014).

104 Reutter, Otto: »Gräme Dich nicht!« (1906). www.hawe-kuehl.de/texte_graeme_dich.php (letzte Einsicht: 14.08.2014).

105 Bukowski, Charles: Pittsburgh. Phil & Co. »Stories vom verschütteten Leben.« München: DTV 1985, S. 84.

106 Ebd., S. 87.

107 Bukowski, Charles: »Hollywood.« München: DTV 2012, S. 82.

108 Ebd., S. 192.

109 Ebd., S. 82.

110 Bukowski, Charles: »Flinke Killer.« München: DTV 1987, S. 70 ff.

111 Hemingway, Ernest: »Männer ohne Frauen«. Stories. Berlin/Weimar: Aufbau-Verlag 1966, S. 86-117.

112 Freyermuth, Gundolf S./ Montfort, Michael: »Das war's. Letzte Worte mit Charles Bukowski«. Hamburg: Rasch und Röhring Verlag 1996, S. 48.

113 Bukowski, Charles: »Hollywood«. München: DTV 2012, S. 247.

114 Oates, Joyce Carol: »Über Boxen«. Zürich: Manesse-Verlag 2013.

115 Ebd,

116 Ebd.

117 Ebd.

118 Ebd.

119 Anders als beim Normalausleger (orthodox) setzt der Rechtsausleger (southpaw) die Rechte als Führungs-, die Linke als Schlaghand ein. Das stellt für manchen Normalausleger ein Problem dar.

120 German Boxing Association. boxrec: com/ratings.php?country=&sex=m&division=Super+Middleweight&status=E&SUBMIT=Go (letzte Einsicht: 13.08.2014).

121 Siehe u. a.: Lowkick – Selbstverteidigung – Thai/Kickboxen für Frauen und Mädchen e. V., Urbanstraße 70 a, 10967 Berlin (www.lowkick-berlin. de oder www.svf-berlin.de/). Ein Verzeichnis verschiedener Kampfkunstschulen: www.citysports.de/berlin/Frauen-Selbstverteidigung_berlin.htm.

122 So steht es an der Eingangstür geschrieben. Siehe auch: Kuhn, Helmut: »Gehwegschäden.« München: Wilhelm Heyne Verlag 2012. (Ein Berlin-Roman, der im Schachboxer-Milieu spielt.)

123 Eder, Sebastian: »Der Plan wird aus dem Kopf geprügelt« (31.08.2013). www.faz.net/aktuell/sport/mehr-sport/schachboxen-selbstversuch-der-plan-wird-aus-dem-kopf-gepruegelt-12553265.html (letzte Einsicht: 15.08.2013).

124 Heute gibt es mit Chess Boxing Global eine Profivermarktungsfirma, wie mir Iepe Rubingt mitteilte. Schachboxverbände existieren inzwischen auch in China, Russland, Indien, Iran, Italien und Großbritannien.

125 Iepe Rubingh – Schachboxen. www.myspass.de/myspass/shows/tvshows/tv-total/Iepe-Rubingh-Schachboxen--/2608/ (letzte Einsicht: 15.08.2014).

126 Johann Trollmann: boxrec. com/list_bouts.php?human_id=62355&cat=boxer (letzte Einsicht: 14.08.2014).

127 NDR: Ein Boxer kämpft für den Frieden. www.youtube.com/watch?v=PeU63h3BfpE (letzte Einsicht: 14.08.2014).

128 Ton Steine Scherben: Wenn die Nacht am tiefsten (1975). Hamburg: David Volksmund 1975.

129 Ali, Muhammad/Durham, Richard: »Der Größte«. Berlin (Ost): Volk und Welt 1977, S. 435.

Frank Nussbücker, 1967 in Jena geboren, wohnt seit 1988 in Berlin, lebt als Schriftsteller und Ghostwriter (Rohnstock Biografien), gibt die Kurzgeschichtenzeitschrift STORYATELLA heraus. Seit er als Achtjähriger Zeuge des letzten Ali-Frazier-Kampfes wurde, liebt er diesen Sport. Im Ring lernte er, mit seiner Angst umzugehen. Seine Profession ist es jedoch, übers Boxen zu schreiben.

Frank Nussbücker
111 GRÜNDE, BOXEN ZU LIEBEN
*Von fliegenden Fäusten, menschlichen Dramen im Ring
und der Poesie des Kampfes*

ISBN 978-3-86265-406-2
© Schwarzkopf & Schwarzkopf Verlag GmbH, Berlin 2014
1. Auflage September 2014
Coverfoto: © Viktor Gladkov/thinkstock.com

KATALOG
Wir senden Ihnen gern kostenlos unseren Katalog.
Schwarzkopf & Schwarzkopf Verlag GmbH
Kastanienallee 32, 10435 Berlin

INTERNET | E-MAIL
www.schwarzkopf-schwarzkopf.de
info@schwarzkopf-schwarzkopf.de